Barbara Gordon

Ich tanze
so schnell ich kann

Barbara Gordon

Ich tanze
so schnell ich kann

Aus dem Amerikanischen
von
Brigitte Stein

Bechtermünz Verlag

Die Originalausgabe ist unter dem Titel
I'm Dancing as Fast as I Can
im Verlag Harper & Row, New York, erschienen.

Ich habe meine Geschichte so ehrlich wie möglich erzählt.
Natürlich ist es mir wichtig, die Identität der anderen darin
vorkommenden Personen zu schützen.
Aus diesem Grund wurden Namen und einige Details geändert.

Genehmigte Lizenzausgabe
für Weltbild Verlag GmbH, Augsburg 2000
Copyright © 1979 by Barbara Gordon
Copyright © 1980 für die deutschsprachige Ausgabe
bei Kindler Verlag, München
Umschlaggestaltung: DYADEsign, Düsseldorf
Umschlagmotiv: Mauritius, Mittenwald
Gesamtherstellung: Ebner Ulm
Printed in Germany
ISBN 3-8289-6724-8

Für meine Mutter
und meinen Vater
und für Edie

*Ich habe eine Lieblingsgeschichte. Ein
Mann und eine Frau lernen sich in einem
Hotel kennen, das ein Treffpunkt
für Alleinstehende ist. Sie tanzen
miteinander am Samstagabend. Er sagt:
»Ich bin nur dieses eine Wochenende hier.«
Sie antwortet: »Ich tanze so schnell ich kann.«*

1

Ich drehte einen Film über eine sterbende Frau. Verglichen mit
dem, was ich vorher gemacht hatte, schien es hier keine
Schwierigkeiten zu geben. Es mußten keine Fakten verifiziert
und keine mühsamen Recherchen angestellt werden. Niemand
legte mir Steine in den Weg. Ich brauchte bloß die Kamera zu
dirigieren und Jean zu interviewen. Sie hatte Krebs. Mein
einziger Feind war die Zeit. Nach einem anstrengenden Jahr,
in dem ich Dokumentarfilme über Nazikriegsverbrecher und
Mietwucherer gedreht hatte, würde es ein Kinderspiel sein,
Frau Bürgermeister Jean Barris auf ihren täglichen Gängen zu
begleiten, während sie um ihr Leben kämpfte. Ich hatte mich
mit Steve Isaacs, dem zuständigen Fernsehredakteur, im
Schneideraum eingeschlossen. Nebeneinander hockten wir auf
den hohen Stühlen, starrten auf den Monitor, hörten Jean
reden, betrachteten ihr Gesicht, das nie leidend aussah. Das
Telefon läutete. Ich machte Steve ein Zeichen, den Film
weiterlaufen zu lassen – ich hatte meine eigene Methode im
Umgang mit Leuten entwickelt, die mich bei der Arbeit im
Schneideraum störten.

»Also, wird sie sterben oder nicht, Barbara?« Es war die
Stimme von Martin Ryan, dem Topverkäufer von CBS.

»Ich weiß es nicht, Marty. Sie ist noch im Krankenhaus.«

»Was meinst du? Wird sie schon tot sein, wenn wir auf
Sendung gehen?« Ich seufzte, während ich Jean auf dem

Monitor verfolgte. Sie stand in einer Schlange von Wartenden in der Laetrile-Klinik in Mexiko.

»Ich bin Filmemacher, nicht Arzt«, antwortete ich nach einigen Sekunden.

»Dann mußt du zwei Fassungen machen«, sagte er kühl, »die eine 28 : 13, die andere 23 : 13. Wenn sie stirbt, werfen wir die Werbung raus.«

Wenn sie stirbt, werfen wir die Werbung raus. Ich legte den Hörer auf und kehrte zurück in meine eigene kleine Welt, die ich so sehr liebte: mein Film, der Redakteur und ich. Aber Martin hatte etwas zerstört. Ich hielt mir vor Augen, daß er Werbezeit verkaufte – und das ist kein Honigschlecken. Laß ihn quatschen, dachte ich. Es bringt meine Miete rein.

Jean war jetzt am Strand von Tijuana zu sehen. Sie ging neben ihrem Mann Ben, sprach über das Leben, ihre Familie, über Kommunalpolitik und was es für sie bedeutete, mit fünfundvierzig Bürgermeisterin ihrer Heimatstadt geworden zu sein. Sie redete über Nixon und über Rassenprobleme. Sie hatte so viel zu sagen. Sie sah großartig aus: eine hochgewachsene, blonde Frau, auf eine gesunde, robuste, amerikanische Weise attraktiv. Robust und doch anfällig. Ihr scheues Lächeln verriet die Zerbrechlichkeit eines kleinen Mädchens, und dies machte – zusammen mit ihrer großen, fast imposanten Gestalt – ihren Charme aus. Ich dachte daran, wie neugierig sie auf mich gewesen war, auf meine Karriere; wie sie wissen wollte, warum ich mit dem Mann, den ich liebte, nur zusammenlebte, statt ihn zu heiraten; welche Schwierigkeiten mir gemacht wurden, als ich Filme über die CIA und das FBI drehte. Ich konnte sie verstehen. Wenn ich nicht mehr lange zu leben hätte und meine intimsten Gedanken und Befürchtungen einer Fremden anvertrauen sollte, dann würde ich mir sicher auch ein Gefühl der Vertrautheit wünschen.

Wir mußten einander also nahekommen. Anfangs war unsere Beziehung flüchtig und unverbindlich, rein beruflich und nichts weiter. Aber je länger wir miteinander redeten,

Spaziergänge machten, filmten, zusammen essen gingen, desto mehr begannen wir einander zu mögen. Genau wie Jeans Freunden schien es mir unfaßbar und ungerecht, daß diese siebenundvierzigjährige Frau, die eben erst dem Hausfrauendasein und den Elternversammlungen entronnen war, diese Frau, die sich in der rauhen Welt der Politik einen Platz erkämpft hatte, dieser verhaßten Krankheit zum Opfer fallen sollte. Gerade jetzt, wo sie aufblühte und ihr Leben genoß – Bauchspeicheldrüsenkrebs! Und genau wie ihre Freunde war ich überzeugt, daß sie geheilt werden würde. Sie mußte am Leben bleiben.

Die Kamera folgte Jean und Ben auf ihrem Weg zurück zur Klinik, wo Jean ihre tägliche Dosis Laetrile bekommen sollte. Sie hatten eine Hypothek auf ihr Haus aufgenommen, um die Reise und diese »alternative Heilmethode« bezahlen zu können. Ich hatte ihr versprechen müssen, diese Bezeichnung zu verwenden und nie zu erwähnen, daß es sich um Laetrile handelt. Ich wußte nicht, warum, bis sie es mir eines Tages sagte. Als umsichtige Politikerin fürchtete Jean, es könne ihrer Karriere schaden, wenn die Leute erführen, daß sie Laetrile genommen hatte. Da ich ein verständnisloses Gesicht machte, setzte sie erklärend hinzu, die John Birch Society glaube, daß sich amerikanische Kommunisten für ein Verbot von Laetrile in Amerika einsetzen, damit die Sowjetunion behaupten könne, es als Heilmittel gegen Krebs entdeckt zu haben. Jean wollte nicht mit irgendwelchem reaktionären Unsinn in Verbindung gebracht werden. Sie wollte bloß, daß es hilft. Sie wollte leben.

Mir schauderte, wenn ich an unsere gemeinsame Zeit in Tijuana dachte – das »Cash-and-Carry-Lourdes« für Nordamerika. Angst und Hoffnung mischten sich auf den Gesichtern der Krebspatienten, ihrer Angehörigen und Freunde, während sie stundenlang in der Laetrile-Klinik Schlange standen und auf ihre tägliche Injektion warteten. Ich hatte die Aufschriften an den Wänden gefilmt: *Schecks werden nicht angenommen, nur*

Barzahlung, und ich erinnerte mich an die kalten, harten Gesichter der mexikanischen Schwestern, wenn sie die Leute wie eine Schafherde in die winzigen Räume pferchten, wo die Injektionen verabreicht wurden. Geschichten von Wunderheilungen verbreiteten sich wie Lauffeuer unter den Wartenden. Jeder hatte von einer Tochter, einem Mann, einer Frau, einer Großmutter aus Texas, Arkansas, Kalifornien, Kanada gehört, von jemandem, der bereits als Todeskandidat galt und jetzt geheilt war. Warum weigerte sich Amerika, Laetrile freizugeben? Es hatte soviel gekostet, nach Tijuana zu reisen. Alle redeten leise miteinander, während die Schlange auf die graue Theke zukroch, wo die mürrischen Schwestern Formulare ausfüllten, wo das Klingeln der Registrierkassen eine makabre Begleitung zu ihren Stimmen bildete. Die Vermarktung von Hoffnung. Jean hatte mir erlaubt, mit ihr zu gehen und sie zu filmen. Sie hatte sich kein einziges Mal über die schäbige Geschäftemacherei beklagt. Nur dieses eine hatte ich ihr schwören müssen: es eine »alternative Heilmethode« zu nennen.

Aber sie wurde nicht geheilt. Jetzt lag sie in der Abgeschiedenheit eines Krankenzimmers in einer kleinen Stadt in Connecticut, und niemand wußte, ob sie durchkommen würde. Sie hatte vorgehabt, in die Bundespolitik zu gehen; sie phantasierte von einer Aufgabe in Washington, vielleicht sogar als Kabinettsmitglied. Sie wollte ein Star sein, außerhalb ihrer Heimatstadt berühmt werden. Wochenlang hatte mich Steve auf die verheerenden Spuren der Krankheit auf ihrem Gesicht hingewiesen, hatte mir versichert, daß selbst er sehen könne, wie es mit ihr bergab gehe. Alle sahen es, ich nicht. Halt durch, Jeanie, dachte ich bei mir. Du wirst begeistert sein, wenn du dich im Fernsehen siehst. Halt durch, aber leide nicht. Wenn sie stirbt, werfen wir die Werbung raus. Aber was ist, wenn es sich hinzieht?

Steve und ich schüttelten die Köpfe über Martins Schnoddrigkeit. Wir machten Witze darüber, daß die Arbeit in dieser

Branche aus jedem einen Roboter machen könne. Dann verließ ich den Vorführraum, um mich um die anstehenden Dinge zu kümmern. Auf dem Weg durch das weitläufige Gelände von CBS fiel mir ein, daß ich den Werbetext für Jeans Film lesen mußte. Ich konnte mir lebhaft vorstellen, wie unerträglich sentimental und kitschig er sein würde. Ich mußte ihn wahrscheinlich umschreiben, und das bedeutete einen Kampf mit dem Leiter der Presseabteilung. Aber Jean war eine großartige Frau, und ich war nicht bereit, diesen Film zu einer widerlichen, rührseligen Fernsehnummer verkommen zu lassen. Jean hatte ein Recht auf Erste Klasse. Dann mußte ich versuchen, John O'Connor, den Fernsehdirektor der *New York Times,* zu überreden, sich den Film vor der Sendung anzusehen. Später kam der Justitiar von CBS aus Black Rock, der Firmenzentrale am anderen Ende der Stadt, um eine eidesstattliche Aussage aufzunehmen. Ich war wegen eines Films, den ich über einen »angeblichen« Nazikriegsverbrecher gedreht hatte, auf sechs Millionen Dollar verklagt worden. Jemand behauptete, in meinem Film weder als »ehemalig« noch als »angeblich« dargestellt worden zu sein und lechzte jetzt nach Blut und Dollar – meinem Blut und den Dollars der CBS. Von Krebs zu Nazis. Großartig.

Als ich in mein Büro zurückkam, sagte mir die Uhr, daß es Zeit zum Mittagessen sei. Ich ignorierte es. Ich ging nie zum Mittagessen. Schon der Gedanke an die Menschenmassen auf den Straßen und an den Lärm in den Restaurants ließ eine nagende Angst in mir hochsteigen, eine Panik, die mir nur allzu vertraut geworden war, die von meinem Geist und Körper Besitz ergriff und mich nahezu lähmte. Rasch tat ich einen tiefen Atemzug. Lächerlich. Du bist Filmproduzentin, du bist gerade von Dreharbeiten in Tijuana zurückgekehrt. Warum solltest du bei dem Gedanken, zum Mittagessen zu gehen, in Panik geraten? Es war einfach verrückt. Ich griff in meine Tasche. Ich suchte nichts Bestimmtes; ich wollte mich bloß vergewissern, daß alles da war, intakt, ganz – die Geldtasche, die Schlüssel, das Plastikröhrchen mit den Tabletten. Meine Welt war in Ordnung.

Ich zündete mir eine Zigarette an und setzte mich an meinen Schreibtisch, der immer aussah, als ob ein Kindergarten dort soeben seine Spielstunde abgehalten hätte. Wie konnte ich in diesem Verhau jemals etwas finden? Die Regale hinter mir waren voll: Bücher über Drogenabhängigkeit, das Mietrecht von New York, die Sitzungsprotokolle des Kongresses, der vollständige Text von O'Neills *Ein Mond für die Beladenen,* die neuesten Statistiken über Arbeitslosigkeit unter den Vietnam-Veteranen. Was für ein Irrsinn, dachte ich. Ich muß ein paar Bücher hinauswerfen. Ich muß diesen Schreibtisch aufräumen. Nein, ich habe zu viel zu tun. Morgen.

Fran Ladd steckte ihren Kopf zur Tür herein. Sie war meine Assistentin, Vertraute und Freundin, vierundzwanzig Jahre alt, eine ehemalige Radikale. Sie lieferte die besten Recherchen in der Branche. Von Mietwucherern bis zu Vietnam-Veteranen, von Nazis bis zu Krebs, hatten wir drei Jahre lang gemeinsam brisante Filme gemacht. Wir waren ein unwahrscheinliches Gespann – sie blond, irischer Abstammung, Katholikin, aus dem Mittelwesten; ich Jüdin, dunkelhaarig, vierzig, aus Miami Beach. Ich aggressiv und extrovertiert, Frannie in sich zurückgezogen, scheu, fast schüchtern. Aber das hinderte sie nicht, in das Leben von Leuten einzubrechen, Leuten, die wir für unsere Filme brauchten. Das einzige, was mich an ihr störte, war, daß sie drei Schachteln Zigaretten am Tag konsumierte. Ich rauchte auch, aber nicht so stark. Wir liebten beide unseren Job. Und die Unterschiede zwischen uns waren lediglich der Anlaß für immer neues Gelächter.

»Deine ›Emmy‹ ist endlich gekommen«, sagte sie lächelnd, als sie mein Büro betrat. »Und ich habe dir ein Sandwich und ein Bier von Rocko's geholt.« Sie streckte mir in einer Hand ein riesiges »Helden-Sandwich« und in der anderen eine glänzende Statue entgegen. Ich brach in Lachen aus – Helden und Statuen.

»Der Anwalt wird etwas später kommen. Außerdem hat Eric

angerufen«, sagte Fran. »Er erwartet dich um acht bei Sucho's, und er hat einen Tennisplatz für Samstagabend, also *kannst* du keine Überstunden machen. Und Jean redet immer noch nicht, aber Ben sagt, sie schläft gut. Ich muß jetzt laufen und etwas einkaufen. Bist du sicher, daß du nicht raus willst? Laß das Sandwich und komm mit mir, Barb.«

Ich winkte ihr mit einem »Du-weißt-daß-ich-nicht-zum-Mittagessen-gehe«-Ausdruck ab. Sie schnitt eine Grimasse und entfernte sich in Richtung Aufzug. Ich wickelte den »Helden« aus und biß hinein, in den Anblick meiner neuen »Emmy« vertieft, die mit einiger Verspätung vom Graveur zurückgekommen war. Es war die Auszeichnung für den Dokumentarfilm, den ich im letzten Jahr gedreht hatte. Ich betrachtete die eingravierten Worte: »Barbara Gordon, beste Autorin, CBS, Superlandlord«. Ich lachte auf, weil mir der Produzent einfiel, der so viele Emmys gewonnen hatte, daß er eine auf seinen Volkswagen montierte, damit er wie ein Mercedes aussah. Dies war zwar schon meine dritte Emmy, aber ich freute mich trotzdem, sie gewonnen zu haben.

Alles war beim Mittagessen und das Büro von einer himmlischen Ruhe erfüllt. Wundervoll. Die ganze übrige Zeit herrschte betäubender Lärm, aber auch das gefiel mir: das Summen der Monitoren, hin- und hereilende Botenjungen, Tonspuren, die gemischt wurden, das Klingeln der Telefone – Lebensgeräusche der Fernsehwelt, einer Welt, die ich heiß liebte und der ich immer hatte angehören wollen, schon in frühester Jugend. Ich starrte die Statue an, vergaß mein Sandwich und dachte zurück, wie ich mit einundzwanzig bei NBC aufgekreuzt war, brav ausstaffiert mit Kostüm, hochhackigen Schuhen, Perlen, eine Absolventin der Barnard Universität, den Kopf vollgestopft mit Philosophie, Volkswirtschaft, Geschichte, Psychologie und englischer Literatur. Doch genau wie viele andere aufgeweckte junge Mädchen hatte ich Stenographie gelernt, um den ersehnten Job beim Fernsehen zu bekommen. Damals existierte noch keine Frauenbewegung, wo man mir gesagt hätte, daß es noch andere Möglichkeiten gab, als erst einmal Sekretärin zu werden. Damals *war* es die einzige Möglichkeit. Drei Jahre lang kochte ich Kaffee, nahm Diktate auf und schrieb auf einer Schreibmaschine fehlerhafte Briefe. Jeder Augenblick war mir verhaßt. Gelegentlich erhaschte ich im Aufzug einen Blick auf Chet Huntley – das war mein ganzer Kontakt mit der Glitzerseite des Fernsehens.

Dann fing es allmählich an. Jemand gab mir die Chance, in der Dokumentation zu arbeiten; danach wurde ich Produktionsassistentin, später Mitautorin einer Vormittagsserie, schließlich Autorin und Produzentin von Dokumentarfilmen. Es hatte einen Kampf gekostet, aber ich war intelligent, lernte schnell und schaffte es am Ende. Ich dachte an die Filme, für die ich keine Emmys bekommen hatte – Filme, die ich besser fand als *Superlandlord*. Das Porträt von Dalton Trumbo zum Beispiel, der mir auf dem Höhepunkt der Nixon-Ära von seinen eigenen Erfahrungen mit diesem Mann erzählt hatte, und davon, wie er durch die Schwarzen Listen der fünfziger Jahre fertiggemacht worden war. Oder Sterling Hayden, der über das Trinken, das Schreiben und über sein Leben als Schauspieler gesprochen hatte. Irgendwie war es mir möglich, mich mit diesen Männern zu identifizieren. Das Leben hatte ihnen hart mitgespielt, aber sie waren nicht daran zerbrochen.

Von NBC wechselte ich zum Public Broadcasting System, wo ich an einem Film über das FBI und seinen Einsatz von *agents provocateurs* zur Unterwanderung der Neuen Linken arbeitete. 1969 galt es als subversiv, etwas Negatives über diese ehrwürdige Organisation zu sagen oder sie gar in Frage zu stellen. Der Film wurde zensiert, und ich hatte einen entmutigenden Kampf auszufechten, damit er überhaupt gesendet wurde. Mein Zusammenstoß mit der CIA folgte ein Jahr später, als ich einen Film über Victor Marchetti drehte – einen ehemaligen CIA-Agenten, einen Falken, der sich zur Taube gewandelt hatte und bereit war, gegen die CIA auszusagen. Ich fuhr mit einem Kamerateam nach McLean/Virginia, um an

Ort und Stelle Aufnahmen zu machen – bloß Außenansichten des Gebäudes mit der Aufschrift CIA. Eine Gruppe von Agenten näherte sich uns, und trotz meines Presseausweises verdächtigten sie uns als ausländische Spione. Wir zogen ab, aber sie folgten uns über Pennsylvania und New Jersey bis zurück nach New York. Ich lachte während der ganzen Fahrt, weil ich das Ganze komisch fand. Aber in der Nacht hatte ich Alpträume und bekam Schüttelfrost bei dem Gedanken an das, was vorgefallen war. Schließlich packte mich die Wut; mir wurde nämlich bewußt, daß man von meinen Steuern Spitzel bezahlte, die mit einem Filmemacher einer öffentlichen Fernsehanstalt Räuber und Gendarm spielten.

Es war ein langer Weg von der Perlenkette und dem Kaffeekochen, bis zu der Verfolgungsjagd mit der CIA. Danach ging ich zu CBS, wo ich das Thema meiner Filme selbst wählen, die Drehbücher selbst schreiben und produzieren konnte. Ich hatte das unheimliche Glück, meine politischen Ansichten, mein leidenschaftliches Engagement für den ersten Verfassungsgrundsatz, daß alle Menschen frei geboren sind, mit meinem privaten Selbst, mit meiner Karriere verbinden zu können. Ich war glücklich mit einem Job, bei dem ich mich nicht prostituieren mußte. Aber wenn ich so glücklich war, warum überfiel mich dann jedesmal diese schleichende Angst, wenn ich mir vornahm, zum Mittagessen zu gehen? Egal, ich kann damit umgehen, sagte ich mir. Die Tabletten helfen, Eric versteht mich, Doktor Allen sagt, es ist bloß Angst. Ich habe einen tollen Job, einen tollen Mann, ein wunderbares Leben – und Angst. Wer hat die nicht? Ich wollte einfach nicht weiter darüber nachdenken.

Ich rief zu Hause an. Der Auftragsdienst meldete sich. »Nichts für Sie, Miss Gordon.« Verdammt, dachte ich, das müßte man doch besser formulieren können. Ich muß Telanserphone einen neuen Text vorschlagen. Jeden Tag rief ich mittags zu Hause an. Jeder wußte, daß ich um diese Zeit nicht zu Hause war. Was wollte ich eigentlich?

Bei meinem Chef, Alan Newman, gab es selten einen Tag, an dem er nicht zum Mittagessen verabredet war. Ich war deshalb überrascht, sein rosiges, jungenhaftes Gesicht zur Tür hereinschauen zu sehen. Er war begeistert, daß sich CBS entschlossen hatte, auf die Werbung zu verzichten, falls Jeanie vor der Sendung sterben sollte. Ich wollte es nicht noch einmal hören, konnte mich aber nicht dazu aufraffen, ihn zu unterbrechen. »Wunderbar« war das einzige, was ich als Antwort hervorbrachte. Ich wertete es als Zeichen von Taktgefühl, Jeanie oder Tod oder Leben auf diese Art zu respektieren. Es war die einzige, die ihnen gegeben war. Und respektieren bedeutete in diesem Fall Geld zu verlieren. Aber Jeanie würde nicht sterben.

Ich aß mein Sandwich und verbrachte den restlichen Nachmittag mit Steve im Schneideraum. Wir hatten fünfzehn Filme zusammen gemacht; dadurch waren wir uns sehr nahe gekommen. Ich kannte seine Frau Ellen; er ging mit Eric zum Mittagessen. Ich wußte wie hoch seine Ratenzahlungen auf das Haus waren, kannte seine Parkprobleme, seinen Cholesterinspiegel und seine Zigarrenmarke. Er wußte, wann ich schlafen ging, wie ich meinen Kaffee trank, wann ich meine Periode hatte. Eine gute Beziehung zwischen Filmemacher und Redakteur ist etwas Besonderes und einfach wundervoll. Selbst unsere Auseinandersetzungen – wir hatten viele heftige Meinungsverschiedenheiten, die zu Streit eskalierten – waren gesund und unneurotisch. Wir wußten immer, worüber wir uns stritten. Und wir vertrieben uns durch Geschichten und Witze die manchmal langweilige mechanische Arbeit bei der Herstellung eines Films, die endlosen Stunden, in denen Tonspuren überspielt, Synchronstellen angelegt und der Film hinterklebt werden mußte.

Was ich an Steve am meisten schätzte, war nicht seine unerhörte Begabung und Sensibilität, sondern seine beißende Ironie, sein trockener Humor. Wir redeten über unsere Kollegen, unser eigenes verrücktes Leben, unsere Eltern, und

Steve brachte mich zum Lachen mit der Geschichte, wie seine Mutter zu ihm sagte: »Bitte besorg mir Karten für ›Boys in the Band‹. Ich liebe Musicals.« Er hatte protestiert und gesagt, das sei nichts für sie. Aber sie hatte darauf bestanden. Und am Tag nach der Vorstellung hatte sie ihn auch prompt angerufen und empört zu ihm gesagt: »Wie kannst Du mich zu einem solchen Schweinkram schicken?« Es folgte sein warmes Lächeln, ein Zug an der Zigarre, dann wandten wir uns wieder dem Monitor und unserem Film zu.

Es war nach sieben, als ich endlich beschloß, Feierabend zu machen. »Hast du was vor?« fragte mich Steve. »Hättest du Lust, dir mit mir in der Cafeteria Verdauungsbeschwerden zu holen?«

»Ich bin mit Eric bei Sucho's verabredet.«

»Ach so«, sagte er. »Alles okay?«

»Bestens«, antwortete ich, ein bißchen verärgert über die Frage.

»Grüß Ellen von mir«.

Und alles *war* bestens. Ich war auf dem Weg zu meinem Geliebten.

Sucho's, unser japanisches Lieblingsrestaurant, war klein, ruhig, geradezu friedlich. Wegen unserer verrückten Arbeitszeiten gönnten wir uns mehrmals in der Woche den rohen Fisch, das süffige japanische Bier und Sukijaki. Als ich das Restaurant betrat, wurde mir bewußt, daß ich keine Angst empfand. Warum? Ich überlegte. Was macht das Abendessen so anders als das Mittagessen? Eric, natürlich. Ich lächelte, fühlte mich wundervoll. Ich freute mich darauf, wie wir beim Essen die Einzelheiten unserer Arbeit miteinander teilen, Nähe herstellen, unsere getrennten Welten wie am Ende eines jeden Tages zu einer Einheit verschmelzen würden. Wie ich ihn liebte!

Vielleicht war Eric Bauer nicht vollkommen, dachte ich, aber für mich stellte er die größtmögliche Annäherung an mein

17

Ideal dar. Einen Meter neunzig groß, mit dichtem schwarzem, an den Schläfen leicht ergrautem Haar und einem sanften Lächeln, war er mit fünfzig eine wundervolle Mischung aus Mann und Junge. Er trug immer Sportsakkos aus Tweed, und sein ganzes Auftreten wirkte auf mich ehrlich, geradeheraus und natürlich. Wir lebten seit fünf Jahren zusammen – Jahre, die glücklich, aktiv und erfüllt gewesen waren. Wir teilten alles miteinander, und ich fand, daß das so richtig sei. Er war mein Tennispartner, mein bester Freund und mein Geliebter. Aber meine Angstanfälle hatten zugenommen, seit wir zusammen waren. Warum sollte ich auf dem Gipfel meiner Karriere, mit einem Mann, den ich liebe und der mich vergötterte, Angst haben?

Ich muß zugeben, daß mir Eric oft rätselhaft erschien. Er war zweimal verheiratet gewesen und hatte ein Kind, ein fast zehnjähriges Mädchen. Ich sah seine Ehen als Versuche, sich ein Familienleben zu schaffen, das er selbst nie erlebt hatte. Aber eine Exfrauen waren nach seinen Beschreibungen sehr sonderbar, fast krank. Die erste hatte ihn, wie er sagte, einfach ohne Grund verlassen, und die zweite, die Mutter des Kindes, weigerte sich, ihn seine Tochter besuchen zu lassen. Beide Ehen waren offensichtlich katastrophal gewesen.

Es gab noch andere merkwürdige Dinge. Er hatte keine Freunde. In all den Jahren unseres Zusammenlebens hatte er nie einen Anruf von irgend jemandem erhalten, kein »Wie geht es dir?«, kein »Treffen wir uns auf einen Kaffee«. Es war, als habe er allein auf diesem Planeten gelebt und nie gearbeitet, als sei er nie verheiratet gewesen. Es war, als habe er gerade das Licht der Welt erblickt. Einige Monate, nachdem er in meine Wohnung eingezogen war, fand ich ihn eines Abends schluchzend im Schlafzimmer. »Was ist los?« fragte ich ihn, ahnungslos, was da wohl vorgefallen sein könnte.

»Wenn du nicht wärst«, stieß er unter Tränen hervor, »wenn du nicht wärst, würde meine ganze Welt zusammenbrechen. Ich bedeute niemandem etwas, niemandem außer dir.«

Ich richtete ihn wieder auf, versicherte ihm, wie sehr ich ihn liebte, wie sehr ihn alle mochten. Es hatte mir ungeheure Freude gemacht, Eric meinen Freunden vorzustellen – meinen Geschäfts-, Tennis-, Sommer-, Winterfreunden und ganz besonders meinen langjährigen Freunden. Er schien ungeheuer froh und dankbar, in diese bewährten Beziehungen aufgenommen zu werden, und ich wußte, daß er meinen Freunden gefiel. Nun gut, er hatte zwei verrückte Exfrauen, nun gut, er weinte eines Nachts. Wer ist schon vollkommen?

Ich jedenfalls nicht. Meine Vergangenheit war auch nicht gerade glorreich. Ich war einmal verheiratet gewesen, vor vielen Jahren. Stan, mein Mann. Dann verliebte ich mich in einen verheirateten Mann. Etwas war da in mir, was mich an dieser unerreichbaren Spezies anzog. Nun, er war schon erreichbar, bis zu einem gewissen Punkt – für gelegentliche Abende, Mittagessen, Reisen, sogar für eine Woche an einem weit entfernten Ort. Aber zu allen wichtigen Zeiten wie an Weihnachten, Geburtstagen und Sonntagen blieb ich allein. Merkwürdig an mir war auch die Art, wie ich auf Liebesverlust und das Ende einer Beziehung reagierte. Für mich war das immer vernichtender als für alle anderen Leute, die ich kannte. Ich brauchte länger, um mich davon zu erholen und wieder zu mir selbst zu finden.

Für mich war alles so intensiv. Solange ich im Bann dieser wahnsinnigen, leidenschaftlichen, romantischen Liebesaffäre mit dem verheirateten Mann stand, redete ich mir ein, daß mich die Wonne, die Seligkeit, die Ekstase unseres Zusammenseins für den Verlust an Dauer, Gemeinsamkeit, Füreinanderdasein entschädigten. Aber etwas in mir wußte immer, daß heimliche Liebe mit einem Schuß Angst nicht so gut ist wie ungeteilte Liebe. Dennoch habe ich mich sechs Jahre meines Lebens an diesen Mann gebunden. Er hatte mir versprochen, daß wir heiraten würden. Doch dazu kam es nicht.

Mit Eric war es anders. Unsere Liebe war ausschließlich und ungeteilt. Unsere Beziehung war frei von Heimlichkeiten. Er wollte mich heiraten. Aber nach vier schrecklichen Ehejahren mit Stan schreckte ich vor diesem Schritt letztlich zurück. Was Eric und mich verband, schien mir besser als eine Ehe. Es beinhaltete das gleiche Maß an Engagement, an Miteinander-Teilen, an Liebe, ohne den schrecklichen Aspekt des Müssens, der Pflicht und des Gehorsams.

Als ich das Restaurant betrat, mußte ich lachen. Mir fiel die Reaktion meiner Mutter ein, mit der ich vor einigen Monaten hiergewesen war. »Wie können sich Leute, die ein so erlesenes Essen und eine so geschmackvolle Einrichtung zustandebringen, im Zweiten Weltkrieg so barbarisch verhalten haben?«

Meine Entgegnung hatte sie nicht beeindruckt: »Denk an My Lai.«

Eric sah mit einem breiten Lächeln zu mir auf. »Hast Du heute die *Village Voice* gelesen?«

Ich schüttelte den Kopf. Ich hätte keine Zeit dazu gehabt, sagte ich, als ich meinen Mantel ablegte.

»Nat Hentoff erklärt dich in Zusammenhang mit seiner unverwüstlichen Liebe zum Ersten Verfassungsgrundsatz zu seiner bevorzugten Kurtisane und Drachentöterin.«

Ich setzte mich hin und sah ihn bloß an. Wir waren solche Glückspilze. Liebe, Glück, Karriere – wir teilten alles miteinander.

Unsere gemeinsamen Interessen hatten uns zusammengeführt. Ich hatte einen Film über das Leben in einem der riesigen, von Verbrechen heimgesuchten sozialen Wohnsilos in New York gemacht, und Eric war Anwalt einer der Hauptpersonen unseres Films. Ich besuchte ihn in seinem Büro, um seine Zustimmung zu einem Interview mit seinem Klienten einzuholen. Wir führten an diesem ersten Tag ein dreistündiges Gespräch, und bald darauf trafen wir uns zum Kaffee oder zu Spaziergängen und redeten nicht mehr über den Film, sondern über uns.

Er hatte nach dem Studium in einer Anwaltskanzlei in der Wall Street gearbeitet, war aber 1952 in den Präsidentschafts-

20

wahlkampf von Adlai Stevenson hineingezogen worden. Stevenson habe ihn so tief beeindruckt, erzählte er, daß er seine Tätigkeit als Syndikus aufgab und sich für gesellschaftliche Belange einzusetzen begann. Als wir uns kennenlernten, hatte er soeben eine eigene Kanzlei eröffnet, ein enges, staubiges Loch in East Harlem. Mir gefiel an ihm, daß er kein etablierter Firmenanwalt war, sondern seinen wachen Verstand in den Dienst der Armen stellen wollte. Wir hatten eine Menge Gemeinsamkeiten. Viele meiner Filme hatten sich mit den Problemen der Armen und notleidenden Menschen unserer Gesellschaft, die keinen Fürsprecher haben, befaßt. Jetzt hatte ich einen Mann kennengelernt, der sich ebenfalls für diese Menschen einsetzte.

Er war verheiratet, lebte aber bereits seit Monaten von seiner zweiten Frau getrennt, und sie waren im Begriff, sich scheiden zu lassen. Unsere Beziehung hatte eine Zukunft. Es machte nichts aus, daß er sehr wenig Geld verdiente. Nachdem ich ihn überredet hatte, kurz in einem meiner Filme zu erscheinen, begann seine Kanzlei besser zu florieren. Und als ihn meine Freunde kennengelernt hatten, schickten sie ihm weitere Klienten. Er wohnte in einem schrecklichen Appartement, doch auch das machte mir nichts aus. Eine Zeitlang hielten wir die Fiktion getrennter Wohnungen, eines getrennten Lebens aufrecht, aber wir verbrachten die meiste Zeit zusammen – in meiner Wohnung. Er holte nacheinander seine Kleider, seine Schallplatten, seine Bücher und schließlich zog er zu mir. Jetzt, fünf Jahre später, füllte er mein ganzes Leben aus. Er akzeptierte mich, meinen Verstand, meinen Job – sogar meine Angstanfälle – und ich akzeptierte ihn: seine Intelligenz, seine Offenheit, seinen Humor. Außerdem war Eric tolerant und schätzte sogar meinen Wunsch nach einer gewissen Unabhängigkeit in sexuellen Dingen. Wir hatten alles, was man braucht.

»Niemand sollte so glücklich sein, Eric«, platzte ich heraus. »Es ist einfach unanständig.«

Er lächelte mich merkwürdig an. »So?«

Ich wußte, was er meinte. Nach der Scheidung von seiner zweiten Frau hatte er begonnen, mich zur Heirat zu drängen. Es war ein sanfter Druck, ein liebevoller Druck, aber dem ist am schwersten zu widerstehen. So hatte ich ihm schließlich versprochen, ihn zu heiraten. Aber es war mir nicht wirklich ernst damit.

»Ach Eric, heiraten«, sagte ich und spürte die alte Schwere über mich kommen, die mich jedes Mal befiel, wenn wir darüber redeten. »Ich finde es gut, so wie es jetzt ist. Ich bin zu alt für Kinder. Unsere Bindung könnte nicht stärker sein. Warum sollen wir alles kaputtmachen?«

Ich erinnere mich an seine Antwort: »Du hältst dich ja auch an andere Konventionen«, sagte er. »Und mir ist es wichtig.«

Warum wohl, fragte ich mich. Er hatte bereits zwei Versuche hinter sich. Warum bedeutete es ihm so viel? Und wenn es so wichtig für ihn war, warum konnte ich ihm nicht die Freude machen?

Beim Abendessen sprachen wir über das Haus am Meer. Ich hatte es vor drei Jahren als unser Wochenendversteck, unseren Sommersitz gekauft. Es war damals fürchterlich heruntergekommen, aber Eric hatte es großartig renoviert und umgebaut. Er wußte, wie man mit Installateuren und Elektrikern redet, und er hatte selbst von der Dachterrasse zum Strand eine Treppe gebaut. Er war in allem gut – im Hausbauen, im Autoreparieren, im Tennis und in der Liebe. Wir planten, das Haus im August zu vermieten, und Eric erzählte mir, was er alles daran tun wollte. Ich wußte nicht, wann wir dafür Zeit haben würden, aber er wollte einen Großteil der Arbeit selbst machen. Ich war dankbar, daß er das Thema gewechselt hatte.

Nach dem Essen kehrten wir Arm in Arm in die Wohnung zurück. Wir gingen eng aneinander geschmiegt durch unsere Lieblingsstraße, Central Park South, um uns vor dem rauhen Vorfrühlingswind zu schützen. Wir sahen die Pferdekutschen vor dem Plaza stehen und begegneten feucht-fröhlichen

Kongreßteilnehmern, die in den einst feudalen Hotels am Park wohnen. Obwohl meine Wohnung am Central Park West lag, wählten wir immer diesen Weg nach Hause. Es war schon Tradition, ein Ritual, das sich zwischen uns entwickelt hatte, ohne daß darüber gesprochen wurde. So war ein großer Teil unserer Beziehung – unausgesprochen, stumm, ein schweigendes Einverständnis über die Dinge, die uns verbanden. Jetzt hatte ich keine Angst mehr. Nichts schreckte mich. Ich genoß das warme Gefühl dieses Augenblicks. Die Frage der Heirat – immer noch ungelöst – war beiseitegeschoben.

Zu Hause fielen wir ins Bett, hielten einander in den Armen, streichelten uns, redeten. Ich liebte es, so neben ihm zu liegen und seinen sauberen starken Duft einzuatmen. Kein Aramis, kein Gucci, bloß Seife. Frisch, kräftig, ohne Tricks und ohne Hilfsmittel. Wir waren voller Pläne. Wir hatten vor, mit der Miete, die wir für das Haus am Meer bekommen würden, eine Europareise zu finanzieren. »Wie wär's mit Spanien, Babe?« Er war der einzige Mann, der mich Babe nannte. Auch das gefiel mir.

Ich hatte so viele andere Sachen im Kopf: Jean, den Anwalt, Steve. Jetzt wollte ich bloß schlafen und über Europa erst morgen nachdenken.

Am nächsten Morgen, als ich schon halb aus der Tür war, dem Lift zustrebte, blieb ich plötzlich stehen. Verdammt! Heute war das Festessen des Nationalen Kirchenrates oder der Christen und Juden oder der Moslems und Hindus oder was auch immer. Im »21«. Und ich war in Jeans und einem alten Pullover, hatte einen Schal über meine ungewaschenen Haare geschlungen, und mein Make-up bestand aus einem Farbklecks auf den Lippen. Ich sauste in die Wohnung zurück, um mir die Haare zu waschen, mich in einen präsentablen Hosenanzug zu werfen und mein Gesicht aufzumöbeln. Ich würde eine Rede halten müssen. Wie hatte ich das bloß vergessen können? Als ich ins Büro kam, kreischte ein Chor von Sekretärinnen

23

entzückt – oder erstaunt – über meinen Anblick auf. Sie waren es nicht gewöhnt, mich so komplett gepflegt zu sehen. Ich auch nicht. Ich rief das Krankenhaus an, um mir wie jeden Morgen von Jeans Mann berichten zu lassen. Er versuchte, Geduld mit mir zu haben und mich zu informieren. Ich war nicht sicher, ob er mich haßte, weil ich in einer solchen Situation in seine Familie eingebrochen war, oder ob er spürte, daß mir Jeans Schicksal – abgesehen von dem Film – wirklich naheging. Sie habe keine schlimmen Schmerzen, sagte er, aber sie ließ mir ausrichten, ich sollte den Film nicht ins Krankenhaus bringen, was ich ihr zunächst für den Fall, daß sie vor der Sendung ins Krankenhaus mußte, hatte versprechen müssen. Ich wußte, was das bedeutete. Es ging ihr zu schlecht, um ihn sich anzusehen; sie hatte zu große Schmerzen, um sich dafür zu interessieren. Aber bevor ich etwas sagen konnte, legte Ben auf. Ich flüsterte in den Hörer: »Ben, laß sie nicht leiden, bitte.«

Plötzlich fühlte ich mich deprimiert. Ich hatte gehofft, Jean im Krankenhaus aufmuntern zu können. Ich hatte gehofft, sie auf andere Gedanken bringen zu können. Ich wußte, daß sie sich besser fühlen würde, wenn sie sich in ihrem roten Hosenanzug sah, wie sie am Strand in Mexiko an dem Ballonverkäufer vorüberging. Trotz des Laetrile-Wahnsinns war die Reise wie ein zweiter Honeymoon für sie und Ben gewesen. Aber an diesem Morgen wollte sie nichts und niemanden sehen. Sicher litt sie sehr.

Das Telefon läutete. Es war Steve, der mich aus dem Schneideraum anrief, um mir zu sagen, daß unser Boss mit John O'Connor gesprochen habe. Montags, elf Uhr vormittags. Er hatte auch einen Filmausschnitt für mich, den ich bei dem Festessen zeigen konnte.

Fran kam mit ihrer unvermeidlichen Frühstücks-Cola, dem letzten Überrest ihrer College-Gewohnheiten, zur Tür herein. »Greg möchte, daß du bei ihm vorbeischaust, sobald du Zeit hast. Du sollst vor den angeschlossenen Sendern ein Referat halten. Der Nazi ist heute superruhig.«

»Vorsicht, Frannie.« Ich lachte. »Der *angebliche*.«

»Der angebliche ist ruhig, aber unser Anwalt möchte deine Stellungnahme.«

»Hat Greg gesagt, worüber ich sprechen soll?«

»Ich weiß nicht. Dokumentarfilme. Was sonst?« Sie verließ das Büro.

Klar, was sonst? Ich habe mehr aufzuweisen als Dokumentarfilme. Komischerweise war ich über Frans Bemerkung pikiert. Immerhin, Greg Donnolly war der Produktionsleiter des Senders, und ich freute mich, daß er meine Arbeit genügend schätzte, um mich zu einem Referat einzuladen. Vielleicht würde mich das von Jean ablenken.

Fran muß meinen sorgenvollen Ausdruck mitbekommen haben. Als sie das nächste Mal ihren Kopf in mein Büro steckte, sagte sie munter: »Es ist Zeit – das Festessen wartet.« Aber ihr Blick war beunruhigt. »Ist irgendwas? Mit Jean?«

»Nein – ja«, stammelte ich, während ich nach meinem Mantel griff. »Jean – es ist nichts.« Sie sah zweifelnd aus. »Wirklich, Frannie, es ist nichts. Ich muß jetzt laufen. Wo ist Steve mit dem Filmausschnitt? Ich springe schnell rüber und hole ihn.«

Du springst nicht, dachte ich bei mir, du fliehst, als ob dir deine Hektik irgendwie helfen könnte, die Angst zu überwinden. Da war sie schon wieder, die alte Angst, die immer auftrat, wenn ich irgendwo hingehen mußte. Und ich war inzwischen so weit, daß ich Angst vor der Angst hatte. Meine Angstanfälle hatten eine solche Intensität erreicht, daß ich oft bewegungsunfähig, wie gelähmt war. Auch jetzt wurde ich von einer Panik, die größer war als die gestrige, aber kleiner als die morgige, verschlungen wie von einem Staubsauger. Ich stützte mich im Gehen an die Wand des Korridors und betete, daß ich keinem Bekannten begegnen würde.

Wovor *hast* du eigentlich Angst? Was war es denn eigentlich? Ich ging einmal in der Woche zum Psychiater, und trotzdem steigerte sich meine Angst ständig. Warum half mir Dr. Allen

25

nicht? Verdammt, seit zehn Jahren, etwa seit ich meinen Mann verlassen hatte, ging ich treu und brav zu ihm hin. Es war zu einer Gewohnheit geworden, wie Zähneputzen, zu einem Routine-Gang – wie bei den meisten meiner Bekannten. Er gab mir Valium, und ich schluckte es wie Bonbons. Weshalb wurde also die Angst immer schlimmer? Ich muß mit ihm reden, muß mir mehr Tabletten besorgen, muß etwas tun.

Aus irgendeinem Grund ließ die Angst nach, als ich den Schneideraum betrat und Steve sah, der mir zulächelte. Ich fühlte mich wieder sicher. Er gab mir den Filmausschnitt, den ich bei dem Essen vorführen sollte.

»Ich hasse diese Preisverleihung. Das stiehlt uns nur Zeit«, sagte ich. »Aber wenn ich zurück bin, werden wir Mister O'Connor etwas vorzaubern.«

»Schmoll nicht, Barb. Es läuft doch alles bestens. Du bist bloß sauer, weil du zu dem Essen mußt.« Wir pflegten Witze darüber zu machen. Nur wenige kannten den Grund, warum mir Rockos Sandwiches lieber waren als »21«.

»Ich kenne dich«, sagte er, als er mich zum Abschied umarmte. »Also jetzt raus mit dir und mach's gut.«

Ich beschloß, zu Fuß zum »21« zu gehen, aber ich hatte erst wenige Schritte auf der 57. Straße in östlicher Richtung zurückgelegt, als mich die Angst wieder überfiel. Meine Hände wurden naß, ich stützte mich an die Häuserwände und rang nach Atem. Mein Gott, wenn mich irgend jemand so sah, würde er glauben, ich sei betrunken. Ich schaffte es bis zur Tenth Avenue und flüchtete dort in ein schmuddliges Lokal, in dem sich die Lastwagenfahrer drängten, die die 57. Straße als ihr Revier betrachteten.

»Bitte«, sagte ich zu der gehetzten Kellnerin, »ich möchte nur ein Glas Wasser.« Ich wühlte in meiner Tasche nach den Tabletten. »Ich bezahle es. Ich möchte nicht jetzt zur Mittagszeit einen Tisch in Anspruch nehmen.« Ich schloß die Augen. Wie lange hatte ich schon so gelebt?

Die Kellnerin stellte ein Glas Wasser auf den Tisch, das ich

26

mit zwei Valium hinunterstürzte. Ich atmete tief durch, während ich darauf wartete, daß die Angst nachlassen würde. Nach etwa zehn Minuten fühlte ich mich etwas besser – zumindest imstande, das Lokal zu verlassen. Ich winkte ein Taxi herbei und drängte den Fahrer zur Eile. Ich hatte mich verspätet. Sei charmant, sei cool. Du erhältst eine Auszeichnung.

Der Nebenraum im »21« war vollgestopft mit strahlenden Preisträgern, die Weißwein tranken und sich angeregt unterhielten. Ich wirbelte in den Raum und begann mit der Party-Routine. Und als es Zeit für meine Rede war, vergaß ich die Angst, die mich noch kurz zuvor gelähmt hatte. Vielleicht waren es die Tabletten, vielleicht der Wein oder vielleicht die Tatsache, daß ich abgelenkt war und nicht darüber nachdachte.

Mein Film handelte von ehemaligen psychiatrischen Patienten von Long Beach, und als ich ihre Gesichter auf der Leinwand sah, empfand ich aufs neue Mitgefühl. Sie waren nach jahrelangem Anstaltsaufenthalt in die Stadt zurückgekehrt, ausgeliefert an eine Gemeinschaft, die nicht bereit war, sie aufzunehmen. Die Stadtverwaltung hatte angesichts des Zustroms psychiatrischer Patienten, unter denen es viele Arme und Alte gab, eine Verfügung erlassen, wonach niemand, der täglich Medikamente brauchte, um funktionsfähig zu sein, in den Pensionen entlang der Strandpromenade wohnen durfte. Was für ein Gesetz! Demnächst wird man Leute mit blauen Augen oder schwarzen Haaren verbieten. Ich hatte mich in der Stadt eingegraben und gemeinsam mit Steve einen erschütternden Film gedreht, in dem eine psychiatrische Patientin namens Gladys beredt darüber Auskunft ab, wie man sich fühlt, wenn man in einer Gemeinschaft unwillkommen ist, wenn einem die Wohnung und das Recht auf ein normales Leben verweigert wird – wie man sich fühlt, wenn man als Ausgestoßener gekennzeichnet wird. Ich war tagelang von einer Pension zur anderen gezogen und hatte mich mit Leuten auf der Promenade unterhalten, bemüht, beiden Seiten Gerechtigkeit widerfahren zu lassen. Fielen die Grundstückspreise wirklich? Stellten die psychiatrischen Patienten eine Gefahr dar? Waren sie gewalttätig, verschreckten sie die Kinder? Trotz aller Befürchtungen und Anklagen seitens der Einwohner erfuhr ich von keinem einzigen Vorfall, bei dem sie irgend jemanden belästigt hätten. Der Film wurde zu einer Studie über die Anatomie des Vorurteils. Es war einer meiner Lieblingsfilme, ein Film, der mich gequält und noch Monate nach seiner Fertigstellung beschäftigt hatte.

Ich sprach über den Film und spulte dann meine Standardrede über den ersten Grundsatz der Verfassung und das Recht der Menschen auf Information ab. Ich sagte meinen Zuhörern, daß wir Dokumentarfilmer wohl wüßten, daß unsere Arbeit die Welt nicht verändere. Zweifellos könnten wir aber die Einstellung der Menschen zu ihrer Regierung verändern. Wir könnten sie dahin führen, diejenigen, die ihr Leben beherrschen, mit anderen Augen zu sehen. Wenn meine Filme das leisteten, dann sei ich glücklich. Aber bei mir dachte ich, zwanzig Jahre nach Edward R. Murrows Dokumentarbericht über das Leben der Wanderarbeiter hat sich nichts verändert. Unsere Filme rufen anfangs Abscheu und Empörung hervor, aber die Gesellschaft verfügt über einen großartigen Verdrängungsmechanismus. Der Aufschrei sozialer und politischer Empörung, den meine Filme auslösten, verlor sich gewöhnlich im Wirbelwind dringenderer, hautnaher Probleme. Das Leben der ehemaligen Patienten von Long Beach ist so elend wie zuvor.

Dennoch, ich war stolz darauf, wie ich mir meinen Lebensunterhalt verdiente, und ich sagte, daß mein Film – zusammen mit dem echten Engagement der CBS für soziale Fragen und dieser Auszeichnung – vielleicht zumindest den Beginn einer Veränderung signalisierte. Ich dankte dem Nationalen Kirchenrat – er war schließlich der Veranstalter – und kehrte unter Beifall an meinen Platz zurück. Nach dem Essen verabschiedete ich mich höflich und verließ das »21«. Beflügelt von der Aufmerksamkeit und stolz auf mich, schöpfte ich neuen Mut. Ich würde zu Fuß zurückgehen, und dieses Mal würde ich es schaffen.

Es war ein kalter, klarer, strahlender Märznachmittag; der scharfe, beißende Wind, der vom Hudson herüberwehte, nahm mir den Atem und brannte in meinen Augen. Ich war allein. Ganz allein. Kein Eric, keine Frannie, kein Steve. Ich fühlte mich gut, und es fiel mir ein, daß ich seit Monaten keine Zeit mehr gehabt hatte, mir etwas zum Anziehen zu kaufen. Wie lange hatte ich nicht mehr einen Tag allein zugebracht, einfach bloß mit Einkaufen, Spazierengehen, Nachdenken? Seit Ewigkeiten. Ich kehrte um und ging auf die Geschäftsstraßen zu.

Ich schlenderte an den Auslagen vorüber. Die eleganten Schaufensterpuppen mit ihren schicken Kleidern lockten mich hinein. Aber ihr Plastiklächeln schien sich über mich zu mokieren. Sie wußten es ganz genau. Sie wußten, daß ihre Kleider vor mir sicher waren. Seit Monaten war ich nicht mehr imstande gewesen, ein Kaufhaus zu betreten, ohne, nach Luft ringend, wieder auf die Straße zu fliehen, in einem Taxi Zuflucht zu suchen und schließlich in die schützende Umgebung meiner Wohnung zurückzulaufen. Dort klang die Angst jedesmal ab.

Wenn sich der Kleiderkauf absolut nicht mehr aufschieben ließ, nahm ich zwei Valium und stürmte dann in irgendeine kleine Boutique, vorzugsweise im Erdgeschoß. Keine Menschenmassen, keine Fahrstühle, eine kleine, überschaubare Auswahl, kein Gewühl. Ich inspizierte dann rasch das Angebot, traf meine Wahl und war so schnell wie möglich wieder draußen. Ich kehrte den Schaufenstern den Rücken. Ich konnte auch ohne Kaufhäuser leben. Außerdem würde Steve mich brauchen, rationalisierte ich mein Verhalten. Zuviel zu tun. Wer braucht schon neue Kleider?

Eric und ich waren an diesem Abend mit Edie und Jonathan Samson in Greenwich Village verabredet. Wenn eben möglich vermied ich Restaurants unterhalb der 57. Straße. Das war kein Snobismus; es war dieselbe alte Panik, die proportional zu der Entfernung von zu Hause anzuwachsen schien. Aber mit Edie und Jonathan war es etwas anderes. Edie war meine beste Freundin.

Wir hatten uns auf der Party eines gemeinsamen Freundes kennengelernt und uns sofort gemocht. Klick. Lachen, Sensibilität, Schmerzen – es war, als hätten wir uns das ganze Leben lang gekannt. Es begann mit einem einfachen Gespräch. Als Edie hörte, daß ich einen Film über alte Menschen machte, erzählte sie mir, daß sie mit Leuten zusammengearbeitet habe, die neue Formen des Umgangs mit Insassen von Altersheimen erprobten. Sie gab mir ihre Namen und Telefonnummern. Edie selbst hatte als Lehrerin, aber auch im Presse- und Verlagswesen gearbeitet. Nach unserem Gespräch war ich nicht ganz sicher, was sie eigentlich machte. Ihre Art zu denken, ihr Engagement auf so vielen Gebieten gefielen mir. Und die Intensität, mit der sie über Kunst, Politik, eine Broadway-Inszenierung und die Frauenbewegung sprach.

Einige Monate später trafen wir uns in den Hampton Roads in Virginia wieder. Wir verbrachten einen Tag mit Spaziergängen am Strand und Gesprächen über unsere Exmänner, über Liebhaber, über Sex und unsere Karrieren. Wir lachten über die Macken der Männer in unserem Leben und über unsere eigenen. Weder sie noch ich hatten Schwestern, aber bald schien es uns, als hätten wir das aneinander gefunden. Ich mochte sie ungeheuer.

Ihr Mann, Jonathan, war ein sanfter, zuverlässiger Mensch. Sie hatten zwei halbwüchsige Kinder und wohnten am Gramercy Park in einer schier endlosen Zimmerflucht. Jonathan war einer der führenden plastischen Chirurgen der Stadt, und Edie war neben allem anderen auch noch als Mitarbeitern ihres Mannes tätig. Wie brachte sie das alles unter einen Hut? Wie konnte sie so viel wissen, so viel verarbeiten, woher nahm sie die Zeit? Freunde, Liebhaber, Eltern. Sie führten eine Ehe, um die ich sie beneidete.

30

Wir waren in einem neuen italienischen Restaurant in der Nähe ihrer Wohnung verabredet: Schwarze Rohrstühle, schwarz-weiß gefliester Boden – alles in Schwarz und Weiß außer den unzähligen Pflanzen, die von der Decke hingen. Wir bestellten norditalienische Gerichte, die die Spezialität des Hauses waren, dazu einen hervorragenden Weißwein. Edie und Jonathan planten für den Sommer eine Reise nach Israel, und Edie war eben dabei, sich umfassend über das Land zu informieren: Geschichte, Kultur, Essen, Künstler, Politiker. Während sie sprach, dachte ich an den Tag zurück, an dem ich ihnen Eric vorgestellt hatte. Über die Maßen glücklich, brauchte ich jemanden, mit dem ich meine Seligkeit teilen konnte. Ich erzählte Edie alles über ihn: wie wir uns kennengelernt hatten, was er beruflich machte. Ich hatte keine Geheimnisse vor Edie. Sie wußte, daß Eric vor kurzem in meine Wohnung eingezogen war, sie wußte, daß ich mich bemühte, ihm mehr Arbeit zu verschaffen und daß ich die Rechnungen bezahlte. Sie wußte von seinen zwei Exfrauen. Aber falls sie und Jonathan Vorbehalte hatten, so ließen sie es sich mir gegenüber nicht anmerken. Ich war ihnen dankbar, daß sie Eric eine Chance gaben, daß sie mich glücklich sehen wollten. Ich wußte, daß sie ihn mögen würden. Ich wußte es. Jetzt, fünf Jahre danach, waren wir alle Freunde. Und ich war immer noch glücklich.

Aber an diesem Abend überkam mich Traurigkeit – trotz Eric, trotz meiner Freunde Edie und Jonathan. »Die Sache mit Jean geht dir nahe, nicht wahr?« bemerkte Edie, der meine Niedergeschlagenheit auffiel. »Wird sie sterben?«

»Nein.« Ich schüttelte heftig den Kopf. »Ich weiß das, wenn ich bloß ihr Gesicht in dem Film ansehe. Sie wird es schaffen. Sie hat im Leben noch viel vor. Aber ich fühle mich so hilflos.«

»Der Film wird ihr helfen«, sagte Eric und nahm meine Hand. »Er wird vielen Leuten helfen.«

»Wie kannst du einen Film machen, ohne das Ende zu kennen?« fragte mich Edie.

»Wie kannst du leben?« fragte Jonathan zu ihr gewandt. Er lächelte, und ich fühlte mich plötzlich besser. Nach dem Essen gingen wir zu Fuß in ihre Wohnung zurück, wo uns Jonathan einen chinesischen Tee braute, den er in Chinatown gekauft hatte. Eric und ich blieben nicht lange. Jonathan mußte am nächsten Morgen um acht Uhr operieren. Edie hatte tausend Termine. Gute Nacht, gute Nacht, bis bald.

Wir fuhren mit einem Taxi nach Hause, und an diesem Abend, erfüllt vom Gefühl der Verbundenheit, glücklich über das Zusammensein mit unseren Freunden, waren wir nicht zu müde, um uns zu lieben. Eric liebte wie kein anderer Mann, den ich je gekannt habe. Er war kraftvoll, zärtlich und ohne jede Scheu. Er streichelte mich, er reagierte, er lachte, er redete. Als ich in seinen Armen einschlief, meinen Rücken von seinem Körper eingehüllt, dankte ich im Stillen meinem Schutzengel für all mein Glück, für allen Reichtum meines Lebens.

2

Das Telefon schrillte durchdringend, fast beharrlich, und schreckte Eric und mich aus dem Schlaf. Es war Sonntagmorgen. Verdammt! Ich zog mir die Decke über den Kopf und versuchte, wieder einzuschlafen, während er nach dem Hörer griff. Mehrere Minuten lang hörte ich nichts, dann hörte ich ihn mit seiner rauhen Morgenstimme sagen: »Du drehst durch. Catherine, du drehst durch.«

Catherine war seine Exfrau Nummer zwei, die jetzt in Chicago lebte. Sie hatte noch nie in meiner Wohnung angerufen, zumindest nicht, wenn ich da war. Sie dreht durch, dachte ich im Halbschlaf, was bedeutet das? Warum ruft sie jetzt an?

»Ich schick dir's, wenn ich es habe«, sagte Eric. »Ich habe dir gesagt, daß ich jetzt keines habe. Wenn ich es habe.« Seine Stimme klang mehr als nachdrücklich; er war wütend. Ich zog mir das Kissen über den Kopf. Ich wollte kein Wort hören, keinen Fetzen dieses Gesprächs.

Dann begann Eric mit einer Stimme zu reden, die ich noch nie zuvor gehört hatte, einer fremden und angsterregenden Stimme. Sie mußte etwas Schreckliches, etwas Fürchterliches gesagt haben. »Du bis überreizt, Ca-ther-ine. Du denkst nicht klar. Du weißt, wie du bist, wenn du nicht klar denkst.«

Es hatte keinen Zweck. Ich konnte unter diesen Umständen nicht mehr schlafen. Ich war hellwach. Der Sonntagmorgen hatte begonnen. Auf dem Weg ins Bad drehte ich mich um und sah Eric an, der auf der Bettkante saß. Er hörte jetzt zu, und sein Gesicht hatte einen ärgerlichen Ausdruck.

Als ich zurückkam, hatte er aufgelegt. Ich ging in die Küche, um Kaffee zu machen, und wenige Minuten später lagen wir wieder zusammen im Bett. Ich wagte nicht, ihn nach dem Anruf zu fragen; ich merkte, daß er innerlich noch vor Wut bebte.

Die Sonntagsausgabe der *Times* lag verstreut auf dem Fußboden um das große, weiße Bett herum, das Eric für unser Schlafzimmer gebaut hatte; wir hatten sie am Abend zuvor verschlungen. Eric war der einzige Mann, den ich kannte, der jeden Teil der Zeitung las: Buchkritik, Immobilien, Wirtschaft, Feuilleton. Alles schien ihn zu interessieren.

Wir lagen da und tranken unseren Kaffee. Die helle Morgensonne drang durch die Jalousie. Schließlich brachte ich den Mut auf, leise zu fragen: »Was war? Was ist los?«

»Dieses Biest.«

Ich hatte ihn noch nie so reden hören, noch nie so wütend gesehen.

»Sie will, daß ich ihre Rechnung im Mercy-Hospital zahle. Ich habe dir doch erzählt, daß sie sich bei dem Unfall den Rücken verletzt hat.«

»Bei welchem Unfall?«

»Als sie gestürzt ist.«

Ich nickte. Er hatte etwas davon erwähnt. Aber sie muß doch eine Krankenversicherung haben, dachte ich. »Warum will sie, daß du es zahlst?« fragte ich etwas beunruhigt.

»Sie sagt, ich hätte es ihr versprochen – ich erinnere mich nicht daran. Im übrigen will ich jetzt nicht darüber sprechen, Barbara. Es ist früh am Morgen. Ich bin kaum wach.«

Ich wollte auch nicht darüber sprechen, aber sein Ton beunruhigte mich. Catherine war die Mutter seines einzigen Kindes. Und sie hatte einen Unfall gehabt. Wie konnte er so mit ihr sprechen! »Wenn Catherine Geld braucht«, sagte ich, »können wir es ihr schicken.«

»Zum Teufel, Barbara, ich habe gesagt, daß ich nicht darüber reden möchte!« Er verließ das Bett und ging in die Küche. Ich zündete mir eine Zigarette an und dachte, wir haben doch Geheimnisse voreinander, Eric und ich. Wir teilen nicht alles miteinander.

Seine Stimmung hatte sich verändert, als er zurückkam. »Es tut mit leid, Babe«, sagte er und gab mir noch eine Tasse Kaffee.

»Es ist bloß, daß sie ständig Geld von mir fordert. Nicht alle Frauen sind wie du, verdienen ihren Unterhalt, zahlen ihre Rechnungen selbst. In Wirklichkeit unterstützt du doch mich.« Das wollte ich nun auch nicht hören. Ich zahlte die Miete und kaufte die Lebensmittel. Das hatte ich auch vor ihm tun müssen; warum also nicht auch jetzt? Er bezahlte seine Bürokosten, eine Halbtagssekretärin und die Alimente für seine Frau und das Kind, obwohl ich ihm dafür manchmal Geld leihen mußte.

»Was möchtest du heute machen?« fragte er mich.

Es ist Sonntag, dachte ich. Ich habe immer die Sonntage gehaßt, mich immer gegen den Trübsinn wehren müssen, der mich am Sonntagnachmittag überfällt. Ich erinnerte mich an die Sonntage zu Hause in Florida, die Hausaufgaben nicht fertig, der Montag nahte, das Wochenende war vorbei. Oder die Sonntagnachmittage in New York, wenn ich nach einem Konzert oder einem Museumsbesuch wieder in den schmutzigen ratternden Zug einsteigen mußte, um nach Vassar zurückzufahren. Ich erinnerte mich an Hunderte von Sonntagen, an denen ich allein war, während der verheiratete Mann, den ich liebte, mit seinen Kindern auf dem Rasen seines Häuschen im Grünen tollte. Damals hatte ich mir gedacht, wenn ich sterbe, wird es sicherlich an einem Sonntagnachmittag etwa um vier Uhr sein. Aber seit Eric in mein Leben getreten war, waren die Sonntage hell für mich geworden. Ich hatte jemanden, der mich liebte, den ich liebte, der den Tag mit mir verbrachte. Es war unsere kostbarste Zeit zusammen – fern von unserer Arbeit, nur wir beide.

»Ich weiß«, sagte Eric. »Fahren wir zum Haus hinaus und schauen nach, was der Winter angerichtet hat.«

Ich war unentschlossen. Eigentlich wäre ich ganz gerne in der Wohnung geblieben und hätte nichts getan. Im Haus draußen war das Wasser noch abgesperrt und der Strom noch nicht eingeschaltet. Außerdem war das Haus ja immerhin zwei Autostunden entfernt.

Eric liebte das Haus am Meer. In gewisser Weise war ich sicher, daß er mehr Besitzerstolz als ich empfand, obwohl ich die Hypothek und die Rechnungen bezahlte. In unserem ersten gemeinsamen Sommer hatten wir ein Haus in den Hamptons gemietet und dann beschlossen, uns nach etwas Eigenem umzusehen. Es war ein Zeichen unserer Bindung – ein Haus am Meer ohne störende Erinnerungen an andere, ein Heim, das nur uns gehörte. Wir brauchten fast ein weiteres Jahr, um das alte Holzhaus am Strand zu renovieren, das wir gefunden hatten. Wir hoben das Dach und vergrößerten das Wohnzimmer; Eric machte die meisten Arbeiten selbst, froh darüber, auch seinen Beitrag leisten zu können, indem er mir Geld sparen half. Er hatte noch jede Menge Pläne, und wenn ich ihn an den Sommerwochenenden über immer neuen Basteleien sah, fragte ich mich, ob er je zuvor in einem Haus gelebt hatte.

»Was hältst Du davon, Babe? Fahren wir ans Meer«, wiederholte er. »Es ist ein herrlicher Tag. Wir nehmen uns Wein und Käse mit und lassen es uns auf der Terrasse schmecken.«

Ich lächelte und nickte zustimmend. Es war immer so glücklich am Meer. Vielleicht würde er den Anruf von Catherine vergessen, und ich den Tonfall, in dem er mit ihr gesprochen hatte.

Wir beeilten uns mit dem Aufbruch. Ich hatte noch überlegt, ob ich das Krankenhaus anrufen sollte, um nach Jean zu fragen, besann mich aber anders. Nein, das war unser Tag, nur wir beide. Keine Düsterkeit, kein Schatten. Nur ich und mein Liebster und die Sonne.

»Bei dem Fenster läuft das Wasser rein«, stellte er fest, als wir im Wohnzimmer standen. »Und ich muß das Dach nachschauen, ob die Schindeln alle gehalten haben.«

»Ist das schwierig?« fragte ich ihn. Ich machte mir Sorgen. Ich verstand nichts von solchen Dingen: Balken, Dachschindeln, Installationen, Lichtleitungen. Ich war so froh, daß er sich mit allem auskannte.

»Kein Problem, Babe. Die Fenster kann ich selbst abdichten, und auf das Dach haben wir noch eine Garantie.«

Ich hörte seine Schritte über mir auf dem Dachboden; dann ging er hinter das Haus, um nach einem Schneegatter zu suchen, das er vor dem Haus in die Dünen setzen wollte, um den Sand aufzufangen, den uns der Wind in den letzten Märzwochen bescheren würde. Ich packte unser Mittagessen aus; wir saßen eine Weile auf der Terrasse, tranken unseren Wein und schauten aufs Meer hinaus. Danach ging Eric wieder an die Arbeit, und ich machte einen Spaziergang am Strand. Um diese Jahreszeit war der Sand unberührt von Fußspuren. Es war wundervoll, der Sand so rein, das Wasser tiefblau. Die Wellen brachen sich nahe am Ufer, und obwohl das Wasser kalt war, zog ich meine Schuhe aus und ging barfuß am Rand des Wassers entlang. Ich inspizierte auch die Dünen meines Nachbarn. Dieses Jahr hatten wir Glück. Der Wind und das Wasser hatten uns viel Sand gebracht. Es war kein schlechter Winter gewesen. Alles war intakt. Wir hatten überlebt.

Als ich nach Hause kam, fand ich Eric in ein neues Vorhaben vertieft, für das er sich Notizen machte und Messungen vornahm. Für mich gab es wirklich nicht viel zu tun. Saubermachen konnte ich nicht, weil das Wasser noch abgesperrt war, die Leitungen könnten sonst bei einem erneuten Frosteinbruch bersten. Ich machte mir also irgendwie zu schaffen, indem ich nachsah, ob alles an seinem Platz war. Irgendwie fühlte ich mich immer ein bißchen schuldbewußt, ein bißchen ausgeschlossen und unnütz, wenn Eric anfing, an dem Haus zu arbeiten. Es war wie eine Liebschaft, bei der ich

37

der Fremde, der Außenseiter war. Ich ging deshalb auf die Terrasse und setzte mich in die Sonne, mit dem Blick aufs Meer.

Kurze Zeit später spürte ich seine Arme um mich. Er stand hinter mir und beugte sich nach vorn, um mich zart auf die Lippen zu küssen. Ich sah zu ihm auf. Der Strand war verlassen, und so liebten wir uns im hellen Sonnenschein, während die Wellen ans Ufer schlugen. Wäre jemand vorbeigegangen, hätten wir es nicht bemerkt. Wir lagen einander in den Armen und sahen aufs Meer hinaus. Ich versuchte, wie so oft, nachdem wir uns geliebt hatten, meinen Herzschlag dem seinen anzugleichen.

Lange Zeit redeten wir nicht. Jedes Wort wäre banal gewesen. Die Spätnachmittagssonne wurde schließlich kalt und blaß, und wir begannen zu frösteln.

»Ich liebe dich, Babe.«

»Ich weiß, Eric. Ich liebe dich auch.«

»Es ist Zeit, den alten Sammy in Gang zu bringen.«

Sammy war der Name unseres Autos. Ein guter Freund, Sam Gold, hatte es mir geschenkt, als ich das Haus kaufte. Jahre vorher hatte ich ihm geholfen, für seine Mutter einen Platz in einem Altersheim in New York zu finden. Das Auto war sein Dank an mich. Und obwohl es nicht besonders schön war, brachte es uns zu unserem Haus und zurück. Eric hatte stundenlang daran herumgebastelt, einen neuen Vergaser eingebaut und es in Hochform gebracht. Auch was das Auto und Eric anging, hütete ich mich davor, mich da einzumischen. Nicht nur, daß mir jedes technische Verständnis fehlt – ich fahre nicht einmal gern Auto. Als ich nach New York übersiedelte und die lärmenden, verstopften Straßen sah, die Autos, die ständig ohne Vorwarnung die Fahrspur wechselten, ließ ich meinen Führerschein aus Florida einfach ablaufen. Eric beschloß eines Sommers, mir einige Nachhilfestunden zu geben, aber es nützte einfach nichts. Ich war zu nervös, er war zu ungeduldig, und so gaben wir es auf. Unsere Liebe hatte schon einige heikle Momente auf dem Tennisplatz überleben müssen. Warum sollten wir das Schicksal mit Fahrlektionen herausfordern?, hatte ich ihn geneckt. Außerdem war Eric ein ausgezeichneter Fahrer. Im alten Sammy mit Eric am Steuer fühlte ich mich immer sicher.

»Mach's gut, Haus«, rief ich, als wir auf die Straße einbogen. »Bleib trocken. Wir kommen bald wieder.« Dann fiel mir plötzlich Jean ein und das Wochenende, das sie mit Eric und mir am Meer verbringen wollte. Wir hatten darüber gesprochen, als wir in Tijuana am Strand entlanggingen. Auch sie liebte das Meer. Du wirst das Wochenende hier schaffen, Jeanie, bestimmt. Aber der bloße Gedanke an sie erinnerte mich an die Woche, die vor mir lag: Mein Termin mit Doktor Allen am Morgen, die Vorführung für O'Connor. Und langsam senkte sich diese alte Sonntagsschwere wieder über mich und hüllte mich in eine trostlose graue Wolke.

Eric, der meine Stimmung spürte, fragte zärtlich: »Hat dich der Sonntagsteufel beim Wickel, Babe? Genau auf die Minute.« Er lächelte und deutete auf seine Uhr. Es war Punkt vier.

»Ein kleines bißchen, Eric, ein kleines bißchen.«

Als ich die Wohnung betrat, läutete das Telefon. Ich stellte meinen Picknickkorb im Flur ab und eilte ins Schlafzimmer. Eric parkte das Auto in der Garage. Er würde in etwa zehn Minuten zurück sein.

»Barbara, bist du's?« Es war meine Mutter in Miami. Sie rief mich jeden Sonntag an, ohne Ausnahme. »Wo warst du?« fragte sie. »Wir versuchen seit Stunden, dich zu erreichen. Ich habe mir fürchterliche Sorgen gemacht.«

»Eric und ich sind ans Meer gefahren«, sagte ich.

»Ist es nicht ein bißchen früh, da hinzufahren, ist es nicht kalt? Ich hoffe, du hast dich warm angezogen. Warte einen Moment, ich hole deinen Vater. Lou! Lou! Barbara ist am Telefon. Heb ab. Willst du nicht mit deiner Tochter reden?«

Mein Inneres krampfte sich zusammen. Sooft sich diese

Szene auch schon abgespielt hatte, sie traf mich immer wieder unvorbereitet. Selten hatte ich den Hörer abgenommen und meinen Vater interessiert und gesprächsbereit gehört. Warum? Heute war keine Ausnahme. Ich streckte mich auf dem Bett aus, während sie ihn nochmals rief. Ich hoffte, Eric würde bald kommen, ich wollte ihn bei mir haben.

Schließlich nahm mein Vater wie immer den Hörer und sagte: »Wie geht's dir, Baby? Alles in Ordnung? Deine Mutter hat sich schreckliche Sorgen gemacht. Du weißt, daß sie dich immer am Sonntag anruft. Du hättest uns mitteilen sollen, wo du bist.«

»Also komm, Lou, ich habe mir keine Sorgen gemacht. Barbara ist schließlich erwachsen. Sie braucht uns nicht über jeden Schritt zu informieren, den sie macht.«

»Okay, okay. Du hast dir keine Sorgen gemacht.«

»Also, Barbara, Liebes, was gibt es Neues? Wie geht es Jean?« begann meine Mutter. Sie nahm echten Anteil an meinem Leben; zuviel Anteil, dachte ich manchmal. Aber sie war immer da, immer bereit, mir zuzuhören, immer bereit zu helfen. Ich begann also, über Jean zu erzählen. Sie fragte, ob ich glaube, das Laetrile sei gut für sie. Nein, ich hielt es für einen Schwindel.

»Oh, das tut mir leid«, antwortete sie. Es folgte eine Pause, und dann sagte sie: »Gibt's etwas Neues bei dir und Eric?« Ich konnte das Zögern in ihrer Stimme hören, als sie mich das fragte.

Mein Vater spürte, daß ihr indirektes Vorgehen nichts fruchten würde, und beschloß, die Sache in die Hand zu nehmen. »Laß mich das machen, Sally«, sagte er bestimmt. »Hast du Heiratspläne, Barbara?«

Es war die unvermeidliche Frage, die jeden Sonntag kam, und ich wußte immer noch nicht, wie ich damit umgehen sollte. »Ich habe keine«, antwortete ich. »Wenn ich welche hätte, würdet ihr die ersten sein, die es erfahren.« Ich haßte meinen sarkastischen Ton, aber ich konnte nicht anders. Ich blickte auf und sah Eric im Flur stehen. Er kannte unsere Sonntagstelefonate, er wußte, was vor sich ging. Er lächelte und schüttelte den Kopf, als er in die Küche ging, um uns einen Drink zu machen.

»Nun ja, dein Bruder hat Kinder«, insistierte meine Mutter, »und wir lieben Melinda. Sie ist eine wunderbare Schwiegertochter. Aber wir werden keine echte Familie sein, bis auch du mich zur Großmutter machst.«

»Ach Mutter, hör doch auf, bitte«, sagte ich. »Du *bist* eine Großmutter. Ich mache Filme, nicht Kinder.«

Jetzt war wieder mein Vater dran. »Es ist nur, weil wir dich liebhaben, Barbara. Du denkst nie an die Zukunft. Du und Eric, ihr könnt so nicht weiterleben.«

Ich wurde allmählich wütend. Ich wurde jedesmal wütend. »Warum nicht?«, fragte ich. »Warum zum Teufel nicht? Was ist daran schlecht, wenn zwei Leute, die sich mögen, zusammenleben? Was zum Teufel soll daran schlecht sein?«

»Nichts ist schlecht daran«, lenkte meine Mutter sanft ein. »Es ist doch bloß, daß du uns so glücklich machen würdest... Und wenn du ihn wirklich liebst... Und unsere Freunde – «, ich schnitt ihr das Wort ab.

»Eure Freunde sind mir schnurzegal. Natürlich liebe ich ihn. Mutter, bitte, warum kannst du mich nicht so leben lassen, wie ich es will?«

Ich nahm einen großen Schluck von dem Scotch, den mir Eric gebracht hatte, und versuchte, mich zu beruhigen. Er kehrte ins Wohnzimmer zurück und ließ mich mit meinem Telefongespräch allein.

Meine Mutter wechselte das Thema und begann, über ihre Enkelkinder und die Europareise zu reden, die sie für diesen Sommer planten, bloß um das Gespräch in gutem Einvernehmen enden zu lassen. Ich hörte ihr zu, machte ein paar Bemerkungen und sagte schließlich: »Ich muß jetzt Schluß machen. Wir reden bald wieder miteinander. Nächsten Sonntag. Wollt ihr Eric guten Tag sagen?«

»Nein, meine Liebe. Grüße ihn nur von uns«, erwiderte meine Mutter, dann endete das Gespräch mit einem Knacken in der Leitung. Ich ging ins Wohnzimmer und setzte mich neben Eric auf die Couch. »Ich halte das nicht mehr aus«, sagte ich. »Ich halte das keine Sekunde mehr aus. Jeden Sonntag, bei jedem Telefonat. Sie rufen mich sogar im Büro deswegen an, wenn sie wissen, daß du nicht da bist. Warum ist es ihnen so wichtig?«

»Weil sie dich lieben und du ihnen viel bedeutest«, antwortete er. »Sie müssen sich um dich kümmern können. Sie brauchen dich, um ihr eigenes Leben auszufüllen. Ich empfinde genauso, Babe. Das weißt du ja.« Ich wandte meinen Blick ab. Ich wollte nicht, daß er weiterredete. Er spürte sofort, wie unglücklich ich war, und nahm mich in seine Arme. Aber ich konnte meine Niedergeschlagenheit nicht abschütteln. Der Tag war für mich ruiniert. Ich weiß schon, warum ich die Sonntage hasse, dachte ich, und daran wird sich nie etwas ändern.

Als ich in der Küche das Abendessen vorbereitete, mußte ich noch immer an den Anruf denken. Warum verursachten meine Eltern immer solche Schuldgefühle bei mir? Schuldgefühle, weil ich sie nicht glücklich machte. Und was war mit *meinem* Glück? Zählte das nicht? Sie bildeten ein merkwürdiges Komplott, meine Eltern und Eric, obwohl er im Grunde nicht verstand worum es ihnen ging. Nicht daß ich *ihn* heiratete, war wichtig; die Heirat als solche war es, worauf es ihnen ankam.

Ich dachte daran, wie nervös ich gewesen war, als ich Eric meinen Eltern vorstellte. Ich hatte ihnen am Telefon gesagt, ich hätte einen Freund gefunden, einen Mann, den ich über alles liebte. Es war mir ungeheuer wichtig, daß sie ihn mögen würden. Deshalb belog ich sie. Ich sagte ihnen zwar, daß er im Begriff sei, sich scheiden zu lassen, aber ich verschwieg, daß er bereits zweimal verheiratet gewesen war. Meine Eltern hatten in jenem Sommer vor ihrer Europareise in New York Station gemacht, um mich zu besuchen und um ihn kennenzulernen.

42

Sie waren etwas schockiert, als sich herausstellte, daß wir in meiner Wohnung zusammenlebten. Dann begannen die Fragen über den künftigen Schwiegersohn: Womit sich Eric sein Geld verdiene? Was wir für »Pläne für die Zukunft« hätten? Sie meinten mit ihren Fragen nur eines: heiraten. Deshalb nahm ich meinen ganzen Mut zusammen und sagte ihnen die Wahrheit: Selbst wenn Eric endgültig geschieden sei, hätten wir nicht vor zu heiraten. Ich versuchte ihnen klarzumachen, daß es möglich sei, auch ohne Trauschein zusammenzuleben und einander zu lieben. Es bleibe ihnen nichts anderes übrig, als das zu akzeptieren. Schließlich sei ich eine erwachsene Frau.

Ich dachte an ihre kummervollen Gesichter. Zusammenleben, ohne zu heiraten? Mit meinen Worten hatte ich alle ihre Wertbegriffe in Frage gestellt und viele ihrer Träume zunichte gemacht. Und sie akzeptierten es auch niemals wirklich. Sobald sie erfuhren, daß Eric geschieden war, begannen die Fragen aufs neue, und jetzt warteten sie – warteten darauf, daß ich die Zauberformel aussprechen würde. Sie waren überzeugt, daß sie letztlich siegen würden. Irgendwann mußte Barbara doch zur Vernunft kommen.

Eric kam mindestens zweimal in die Küche, um sich Wein nachzuschenken. Vielleicht waren meine Nerven angegriffen, auf jeden Fall fuhr ich ihn an: »Warum brauchst du das? Es ist schlecht, soviel zu trinken.«

»Das ist eben mein Valium«, antwortete er scharf. »Davon fühle *ich* mich gut. Du hast deine Tabletten, ich habe meinen Wein. Laß das jetzt, Barbara.«

Ach Gott, dachte ich, jetzt habe ich auch ihm den Tag ruiniert. Ich wußte, er haßte meinen Tablettenkonsum. Er haßte Dr. Allen, weil er sie mir verschrieb. Ja, er fand ihn in jeder Hinsicht unfähig. Er konnte nicht begreifen, worüber wir seit Jahren redeten. Und meine Angstanfälle verschlimmerten sich trotz der Tabletten. Eric glaubte, die Lösung zu haben. Wie oft hatte er zu mir gesagt: »Wenn du mich bloß heiraten

43

würdest, Babe, würde ich dafür sorgen, daß sie verschwinden«?
Er setzte mich unter Druck. Und seine Bemerkung, daß der
Wein sein Valium sei – war das vielleicht eine subtile Art von
Erpressung? Ich beschloß, nicht darüber nachzudenken.

Beim Abendessen redeten wir über belanglose Dinge: An
wen wir das Haus am Meer vermieten könnten, neue Reifen für
Sammy. Ich spülte das Geschirr, und als ich ins Wohnzimmer
zurückkam, war Eric mit den Zimmerpflanzen beschäftigt. Er
konnte wunderbar damit umgehen. Wenn ich sie bloß ansah,
gingen sie schon ein. Ich überließ ihn daher seinen Pflanzen
und ging zu Bett.

Morgen, dachte ich. Ich muß mit Dr. Allen über diese
Anfälle reden. O'Connor. Vielleicht geht es Jean besser, und sie
kann mit mir reden. Und ich muß anfangen, mir über einen
neuen Film Gedanken zu machen, den ich im Anschluß an
diesen drehen könnte.

Ich war müde, aber ich konnte nicht einschlafen. Mir ging
durch den Kopf, wie Eric mit Catherine gesprochen hatte und
ich mit meinen Eltern. Ich haßte Telefonate. Aus dem
Wohnzimmer drang Musik. Warum ging er nicht zu Bett? Ich
haßte Sonntage.

Schließlich kam er ins Schlafzimmer und zog sich aus. Ich
stellte mich schlafend, als er sich neben mich legte und in seine
Arme nahm. Er hielt mich die ganze Nacht.

3

Als ich in den Riverside Drive einbog, staunte ich aufs neue über die frische, klare Luft, die von dem verschmutzten Hudson herüber wehte. Ich war auf dem Weg zu Dr. Allen. Die meisten meiner Freunde gingen zu Ärzten mit deutschem Akzent, die ihre Praxis auf der Verlängerung der Park Avenue hatten. Dort mußten sie sich die Fahrstühle mit Kinderwagen und Wäschekörben teilen. Mein Arzt residierte am Riverside Drive, hatte keinen Akzent und eine schöne Aussicht auf den Fluß. Ich half ihm seit zehn Jahren, seine Miete zu bezahlen.

Während ich auf den Summton wartete, der die Tür öffnete, empfand ich eine tiefe Müdigkeit. Dann saß ich in dem leeren, schwach erleuchteten Wartezimmer, trank Kaffee aus der Thermosflasche, die ich mitgebracht hatte, und blätterte in der Morgenausgabe der *Times*. Es war halb neun. Ich war immer seine erste Patientin am Montagmorgen. Die Möbel wirkten heute irgendwie schäbig. Auf dem Tisch lagen Illustrierte herum und alte Nummern von *Newsweek*. So oft bin ich schon hergekommen, dachte ich, so viele Jahre lang. Was mache ich eigentlich hier? Wir schienen über nichts Wichtiges zu reden, aber immerhin bekam ich das Valium von Dr. Allen. Und ich wußte, wie nötig ich das hatte.

Er kam mir, wie gewöhnlich, zur Begrüßung die Hälfte des Ganges entgegen und kehrte dann in sein Arbeitszimmer zurück, während ich meine Sachen aufsammelte. In seinem

Zimmer saßen wir einander in der hergebrachten Sitzordnung gegenüber, ich mit dem Rücken zur Couch.

»Nun, Miss Gordon, wie geht es Ihnen heute?« fragte er und fixierte mich mit seinem scheinbar bedeutsamen Blick. Ein vertrautes Gefühl der Schwere senkte sich über mich: Dieser Mann kannte mich in- und auswendig – meine Liebe und meinen Haß, meine Freuden und meine Schmerzen, meine Phantasien und meine Ängste. Trotzdem nannte er mich immer noch Miss Gordon.

Ich musterte den sorgfältig gebügelten Anzug, das weiße Hemd, die dezente Krawatte, das kantige Gesicht, den sterilen Raum. Wie alt war er eigentlich? Ich hatte keine Ahnung. Er konnte dreiundvierzig oder auch einundfünfzig sein. In den vergangenen Jahren hatte er so wenig von sich preisgegeben, daß ich nichts über ihn wußte – noch nicht einmal, welche Art von Mensch er war. Das muß so sein, dachte ich; er muß so unnahbar bleiben, so kühl und distanziert, um mir helfen zu können. Aber irgendwie schien es mir, als müsse er sich erst gar nicht um Distanz bemühen. Mein Gott, dachte ich, vielleicht ist er wirklich so gleichgültig. Vor ein paar Jahren war ich bei einem anderen Arzt gewesen, den er mir als Urlaubsvertretung empfohlen hatte. Dieser Mann war so engagiert, so direkt. Ich sagte ihm, ich würde viel lieber mit ihm reden als mit Dr. Allen. Er höre wirklich zu. Aber dann bekam ich schreckliche Schuldgefühle Dr. Allen gegenüber. Er kannte mich schließlich besser. Außerdem wollte ich nicht noch einmal von vorne beginnen.

Ich wunderte mich über mich selbst, denn ich hielt einen Monolog von geradezu fieberhafter Intensität. »Neu ist, Dr. Allen, daß ich nicht mehr allein durch die Straßen dieser Stadt, die ich liebe, gehen kann. Wenn ich nicht mit Tabletten vollgepumpt bin oder jemanden bei mir habe, schaffe ich es nicht mehr. Ohne Valium komme ich nicht mehr über die Runden. Ich brauche etwas, das außerhalb meiner selbst liegt, um überhaupt funktionieren zu können. Ich werde zu abhängig

von diesen Tabletten. Warum nur? Sagen Sie mir, warum!«
Er unterbrach mich: »Aber ich habe Ihnen doch schon oft
gesagt, Miss Gordon, daß die Tabletten nicht süchtig machen.
Sie schaden Ihnen nicht.« Er schlug seine Beine übereinander
und lehnte sich in Erwartung meiner Antwort in seinem Sessel
zurück.

Die Worte sprudelten jetzt aus mir heraus. Ich hatte nicht
vorgehabt, all diese Dinge zu sagen, aber jetzt schien ich
außerstande, es zu stoppen. »Ich lebe mit einem wundervollen
Mann zusammen, habe einen phantastischen Job, ein herrli-
ches Leben. Warum dann diese schrecklichen Angstanfälle?
Warum können Sie mir nicht helfen? Diese Zustände schränken mich in meiner Bewegungsfreiheit ein, mein Leben verengt
sich dadurch immer mehr. Bitte, Dr. Allen, bitte helfen Sie
mir!«

Er reagierte nicht. Er starrte mich immer noch mit demselben Ausdruck an wie zu Beginn der Sitzung. »Schließlich sind
Sie Arzt«, sagte ich. »Die Tabletten helfen mir nicht mehr. Was
auch immer die Ursache sein mag, ich werde mich ihr stellen.
Ich bin kein Feigling. Ich brauche Ihre Hilfe.«

»Vielleicht«, begann er sanft, »brauchen Sie mehr Medikamente, damit Sie nicht so hysterisch sind. Jetzt erzählen Sie
mir, worüber Sie sich so aufregen. Haben Sie mit Eric Streit
gehabt?«

Ich versicherte ihm, daß es keinen Streit zwischen uns
gegeben hatte, daß das Wochenende abgesehen von dem
bedrängenden Anruf meiner Eltern schön gewesen war. Bald
fühlte ich mich ruhiger und begann über Jean zu sprechen. »Ich
mache mir Sorgen um sie. Sie will nicht mit mir reden, sie kann
das Krankenhaus nicht verlassen, und ich hoffe, daß sie nicht
leiden muß.« Ich fing an, ihm von dem Laetrile zu erzählen,
wie sehr Jean gehofft hatte, daß es ihr helfen werde, daß sie
nicht sterben dürfe, sie sei ja noch so jung.

»Ich glaube, ich werde Ihnen ein stärkeres Medikament
verschreiben«, bemerkte er.

47

Er verstand mich nicht. Er hörte mir gar nicht zu. Ich hatte ruhig und gefaßt von meinen Sorgen um Jean gesprochen. Jetzt spürte ich, wie ich vor Wut außer mich geriet. Ich zerdrückte meine Zigarette im Aschenbecher und schrie: »Tabletten, Tabletten – es muß doch noch eine andere Lösung geben! Ich hasse diese Dinger, und Eric verabscheut sie ebenfalls!«

Er erhob sich aus seinem Sessel und ging an seinen Schreibtisch. Ich saß da, starrte ihn an und wartete darauf, was er nun sagen würde. Er nahm einen dicken Wälzer von seinem Schreibtisch und kam damit zu mir zurück. Wortlos begann er, in dem Buch zu blättern. »Ich glaube, Sie sollten zu Thorazin übergehen«, sagte er schließlich. »Es wird Ihnen über diese Anfälle hinweghelfen.«

»Thorazin?« schrie ich ihn an. »Das betäubt den Verstand und tötet die Seele. Das wird in Krankenhäusern verabreicht. Ich will es nicht.«

»Es wird Ihnen helfen«, sagte er lächelnd.

»Das ist mir egal«, sagte ich wütend. »So krank bin ich nicht. Ich möchte nicht völlig apathisch werden.«

»Nur ein bißchen, oder möchten Sie vielleicht Lithium?« Seine Stimme klang selbstbewußt. Wenn er über diese Tabletten redete, fühlte er sich sicher.

Ich stand auf und begann, in dem Zimmer auf- und abzugehen. Ich versuchte, klar zu denken. Valium. Lithium. Waren Tabletten wirklich die einzige Lösung?

»Die Sitzung ist fast vorüber, Miss Gordon«, sagte er. »Wozu haben Sie sich entschlossen?«

Wozu haben Sie sich entschlossen? Möchten Sie Schokolade, Vanille oder Erdbeer? Ach, ich nehme Thorazin in einer Waffeltüte, Papa. Meine Gedanken überschlugen sich. Ich war verwirrt. Ich wußte nicht, was ich tun sollte. Schließlich sah ich ihn an und sagte: »Geben Sie mir bloß ein Rezept für das Valium.«

Er griff nach Rezeptblock und Füller. »Welche Stärke nehmen Sie, Miss Gordon?«

Ich traute meinen Ohren nicht. Er wußte nicht einmal, in welcher Dosis er mir das Medikament verschrieb. »Fünf Milligramm«, antwortete ich leise.

»Möchten Sie eine zusätzliche Stunde diese Woche?« fragte er mich, als er mir das Rezept gab. »Vielleicht fühlen Sie sich dann besser? Wissen Sie, ich glaube wirklich, daß Ihnen das Thorazin helfen würde. Überlegen Sie es sich noch einmal.« »Keine zusätzliche Stunde. Ich habe keine Zeit. Und Thorazin kommt nicht in Frage. Ich wäre froh, wenn ich auch das hier nicht bräuchte«, antwortete ich, das Rezept schwenkend.

»Sehr gut, dann sehe ich Sie nächsten Montag.« Er erhob sich, um mich zur Tür zu begleiten, aber an diesem Morgen wollte ich mir dieses Ritual ersparen. Ich verließ das Zimmer und flüchtete den Gang hinunter, ohne die Tür hinter mir zu schließen.

Draußen rannte ich zu einem Taxi. Ich mußte schnell ans andere Ende der Stadt. Steve und Fran warteten auf mich. Wieder hatte ich ein Rezept und keine Lösungen. Dieselbe Angst. Die Szene hatte sich schon wiederholt abgespielt. Ich hörte Dr. Allens Stimme sagen: »Sie sind bloß hysterisch.« Warum? Warum bin ich hysterisch?, hatte ich ihn so oft gefragt. Seine Antwort bestand immer in Tabletten. Ich bin doch nicht so schwach, verdammt nochmal. Wirklich nicht. Eines Tages werde ich draufkommen, was es mit diesem ganzen Dilemma auf sich hat, schwor ich mir. Aber im Augenblick brauche ich das Valium noch. Ich würde an meinem Film arbeiten. Alles war in Ordnung, wenn ich arbeitete.

Der Mann von der *Times* zeigte sich undurchdringlich wie immer. Ich redete bei den schwachen Stellen des Films, wandte den alten Trick aller Produzenten an, bei noch ungelösten Problemen des Textes zu husten, meinen Notizblock bei einer überbelichteten Szene fallenzulassen, in der Hoffnung seine Aufmerksamkeit von den unausgereiften Passagen abzulenken.

O'Connor machte sich geheimnisvolle Notizen, und ich dachte, das ist mein achtzigster Film, also seien Sie bitte gütig. Insgeheim sagte ich mir, Krebs kann schließlich nicht einmal O'Connor verreißen. Aber wenn er Sentimentalität und Selbstmitleid heraushörte, statt Bewunderung für Jeans Mut, ihre Menschlichkeit, ihre Ehrlichkeit zu empfinden – wer weiß? Wie gut sind doch die Autoren von Spielfilmen, Theaterstücken und Büchern dran! Sie brauchen nicht dazusitzen und an ihrer eigenen potentiellen Hinrichtung teilzunehmen. Sie kennen nicht die unerträgliche Spannung, wenn man seine Arbeit jemandem vorführt, der entweder Hackfleisch oder einen Helden aus einem machen kann. Henker oder Weihnachtsmann? Was wird er sein?

Steve und ich sahen zu, wie O'Connor seinen Notizblick in die Jackentasche steckte, nach seinem Mantel griff und zum Abschied winkend, zur Tür hinaus fegte. Steve und ich lächelten einander zu. Wir hatten uns gut gehalten, uns Sprüche wie »Ich hoffe, es hat Ihnen gefallen«, verkniffen, ein »Jeanie würde sich über eine gute Kritik freuden« unterdrückt. Nein, wir waren sachlich geblieben, wie es sich für Profis gehört. Was er dachte, würden wir erst in einer Woche erfahren.

Von der Spannung und Aufregung geschlaucht, flüchteten Steve und ich ins »Slate«, um uns bei Bloody Marys dem Rätselraten hinzugeben. Die nichtprofessionelle Seite in uns versuchte O'Connor zu entschlüsseln: »Da hat er gelächelt.« »Er war zu still.« »Er war gefesselt.« »Er sah traurig aus.« Wie nicht anders zu erwarten, wurden uns jetzt schwache Stellen des Films bewußt, die uns vorher nicht aufgefallen waren. Die Anwesenheit von zwei neuen Augen schien in jedem von uns frische Gehirnzellen aktiviert zu haben. Das Rätselraten machte Spaß und stieg uns zu Kopf. Es hätte noch lustiger sein können, wenn das Thema des Films ein heiteres gewesen wäre oder wenn sich Jean nicht im Krankenhaus befunden hätte.

Wir wußten beide, daß unsere Arbeit an diesem Film fast vorüber war, und Steve fragte mich, ob unser Chef mir schon

50

die wundervolle Idee mitgeteilt habe, die ihm für meinen nächsten gekommen sei. Ich war so müde, so erschöpft, daß ich nicht darüber reden wollte. Das war ungewöhnlich, denn wenn Steve und ich einen Film beendeten, machte ich mir immer schon Gedanken über mein nächstes Projekt. Was würde es sein? Was tun, wenn ich keinen Einfall habe? Würde es ein guter Film werden? Ich gönnte mir nie eine wirkliche Pause zwischen den Filmen. Wenn andere Produzenten einen Film fertig hatten, nahmen sie Urlaub, um Freunde zu besuchen oder bei ihrer Familie zu sein. Ich nicht. Auch wenn der Film schon im Labor war und es nichts für mich zu tun gab, saß ich an meinem Schreibtisch, las die *Times,* telefonierte herum auf der Suche nach Ideen. Aber dieses Mal hörte ich mich zu Steve sagen, daß ich nicht unhöflich sein wolle, aber ich hätte im Moment keine Lust, darüber nachzudenken.

»Warum überhaupt gleich wieder etwas Neues?« meinte Steve. »Spiel ein bißchen Tennis. Mach eine kleine Pause.« Ich sah ihn an, und wir lachten beide über diesen Vorschlag. Es war unvorstellbar. – Ich mich ausruhen. Ich hatte noch nie die Arbeit unterbrochen. Was sollte ich den ganzen Tag tun? Wer würde ich sein?

»Denkt ihr noch an eine Europareise?« fragte Steve. »Flitterwochen?«

»Du redest wie meine Mutter«, sagte ich unangenehm berührt. »Hier ist es zu laut. Laß uns zurückgehen und am Film weiterarbeiten.« »Es gibt nichts zu tun, bis die neue Rolle aus dem Labor kommt«, sagte er. »Geh einkaufen.«

Ich und einkaufen? Wie komisch, dachte ich, und lächelte in Gedanken an ein Telefongespräch, das ich einmal mit Ellen, Steves Frau, geführt hatte. »Ich weiß nicht mehr, was ich machen soll«, sagte sie. »Ich habe schon alles gekauft, was man kaufen kann.« Steve wußte, daß ich nicht in Kaufhäuser gehen konnte. Er wußte, was ich vom Heiraten hielt. Warum setzten mich alle unter Druck? Nein, dachte ich, er ist mein Freund.

»Komm, gehen wir«, sagte ich munter. »Schauen wir uns

Jeanie an. Ich habe eine Idee.« Auf dem Rückweg kauften wir Sesamsamen, weil sie gut für Steves Cholesterinspiegel waren.

An diesem Nachmittag erzählte Frannie mir etwas, was ich nicht hören wollte. »Ich habe mich informiert, Barbara«, sagte sie. »Mit einer Heilung ist bei Jean nicht zu rechnen, es ist unmöglich. Bauchspeicheldrüsenkrebs ist schlimmer als Leukämie.« Ich solle realistisch sein.

Ich wehrte ab. Ich erinnerte sie daran, daß ich mit Jean in Mexiko gewesen war. Sie hatte nie über Schmerzen geklagt, bloß unter der mexikanischen Küche gelitten. Ich hatte während unseres Aufenthaltes selbst einen leichten Fall von Montezumas Rache erlebt; es mußte also für sie noch schlimmer sein.

Fran sah mich ungläubig an. »Du bist mir eine objektive Journalistin«, bemerkte sie.

Obwohl sie nichts anderes getan hatte als das, was ich sonst an ihr schätzte, nämlich gut recherchieren, machte ich sie jetzt mundtot. »Ich *bin* realistisch«, sagte ich zu ihr. »Jean ist gerade siebenundvierzig, ihr Leben fängt erst jetzt richtig an. Es ist zu unfair. Außerdem stirbt sie nicht und damit basta. Ich muß zu Greg hinüber.«

Ich ging von der Produktion zum Verwaltungsgebäude. Dickere Teppiche, grünere Pflanzen, gedämpftes Licht – es war eine luxuriöse Welt verglichen mit meiner eher zweckmäßigen Umgebung. Jedesmal, wenn ich Greg besuchte, fühlte ich mich wie der Kumpel vom Fließband, der ins Büro des Chefs gerufen wird.

Greg Donnolly, Yale-Absolvent und Mitglied der Episkopalkirche, war der geborene Topmanager. Vermutlich hatte er schon im Sandkasten Vertriebskonferenzen geleitet. Glatt, durch nichts aus der Fassung zu bringen, dazu hochintelligent, machte er sich schon als junger Verkäufer bei CBS einen Namen. Jetzt, mit vierzig, war er Generaldirektor des New Yorker Senders, des Flaggschiffs der Firma. Der Sender brachte

CBS mehr Geld ein als das gesamte übrige Sendenetz, und Greg stand unter fortwährendem Druck, die Einschaltquoten hoch und die Verkaufsziffern noch höher zu halten. Zu seinen Aufgaben gehörte es auch, seine Produzenten vor Schwierigkeiten zu bewahren. Aber während andere den Dokumentarfilmern mit Argwohn oder Desinteresse begegneten, behandelte Greg mich und meine Kollegen mit Respekt. Dieser eingefleischte Verkäufer sah sich oft gezwungen, einer Schar aufmupfiger Mitarbeiter, die er von seinen Vorgängern geerbt hatte, die Stange zu halten, während es ihm wahrscheinlich lieber gewesen wäre, wenn wir uns alle einfach in Luft aufgelöst hätten. Irgendjemand fühlte sich durch unsere Filme immer auf den Schlips getreten. Andererseits schien Greg wirklich Stolz auf die Erfolge zu sein, die wir bei der Kritik einheimsten, und er ließ es nie an Unterstützung fehlen, wenn der durch unsere Filme provozierte Ärger zu gerichtlichen Klagen oder Drohungen führte. In seinen Augen gehörte ich zum Inventar seines Reviers, und so unterstützte und verteidigte er mich, wenn ich angegriffen wurde.

Er trat hinter seinem Schreibtisch hervor, um mich mit seinem üblichen »Hello, Barb, wie läuft's?« zu begrüßen. Dann erkundigte er sich nach Jean. Ich staunte, wie schnell ihr Schicksal im ganzen Sender bekanntgeworden war. Jeder redete über sie, als sei sie ein alter Freund der Familie. Jeanie, dachte ich, du bist ein Star.

Greg begann: »Ich glaube, du weißt es schon – wenn sie stirbt . . .«

Ich nickte rasch und dankte ihm. Genug, dachte ich. Ich wollte es nicht noch einmal hören.

Er kam jetzt zur Sache. Für Anfang Mai war eine Konferenz der angeschlossenen Sender geplant, und CBS wollte die anderen Anstalten auffordern, sich an der Dokumentarfilmproduktion zu beteiligen. Ich sollte sie dafür gewinnen, indem ich den Sendeleitern vor Augen hielt, daß sie damit gleichzeitig ihr Image aufbessern und Geld machen konnten. Greg forderte mich auf, auch die Schwierigkeiten nicht zu verschweigen, die ich bei meinen Filmen hatte – die Klagen und Prozesse, den Zusammenstoß mit dem FBI. Und natürlich erinnerte er mich auch an den Nazi.

Ich war überrascht und geschmeichelt. Ich habe dich nie begriffen, dachte ich. Wir haben nie miteinander geredet. Wiederholungen von Serien verkaufen sich besser und bringen weniger Schwierigkeiten ein als meine Filme. Natürlich würde ich das Referat halten. Als ich mich anschickte zu gehen, bat er mich, Steve mit der Montage von Ausschnitten meiner Filme zu beauftragen, gratulierte mir zu der Auszeichnung des Kirchenrates und hängte noch ein nettes Wort über Jean an.

Euphorisch verließ ich sein Büro; seine Aufmerksamkeit hatte mich in Hochstimmung versetzt. Ich merkte nichts von der beginnenden Panik, ich fühlte mich sicher. Ich ging durch die Eingeweide der CBS, die Schneideräume zu beiden Seiten des langen, dunklen Korridors, der sich endlos vor mir zu erstrecken schien. Ein Raum nach dem anderen, und aus jedem drangen andere Geräusche: Schüsse, Budweiser-Werbung, der späte Film, der eben für die Abendsendung vorbereitet wurde, »Hier spricht Walter Cronkite, gute Nacht«. Dann stand ich vor Steves Zimmer und hörte Jeans Stimme durch die geschlossene Tür: »Ich möchte nicht sterben, aber wenn ich muß, dann wird jeder Tag von jetzt an ein Geschenk für mich sein.«

Ich betrat den Raum und setzte mich schweigend auf den Stuhl neben Steve. Er betrachtete Jeans Gesicht auf dem Monitor und wandte sich mir zu, um etwas zu sagen. Aber ich wies auf die Leinwand mit einer Geste, die bedeutet: Sehen wir uns Jean an. Da läutete das Telefon. Das verdammte Ding läutete jedesmal, wenn ich mich hinsetzte, um mir mit Steve einen Film anzusehen.

Ich nahm den Hörer mit einem ungeduldigen »Hallo« ab und hörte die Stimme eines Mannes etwas von »vor zehn Minuten« flüstern. Es sei friedlich gewesen, vor zehn Minuten sei sie

54

gestorben. Ich erkannte die Stimme Bens, dem die Worte im Halse steckenblieben. Ich starrte Jeans Gesicht auf der Leinwand an, blickte auf Steve, der mich ansah. Ich rang am Telefon nach Luft und hatte das Gefühl, alles was ich jetzt sagen könnte, wäre falsch. Auch ich brachte zunächst kein Wort heraus. Tief durchatmend sagte ich schließlich unbeholfen: »Es tut mir leid. Wenigstens hat sie nicht gelitten.« Ben schien mich nicht zu hören. Er redete etwas über ein Versprechen, das Versprechen, das ich Jean gegeben hatte. Sie wollte, daß der Film vom Leben handle, nicht vom Tod.

Ich war betäubt von dem Verlust, den Jeans Tod für mich bedeutete, aber Ben redete über die Arbeit, zog mich von Jean weg, konfrontierte mich wieder mit meiner beruflichen Identität. Meine Stimme war kaum vernehmbar, als ich ihm versicherte, daß ich mein Versprechen halten würde. Ich würde allein zum Begräbnis kommen, nur ich, keine Kameras. Aber am anderen Ende hörte mich niemand mehr.

Steve sah mich an. Er wußte Bescheid. Ich starrte ihn ungläubig an. Ich war so müde. Er legte seine Arme um mich. Ich begann zu weinen und stieß ihn dann weg. Ich fühlte mich verloren, verlassen, traurig, verbraucht. Ich mußte den Blick von Jeans Gesicht, das jetzt auf der leinwand erstarrt war, abwenden. Ihr Mund sah aus, als ob sie etwas sagen wolle, ihr Körper bewegte sich nach vorn. Ich rief: »Steve, es ist mir egal, wer diesen Film sieht. Ich arbeite keine Minute mehr daran. Wenn sie ihn nicht sehen kann, was soll es dann? Er war nur für sie. Welchen Sinn hat das Ganze dann noch? Er war nur für sie.«

Ich nahm meine Tasche, verließ den Schneideraum und wankte durch die Halle in mein Büro, während mir die Tränen übers Gesicht rannen. Jean, dachte ich, wir haben uns nie verabschiedet. Es war wunderbar, dich zu kennen. Du hast mein Leben bereichert, und ich hoffe, daß ich die Pein dieser letzten Wochen etwas erträglicher für dich machen konnte. Wir waren Fremde, die einander sehr nah waren, Jeanie. Was für eine tapfere, warmherzige, sanfte Frau du bist. Wenn dieser verdammte Krebs nicht wäre. Ich dachte, du würdest auch damit fertigwerden. Fast habe ich an den mexikanischen Wududoktor geglaubt. Der Film war für dich, nicht für irgend jemand anderen. Was für einen obszönen Beruf ich doch habe. Ja, Jean, der rote Hosenanzug sieht großartig aus. Er macht dich zwar magerer, aber du siehst würdig und proper darin aus, wie es einer Bürgermeisterin zukommt. Unterwegs, während die Gedanken in meinem Kopf durcheinanderwirbelten und ich ein tiefes Gefühl des Verlusts empfand, kehrte die namenlose Angst zurück – Schwindel, wildes Herzklopfen, das Gefühl zu ersticken, Schüttelfrost. Ich suchte an den Wänden Halt, bis ich mein Büro erreicht hatte, und brach dann an meinem Schreibtisch zusammen.

Fran stand auf der Schwelle, ihre Augen voll Tränen. Steve mußte sie benachrichtigt haben. Mit ruhiger, seltsam gedämpfter Stimme sagte sie mir, daß mich Eric bei Sucho's erwarte. Sie hatte ihn angerufen und ihm erzählt, was geschehen war. »Es tut mir so leid, Barbara«, sagte sie. »Sie war eine tolle Frau.«

Ich küßte Fran auf die Wange und ging, stolperte durch die deprimierenden Straßen, die CBS mit der übrigen Welt verbinden. Nein, sagte ich mir, ich werde keine Minute mehr an diesem Film arbeiten. Keine Sekunde. Er bedeutete mir nichts mehr. Er war nur für Jean. Aber dann sah ich ihr Gesicht vor mir und erinnerte mich, wie sehr sie sich gewünscht hatte, daß dieser Film gesendet würde und daß er vom Leben, nicht vom Tod handeln sollte. Ich ging genau in die Falle, vor der sie mich gewarnt hatte. Ihr Leben war es, was zählte, nicht ihr Tod. Jean, du bist ein Star, dachte ich. Und wir werden einen guten Film daraus machen.

Naß vor Schweiß und zitternd vor Angst betrat ich das Restaurant. Eric lächelte von der Menükarte zu mir auf. Da war Wärme und Sicherheit. Die Angst begann abzuflauen. Wie ich ihn in seiner Tweedjacke und mit seiner Brille, die im gedämpften Licht des Restaurants funkelte, da sitzen sah, kam ein Gefühl des Friedens über mich. Ich war bei ihm, alles würde wieder gut werden.

»Traurige Sache mit Jean«, sagte er. Er küßte mich auf die Wange und drücke mir einen Scotch in die Hand.

»Begrab sie noch nicht«, gab ich zurück. Seine Worte zerstörten das Gefühl des Friedens, das ich empfunden hatte. Zu früh, Eric, für mich ist sie noch nicht tot. Zu früh.

Er begann über den Film zu reden: Ob ich das Kamerateam zum Begräbnis mitnehmen würde und ob ich den Film ändern müßte, um Jeans Tod mit hineinzunehmen. Je mehr er sagte, desto größer wurden meine Angstgefühle. Er redete über das Geschäft, genau wie Ben angefangen hatte, über das Geschäft zu reden. Ich hörte nichts mehr. Ich ging zur Toilette und fischte in meiner Tasche nach dem Röhrchen Valium.

Ich schluckte die Tabletten und schaute in den Spiegel, während meine Gedanken im Kreis liefen. Du hast Erfolg, Glück, Liebe, Freunde. Aber deine Freundin ist fort. Mein Spiegelbild zuckte traurig die Achseln, als wolle es mir antworten, ich weiß nicht, was ich dir sagen soll, Barbara. Es war zuviel. Kälte und Erschöpfung überfielen mich. O Gott, bitte mach ein Ende. Eine schöne Atheistin, die auf der Toilette wieder zu beten beginnt. Warum hilft mir der Arzt nicht? Warum bin ich ein Sklave dieser Tabletten? Ich kann nicht Jeans Tod die Schuld daran geben. Diese Angst. Seit Monaten wird sie immer schlimmer, aber heute ist sie schrecklich.

Das Valium begann zu wirken, und ich fühlte mich etwas besser. Der Scotch, das gedämpfte Licht und Eric warteten auf mich. Alles begann wieder gut zu werden. Aber ich kann keinen Film mehr machen. Ich bin so müde. Todmüde. Morgen werde ich Alan sagen, daß ich keine Filme mehr mache. Ich werde Greg sagen, daß ich nach San Francisco fahre, um das Referat zu halten, aber das ist auch alles.

Ich wußte, wie sehr Eric daran lag, daß ich meine Arbeit nicht aufgab. Jedesmal, wenn ich auch nur daran dachte, für eine Weile aufzuhören, hielt er mir vor Augen, wie sehr Alan

mich brauche, wie gut ich mich durch die Arbeit fühlte, wie gut
ich in meinem Beruf sei. Er war aus irgendeinem Grund
entschieden dagegen, daß ich aufhörte. Aber dieses Mal mußte
es sein. Alles würde sich ändern, und ich würde mich um alles
kümmern, einschließlich meiner selbst.

Ich mußte Frieden finden.

4

St. Patrickstag. Die Fifth Avenue würde durch eine frischgezo-
gene grüne Linie der Länge nach halbiert und von Menschenmassen in Grün und Weiß erfüllt sein. Verkehrschaos in der
ganzen Stadt. Aus dem Radio dröhnte eine Stimme und
erinnerte uns alle, ob irischer Abstammung oder nicht, grün zu
tragen. Ich wälzte mich auf die andere Seite und vergrub
meinen Kopf im Kissen, während mich der Gedanke durch-
zuckte, ich sollte aufstehen, ich sollte aufstehen. Es war elf Uhr,
Eric bereits vor Stunden zur Arbeit gegangen. »Los, Barbara,
los.«
Jeanie war zwei Tage vor der Ausstrahlung des Films
gestorben, und ich war bei ihrem Begräbnis gewesen. Irgendwie
hatte ich es geschafft, ganz allein in die kleine Stadt in
Connecticut zu fahren; keine Toningenieure, keine Kameras,
nur ich. Nicht bloß um das Versprechen zu halten, das ich Jean
gegeben hatte. Nein, ich wollte als Mensch, als ihre Freundin,
dabei sein. Ich fuhr mit dem Taxi zur Grand Central Station
und ging in einem Meer anonymer Gesichter unter. Nervös
klammerte ich mich an meine Tasche und die Times, bestieg
den Zug und blickte durchs Fenster auf die triste Landschaft
von Connecticut, die trotz der hellen Nachmittagssonne noch
vom Winter gezeichnet war. Trotz meiner Phobien und der
zunehmenden Verengung meiner Welt hatte ich es geschafft.
Es war ein klarer, kalter Märznachmittag. Die Zeremonie

59

fand im Freien statt, auf dem Rasen vor dem neuerbauten Rathaus, in dem sich Jeans Amtsräume befunden hatten. Es war wie eine Gemeindeversammlung. Hunderte von Menschen waren gekommen; Familien mit Kindern, die sich auf fünfhundert Stühlen drängten. Der neue Bürgermeister hatte die Schulen an diesem Tag schließen lassen, und die Fahnen wehten auf Halbmast Senatoren und Kongreßabgeordnete, die Jean während ihrer kurzen politischen Laufbahn kennengelernt hatte, trafen per Hubschrauber ein, die hinter dem Gebäude landeten. Ich lächelte bei dem Gedanken, wie schnell sie diese Leute für sich gewonnen hatte – diese Frau, die bei Elternversammlungen Kaffee ausgeschenkt, in ihrer Wohnung Pfadfinderinnentreffen abgehalten und sich dann in die Politik gestürzt hatte, beglückt über ihre Entdeckung, mit fünfundvierzig ein neues Leben vor sich zu haben. Aus Lautsprechern auf dem improvisierten Podium drang das Lied »I am Woman«, gesungen von Helen Reddy – Jean hatte es sich für ihr Begräbnis gewünscht. Ben und seine drei Söhne, die nebeneinander in der ersten Reihe saßen, sahen müde und abgehärmt aus, aber nicht betäubt und geschockt wie Hinterbliebene, die der Tod eines Menschen völlig unerwartet trifft. Sie waren darauf vorbereitet gewesen. Freunde von Jean, die ich von früher kannte, redeten mit mir. Ob ich wisse, daß sie die Musik selbst ausgesucht habe, ob ich wisse, daß sie einen offenen Sarg wünschte? Ja, ja, ich weiß. Sie hatte das alles in dem Film gesagt. Ich sah den Reportern und Filmteams zu, deren Arbeit darin bestand, über den Tod von Jean Barris zu berichten und das Begräbnis zu filmen. Ich hatte nichts damit zu tun, ich war bloß da, um meiner Freundin Adieu zu sagen, aber ich konnte immer noch nicht glauben, daß sie tot war.

Es gab Lobreden und Gebete, dann war es vorbei. Die Kameraleute packten ihre Ausrüstung zusammen und rannten zu ihren Autos, um rasch zu den Sendern zurückzukehren. Der Film mußte entwickelt, redigiert und mit einem Text versehen werden, um am Abend in der Nachrichtensendung gezeigt werden zu können. Ich sah zu, wie die Autos wegfuhren, sah zu, wie die lange Menschenschlange an Jean vorüberzog, die in ihrem offenen Sarg lag. Ich konnte nicht hinschauen. Ich ging auch nicht zum Friedhof. Ich wollte sie in Erinnerung behalten, wie sie am Strand von Tijuana über die John Birch Society gelacht hatte. Auf dem Weg zum Bahnhof war Helen Reddys Musik noch lange zu hören. Als ich an den Reihen der Ziegelhäuser und den penibel zurechtgestutzten Rasenflächen vorüberging, überkam mich plötzlich ein Gefühl abgrundtiefer Müdigkeit, ein Gefühl der Sinnlosigkeit. Ich wußte jetzt, daß Jean tot war.

Ein sonniger St. Patrickstag, also werden ungeheure Menschenmengen auf den Straßen sein, klang die Stimme aus dem Lautsprecher. Ich zog mir die Decke über den Kopf. Aufstehen, dachte ich. John O'Connor hatte sich in der *Times* freundlich über den Film geäußert, doch mir war das inzwischen gleichgültig. Jean hatte die Ausstrahlung nicht mehr erlebt, es war bedeutungslos. Aber ich konnte mit diesem Gefühl der Sinnlosigkeit nicht leben – jedenfalls nicht lange – und hatte bereits ein neues Projekt in Angriff genommen. Was war also aus all diesen Versprechungen geworden, aufzuhören, mich auszuruhen, zu mir zu finden? Ich konnte nicht aufhören. Wem versuchte ich etwas vorzumachen? Wer war ich denn ohne Arbeit? Ich liebte sie doch. Ich kroch aus dem Bett, streckte mich und wankte in die Küche. Ich kochte eine Kanne voll starkem Kaffee, goß mir einen Becher ein und ging ins Schlafzimmer zurück. Mein Blick wanderte vom Telefon zum Bett. Los, Barbara, sagte ich mir, und begann, mich im Bad für den Tag vorzubereiten. Aber als ich in den Spiegel schaute, um mich zu schminken, dachte ich an Jean. Ich sah ihr Gesicht, wie sie am Strand von Tijuana ausgelassen lachte, als sie dem Mann einen Ballon abkaufte, und wie sie den mexikanischen Kindern zuschaute, die am Saum des Wassers Sandburgen bauten. Ich hatte mir gewünscht, neben ihr zu gehen und mehr mit ihr sprechen zu können, aber ich mußte den Kameramann anweisen und folgte ihr deshalb wie ein Schatten. Den Gedanken, daß das Urteil über sie bereits gesprochen war, verdrängte ich. Ich sah nur die Freude auf ihrem Gesicht, als sie am Meer entlangging und die warmen Wellen ihre Füße umspülen ließ, hatte versucht, die Stimme in meinem Innern zum Schweigen zu bringen, die sagte, vielleicht wird sie das Meer nie wieder sehen, nie wieder einen Ballon kaufen, nie wieder lachen.

Der Lippenstift zitterte in meiner Hand, und so sehr ich mich auch abmühte – mein Gesicht sah verschmiert aus. Ich nahm also Reinigungscreme, wischte das ganze Make-up weg und sagte mir, ich fange von vorne an und diesmal mache ich es richtig.

Ich goß mir noch einen Becher Kaffee ein und setzte mich auf den Bettrand. Meine Gedanken wandten sich dem neuen Film zu, den ich in Angriff genommen hatte. Er handelte von Agenturen, die Adoptivkinder vermitteln. Der Staat New York gab diesen Agenturen Millionen von Dollars, und Bürgerrechtsorganisationen behaupteten, daß manche von ihnen ihre Kinder *nicht* zur Adoption freigaben, um weiterhin von der Regierung Geld zu bekommen. Es war ein Alptraum an bürokratischer Mißwirtschaft. Und wer hatte darunter zu leiden? Die Kinder natürlich und die kinderlosen Paare, die sich eifrig um ein Kind bemühten, das ihr Leben ausfüllen sollte. Das Projekt hatte mich angezogen; trotzdem fehlten mir die Energie und der Enthusiasmus, die ich gewöhnlich für einen neuen Film aufbrachte. Ich streckte mich auf dem Bett aus und starrte an die spiegelverkleidete Decke. Es war ein Geschenk von Eric zu meinem letzten Geburtstag. Ich lächelte in den Spiegel. Gott sei Dank für Eric, Gott sei Dank. Durch den bloßen Gedanken an ihn fühlte ich mich neu belebt und eilte wieder ins Bad. Los, Barbara, los. Der Tag hat begonnen und du hängst immer noch zu Hause herum wie eine Müßiggängerin.

62

Diesmal bereitete mir das Make-up keine Schwierigkeiten, als ob der bloße Gedanke an die Arbeit, die ich liebte, und den Mann, den ich liebte, mir Kraft verliehen hätte. Nur der Gedanke an Jean bringt mich aus der Fassung, sagte ich mir. Ich darf nicht so viel an sie denken, ich darf es nicht. Es ist vorüber.

Ich schlüpfte in eine seidige Bluse und Jeans und wollte mir eben einen Schal um den Kopf binden, als ich die Tasche auf dem Bett liegen sah. Ich öffnete sie und nahm das Röhrchen mit dem Valium heraus. Tabletten. Sie gehörten genau so zu meinem Morgenritual wie der Lippenstift. Ich holte mir ein Glas Wasser, setzte mich auf das Bett und schüttelte mir zwei der gelben Pillen in die Hand. Ich hatte sie schon fast in den Mund gesteckt, als mein Körper plötzlich erstarrte. Ich betrachtete sie. Wieviele Male, wieviele unzählige Male habe ich diese Tabletten genommen, sie hinuntergeschluckt wie Aspirin, wie Vitamine, nur von dem Gedanken durchdrungen, daß meine Angst verschwinden, daß sie mir helfen würden? Welches Schreckgespenst mir auch drohen mochte, welches Unheil, welche Gefahr, ich sollte imstande sein, ihnen ohne Tabletten entgegenzutreten. Warum bloß die Symptome behandeln? Ich wollte die Symptome loswerden, mich den Dämonen stellen, damit ich mit Eric das Leben genießen, damit ich in Kaufhäuser gehen, in Bussen fahren und durch die Straßen schlendern konnte, ohne das Gefühl zu haben, mein Leben sei in Gefahr. Impulsiv warf ich das Röhrchen auf den Boden und beobachtete, wie die Tabletten auf den Teppich rollten. In diesem Augenblick fühlte ich mich wie eine Bühnenfigur, wie eine Schauspielerin, die einen fremden Text, die Gedanken eines Schriftstellers, darstellt. Ich hatte noch nie daran gedacht, Valium aufzugeben, noch nie mit Eric oder Dr. Allen darüber gesprochen. Aber plötzlich war ich wieder Barbara, und ich wollte Barbara sein, nicht ein apathisches Wesen. Das war *meine* Idee, und mit dem Verstand war ich hundertprozentig überzeugt, daß richtig war, was ich tat.

Aber dann stieg Angst in mir hoch. Ich fühlte mich wie ein Raucher, der eine Zigarette ausdrückt und sich schwört, daß dies seine letzte ist. Vielleicht wäre es besser, heute morgen zu Hause zu bleiben. Den Blick immer noch auf die über den Teppich verstreuten Tabletten geheftet, hob ich den Hörer ab. Meine Sekretärin meldete sich. »Susan«, sagte ich, »ich werde längere Zeit in der Bibliothek sein, um Recherchen anzustellen. Richte das bitte Fran und Alan aus. Ich komme erst am späteren Nachmittag ins Büro. Aber ich rufe dich an.« Ich wurde ein bißchen nervös bei dieser Lüge.

»Ich soll Ihnen etwas ausrichten«, sagte Susan. Sie klang wie immer, sie hatte die Dinge im Griff. Ich wußte, daß sie mir glaubte. »Steve hat Filmmaterial über die Wohnverhältnisse der Kinder, das er Ihnen zeigen möchte, Jeans Mann hat angerufen und Eric hat angerufen. Er hat nachmittags einen Gerichtstermin und wird gegen acht Uhr nach Hause kommen.«

»Danke, Susan«, sagte ich, mit einem möglichst leichten und alltäglichen Tonfall. »Bis später.« Aber tief drinnen wußte ich, daß ich sie auch später nicht sehen würde. Ich war nicht sicher, aber eine Stimme sagte mir, du wirst heute überhaupt nicht ins Büro gehen und du weißt es.

Ich behielt den Hörer in der Hand. Da war noch ein Anruf, den ich machen mußte. Ich wählte die vertraute Nummer, bemühte mich, zuversichtlich zu bleiben, keine Zweifel aufkommen zu lassen.

Die Stimme war ruhig und selbstsicher. »Ja, Miss Gordon, was kann ich für Sie tun?«

Ich werde am nächsten Montag nicht kommen können, Dr. Allen. Ich kann nicht von der Arbeit weg.« Ich haßte das Lügen, aber es mußte sein. Bald würde ich nicht mehr lügen müssen; bald würde ich meiner Sache sicher sein.

»Brauchen Sie ein neues Rezept für Valium, vor unserer nächsten Sitzung?« fragte er mich mit seiner beruhigenden Stimme – der Stimme, die alle Schmerzen, alle Konflikte, alle

Dämonen gebannt, der ich vertraut hatte. Aber Dr. Allen redete mit einer Barbara, die es nicht mehr gab. Dieser Morgen hatte mich bereits verwandelt; ich fühlte mich erwachsen und voll Freude, daß ich mein Leben endlich selbst in die Hand nahm.

»Ich habe genug Tabletten für eine Weile, Dr. Allen«, antwortete ich »Außerdem habe ich heute morgen einen Entschluß gefaßt. Ich werde kein Valium mehr nehmen – nie mehr.«

Möchten Sie, daß ich Ihnen etwas anderes schicke? Von wo rufen Sie an?« fragte er etwas nervös, wie mir schien.

»Ich bin zu Hause und habe einen Berg Arbeit. Nein danke, ich will nichts anderes. Ich möchte keine Tabletten mehr nehmen. So viele Tabletten so viele Jahre lang, das kann nicht gut sein.« Ich wartete, wie er auf meine neugewonnene Unabhängigkeit reagieren würde.

»Ich habe Ihnen schon oft gesagt, Miss Gordon«, erwiderte er etwas ungeduldig, »daß Valium nicht süchtig macht und Ihnen sehr hilft. Vielleicht möchten Sie es mit Stelazine versuchen?«

Ein Schluck Orangensaft, eine Tasse Tee, vielleicht etwas Grünes, den Chefsalat, Madame? Ein Meer von Gesichtern, die alle etwas vorschlugen, offerierten, anpriesen, tauchte vor meinem geistigen Auge auf. Er hörte mich immer noch nicht.

»Nein, keine Tabletten mehr, Dr. Allen, keine Tabletten mehr. Ich höre mit dem Valium auf. Was halten Sie davon?« Wieder wartete ich auf seine Reaktion, wartete darauf, daß er mir bestätigen würde, wie stark ich sei und daß ich das Richtige täte.

»Schön, Miss Gordon, dann nehmen Sie aber wirklich keine mehr, keine einzige. Trinken Sie darüber hinaus auch keinen Schluck Wein, und ich bin sicher, daß Sie es schaffen werden. Rufen Sie mich an, falls Sie irgend etwas brauchen oder es sich anders überlegen. Aber denken Sie daran, nehmen Sie keine einzige.«

Später bin ich wohl hundertmal gefragt worden, warum ich so abrupt aufhörte. Das ist nicht leicht zu beantworten, aber wie immer wenn ich mich zu etwas entschloß, führte ich es radikal durch, und es fiel mir nicht ein, es auf andere Weise zu probieren. Außerdem hatte mein Arzt gesagt, ich sollte von einem Tag auf den anderen aufhören – kein gewöhnlicher Arzt, sondern ein Freund, ein Mann, ein Psychiater, der mich seit zehn Jahren kannte. Er würde mir keinen falschen Rat geben.

Ich wußte natürlich, daß es nicht leicht sein würde. Filme über Heroinentzug fielen mir ein; Szenen daraus hatten sich in mein Gedächtnis gegraben. Aber ich war kein Fixer; ich machte schließlich bloß mit Medikamenten Schluß, nicht mit Drogen. Valium ist nicht Heroin; der Entzug konnte nicht so schrecklich sein.

Valium ist eine interessante Droge. Es putscht nicht auf, und es dämpft nicht. Es gleicht aus. Es ebnet die Dinge leise und unmerklich ein. Keine Aufwallung, keine Spannung, keine Euphorie. Valium gilt als ungefährliches und vernünftiges Medikament; Millionen von Rezepten werden jährlich für Valium ausgestellt, von den Krankenhäusern ganz abgesehen. Ich befand mich also offensichtlich in guter Gesellschaft. Es hatte mir zweifellos in der Vergangenheit bei meinen Angstanfällen geholfen, aber jetzt wirkte es nicht mehr zuverlässig, ganz gleich, wieviel ich nahm. Ursprünglich hatte ich Valium wegen Rückenschmerzen verschrieben bekommen und mit vier Milligramm täglich begonnen. Inzwischen war ich bei dreißig Milligramm und konnte das Haus nicht mehr verlassen, ohne Tabletten geschluckt zu haben. Ich nahm sie schon *vor* einem Angstanfall, in der Hoffnung, ihn verhindern oder die Panik auf ein Minimum reduzieren zu können. Aber selbst das funktionierte nicht immer. Wozu also das Ganze?

Ich wußte weder, warum Valium wirkte, noch warum es nicht wirkte. Ich wußte auch nicht, daß der Valiumentzug schwieriger und sogar gefährlicher sein kann als der Entzug von Heroin. Monate später sah ich andere Suchtkranke, bei denen das Valium im Laufe einer langen Entziehung wöchentlich um fünf Milligramm reduziert wurde. Ich setzte dreißig Milligramm von einem Tag zum anderen ab. Ich wußte nicht, daß das nicht der richtige Weg ist. Ich wußte nur, daß ich die Situation verändern, daß ich damit aufhören wollte. Wenn ich nicht den Mut hatte, mit dem Filmen aufzuhören, so konnte ich zumindest mit den Tabletten Schluß machen. Es spielte keine Rolle. In wenigen Tagen würde ich mich wohlfühlen, ausgeruht, erfrischt, bereit mich einem neuen Tag, einem neuen Film, Eric, dem Leben zu stellen.

In Wirklichkeit spaltete ich mir den Schädel. Aber ich hatte Glück: Ich hätte auch sterben können.

Allein in meiner Wohnung an diesem sonnigen St. Patrickstag, mahlte ich Kaffee, las die *Times*, hörte Musik. Ich war im Begriff, mein Leben zu verändern, ich war berauscht von einem Gefühl der Befreiung: keine Tabletten, keine Arbeit, nur ich, *sein*. Es würde wahrscheinlich hart werden, aber ich war bereit, mich dem zu stellen. Ich würde es schaffen. Allmählich begannen sonderbare Dinge zu passieren. Am frühen Nachmittag beschlich mich ein Gefühl der Angst, anders als meine üblichen Panikanfälle. Es war, als ob schwache Stromstöße, elektrisch geladene Nadeln durch meinen Körper jagten. Mein Atem beschleunigte sich, Schweiß brach mir aus.

Verdammt. Ich hatte damit gerechnet, daß etwas geschehen würde, aber nicht hier. Ich hatte noch nie einen Anfall in der Wohnung gehabt. Draußen ja. In Restaurants, Fahrstühlen, Läden, auf der Straße. Die Restaurants waren zu laut, die Straßen zu breit, die Läden zu überfüllt, die Gebäude zu hoch, die Fahrstühle zu schnell. Aber mein Zuhause mußte mir Sicherheit bieten. Hier konnte es nicht geschehen. Ich würde es nicht zulassen. Hier war ich sicher. Ich ermahnte mich, ruhig zu sein, langsam zu atmen. Bloß atmen.

Meine Kopfhaut begann zu brennen, als sammelten sich heiße Kohlen unter den Haaren. Dann traten merkwürdige

Zuckungen auf, ein Ruck ging durch mein Bein, mein Arm flog hoch, das leichte Zittern steigerte sich zu heftigen Krämpfen. Ich hielt mich am Bett fest und versuchte, mich zu entspannen. Es war unmöglich. Ich sagte mir, daß es sich nur um vierundzwanzigstündige Entzugserscheinungen handle, daß es eine Kleinigkeit sei. Ich konnte es aushalten. Wenn diese Symptome bedeuteten, daß mein Körper nach Tabletten verlangte, dann würde ich sie einfach ignorieren. Ich war stark, ich brachte das fertig. Ich hatte nicht vor, meinen Arzt anzurufen. Er hatte mir bereits gesagt, was ich tun müsse.

Im Lauf des Nachmittags rief ich im Büro an. »Susan, hier ist Barbara.« Meine Hand, die den Hörer hielt, zitterte, meine Stimme klang hohl und unwirklich. »Ich schaffe es heute nicht mehr.«

»Sind Sie erkältet?« fragte Susan. »Sie klingen ja schrecklich.«

»Ich habe irgend etwas«, antwortete ich mit einem nervösen Lachen. »Frannie kann mich zu Hause erreichen, falls sie mich braucht.«

»Erholen Sie sich gut«,sagte Susan.

Ich sollte mich gut erholen? Wie sollte ich das machen, wo ich doch nicht einmal wußte, was mir fehlte! Ich streckte mich auf dem Bett aus, in meinem Kopf drehte sich alles. Ich hatte die Tabletten wieder eingesammelt und das Röhrchen auf den Tisch neben dem Bett gelegt. Vielleicht sollte ich bloß eine nehmen, damit das Brennen und die Zuckungen aufhörten. Ich griff nach dem Röhrchen. Nein, verdammt nochmal, nein! Dr. Allen sagte, ich sollte keine einzige nehmen. Ich rappelte mich auf, ging mit dem Röhrchen ins Bad und warf die Tabletten ins Klo.

Schließlich war es fast sieben Uhr. Eric würde bald heimkommen. Ich mußte das Abendessen vorbereiten. Ich dachte, daß irgendeine Tätigkeit mich beruhigen würde. Ich ging in die Küche und war so damit beschäftigt, mich mit aller Kraft aufs Kochen zu konzentrieren, daß ich zusamenschreckte, als ich seinen Schlüssel im Schloß hörte. »Hallo, Babe«, rief er, und seine Stimme riß mich aus meiner Konzentration in seine, die wirkliche Welt.

Er stellte seinen Aktenkoffer nieder, ging zum Kühlschrank und begann, sich einen Drink einzugießen. »Was soll ich dir machen, Babe? Möchtest du Scotch oder Weißwein?«

Ich hatte mir vorgenommen, mit meinem Entschluß nicht herauszuplatzen. Warum sollte ich es an die große Glocke hängen? Es war etwas, das ich allein durchstehen mußte. Aber trotz meiner Vorsätze sprudelte es aus mir heraus »Eric, ich muß dir etwas sagen. Ich habe mit den blöden Tabletten aufgehört. Kein Valium mehr.« Ich redete schnell, von meinen eigenen Worten erregt, gespannt auf seine Reaktion. »Ich habe es Dr. Allen gesagt, und er meinte ich sollte es von heute auf morgen machen. Ich darf also nicht einmal Wein trinken. Ist das nicht wunderbar? Ich bin fest entschlossen, Liebling. Es ist Schluß mit den kleinen Gelben.«

Eric nippte an seinem Drink. Er stellte das Glas nieder und nahm mich in seine Arme. »Wunderbar! Einfach toll von dir«, sagte er. »Aber was ist geschehen? Warum hast du dich so plötzlich dazu entschlossen?«

Wir gingen zum Sofa im Wohnzimmer, und ich versuchte, meine Gedanken zu ordnen. Ich wollte mich ihm gegenüber klar, sehr klar ausrücken. »Ich weiß es nicht, Liebling. Plötzlich habe ich die verdammten Dinger auf den Boden gefeuert.« Ich sah ihm gespannt in die Augen. Ich wollte von ihm hören, wie stark ich sei, wie unabhängig. Ich wußte, daß er die Tabletten ebenso haßte wie ich. Er mußte das großartig finden.

»Bist du sicher, daß du das tun willst?« fragte er mit leiser Stimme. »Glaubst du, daß es das Richtige ist?« Sein Stirnrunzeln drückte Zweifel aus. Ich war enttäuscht. Ich wollte, daß er glücklich und stolz auf mich war. Er muß meine Enttäuschung gesehen haben, denn sein unsicherer Ausdruck wich einem zuversichtlichen Lächeln. »Okay. Es ist egal, warum. Und wie fühlst du dich?«

69

»Merkwürdig, wirklich merkwürdig. Ich habe den ganzen Tag in der Wohnung verbracht. Meine Kopfhaut hat gebrannt, dann hatte ich Zuckungen und eine ständige Angst, wie ich sie sonst auf der Straße habe. Das hat mich etwas beunruhigt, weil es das erste Mal ist, daß ich mich hier so gefühlt habe. Aber sicher ist es nur eine Reaktion auf das Medikament. In ein, zwei Tagen wird es verschwinden.«

Er sah mich besorgt an. Aber dann lächelte er wieder. »*Ich* werde dich gesund machen«, sagte er, und jetzt begann plötzlich *er* zu schwärmen. »Grünes Gemüse, frischen Saft, braunen Reis – diese Wohnung wird ein Tempel des gesunden Lebens werden. Wir werden uns in Gesundheitsapostel verwandeln. Ein gesundes Leben von jetzt an. Nenn mich einfach Prinz Valium.«

Wir lachten beide. Er *ist* Prinz Valium, dachte ich. Jetzt war ich sicher, daß ich es schaffen würde.

Er half mir mit dem Abendessen, und mir fiel auf, daß er sein Glas mehrmals nachfüllte. Ich wollte schon eine Bemerkung machen, unterdrückte sie aber. In meiner Lage war es besser, ihn nicht zu kritisieren. Eric trank normalerweise nicht so viel.

»Und was ist mit dem Job, Babe? Du weißt, wie sehr Alan auf dich zählt«, sagte er beim Abendessen. Irgendwie hatte ich die Frage erwartet, aber ich konnte ihm keine plausible Antwort geben. Selbst jetzt, wo er da war und mir am Tisch gegenübersaß, fühlte ich mich ängstlich und unsicher. Meine Gedanken waren wirr, und ich sagte etwas über Fran und Steve und daß es für mich eigentlich noch nicht viel zu tun gebe. »Ich brauche bloß etwas Ruhe«, meinte ich schließlich. »Ich bin sicher, daß es mir in zwei Tagen besser gehen wird.«

Wir gingen zu Bett und kuschelten uns in unserer Lieblingsstellung aneinander – mein Rücken an seine Brust geschmiegt, damit jeder den ganzen Körper des anderen spüren konnte. Aber an diesem Abend konnte ich nicht stilliegen und die Berührung seiner Haut genießen. Ich begann, mich hin- und herzuwälzen.

»Lieg still, Barbara. Was ist los?«

»Ich kann nicht, Eric. Ich bin so nervös. Es ist schrecklich. Ich möchte dich wirklich nicht stören. Ich gehe ins Wohnzimmer.«

Er setzte sich auf und machte Licht. »Warum willst du weg von mir?« fragte er. »Es liegt nicht an dir, sondern an mir. Ich fühle mich so schrecklich unruhig. Ich möchte dich nicht stören.« Ich stand auf und wollte eben in meinen Morgenmantel schlüpfen.

»Leg dich wieder hin, Barbara. Allen Ernstes. Hör auf mit diesem Unsinn, daß du allein schläfst.« Er hatte mich noch nie in diesem Ton angebellt. Ich begriff nicht, worüber er sich so aufregte.

In dieser Nacht schlief ich überhaupt nicht, obwohl ich sehr müde war. Ich lag bloß mit weit offenen Augen im Bett und starrte an die Decke. Ich trank meinen Kaffee und las die *Times,* als Eric aufstand. Wir frühstückten zusammen, dann ging er zur Arbeit, und ich verbrachte den Vormittag lesend, telefonierend, mit Frannie plaudernd und mit Freunden Pläne schmiedend. Das Brennen auf meiner Kopfhaut, die plötzliche Erregung ließen an diesem Morgen nach. Ich war erschöpft von der schlaflosen Nacht, aber im Grunde fühlte ich mich prächtig. Ich hatte nicht den Wunsch, irgend etwas zu tun. Ich wollte nur im Bett herumliegen, mich ausruhen, das Gefühl genießen, keine Verantwortung zu haben, und ich war stolz, von den Tabletten losgekommen zu sein. Seit Jahren hatte ich keine Zeit mehr gehabt zu faulenzen.

Aber zu Mittag kehrten die Erregung, die Panik, das wachsende Grauen wieder, stärker als zuvor. Gott, dachte ich, jetzt geht es wieder los. Und wieder konnte ich nicht glauben, daß mich der Terror in meiner eigenen Wohnung überfiel. Hier konnte ich es nicht geschehen lassen. Wo sollte ich hingehen? Wo würde ich sicher sein? Ich konnte mich nirgends hinflüchten, ich war zu Hause. Ich konnte meinen Körper nicht stillhalten. Ich legte mich aufs Bett und sagte mir, sei

71

ruhig, sei ruhig, du hast nichts zu fürchten. Du bist zu Hause, alles ist in Ordnung, du bist in Sicherheit. Du wirst in Sicherheit sein. Mein Gesicht nahm die Farbe roter Rüben an, ich hatte das Gefühl, daß unter meinen Haaren heiße Kohlen glühten. Ich war verzweifelt. Ich versuchte, Eric in seinem Büro zu erreichen, aber er war beim Mittagessen. Ich hatte noch nie eine solche Angst erlebt. Dann läutete das Telefon.

Es war Edie. Ich schaltete sofort um. Ich wollte sie nicht erschrecken. Sie erinnerte mich, daß wir an diesem Abend zum Theater verabredet waren. Sie habe von einem wunderbaren Restaurant gehört, in das wir anschließend zum Essen gehen könnten. Wie konnte ich ins Theater oder in ein Restaurant gehen? »Ach, Edie«, sagte ich, »ich glaube nicht, daß ich es schaffe. Ich fühle mich wirklich elend.«

»Bist du erkältet?«, fragte sie mich. »Was hast du für Symptome?«

Wie konnte ich Edie anlügen? Sie war meine Freundin, meine beste Freundin. »Ich muß dir ein Geständnis machen, Edie«, sagte ich und machte dann eine Pause, um all meinen Mut zu sammeln. »Ich habe seit Jahren Valium genommen; heute ist mein zweiter Tag ohne Tabletten, und ich fühle mich sehr sonderbar.« So eng wir auch befreundet waren – von den Tabletten hatte ich ihr nie erzählt. Ich weiß nicht, ob ich mich schämte und mich ihrer und Jonathans Mißbilligung nicht aussetzen wollte oder ob es mir einfach nicht wichtig genug erschienen war, es ihnen zu sagen. Aber jetzt erzählte ich ihr alles. Und ich war neugierig, wie sie reagieren würde.

»Großartig«, sagte sie, ohne sich etwas von ihrer Überraschung oder ihren Befürchtungen anmerken zu lassen, die sie vielleicht empfand.

»Warum hast du mit den verdammten Dingern überhaupt angefangen?«

»Ach Edie, das ist eine lange und furchtbar langweilige Geschichte. Aber manchmal, wenn du mich angerufen und vorgeschlagen hast, daß wir uns in einer Kunstgalerie in Soho oder in einem Restaurant in Chinatown treffen, weißt du, warum ich nie hinkommen konnte, warum wir uns immer im Russian Tea Room getroffen haben? Ich konnte da nicht hingehen, Edie. Ich hatte entsetzliche Angst davor, mich ins Zentrum unterhalb der 57. Straße zu begeben, und ich wußte nicht, wie ich es dir sagen sollte.«

»Nun, damit ist es jetzt vorbei«, sagte sie zuversichtlich. »Du brauchst dich nicht zu fürchten. Wir treffen uns im Theater und machen uns einen schönen Abend zusammen. Eric macht hoffentlich heute keine Überstunden.«

Sie hatte recht. Alles würde wieder in Ordnung kommen. Wir waren uns einig, daß meine Symptome bloß eine Überreaktion darstellten, daß ich das Richtige tat und daß wir uns am Abend sehen würden. Ich fühlte mich unendlich erleichtert, als ich den Hörer auflegte. Das Gespräch mit Edie hatte mir geholfen. Sie schaffte es immer, daß ich mich in meiner Haut wohlfühlte und mich selbst gut fand. Sie hatte mich von meinen Ängsten abgelenkt.

Ich versuchte diesen Augenblick der Erleichterung zu nutzen und ließ mir ein heißes Bad ein. Immer wenn ich Ruhe und Frieden finden wollte, lag ich lange und träge in der Badewanne. Ich versuchte, mich in dem wohligen heißen Wasser zu entspannen, das meinen Körper umspielte, und mich sanft in eine friedliche Stille gleiten zu lassen. Aber ich konnte nicht stillsitzen. Die Panik stellte sich wieder ein. In ein Badetuch gehüllt, stürzte ich zum Bett, dann ins Wohnzimmer und begann, hin- und herzulaufen. Ich hatte seit sechsunddreißig Stunden nicht geschlafen, aber ich war nicht müde, nur erschöpft. In meiner Branche gewöhnt man sich daran, tagelang ohne Schlaf auszukommen, aber dies war eine andere Art von Erschöpfung.

Schließlich gelang es mir, mich für das Theater umzuziehen. Ich fühlte mich sehr zerbrechlich. Aber der Gedanke, mit Edie und Jonathan zusammen zu sein, hatte mich beruhigt. Trotz allem schien ich einigermaßen klarzukommen. Aber meine

Hand zitterte so stark, daß es mir kaum gelang, den Lippenstift aufzutragen. Ich starrte mein Gesicht im Spiegel an. Das bin doch nicht ich. Es ist der Schlafmangel, dachte ich. Morgen werde ich besser aussehen.

Plötzlich stand Eric hinter mir. Ich schaute sein Gesicht im Spiegel an. Ich hatte ihn nicht hereinkommen hören. »Ach Eric«, sagte ich und flüchtete mich in seine Arme. »Ich fühle mich so merkwürdig, wie ein Stück Glas. Ich weiß nicht, ob ich es schaffe, heute abend ins Theater zu gehen. Ich weiß es einfach nicht.«

»Du schaffst alles, was du schaffen willst, Babe. Es wird dir gut tun. Du bist seit zwei Tagen nicht aus dem Haus gekommen. Du magst Jonathan und Edie, und das Stück wird dich zum Lachen bringen.« Er küßte mich auf die Wange und hielt mich lange umarmt. »Komm jetzt, verdirb mir nicht den Abend.«

Ich wollte da stehenbleiben und mich an ihm festhalten. Ich wollte mit ihm in unserem breiten Bett liegen. Ich wollte nirgends hingehen. Aber ich hörte mich sagen: »Du hast recht. Gehen wir.«

Wir trafen uns im Theater. Ich glaubte einen Ausdruck von Besorgnis auf Edies Gesicht wahrzunehmen, aber wir hatten keine Zeit, miteinander zu reden, während wir unsere Plätze einnahmen. Es fiel mir schwer, mich auf das Stück zu konzentrieren. Ich fühlte mich überdreht, unruhig, das Blut stieg mir ins Gesicht, in meinem Hinterkopf summte es ständig. Obwohl ich hörte, was die Schauspieler sagten, hatte ich nicht die blasseste Ahnung, worum es in dem Stück ging. Ich lehnte mich näher an Eric und flüsterte ihm zu: »Ich halte es hier nicht mehr aus. Ich muß nach draußen.« »Sitz still!« wisperte er ungeduldig. Edie hatte es gehört und ergriff tröstend meine Hand.

Nach der Vorstellung gingen wir in ein kleines, ruhiges spanisches Restaurant, Edies Neuentdeckung. Kaum hatten wir uns gesetzt, ließ sich Jonathan, der klassische Gitarre spielte, völlig vom Spiel des Gitarristen gefangennehmen. Aber beim Abendessen begann er über die Tabletten zu sprechen. Edie hatte ihm alles erzählt. »Das tut keinem gut, so viele Medikamente zu nehmen, Barbara«, bemerkte er. »Ich bin froh, daß du aufgehört hast, aber du solltest jetzt viele Vitamine zu dir nehmen und zur Abwechslung ordentlich essen.«

Ich lächelte. Auf seine sarkastische Art war auch Jonathan um mich besorgt. »Ich habe Dr. Allen versprochen, nichts zu trinken«, sagte ich, »aber meinst du, daß ich mir ein Glas Wein genehmigen könnte?«

»Sicher, solange du nicht übertreibst«, erklärte er entschieden. Dann fügte er mit Wärme hinzu: »Ich bin stolz auf dich, Barbara. Es wird sich lohnen, du wirst sehen. Aber ich glaube, in ein, zwei Tagen solltest du dich von deinem Internisten untersuchen lassen. Zur Sicherheit, daß dein Körper mit dem Entzug fertig wird. Versprich, daß du dir einen Termin geben läßt.«

»Sie schafft das sehr gut, Jonathan«, wehrte Eric ab. »Ich werde die Vitamine besorgen und darauf sehen, daß sie ißt. Sie braucht keine Ärzte. Schau doch, was die Ärzte mit ihr gemacht haben.«

»Ein gründliche Untersuchung könnte nicht schaden«, meinte Edie. »Ruf mich an, wenn du dich angemeldet hast, Barbara, und wir gehen zusammen hin.«

Eric starrte sie wütend an. Ich hatte noch nie einen solchen Ausdruck auf seinem Gesicht erlebt. Er benahm sich sehr sonderbar. Warum nahm er Jonathans und Edies Rat übel? Sie wollten mir nur helfen. Aber dann wurde mir klar, daß er das Gefühl hatte, wir beide seien stark genug, allein mit der Sache fertig zu werden.

Edie wandte sich mir zu. »Kannst du überhaupt schlafen?«

Ich wollte eben antworten, als Eric sich einschaltete. »Nein. Sie hat seit zwei Nächten nicht geschlafen, aber ich bin sicher, daß sie heute schlafen wird. Mach dir keine Sorgen, Edie. Ich komme schon damit zurecht.«

75

»Ich mache mir keine Sorgen«, entgegnete Edie scharf. »Ich nehme Anteil.« Dann wandte sie sich Jonathan zu und gab ihm ein Zeichen das besagte, reden wir über etwas anderes.

Ich rührte mein Essen kaum an. Ich versuchte zwar, mich am Gespräch zu beteiligen, aber jedesmal, wenn ich etwas sagte, erschienen mir meine Worte irgendwie unpassend. Nein, es kann nicht wieder anfangen, sagte ich mir. Nicht hier, nicht mit Eric und meinen Freunden. Ich rauchte eine Zigarette nach der anderen, um die Panik zu verbergen, die mich zu befallen begann. Wenn ich bloß schlafen kann, dachte ich, werde ich mich morgen sicher besser fühlen.

Aber ich schlief auch in dieser Nacht nicht. Ich verbrachte die Stunden damit, mir kalte Handtücher um den Kopf zu wickeln und möglichst leise, um Eric nicht zu stören, im Wohnzimmer auf- und abzugehen. In meinem Kopf tobte eine Feuersbrunst, gegen die auch die nassen Handtücher nichts ausrichteten. Aber ich mußte etwas tun. Dann erfaßte das Feuer meinen ganzen Körper. Ich war entsetzlich durstig und stürzte ein Glas Saft nach dem anderen hinunter. Ich versuchte zu lesen, machte mir Notizen, die ich nicht entziffern konnte.

Im Laufe der Nacht wurde ich von einem merkwürdigen Gefühl erfaßt. Ich fühlte mich so luzide. Szenen und Bruchstükke meines Lebens blitzten vor meinen Augen auf, als säße ich vor dem Monitor, und ich begann, an meine Eltern, an alte Bekannte, Geschäftsfreunde, Tanten, Onkeln, frühere Liebhaber, an alles mögliche zu denken. Als Eric aufwachte, konnte ich es nicht erwarten, ihm von all den Verbindungen zu erzählen, die ich neu aufgenommen hatte. Jedes Gedankenfragment schien mir bedeutsam und tiefgründig. Ich konnte nicht warten, ich war so aufgeregt, ich hatte so viel zu sagen. Ich stürzte mich mit einem Wortschwall auf ihn, als er noch im Bett lag.

»Eric, Liebling. Eric, ich glaube, ich verstehe es jetzt, ich glaube, ich weiß, warum ich die Tabletten genommen habe. Ich bin nie wirklich glücklich gewesen, bis ich dich kennenlernte, und jetzt habe ich Angst, dich zu verlieren.«

Ich redete immer weiter. Ich konnte nicht aufhören.
»Um Himmels willen, Barbara«, sagte er. »Ich bin noch
nicht einmal aus dem Bett. Laß mir eine Minute Zeit, ja?«
Ich fühlte mich gemaßregelt wie ein kleines Kind und zog
mich schmollend ins Wohnzimmer zurück. Ich muß den Mund
halten, sagte ich mir. Aber ein Kälteschauer überlief mich, der
mir bis ins Mark drang, und ich hatte Angst.
Ich saß auf der Couch im Wohnzimmer, während Eric den
Kaffee machte. Es war sonderbar, da zu sitzen und ihn in der
Küche zu beobachten. Wochentags machte gewöhnlich ich das
Frühstück, aber heute war es anders. Ich war extrem energiege-
laden und fühlte mich zugleich völlig hilflos.
»Ich bleibe heute zu Hause«, sagte er, als er mir eine Tasse
Kaffee brachte. »Libby kann mich im Büro vertreten. Du wirst
dich ausruhen, und ich werde mich um dich kümmern. Jetzt
trink deinen Kaffee. Ich gehe nur kurz hinaus und hole
Lebensmittel und Vitamine. Wo ist deine Tasche? Ich werde
etwas Geld brauchen. Möchtest du etwas zu lesen?«
»Nein. Nein, ich kann nicht lesen«, erwiderte ich und hörte mir
an, wie er unseren Tagesablauf plante.
Als er zurückkam, saß ich immer noch auf der Couch. Ich
kam gar nicht auf den Gedanken, ihm beim Auspacken der
Lebensmittel zu helfen. Er brachte mir ein Glas Tomatensaft
und eine Handvoll Pillen. »Jetzt nehmen wir ein paar Vitamine
und andere gute Sachen, um das Valium zu bekämpfen«, sagte
er. »Komm schon – runter damit.« Und gehorsam, ohne
Fragen zu stellen, erfüllt von Liebe zu ihm, tat ich, was er sagte.
Wir verbrachten den Tag miteinander, und ich begann, ihm
von meiner Vergangenheit zu erzählen. Es war ein analytischer
Marathon. Ich war die Patientin und Eric der Arzt. Anfangs saß
er bloß da und hörte mir zu, aber gegen Abend griff er aktiv ein,
stellte Fragen, gab mir Ratschläge. Er war in die Geschichte
meines Lebens mitverwickelt, in das Drama, und er half mir,
das Drehbuch zu schreiben.
Wenn Eric am Morgen verärgert gewesen war, so war er jetzt

voll Liebe und Zärtlichkeit. »Sprich weiter, Babe«, sagte er, als es Zeit zum Abendessen war. »Ich stelle nur die Kartoffeln ins Rohr. Heute gibt es gegrillten Seebarsch, Broccoli und Salat. Eine Menge Vitamin B. Das brauchst du, viel Vitamin B.«

Also redete ich weiter über meine Mutter, meinen Vater, meinen Bruder, meine Freundinnen, meine Großeltern, alles. Ich fand Eric wundervoll, daß er sich das alles anhörte und alles mit mir durchging. Ich fühlte mich gut, glücklich und belebt, trotz der Entzugssymptome, trotz der Panik. Ich brauche Dr. Allen nicht, ich brauche keine Tabletten, dachte ich bei mir. Ich habe Eric. Er *ist* Prinz Valium.

Am nächsten Tag rief ich meinen Chef an und teilte ihm mit, daß ich eine Zeitlang mit der Arbeit aufhören müsse. Alan war freundlich und verständnisvoll und riet mir, mich gut auszuruhen. »Dieser Adoptionsskandal wird nicht über Nacht verschwinden«, meinte er. Ich versicherte ihm, daß ich nur einige Wochen pausieren würde und wir dann über den neuen Film reden könnten. Eric billigte meinen Entschluß. Aber er machte sich Sorgen über das Geld, deshalb beschlossen wir, meinen letzten Gehaltsscheck auf sein Konto einzuzahlen, nur für Lebensmittel und andere Haushaltsausgaben.

Er begann, mit jedem Tag mehr und mehr Verantwortung zu übernehmen – mit Leuten am Telefon zu reden, Lebensmittel zu kaufen, die Wäsche zu waschen – während ich immer mehr ausfiel. Ich redete stundenlang mit ihm, ging in der Wohnung auf und ab, versuchte zu lesen, ein Bad zu nehmen, zu schlafen. Ich unternahm Streifzüge durch meine Vergangenheit und redete mir alte Wunden, unvergessene Kränkungen und ungelöste Beziehungen von der Seele. Ich hatte einen unwiderstehlichen Drang, ihm alles zu erzählen. Die Vergangenheit begann, in die Gegenwart überzugreifen, aber ich machte mir keine Sorgen. Offensichtlich hatte das Valium eine Menge verdrängt.

Wir hatten so viele Jahre miteinander geteilt, ein Haus zusammen gebaut und wie Verliebte zusammengelebt; es schien mir natürlich, all diese Gedanken, Geschichten und Gefühle mit ihm zu teilen. Er zeigte solche Bereitschaft, diese Krise mit mir zu durchleben und mir zu helfen, über die Tabletten hinwegzukommen. Bei ihm war ich in Sicherheit, so gräßlich ich mich auch fühlen mochte. Zusammen würden wir es durchstehen, was zum Teufel es auch sein mochte.

Meine Schlaflosigkeit hielt an. Ich hatte das Gefühl, meinen natürlichen Schlafmechanismus eingebüßt zu haben, obwohl ich seelich und körperlich ausgepumpt war. Schließlich rief ich meinen Gynäkologen an und bat ihn um Schlaftabletten. Er ließ mir von der Apotheke acht Stück schicken. Sie nutzten nicht sehr lange.

Am Tag stellte ich bei mir Verhaltensweisen fest, die mir völlig fremd waren. Ich merkte, daß es mir egal war, wie ich aussah. Anfangs zog ich Jeans und einen Pullover an, aber dann blieb ich den ganzen Tag im Nachthemd, das fleckig und schmuddelig war. Ich konnte gar nicht daran denken, mich zu schminken, zu waschen oder meine Haare zu kämen. Ich begann, wie ein verwildertes Tier auszusehen, aber ich war außerstande, etwas dagegen zu tun. Ich stand am Rande einer Explosion und brüllte vor Wut. Ich versuchte, von Minute zu Minute durchzuhalten. Kleider und Make-up, hübsch aussehen, sich sexy fühlen – all das wurde mir fremd. Ich war damit beschäftigt, ein Rätsel zu lösen, und mußte meine ganze Energie darauf konzentrieren. Daß die Zeit verstrich, war mir nur vage bewußt, aber nach zehn Tagen schien ich in ein neues Stadium einzutreten. Mein Herz wurde schwer, und ich begann über alles zu weinen. Kränkungen der Kindheit schienen mir jetzt, als wären sie gestern passiert, und ich konnte nicht aufhören, Tränen zu vergießen. Eric redete auf mich ein, ermutigte mich, alles aus mir herauszulassen, die Schuldgefühle und die Schmerzen aufs neue zu durchleben. Meine Traurigkeit wurde immer intensiver, ich ging in der Wohnung herum und weinte und weinte.

Ich wagte jetzt nicht, die Wohnung zu verlassen; ich

fürchtete, meinen Körper auf der Straße nicht unter Kontrolle halten zu können. Eric erledigte deshalb weiterhin die Einkäufe und die anderen Arbeiten. Er begann müde auszusehen. Ich wußte, daß ich eine Last für ihn war, aber ich konnte nichts dagegen tun. Ich konnte nicht aufhören zu reden, zu schluchzen und wieder zu reden. Manchmal schien es ihn zu langweilen, manchmal fuhr er mich an und sagte seltsame Dinge, wie: »Du bist wie alle Frauen. Du erinnerst mich an meine Mutter.« Ich dachte, er verübele es mir, daß ich die Wohnung nicht verließ und er das Einkaufen und Kochen übernehmen mußte. Ich hätte jeden zur Erschöpfung getrieben. Aber dann lachte er wieder und schien darüber hinwegzukommen.

Früher hatte er mich nachts im Bett immer in seine Arme genommen, aber jetzt wandte ich mich von ihm ab, unfähig, dieselben Gefühle wie bisher zu empfinden. Kurz nachdem ich die Tabletten abgesetzt hatte, nach dem ersten Schock, schliefen wie ein paarmal miteinander. Und obwohl ich unruhig war und mich in meiner Haut nicht wohlfühlte, empfand ich mehr dabei, erlebte ein tieferes Gefühl der Freude, der Freiheit, der Ekstase als je zuvor. Vielleicht hatte das Valium einen Teil meiner Sexualität unterdrückt. Aber jetzt war ich so weit, daß ich einfach nicht reagieren konnte, und auch das machte ihn wütend. »Verdammt nochmal, Barbara«, sagte er eines Abends. »Wie lange glaubst du, kann ich das aushalten? Und schau dich einmal an. Du siehst fürchterlich aus!«

»O Gott, es tut mir leid«, rief ich, rannte in das Wohnzimmer und warf mich schluchzend auf die Couch.

Einen Augenblick später lag er neben mir auf den Knien, streichelte mein Haar, tröstete mich. »Es macht nichts, Babe. Ich bin hier. Ich liebe dich. Alles wird wieder gut.«

Wann trat die Veränderung ein? Wann, wann wurde aus zwei Liebenden, die gemeinsam einen Sturm bestehen wollten, etwas anderes?

Eines Abends saß ich im Wohnzimmer und nippte an einem

Glas Wein, während Eric das Geschirr spülte. Ich hoffte immer, daß mich der Wein schläfrig machen würde wie früher, aber die Wirkung blieb aus. Immerhin beruhigte er mich ein wenig, gab mir ein bißchen Frieden. Inzwischen kümmerte ich mich nicht mehr um Dr. Allens Warnung. Ich hatte nie sehr viel getrunken, und ich wußte, daß mir zwei Glas Wein nicht schaden würden. Ich wartete auf den Beginn unseres abendlichen Rituals: Eric pflegte sich mit einem Glas Wein zu mir zu setzen, bereit, mir zuzuhören, und ich saß auf der Couch und redete. Begierig auf seine Kommentare tauchte ich in die Gewässer meiner Vergangenheit und holte wie ein dressierter Seehund den Ball herauf, ein weiteres Schnipsel, etwas, das ihn faszinieren würde.

An diesem Abend erzählte ich ihm von meinem Großvater. »Ich war erst zwölf Jahre alt, Eric. Und meine Mutter bat mich, einen Abend lang auf meinen Bruder Eddie achtzugeben. Ich weigerte mich. Ich wollte mit meinen Freundinnen spielen.«

»Erzähl weiter«, sagte er und nahm einen Schluck aus seinem Glas.

»Am Spätnachmittag erhielten wir einen Anruf. Mein Großvater war an einem Herzinfarkt gestorben. Er war auf dem Weg zu unserem Haus gewesen, um Eddie zu beaufsichtigen. Es war meine Schuld, Eric. Meine Schuld. Ich erinnere mich, daß ich allein in meinem Zimmer saß und meine Mutter weinen hörte. ›Papa, Papa, jetzt bin ich allein‹, schluchzte sie. ›Zuerst meine Mutter, jetzt mein Vater. Papa, Papa, jetzt bin ich ganz allein.‹ Ich hörte sie durch die Wand. Ich saß in meinem Zimmer und hörte sie weinen und weinen. Was meinte sie damit, daß sie ganz allein sei? Sie hatte meinen Vater und Eddie und sie hatte mich. Ach Mama, ich bin schuld an deinem Kummer, dachte ich. Ich habe den Opa umgebracht. Ich habe das nicht gewollt. Ich habe das nicht gewollt, Mama. Es tut mir leid, es tut mir leid. Und ich weinte mich in den Schlaf.«

»Mein armer Liebling«, sagte Eric zärtlich lächelnd. »Wie du gelitten hast.«

»Eddie und ich durften nicht zum Begräbnis«, sagte ich.
»Wir waren zu klein. Ich wußte, daß mich meine Mutter haßte
für das, was ich getan hatte, obwohl sie es nicht zeigte. Aber ich
wollte zu dem Begräbnis gehen, um Opa zu sagen, daß es mir
leid tue. Wir wohnten gegenüber der Schule. Und ich erinnere mich, daß ich aus dem Klassenfenster schaute und die
schwarzen Autos vor unserem Haus vorfahren sah. Ich sah, wie
meine Eltern und die übrigen Verwandten in diese seltsamen
Wagen einstiegen. Alle waren dunkel gekleidet, und die Leute
umarmten meine Mutter. Ach Eric, ich wollte bei ihr sein und
sie auch küssen. Ich fühlte mich so ausgeschlossen.«

Wir saßen schweigend im Wohnzimmer. Ich hatte eine
weitere schmerzhafte Expedition in meine Vergangenheit
unternommen. »Diese Geschichte habe ich noch niemandem
erzählt«, sagte ich, »Nicht einmal Dr. Allen.« Und dann
begann ich zu weinen. Ich weinte und weinte, als ob mein
Großvater heute gestorben sei, als ob ich die Stimme meiner
Mutter, ihr kummervolles Schluchzen, heute durch meine
Schlafzimmerwand hörte. Als ob ich zwölf Jahre alt sei.

Ich sah auf und wartete darauf, daß Eric zu mir kommen und
mich trösten würde. Er rührte sich nicht. Dann nippte er an
seinem Glas und sagte: »Du bist ein Biest.« Er sagte das einfach
so: Du bist ein Biest, mit derselben Stimme, mit der er wenige
Minuten zuvor gesagt hatte »Mein armer Liebling«. Sein
Ausdruck und sein Ton hatten sich nicht verändert, seine Stirn
verzog sich nicht, er brüllte und er schrie nicht. Er saß da, den
Blick unverwandt auf mich gerichtet und sagte: »Du bist ein
Biest. Was du mit deinem Großvater getan hast, das tust du
jetzt mit mir. Du zerstörst jeden, und du solltest dich schuldig
fühlen, du Luder.«

Er hatte seine Stimme immer noch nicht erhoben. Er klang
nicht wütend, aber er nannte mich ein Luder. Barbara, tu
etwas; Eric nennt dich ein Luder. Er nennt dich zerstörerisch.
Tu etwas, Barbara. Aber ich konnte nichts sagen, ich konnte
nichts tun. Ich saß bloß da und starrte ihn an.

Er trank noch einen Schluck. »Du bist eine böse Frau, Barbara«, sagte er im gleichen ruhigen Ton. »Eine böse, böse Frau. Du bist wie die meisten Frauen. Böse.«

Ich schloß einen Moment die Augen. Schrecklich, was er da sagte, dachte ich. Wie sonderbar. Dann geschah etwas noch Erschreckenderes. Ich fühlte mich plötzlich hohl und leer. Ich sah zu ihm auf und sagte: »Eric, ich habe Angst. Ich weiß nicht, wer ich bin. Ich kann es nicht erklären. Es ist ein schreckliches Gefühl. Ich weiß nicht mehr, wer ich bin. Ich habe Angst.

Mein Gesicht muß die Panik widergespiegelt haben, die ich empfand. Er erhob sich und setzte sich neben mich auf die Couch. Die schrecklichen Worte, die er einen Augenblick zuvor ausgesprochen hatte, waren vergessen und er verwandelte sich wieder in den Eric, den ich kannte. Er lächelte mir zu und zog mich an sich. »Du bist Barbara», sagte er zärtlich. »Du bist meine Frau, du bist Barbara Gordon.«

In diesem Augenblick war mir, als sei ich buchstäblich ein Haufen von Haut und Knochen, als sei mein Blut stahlgrau, als hätte man mir eine riesige Injektionsspritze voll Novocain in den Kopf gespritzt, als hätte mir Christiaan Barnard das Herz herausoperiert. Wäsche, die auf einer Leine im Wind flattert – so fühlte ich mich. Wenn das nur einen Augenblick gedauert hätte, wäre es vielleicht zu ertragen gewesen. Aber es verging nicht.

Wie ich so dasaß, von seinen Armen umschlossen, sah ich mich aus mir selbst heraustreten und konnte nichts dagegen tun. Ich kam mir vor wie in einem Ruderboot, das auf den Wasserfall zutrieb und war nicht in der Lage umzukehren. Ich spaltete mich. Ich sah mich in den Abgrund stürzen. Schlimme Erinnerungen überfluteten mein Bewußtsein und rissen mich mit sich hinweg, zurück in eine Vergangenheit, die keine Bedeutung mehr haben sollte, die aber mein Gehirn verwirrte.

Ich erinnere mich, daß ich dachte, ich sei ein kleines Mädchen, ein böses kleines Mädchen. Ein sehr böses kleines Mädchen.

Wann begannen die Wutanfälle? Ich hatte seit Wochen nicht mehr die Wohnung verlassen. Eric drängte mich immer hinauszugehen, aber ich brachte es einfach nicht fertig. Eines Abends griff er nach seiner Jacke und sagte: »Komm jetzt, Babe, wir machen einen Spaziergang. Du mußt hier raus. Du kriegst ja Phobien. Zieh dir was an, und wir machen einen Spaziergang durch den Park.«

»Ich gehe nicht hinaus!« schrie ich plötzlich. »Bleib hier bei mir. Ich werde brav sein, ich verspreche es dir. Bitte bleib da. Hilf deinem Baby. Eric, bitte bleib bei mir!« Und ich begann zu weinen und mit dem Fuß zu stampfen.

Entsetzt hielt ich inne. Ich konnte nicht glauben, wie ich mich aufgeführt hatte. »Hast du gesehen, was gerade passiert ist, Eric?«, fragte ich ihn in einer Panik. »Hast du gesehen, daß ich mit dem Fuß gestampft habe wie ein Kind, daß ich wie ein kleines Kind geredet habe?«

Er lächelte mich wissend an.

Ich war verwirrt. Er schien mir nicht helfen zu wollen. »Eric, du mußt mit mir zu einem Arzt gehen. Ich weiß, daß ich Hilfe brauche.«

Er lächelte bloß.

Ich rannte ins Schlafzimmer und begann, nach meinen Schlüsseln, meiner Brille, meinen Personalausweis zu suchen. Wenn er nicht mit mir zum Arzt ging, dann würde ich alleine gehen.

Er folgte mir und stand da, immer noch lächelnd. »Du brauchst keinen Arzt, Barbara. Ich liebe dich mehr als jeder Arzt. Er wird dich in ein Krankenhaus stecken, und wenn man im Krankenhaus sieht, in welchem Zustand du bist, dann verschwindest du auf irgendeiner geschlossenen Station, und niemand kriegt dich je wieder zu sehen. Bei mir, Babe, hast du Liebe. Du bist in Sicherheit.« Er redete mit leiser, abgehackter, monotoner Stimme. Er klang überhaupt nicht wie Eric. »In Fällen wie deinem«, sagte er, »ist es am besten, alles auszustehen. Sieh zu, daß du alles loswirst. Ich werde dir da hindurchhelfen, Babe. Ich helfe dir. Ich liebe dich mehr als jeder andere.« Und dann ging er ins Wohnzimmer.

Ich erschrak über die langsame, mechanische, fast roboterhafte Sprechweise. Wo hatte ich diese Stimme schon einmal gehört? Jetzt fiel es mir wieder ein. An jedem Sonntagmorgen, als er am Telefon mit seiner Exfrau Catherine gesprochen hatte. Aber ich vertraute ihm immer noch. Er wußte über so viele Dinge Bescheid – Juristerei, Hausbau, Autoreparaturen. Er war ein Mann, der gelernt hatte, alles selbst zu tun. Er las alles; er war intelligent. Er liebte mich. Er mußte recht haben.

Aber sein Aussehen hatte sich verändert. Sein Gesicht war irgendwie voller geworden, seine Augen schienen mich zu durchbohren, er trank viel Wein und rauchte stärker als vorher. Bisher hatte ich mich nur gefragt, wer *ich* sei; jetzt glaubte ich auch nicht mehr zu wissen, wer *er* war. Er hatte sich von meinem Geliebten, meinem Freund, in eine Art autoritärer Elternfigur verwandelt, und ich entfernte mich immer weiter von mir selbst. Wer auch immer ich vorher gewesen war, ich hatte, obwohl neurotisch und angstgequält, funktioniert. Ich stand mit mir selbst und meiner Welt in Verbindung. Jetzt war ich mit niemandem in Verbindung, weder mit mir selbst noch mit Eric, und meine Welt war auf die vier Wände meiner Wohnung zusammengeschrumpft.

Einmal versuchte ich, Edie anzurufen, bloß um zu reden und eine andere Stimme zu hören. Ich griff nach dem Hörer. »Ich würde diesen Anruf unterlassen«, sagte Eric vom Schlafzimmer aus, einen Finger auf mich richtend. »Edie gibt dir nur das Gefühl der Abhängigkeit. Du solltest sie nicht anrufen. Verrate mich nicht, Barbara.«

Ich hörte ihm zu wie hypnotisiert. Abgesehen von Radio und Fernsehen hatte ich seit Wochen keine Stimme außer seiner mehr gehört. Was sagte er da Merkwürdiges, dachte ich. Was meint er damit: »Verrate mich nicht?«

Eines Abends saßen wir nach dem Essen auf der Couch und redeten. Ich wurde immer noch von schmerzlichen Kindheitserinnerungen gequält, und ich erzählte ihm von Chatahoochie. Als ich ein kleines Mädchen war, sagte meine Mutter zu mir: »Wenn du nicht brav bist, kommst du nach Chatahoochie, wo alle Verrückten sind. Dort kommen die schlimmen kleinen Mädchen hin, also sei brav.« Noch Jahre später, als ich einen Film in einer psychiatrischen Klinik drehte, oder selbst als ich mir einen Film wie *Die Schlangengrube* ansah, geriet ich in Angst und Panik. Und diese Furcht war wiedergekehrt und hatte mich an dem Abend gequält, als Eric zu mir sagte, ich würde in einer geschlossenen Station verschwinden und nie wieder auftauchen.

»Eric, ich habe furchtbare Angst vor Irrenhäusern«, sagte ich. »Aber ich weiß nicht, was mit mir vorgeht. Alles sieht so sonderbar aus. Selbst du siehst nicht mehr so aus wie früher. Ich liebe dich. Ich vertraue dir. Aber ich glaube, ich brauche einen Arzt. Ich glaube, ich sollte in ein Krankenhaus gehen.«

Er legte seine Arme um mich und lächelte. Dann sagte er sanft: »Du fürchtest dich nicht vor Chatahoochie, Barbara. Du sehnst dich danach. In Wirklichkeit ist es ein geheimer Wunsch von dir, verrückt zu werden, abhängig zu sein.«

Er redete immer weiter mit dieser monotonen Stimme und ich hörte ihm gebannt zu, meine Augen auf sein Gesicht geheftet und seine Worte wie ein Schwamm aufsaugend. Er lehnte sich zurück, nippte an seinem Glas und fuhr in diesem neuen, seltsamen, jede Silbe trennenden Ton fort. »Um wieder zu Verstand zu kommen, mußt du den Verstand verlieren. Du fürchtest es nicht. Du wünscht es. Du möchtest es, du möchtest es, es ist dein Wunsch.«

Je mehr er redete, desto verrückter fühlte ich mich. Mein Mund bewegte sich lautlos, und plötzlich hatte ich den Drang, gutturale Laute auszustoßen. Ich wollte schreien. Je mehr er mich als hoffnungslosen Fall hinstellte, desto stärker hatte ich das Gefühl, diese Rolle spielen zu müssen.

Dann küßte er mich. Ich wandte den Kopf ab. Ich verspürte überhaupt keine sexuellen Regungen mehr. Dieses neue, hohle

Gefühl des Nichtseins hatte sie zerstört. Seine Lippen fühlten sich kalt an, anders als früher. Ich mochte es nicht, wenn er mich berührte. Ich wollte nicht einmal im gleichen Bett mit ihm schlafen. Er war nicht mehr Eric.

Er war auch schon vorher verärgert gewesen, wenn ich nicht mit ihm schlafen wollte, aber jetzt war er plötzlich außer sich vor Wut. Er sprang auf und begann mich anzuschreien. Er beschuldigte mich, ihm Sex vorzuenthalten, um ihn zu bestrafen. Ich hätte meinen Vater und meinen Großvater bestraft, sagte er, und jetzt bestrafte ich ihn. Ich wußte nicht, wovon er redete. Ich hatte nur den einen Gedanken, wie sonderbar er wirkte. Er roch nicht einmal mehr wie Eric.

Als er mich das erste Mal schlug, empfand ich keinen Schmerz. Ich hatte den ganzen Tag lang geweint und geschrien und mir mit den Nägeln die Brust zerkratzt. Eric saß stundenlang dabei, redete mit mir und drängte mich, verrückt zu spielen, mich wie ein kleines Kind zu benehmen. Dann sagte er plötzlich: »O Gott, wo ist meine erwachsene Barbara? Wo ist meine Frau? Sie ist nur noch ein flennendes Kind.« Ich hatte etwas Wein getrunken; er nahm mir das Glas aus der Hand und beschimpfte mich. Als seine Frau, sagte er, müsse ich drogen- und alkoholfrei sein. Von jetzt an keinen Wein mehr. Und dann schmetterte er mir seine Faust ins Gesicht.

Es tat nicht weh, wirklich nicht. Aber ich war schockiert. Schockiert, daß er mich schlug, schockiert, daß ich nicht mehr schockiert war.

»Du bist ein böses Mädchen, Barbara«, sagte er, »ein böses Mädchen, das das Leben anderer Leute ruiniert. Mit deinem Großvater hast du es gemacht, mit deiner Mutter, und jetzt ruinierst du mein Leben. Die Leute hassen dich. Du haßt dich selbst und du mußt bestraft werden.«

Dann tat er etwas Merkwürdiges. Er begann, den ganzen Wein und Schnaps in den Ausguß zu gießen. Und als er damit fertig war, versuchte er, das Kettenschloß mit den Händen von der Wohnungstür zu reißen. Schließlich holte er einen Schraubenzieher, und ich sah ihm fasziniert zu, wie er die Kette abmontierte.

»Ich sperre dich nicht aus, Eric. Warum machst du das?« fragte ich ihn.

Er sah mich lange an und sagte: »Du weißt, warum, du weißt es.« Dann verließ er die Wohnung und schlug die Tür hinter sich.

Ich saß auf der Couch und fühlte mich wie gelähmt. Ich konnte nicht glauben, was soeben passiert war. Ich war verwirrt. Ich wußte nicht, was ich tun sollte. Ich wollte davonlaufen und tat es doch nicht. Wenn ich nur die Dinge klären könnte. Aber es fiel mir schwer, klar zu denken. Ich fühlte mich unendlich schuldig und traurig. Seine Worte gingen mir durch den Kopf. Ich hatte nicht gewußt, daß mich die Leute hassen, daß ich das Leben anderer Menschen ruinierte. Darüber dachte ich mehr nach als über den Schlag ins Gesicht. All diese schrecklichen Dinge. Aber wenn sie nicht wahr wären, hätte er sie nicht gesagt. Ich hatte nicht gewußt, daß ich so schlecht war, schlecht genug, um Strafe zu verdienen.

Tage, die durch die Nacht, Nächte, die durch den Tag wirbelten, mein Leben war ein Rouletterad und ich die silberne Kugel, ständig kreiselnd, manchmal bei sieben, dann bei vierzehn, dann bei sechsundzwanzig Halt machend, aber immer in einem schwarzen Loch, einer schwarzen Erinnerung an ein früheres Jahr meines Lebens. Verlorene Liebe, Begräbnisse, gemeine Lehrer: Eric drängte mich, über alle meine Wunden zu sprechen, und ich tat es, die guten Zeiten vergessend, das Glück ignorierend. Tag um Tag forderte er mich auf, ihm noch mehr zu erzählen, von anderen Kränkungen, anderen Enttäuschungen zu berichten. Es war ganz egal, wann etwas geschehen war. Ich sollte ihm einfach davon erzählen und den Schmerz erleben, dann würde ich vielleicht gesund werden.

Ich war wild entschlossen, alles aufzuklären. Nur indem ich jede Beziehung, jedes Jahr meines Lebens aufs neue durchlebte, würde ich imstande sein, alles zu begreifen. Aber ich wußte nicht, daß die Gefahr bestand steckenzubleiben, in einem früheren Lebensalter, mit all den Gedanken und Gefühlen, mit der Persönlichkeit und dem Intellekt dieses Alters. Und je mehr wir redeten, desto mehr hatte ich das Gefühl, daß mein Leben hoffnungslos sei. Ich war unendlich traurig. Er sagte: »Du *bist* ein hoffnungsloser Fall, aber ich werde immer für dich da sein. Du bist ein hoffnungsloser Fall.« Ich hatte das Leben so geliebt, deshalb weinte und weinte ich. Es war vorüber, ich hatte alles ruiniert, und außerdem war ich hoffnungslos krank. Er nickte und sah mich traurig an: »Es ist zu spät, Babe, zu spät. Es ist furchtbar schade.«

Er war jetzt oft zornig mit mir. Trotzdem kaufte er nach wie vor ein, kochte und redete stundenlang mit mir. Von meinen ständigen Ausbrüchen und dem Trommelfeuer seiner Wut erschöpft, sah ich die Wochen vorübergleiten. Und jeden Tag sagte er mir, daß sich mein Zustand verschlechtere, daß er aber für mich sorgen werde, weil er mich liebe. Dann näherte er sein Gesicht dem meinen, sah mich traurig an und sagte, wenn er mich jetzt in ein Krankenhaus bringe, werde man eine Leukotomie an mir vornehmen. »Bleib bei jemand, den du liebst«, warnte er mich. »Niemand liebt dich so wie ich. Freilich vermisse ich meine große, schöne Barbara, die unabhängige Frau. Was ist bloß aus ihr geworden?«

Er beantwortete alle Anrufe. »Du kannst in diesem Zustand mit niemandem reden«, sagte er. Meine Freunde Barry und Lisa Travis luden uns ein, über das Wochenende nach New Jersey zu kommen. »Barbara ist zu erschöpft«, beschied er sie. »Nein, nur von ihrem letzten Film erschöpft. Wir lassen es uns beide ein paar Wochen gutgehen. Wir rufen euch später an.«

Mit meiner Mutter ließ er mich sprechen, wenn sie anrief, aber sonst wartete er, bis der Auftragsdienst anwortete, oder er nahm den Hörer ab und sagte, es gehe mir gut, ich schliefe gerade, hätte die Tabletten endgültig aufgegeben und alles sei in bester Ordnung. Es war mir peinlich, was da vor sich ging, auch wenn ich nicht genau wußte, *was* eigentlich geschah. Ich wußte nur, es war schrecklich. Und was noch schlimmer war, ich fühlte mich machtlos, etwas dagegen zu tun. Ich sah und hörte staunend zu, wie Eric am Telefon log und allen erzählte, daß es mir besser gehe, daß ich mich erholte und wunderbar fühlte. Er machte das so gut, so natürlich.

Er erzählte Edie immer die gleiche Geschichte, sooft sie anrief, aber er ließ mich nicht mit ihr sprechen. Ich war entweder gerade im Bad oder hatte mich hingelegt. »Sie ruft dich zurück«, versprach er. Aber ich tat es nie, selbst wenn er nicht in der Wohnung war. Ich schämte mich so – schämte mich, wie ich aussah, wie ich mich benahm, ich schämte mich über das, was mit mir vorging. Ich wollte nicht, daß es irgend jemand erfuhr, nicht einmal Edie. Er belog meine Freunde; aber er lügt für mich, dachte ich, um mich zu schützen. Ich erzählte meiner Mutter dieselben Lügen, sooft sie anrief. Ein Teil von mir wollte, daß alle diese Lügen glaubten – ich wollte sie selbst glauben. Aber ein anderer Teil von mir betete jedesmal, daß meine Mutter oder Edie oder sonst jemand zurückzurufen und darauf bestehen würde, die Wahrheit zu erfahren.

An einem Spätnachmittag war ich tatsächlich im Bad, als das Telefon läutete. Eric nahm im Schlafzimmer ab, und ich hörte seine Stimme durch die Tür. »Sie hat Schizophrenie, Jonathan, akute Schizophrenie. Aber es wird wieder vorübergehen. Sie ist stark, und mach dir keine Sorgen, ich bin hier. Ich bin bei ihr.« Es folgte eine Pause, und dann sagte Eric: »Wessen Diagnose? Meine. Ich brauche keine zweite Meinung. Warum Ärzte da hineinziehen? Es ist nicht nötig, Jonathan. Es ist nicht notwendig, nicht angebracht. Absolut nicht. Es geht ihr gut. Sie ist okay.«

Ich war wie vor den Kopf gestoßen. Akute Schizophrenie. Seit wann war ich schizophren? Woher wußte Eric, was mit mir los war? Wie konnte er es wagen, meinen Freunden zu sagen, daß ich schizophren sei?

Ich ging ins Schlafzimmer. »Eric, ich habe gehört, was du zu Jonathan gesagt hast.«

»Jeder zweite ist schizophren«, sagte er. Er zog eben seine Jacke an. »Ich gehe ein paar Sachen kaufen. Wir werden jetzt feiern.«

Er ging, und ich saß wie betäubt am Bettrand, außerstande zu weinen, außerstande, irgend etwas zu empfinden. Was will er feiern? Daß ich schizophren bin? Daß ich böse und zerstörerisch, daß ich ein Luder, ein hoffnungsloser Fall bin? Ich sah das Telefon an. Ich hätte so gerne mit Edie und Jonathan gesprochen. Ich wollte eine andere Stimme hören als Erics. Jemand, der mir sagte, daß ich Barbara und in Ordnung sei, jemand, der mir schwor, ich sei kein hoffnungsloser Fall. Ich brauchte Hilfe, aber ich war nicht verrückt. Ich konnte den Hörer nicht abheben. Ich konnte mich nicht bewegen.

Ich lag auf dem Bett, als Eric zurückkam. Eine Flasche Champagner schwenkend, betrat er das Schlafzimmer. »Komm, Babe«, sagte er. »Wir feiern jetzt.«

Ich folgte ihm willenlos in die Küche, im Licht blinzelnd. Er hatte Brot, Käse, Obst und eine Dose Kaviar gekauft. Auf der Anrichte stand eine zweite Flasche Champagner. Ich sah ihm zu, wie er alles auf einem Tablett arrangierte und ins Wohnzimmer trug. Ich saß auf dem Sofa, als er den Champagner öffnete. »Auf Barbara«, sagte er, sein Glas erhebend. »Du bist von den Tabletten und den schlechten Psychiatern losgekommen. Und jetzt heiraten wir.«

Ich traute meinen Ohren nicht. Ich muß wirklich verrückt sein, dachte ich. Eben hat er Jonathan gesagt, ich litte unter akuter Schizophrenie und jetzt sagt er, daß wir heiraten.

»Warum nicht? Bestellen wir das Aufgebot und überraschen alle. Wir haben unsere Liebe unter Beweis gestellt, indem wir diese Sache gemeinsam durchkämpfen.«

»Eric, es ist nicht nötig, daß du deine Liebe beweist.«

Er stellte sein Glas nieder, sein Blick wurde haßerfüllt. »Willst du damit sagen, daß du nicht heiraten willst, nach allem, was ich für dich getan habe?«

»Warum jetzt, um Gottes willen«, sagte ich. »Schau mich an. Ich sehe fürchterlich aus. Ich fühle mich elend. Eric, ich bin krank, und du willst mich heiraten. Warum?«

»Warum nicht, zum Teufel?« entgegnete er wütend. In seiner Stimme war keine Liebe, keine Zärtlichkeit. »Wer liebt dich so wie ich? Was zum Donnerwetter muß ich noch tun, um dich zu überzeugen?«

»Ich will nicht überzeugt werden. Ich will nicht heiraten. Ich liebe dich, du liebst mich. Das ist alles, was ich will.«

»Verdammt nochmal, Barbara!« schrie er.

»Bitte, bitte, laß mich in Frieden«, schluchzte ich.

Ich flüchtete ins Schlafzimmer und schloß die Tür. Ich setzte mich auf den Bettrand und begann zum ersten Mal seit vielen Wochen zusammenhängend zu denken. Ich war kein ungezogenes kleines Mädchen mehr, das weinte und mit dem Fuß stampfte. Ich lebte nicht mehr in der Vergangenheit. Ich war in der Gegenwart, hier, jetzt, in meiner eigenen Wohnung. Ich war Barbara, und drüben im Wohnzimmer saß Eric, nicht mein Vater, nicht mein Analytiker, sondern ein Mann, mit dem ich fünf Jahre lang zusammengelebt hatte, ein Mann, den ich im Grunde nicht kannte. Warum wollte er mich jetzt heiraten, mitten in dieser Drogengeschichte? Warum redete er mir ständig ein, ich sei krank, ein hoffnungsloser Fall? Will er mein Geld, das Haus am Meer? Geht es bloß darum?

Hör auf, Barbara. Hör auf, sagte ich mir. Ist es nicht schlimm genug, schizophren zu sein, muß du jetzt auch noch paranoid werden? Aber ich konnte den Gedanken nicht loswerden. Ich wußte, daß er Alimente und Unterhalt für das Kind zahlen mußte. Er war seit Wochen nicht mehr im Büro gewesen, und ich hatte ihn nur ein paarmal mit seiner Sekretärin reden hören. Hatte er eigentlich Klienten? Besaß er auch nur die kleinste Summe? Ich hatte sein Scheckbuch nie gesehen, aber

92

er half mir, mein Konto auszugleichen. Er verwaltete die Abrechnungen für das Haus am Meer; er half mir bei der Zusammenstellung der Belege für meinen Steuerberater. Er wußte, wieviel ich auf meinem Sparkonto hatte. Er wußte von dem Investmentfonds, den mein Vater für mich angelegt hatte, als er sein Geschäft verkaufte. Ich stand leise auf und öffnete die Schlafzimmertür. Er saß im Wohnzimmer auf dem Sofa und las. Die Champagnerflasche war leer, und er trank jetzt Wein. Er könnte mich in eine Anstalt einweisen lassen, wenn wir verheiratet sind, dachte ich. Er ist Anwalt. Er kennt sich mit Dingen wie Vollmachten aus. Nein, das kann nicht sein, sagte ich mir. Es geht ihm nicht um mein Geld, nicht um das Haus. Nicht Eric. Er liebt mich.

An einem Sonntagnachmittag saßen wir im Wohnzimmer. Eric las ein Buch und trank Wein. Ich versuchte, die Wochenendausgabe der *Times* zu lesen, aber ich war unfähig, mich zu konzentrieren. Ich hatte den Gedanken beiseitegeschoben, daß Eric mich in den Wahnsinn treibe. Er liebte mich, er half mir. Aber warum ließ er mich nicht mit meinen Freunden sprechen? Warum erlaubte er mir nicht, die Wohnung zu verlassen? Warum ging er nicht mit mir zu einem Arzt?

Ich sah ihn lange an, und dann begann ich zu reden, mit einer fremden Stimme. Es war die Stimme eines kleinen Mädchens. Irgendwo in meinem Hinterkopf hatte ich den Gedanken, daß er mir zuhören würde, wenn ich mich verrückter stellte, als ich wirklich war. »Ich muß aus dieser Wohnung hinaus, Eric. Ich weiß, daß ich krank bin. Ich weiß, daß ich ein hoffnungsloser Fall bin. Aber ich glaube, ich sollte zu einem Arzt gehen. Vielleicht besteht eine Chance, daß er mir helfen kann.« Ich ging auf das Schlafzimmer zu, um mich anzukleiden, als plötzlich seine Faust meinen Nacken traf. Dann riß er mich herum und versetzte mir einen Hieb in den Magen. Ich begann zurückzuschlagen, und zwar absichtlich in einer kindischen Weise. Ich mußte vorgeben, ein kleines Mädchen zu sein, sonst würde er mir wirklich wehtun. Aber warum schlug er mich? Was hatte ich ihm getan? Ich glaubte, es sei ein Spiel. Ich konnte ihm nicht wehtun, aber irgendwo mußte ich meine Frustration, meine Verwirrung und meinen Zorn loswerden, deshalb beschimpfte ich mich selbst, schlug mir mit den Fäusten auf die Hüften und begann, mir das eigene Fleisch zu zerkratzen. Ich sah mir selbst zu, während das geschah, und war dennoch außerstande, mich daran zu hindern.

»Du bist irrsinnig«, sagte er und ließ mich gelangweilt stehen.

Wir schliefen nicht mehr im selben Bett, nicht einmal mehr im selben Zimmer. Ich blieb im Schlafzimmer, wo ich mich auch tagsüber stundenlang aufhielt. Ich legte mich aufs Bett oder ging auf und ab und versuchte zu denken. Eric schlief auf dem Sofa im Wohnzimmer wie ein Bewacher, wie ein Wärter. Er gab mir keinen frischen Saft und keine Vitamine mehr. Das Essen stand einfach da, und wir verzehrten es schweigend. Ich hätte die Wohnung verlassen können, wenn er beim Einkaufen war. Ich hätte telefonieren können. Aber ich tat es nicht. Ich wagte nicht, noch einmal seinen Zorn herauszufordern.

Eines Abends saß ich allein im Schlafzimmer. Ich war nicht mehr Barbara, das wußte ich, und ich wußte auch nicht, wer Eric war bzw. wann er sich in diesen fremden, manchmal gewalttätigen Menschen verwandelt hatte. Ich ging ins Bad, um mir das Gesicht zu waschen. Im Spiegel sah ich mich an: den Hals voll blauer Flecken, die Arme von großen, violetten Malen bedeckt. Blutergüsse! Ich streckte die Hand nach dem Wasserhahn aus und hielt inne. Meine Hände umfaßten mein Gesicht; meine Augen öffneten sich weit vor Staunen. Woher kamen diese Beulen? Plötzlich wußte ich es. Eric hatte mich geschlagen. Ich fühlte, wie mir das Blut in die Wangen stieg, sah, wie ich rot wurde. Ich war aufgeregt, und plötzlich konnte ich wieder klar denken – das erste Mal seit Wochen. *Er* ist wahnsinnig, sagte ich mir. Die ganze Zeit dachte ich, es liege

94

an mir oder an den Tabletten. Warum hat er mir eingeredet, daß *ich* ein hoffnungsloser Fall sei? Die Zusammenhänge schossen mir durch den Kopf. Er hat *mir* mit Leukotomie und geschlossenen Stationen gedroht. Mir! Mein Gott, er *will*, daß ich krank bin. In Wirklichkeit ist *Eric* verrückt.

Die Gedanken schossen mir wirr durch den Kopf, während ich in den Spiegel starrte. Mein Atem ging schnell, und von meiner plötzlichen Erkenntnis erregt, faßte ich einen Entschluß. Ich mußte weg von ihm. Unbedingt. Ich hatte geglaubt, er würde mir helfen, aber, mein Gott, er hielt mich ja gefangen. Er quälte mich. Ich hatte ihn geliebt. Jetzt war er mein Feind. Keine Zeit, um hin- und herzuüberlegen, keine Zeit, um Fragen zu stellen. Ich mußte hier raus. Sonst würde ich nie gesund. Er würde mich umbringen.

Leise, ganz leise schlich ich auf Zehenspitzen im Schlafzimmer herum und zog mich an. Seit Wochen hatte ich keine Schuhe mehr getragen, war nicht einmal mehr angekleidet gewesen. Ich schlüpfte aus dem zerrissenen Nachthemd und wankte in Schuhen herum. Ich mußte mich erst an das Gefühl gewöhnen, meine Beine wieder steuern zu müssen. Ich zog Jeans und einen Pullover an. Ich brauchte meine Brille und aus irgendeinem Grund meine Schlüssel. Ich weiß nicht, warum ich meine Schlüssel haben wollte. Geld. Wo war das verdammte Geld? Zum Teufel damit. Jonathan und Edie würden das Taxi bezahlen, wenn ich in ihre Wohnung kam. Wenn es mir jetzt bloß gelänge, hier rauszukommen, ohne ihn aufzuwecken. Ich zitterte vor Angst. Ich hatte tagelang, wochenlang nicht mehr funktioniert. Das Gehen fiel mir schwer; meine Gedanken zu konzentrieren, war fast unmöglich. Ich sagte mir immer wieder, ich fahre zu Edie und Jonathan, die werden mir helfen. Ich muß von hier weg. Eric ist nicht mehr der Mann, den ich geliebt habe, ich muß von hier weg. Ich sah immer noch mein Gesicht im Spiegel, die Hände an die Wangen gepreßt, die Röte, die mir vor Aufregung ins Gesicht geschossen war, als mir schlagartig klar wurde, was geschehen war. Vielleicht hatte mein Gehirn ausgesetzt, vielleicht war ich seit Wochen zu keinem Urteil mehr fähig gewesen. Aber jetzt war mir alles klargeworden. Ich mußte zusehen, daß ich hier raus kam. Ich war krank, aber er war verrückt.

Angestrengt bemüht, möglichst leise zu sein, öffnete ich langsam die Schlafzimmertür einen Spalt weit. Ich wollte auf Zehenspitzen durch den Flur und zur Wohnungstür hinaus, dann würde ich die sechzehn Stockwerke lieber zu Fuß hinunterlaufen als den Fahrstuhl heraufzuholen, den man vielleicht in der Wohnung hören könnte. Ich öffnete die Tür weiter und blickte zu dem dunklen Wohnzimmer hin. Ich sammelte mich eine Sekunde lang. Sicher schlief er. Es würde leicht sein. Ich begann leise durch den Flur zu gehen. Dann sah ich etwas im Finstern funkeln: Licht von draußen, das von irgend etwas reflektiert wurde. Seine Brille. Erics Brille. Gott, er saß auf einem Eßzimmerstuhl, zum Schlafzimmer gewandt, die Arme auf der Brust gekreuzt. Er wartete. Er wußte! Er hatte meine Gedanken gelesen.

»Wo willst du hin?« erklang eine fremde Stimme aus der Dunkelheit. »Wo zum Teufel willst du jetzt hin?«

Es klingt nicht einmal wie Eric, dachte ich. Ich ging weiter, während er sich mir in der Dunkelheit näherte.

»Ich habe dich gefragt, wo du hin willst!«

»Ich möchte bloß einen Spaziergang machen«, antwortete ich. Ich wußte, daß das unglaubwürdig klang, da ich die Wohnung seit Wochen nicht mehr verlassen hatte. Aber ich mußte sehr vorsichtig sein und jedes Wort abwägen. Er war gewalttätig. Was konnte ich sagen, das ihn nicht in Rage bringen würde?

Ich hatte die Tür erreicht, als ich ihn sprechen hörte, nur war er diesmal näher bei mir, nahe genug, um mich zu berühren. Er packte mich von hinten am Hals. Wir begannen zu ringen. Es war ein ungleicher Kampf. Aber diesmal kämpfte ich erbittert. Als erstes griff ich nach seiner Brille. In meinem Gehirn hatte sich irgendwie eine Verbindung hergestellt: Ohne seine Brille ist er machtlos, kann er nichts sehen. Ich riß sie ihm vom Gesicht, das Glas zerbrach in meiner Hand, die Splitter zerschnitten mir die Finger. Er stürzte sich auf mich, boxte und schlug. Ich hämmerte auf ihn ein wie eine Wilde. Plötzlich wandte er sich um und ging in die Küche. Er machte das Licht an, suchte seine zweite Brille. Erst jetzt konnten wir einander sehen, und ich versuchte, zur Tür zu laufen. Er rannte mir nach und packte mich von hinten. Ich hatte das Gefühl, erwürgt zu werden.

»Du bist wahnsinnig«, zischte er. »Du wirst nie mehr die Wohnung verlassen, niemals. Ich werde für dich sorgen. Du bist verrückt; wenn du rausgehst, machen sie höchstens eine Leukotomie mir dir. Du bist wahnsinnig, du Schwein.« Und er schlug mich zu Boden.

Ich kämpfte mit letzter Kraft, aber ich war schwach, weil ich zu wenig geschlafen und zu wenig gegessen hatte, schwach von allem. Er war zu stark für mich. Er hätte mich umbringen können. Aber aus irgendeinem Grund tat er es nicht. Er schleifte mich ins Schlafzimmer und fesselte mir mit dem Gürtel seines Morgenmantels die Hände auf dem Rücken. Jetzt ist alles zu Ende, dachte ich.

Mit gebundenen Händen, erschöpft und blutend lag ich auf dem Schlafzimmerboden. Was würde er mit mir tun? Die Gedanken rasten mir durch den Kopf. »Bitte, ich will nicht sterben«, sagte ich. »Ich werde brav sein.« Er machte das Licht an, und plötzlich war mir alles klar. Wenn ich zuviel Schwäche zeigte, würde er das ausnützen. Ich wußte, er würde mich wieder schlagen. In meinem demütigenden, hilflosen Zustand versuchte ich deshalb, empört auszusehen. Dazu mußte ich alles aktivieren, was von mir noch übrig war, die Überreste der alten Barbara. Ich hielt mir immer wieder vor Augen, daß er gewalttätig und irrsinnig sei. Er konnte mich töten.

Ich heckte einen Plan aus: Was auch mit ihm los sein mochte, Eric wollte sicherlich nicht, daß mich jemand in meinem gegenwärtigen Zustand sah, einem Zustand, den er mit

97

herbeigeführt hatte. Und ich wußte, daß ich ihn austricksen konnte. Ich mußte jemanden hierherlocken, der mir helfen würde.

Er ging zwischen Schlafzimmer und Wohnzimmmer auf und ab. Sichtlich wußte er nicht, was er jetzt tun sollte. Ich würde mich krankstellen, ich mußte verrückt spielen, damit dieser Plan klappte. Vom Schlafzimmer aus rief ich ihm zu: »Jonathan und Edie kommen mich abholen, Eric, du wirst sehen. Sie werden mir helfen, gesund zu werden.«

Plötzlich stand er über mir. »Wann kommen sie?« Ich überlegte schnell. »Heute abend«, sagte ich. »Sie kommen heute abend.«

Er funkelte mich böse an, schüttelte den Kopf und lächelte merkwürdig. »Sie kommen nicht«, und er ging ins Wohnzimmer zurück.

»Doch, sie kommen«, rief ich ihm mit meiner verrückten, kindischen Stimme zu. »Ganz bestimmt. Ich habe sie angerufen, während du geschlafen hast.« Ich begann, Grimassen zu schneiden und mich verrückt zu benehmen. Bitte mache, daß er mir zuhört. O Gott, bitte mache, daß er mir glaubt.

Er kehrte ins Schlafzimmer zurück, sah mich eine Ewigkeit lang an und sagte dann: »Ich weiß alles, was du machst. Wenn du sie angerufen hättest, würde ich es wissen. Du hast mit niemandem gesprochen.«

»Du hast geschlafen«, sagte ich. »Du bist so müde vom Kochen und Einkaufen, du verlierst den Überblick.« Ich beobachtete ihn, ließ es mir aber nicht anmerken, und ich spürte, etwas in seinem Inneren wußte, daß ich alles durchschaut hatte. Ich redete zu klar, zu logisch, mit zu viel Entschiedenheit. Aber er mußte mir glauben. Bitte mache, daß er Edie und Jonathan anruft, dachte ich. Bitte. Dann werde ich schreien.

Er ging ans Telefon. Er schien unsicher. Er konnte nicht wissen, daß ich ihm eine Falle stellte, er konnte nicht. Er mußte mir glauben. »Was haben sie für eine Nummer – was haben sie für eine Nummer, zum Teufel?« fragte er, auf dem Bett sitzend, den Hörer in der Hand. Bitte mach, daß er anruft. Gott, ich möchte nicht sterben. Ich nannte ihm die Nummer.

Er wählte langsam, dabei starrte er mich an, wie ich da auf dem Boden lag, immer noch ungläubig, immer noch unsicher. Ich durfte nicht zu stolz wirken oder ihm das Gefühl des Sieges zeigen, das ich empfand. Ich versuchte gleichzeitig empört, desinteressiert, wütend, stark und verrückt auszusehen, und mein Gesichtsausdruck muß etwas verraten haben, was ihn ärgerte. Er stieß mir seinen Fuß ins Gesicht. Die Hände am Rücken gebunden, konnte ich mich nicht wehren. Bitte sei zu Hause, Edie. Es war nach Mitternacht, und ich wußte, daß Jonathan in der Regel am Morgen Operationen hatte. Sie mußten zu Hause sein.

Jemand meldete sich, und als ich Eric am Telefon sprechen hörte, begann ich zu schreien. Er wirbelte herum und schlug mich mit seiner freien Hand, während er mit der anderen Hand die Sprechmuschel zuhielt. Ohne seine Brille sah er aufgedunsen und fremd aus. Er keuchte, und mir wurde klar, daß er mehr Angst hatte als ich. Ich schrie nochmals, und er schlug mich erneut. Mein einziger Gedanke war, bitte, bitte mach, daß sie mich hören. Das einzige, was ich tun konnte, war zu schreien, zu schreien und zu hoffen.

»Nichts ist los«, sagte er am Telefon. »Das war bloß Barbara. Nein, sie ist okay. Ich sagte, es geht ihr gut, Jonathan. Immer besser. Sie wird bald wieder zur Arbeit gehen. Sie schläft jetzt die Nächte durch.«

Es war unglaublich, daß er so ruhig sprechen konnte, aber ich schrie immer wieder: »Jonathan, bitte komm mich holen! Er prügelt mich!« Ich wußte, was er dafür mit mir machen würde. Aber ich wußte auch, daß es meine einzige Chance war. Wenn er mich schlug, bis sie hierherkamen, das würde ich aushalten. Jetzt, wo jemand die Wahrheit wußte, konnte er mich nicht umbringen. Bitte, mach, daß sie mich hören. Bitte, laß sie kommen.

99

Ich schrie wieder, und dieses Mal stieß er mit dem Fuß nach mir. »Barbara, sei bitte ruhig«, sagte er. »Ich versuche mit Jonathan zu reden.« Dann in den Hörer: »Sie probiert es jetzt mit dieser neuen Urschreimethode, um ihre verdrängten Aggressionen loszuwerden. Hör zu, Jonathan, sie bildet sich ein, daß ihr heute abend hierher in die Wohnung kommt.« »Bitte, Jonathan, beeil dich!«, schrie ich. »Er schlägt mich!« Eric sagte nichts. Er hörte jetzt Jonathan zu. Dann begann er zu protestieren. »Ich habe dir gesagt, daß alles in Ordnung ist, zum Teufel. Barbara will nicht, daß du kommst. Ich werde damit fertig, Jonathan.« Schließlich legte er den Hörer auf. »Weißt du, was du getan hast?« schrie er mich an. »Ist dir klar, was du gemacht hast, du Miststück. Jetzt kommen sie hierher. Du hast mich hereingelegt, du verrückte Hexe!« Er packte mich mit der Hand am Hals und schlug mir mit der Faust aufs Auge. Aber dann hielt er inne und begann in der Wohnung umherzugehen.

Ich sagte etwas, beschwichtigende Dinge, verharmlosende Dinge, nichts Rachsüchtiges, nichts Beleidigendes. Ich versuchte, ihn zu beruhigen. Ich sagte, Jonathan und Edie würden alles in Ordnung bringen. Sie seien unsere Freunde. Er ignorierte mich, und ich dachte, ach Jonathan, bitte geh zu deinem Auto. Laß mich nicht im Stich. Bring die Polizei. Komm her und hilf mir. Ich muß von ihm weg.

Die Klingel der Sprechanlage ertönte. Sie waren da. Es hatte etwa dreißig Minuten gedauert, Minuten, die mir länger erschienen als mein ganzes Leben. Dann läuteten sie an der Tür, und Eric öffnete. Ich riß an dem Gürtel, mit dem meine Handgelenke gebunden waren, was den Schmerz aber noch schlimmer machte. Als sie die Wohnung betraten, rief ich ihnen zu: »Gott sei Dank, daß ihr hier seid, Gott sei Dank. Ich brauche euch. Bitte helft mir!«

Sie kamen ins Schlafzimmer und schauten mich an, wie ich da auf dem Boden lag: die Hände auf dem Rücken gefesselt, mein Haar ungekämmt, Blutspritzer im Gesicht, den Körper voll blauer Flecken. Aber falls sie schockiert waren, so zeigten sie es nicht. Sie waren ruhig und gefaßt. Sie waren erstaunlich.

»Sie ist hoffnungslos geisteskrank«, sagte Eric atemlos zu Jonathan, bemüht, sich einen Vorteil zu verschaffen, indem er zuerst redete.

»Nein, nein, nein«, schrie ich. »Ich bin nicht geisteskrank, Jonathan! Ich bin krank, aber er ist wahnsinnig. Er hat mich ständig geschlagen.«

»Hör nicht auf sie, Jonathan«, sagte Eric. »Sie halluziniert. Ich habe versucht, ihr zu helfen. Ich liebe sie, Jonathan. Ich habe alles für sie aufgegeben. Aber ich kann jetzt nichts mehr für sie tun.«

»Jonathan!« schrie ich. »Ruf die Polizei!«

»Pst, Barbara«, beschwichtigte er mich. »Es ist zwei Uhr morgens. Wecken wir nicht alle auf.«

»Binde sie nicht los, Jonathan«, warnte Eric. »Sie ist gewalttätig. Schau dir mein Gesicht an.«

»Er hat mich geschlagen!« schrie ich. »Ich bin nicht gewalttätig. Ich würde niemandem wehtun.«

Edie wandte sich an Eric und sagte: »Ihr zwei könnt heute nacht nicht zusammenbleiben.«

»Sie muß in ein Krankenhaus«, sagte Jonathan.

Ich war erbittert, entsetzt, wütend. Ich wußte nicht, was ich tun sollte, damit mir jemand glaubte.

Edie stand da und sah Eric an, dann sah sie mich an. Sie wollte niederknien, um mich zu beruhigen und mir zu helfen, aber Jonathan hielt sie zurück. »Ich glaube, du hast recht, Jonathan«, sagte Eric. »Wo ist das Telefonbuch? Wir können Krankenhäuser anrufen. Wir brauchen die Polizei nicht.«

Ich begann wieder zu schreien. »Nein, nein! Begreift ihr nicht, was er macht? Er ist verrückt. Er haßt mich!«

Eric ging ins Wohnzimmer, um das Telefonbuch zu suchen. Jonathan kniete neben mir nieder. »Hilf mir, Barbara«, sagte er leise und blickte mir fest in die Augen. Er hob mich auf und führte mich zu einem Stuhl. »Hilf mir, bitte.«

Ich wußte, was er meinte. Ich sollte ihm helfen, Eric zu beschwichtigen, es so aussehen zu lassen, als ob er Eric zustimme. Er wußte, was vorging, und versuchte, die Situation zu entschärfen und uns zu trennen. Ich hörte auf, an dem Gürtel zu zerren. »Ja, Jonathan«, flüsterte ich. »Ja, ich verstehe.«

Eric kehrte ins Schlafzimmer zurück und begann, Krankenhäuser anzurufen. Ich hörte ihn in das Telefon sagen: »Nein, sie ist gewalttätig gewesen. Ich glaube, daß sie in eine geschlossene Abteilung kommen sollte.«

»Jonathan!« begann ich wieder zu schreien.

»Barbara, Barbara, du hast es mir versprochen«, erinnerte mich Jonathan.

»Sie wird wahrscheinlich lange Zeit pflegebedürftig sein«, sagte Eric zu irgendeinem namenlosen Angestellten. Irgendeine gesichtslose Schreibkraft wurde informiert, daß ich hoffnungslos geisteskrank sei. Ich war voller Wut und Empörung, aber ich wußte, daß ich ruhig bleiben mußte.

Ich versuchte, mit den Augen Edies Aufmerksamkeit auf mich zu lenken. Sie stand neben ihrem Mann und beobachtete Eric, dann sah sie mich an. Doch beide bewahrten ihre Fassung. Sie taten so, als sei alles unter Kontrolle. »Er ist verrückt, Edie«, signalisierte ich ihr tonlos, nur mit Lippenbewegungen. »Er hat mich geschlagen. Hör nicht auf ihn. Ich brauche keine langfristige Pflege.«

Ich versuchte, all das allein durch Kopfbewegungen, Blinken meiner Lider und Flüstern auszudrücken.

Eric sprach mit jemandem im Mount-Sinai-Krankenhaus. »Können Sie sie heute nacht aufnehmen? Sie ist gewalttätig.»

Ich schüttelte wütend den Kopf. Edie machte einen Schritt auf mich zu und gab mir versteckt ein Zeichen, daß auch sie begriffen hatte, was vorging. Gott sei Dank, sie glaubte mir. Sie glaubte mir.

Eric rief Lenox Hill, Roosevelt und St. Vincent's an. Er ging der Reihe nach die Liste durch. »Wir brauchen unbedingt ein

Zimmer für heute nacht«, sagte er. »Ja, ja, ja. Sie ist gewalttätig.«

Die Antworten waren immer dieselben: Bringen Sie sie in die Notaufnahme, rufen sie Ihren Arzt an, rufen Sie die Polizei. Eric schrie in das Telefon, er schmetterte den Hörer hin. »Verdammt noch mal«, wetterte er. »Wir müssen sie in ein Krankenhaus bringen!«

»Es ist nicht dasselbe wie in einem Hotel«, sagte Jonathan. Er versuchte, Eric zu beruhigen, ihn weiter zu beschäftigen. Ich merkte das, aber ich konnte es nicht aushalten. Ich war zu erregt, um still zu sein. »Jonathan«, schrie ich wieder, mich auf dem Stuhl windend. »*Er* ist der Verrückte. Er hat mir mit Leukotomie gedroht!«

»Hilf mir, Barbara. Bitte hilf mir.«

Dies wiederholte sich immer wieder, während ich, die Arme am Rücken gefesselt, dasaß und meine beste Freundin und ihr Mann meinem Geliebten zuhörten, der mich für den Rest meines Lebens in eine Irrenanstalt einweisen wollte. Wir versuchten, alles mit Blicken zu sagen, aber es half mir nicht. Es setzte der Frustration, die ich empfand, kein Ende.

Schließlich warf sich Eric auf das Bett und begann zu weinen. »O Gott, o Gott. Meine schöne Barbara. Ich habe versucht, ihr zu helfen, Jonathan. Ich habe alles getan, was ich konnte.«

»Ich weiß, ich weiß. Aber manchmal geschehen solche Dinge. Niemand hat Schuld daran.«

Er sprach sehr ruhig. »Ich kenne ein sehr gutes Krankenhaus ganz in der Nähe der Stadt namens Longview. Laß mich versuchen, dort anzurufen, Eric.«

»Ich möchte es selbst tun«, rief Eric. »Ich werde es tun, Jonathan.«

»Eric, gib mir den Hörer. Bitte laß mich helfen. Du bist müde.«

Widerstrebend gab ihm Eric das Telefon, und in wenigen Minuten hatte Jonathan die Zusicherung eines Bettes in Longview.

»Ich fahre sie hin«, sagte Eric, als Jonathan den Hörer auflegte.

»Einen Augenblick«, sagte Jonathan, jetzt ganz Herr der Lage. »Zu allererst, Edie, bring Barbara etwas Milch. Sie hyperventiliert. Sie braucht jetzt Milch.«

»Und binde mich los, Jonathan«, bat ich. »Meine Handgelenke bluten.«

»Wird das in Ordnung gehen, Barbara? Wirst du niemandem etwas tun?«

»Jonathan, verdammt nochmal, du kennst mich doch! Ich tue niemandem etwas. Binde mich jetzt los!« rief ich.

»Mach das lieber nicht, Jonathan, ich warne dich«, schaltete sich Eric ein. »Sie ist gewalttätig.« Er stand auf und begann, zwischen Wohnzimmer und Schlafzimmer auf- und abzugehen.

Jonathan mußte ihn nochmals beruhigen, und ich bemühte mich, ruhig zu bleiben, als Edie meine Handgelenke losband. Sie goß mir Milch in ein Glas, und ich würgte sie hinunter.

»Ich werde sie hinfahren«, sagte Eric wieder. Er zog seine Jacke an und warf mir dabei einen haßerfüllten Blick zu, als hätte er mich nie gekannt, nie geliebt. Ich beobachtete ihn verwundert. Was war zwischen uns nur geschehen?

»Ich fahre nicht in einem Auto mit ihm, Jonathan«, rief, ich. »Ich fahre nur mit dir. Eric will mir etwas antun. Du mußt mich hinbringen.«

»Ist schon gut Barabara«, sagte er. »Alles wird in Ordnung kommen. Edie, hilf Barbara beim Ankleiden.«

Ich war so schwach, daß ich kaum stehen konnte. Ich ging ins Bad, um mir das Gesicht zu waschen. Dann half mir Edie, saubere Kleider anzuziehen. Ich schlüpfte in einen Mantel und band mir ein Tuch über das Haar. Ich versuchte, normal auszusehen.

Jonathan nahm mich am Arm und führte mich den Flur entlang ins Wohnzimmer. Ich versuchte zu sprechen, zu erklären, ihm zu danken. Aber die Worte wollten nicht kommen. Wer war ich? Wohin ging ich? Ich hatte das Gefühl, bloß dahinzutreiben.

»Halt dich fest, Barbara«, sagte Jonathan und drückte leicht meinen Arm.

Eric wartete an der Tür. Ich versuchte, ihn anzusehen, aber mein Blick erfaßte ihn nicht. Wer war dieser Mann? Warum tat er mir das an? Warum wollte er diese ganze Zerstörung? Warum half er mir nicht?

Eric bestand darauf, mit uns zum Krankenhaus zu fahren. Zu viert warteten wir auf den Aufzug, und als er kam, strengten wir uns an, ruhig und ganz gewöhnlich auszusehen. Der Fahrstuhlführer begrüßte mich mit einem Lächeln, als hätte er mich erst gestern hinuntergefahren. Wie lange war das her? Wochen? Monate? Ich lächelte zurück, ein schwaches Lächeln. Niemand im Haus würde wissen, was in dieser Wohnung geschehen war. Wir sahen aus wie vier Leute, die von einer Party kommen.

5

Ich fuhr mit Jonathan und Edie ins Krankenhaus. Eric folgte uns in unserem alten Sammy; es sollte das letzte Mal sein, daß ich das Auto sah. Jonathan schnitt mein Gerede von der Polizei ab. Er wollte nichts von Gewalttätigkeit oder Polizei hören. Zuerst war ich verärgert. Dann erklärte er mir, Edie und er seien auf dem Weg zu meiner Wohnung zu dem Schluß gekommen, daß es meine Karriere ruinieren könne, wenn sie die Polizei riefen. Sie ahnten nicht, was vor sich ging; sie befürchteten zwar Schreckliches, aber sie hatten nicht mit dem Horror gerechnet, den sie vorfanden. Trotzdem - sie wußten, daß mit der Polizei auch Reporter kommen würden.

Ich war perplex. Daran hatte ich nicht gedacht. Ich sah die Schlagzeilen vor mir:»CBS-Produzentin in Sexkerker am westlichen Central Park verhaftet.«

»Ach Jonathan, du hast völlig recht«, sagte ich. »Ich habe bloß nicht nachgedacht.« Meine Freunde hatten sich noch besser bewährt, als ich erwartet hatte. Krank und hoffnungslos wie ich war, hatte ich Eric überlistet und mein Leben gerettet. Aber ich wußte, daß mein Gehirn immer noch nicht richtig arbeitete.

»Wie ist das geschehen, Barbara?« fragte Edie. »Wie konnte es soweit kommen?«

»Die Tabletten«, gab ich zurück und begann zu weinen. Wie konnte ich ihnen erklären, daß ich nach Absetzen der Ta-

106

bletten nicht mehr klar denken und urteilen konnte? Ich konnte falsch und richtig nicht mehr unterscheiden.

Es war eine lange Fahrt, Longview liegt in Suffolk County. Nach unserer Ankunft saßen wir vier schweigend im Wartezimmer, bis ich in das Aufnahmebüro gerufen wurde, um Formulare auszufüllen. Eine Indonesierin begann mir Fragen zu stellen. »Was verstehen Sie unter dem folgenden, Miss Gordon? Wer im Glashaus sitzt, soll nicht mit Steinen werfen.« Ich dachte angestrengt nach, bemüht, mein Gehirn in Gang zu setzen. Ich wußte nicht, was es bedeutet. Die Ärztin lächelte und fuhr fort: »Was bedeutet das: Wer rastet, der rostet?« Ich begriff auch das nicht. Ich lief ins Wartezimmer zurück und packte Edie am Arm.

»Edie, Edie, ich kann nicht denken. Sag mir, was bedeutet das: Wer rastet, der rostet?« Ich sah, wie sich Edies Augen mit Tränen füllten. Jonathan starrte mich an, und Eric wandte seinen Blick ab. Edie begann es mir zu erklären, aber die Ärztin kam aus dem Büro und führte mich an ihren Schreibtisch zurück.

Ich saß ihr gegenüber, sah ihr zu, wie sie Formulare ausfüllte und wußte, daß sie mich für einen schweren Fall hielt. Ich merkte das an der Art, wie sie mich anschaute. Sie fragte mich, wie ich mich fühlte. Sie fragte mich nach den blauen Flecken an meinen Armen. Meine Antworten waren unzusammenhängend. Ich grübelte immer noch über das Glashaus und Rasten und Rosten nach. Aber irgendwie war mir trotz meiner geistigen Verwirrung klar, daß sie herauszufinden suchte, wie krank ich sei und ob ich mich selbst oder andere verletzen würde. Schließlich blickte sie auf und sagte: »Ich glaube, wir werden Ihnen helfen können, Miss Gordon«.

Ich kehrte ins Wartezimmer zurück, und es war davon die Rede, daß ich weitere Kleider brauche, daß man nachsehen müsse, welche Krankenversicherung ich hätte. Auch von einem Tennisschläger wurde gesprochen. In Longview gebe es ausgezeichnete Plätze, teilte mir Edie mit. Es war vier Uhr früh. Jonathan mußte um acht Uhr operieren. Dennoch wichen er und Edie nicht von meiner Seite.

Schließlich war es Zeit zu gehen. Eine Stationsschwester holte mich ab. Ich warf Eric einen finsteren Blick zu, küßte Jonathan und Edie, und dann sah ich Eric nochmals an. Beim Abschied überkam mich plötzlich Traurigkeit. Ich dachte bei mir, wie konnte das geschehen. Ich habe ihn geliebt, und jetzt das. Er war mein Leben; was ist geschehen?

Die Schwester und ich verließen das Aufnahmebüro. Wir gingen über den Hof zu einem ebenerdigen Gebäude. Es war dunkel, und ich konnte nicht unterscheiden, welche Jahreszeit es war - Frühling, Sommer? Ich begann, mit ihr zu reden. »Ich habe Tabletten genommen«, sagte ich. »Dann habe ich sie abgesetzt, etwas ist mit mir geschehen, der Mann, den ich liebte, hat sich verändert.« Ich plapperte weiter, und die Schwester nickte bloß und versicherte mir, daß alles wieder gut werden würde. Ich brauchte bloß etwas Ruhe.

Was war mit mir geschehen? Gott, sag mir, was geschehen ist.

Am nächsten Tag fand ich mich in einem Bau wieder, der den Namen Tyson Cottage trug. Es sei keine geschlossene Abteilung wie einige der anderen, erklärte mir meine Zimmergenossin Yvonne. Wir lagen in erzwungener Intimität auf zwei Liegen in einem kleinen, zellenartigen Raum, während sie mich über das Krankenhausleben aufklärte. Yvonne war eine kräftig gebaute Schwarze, die pludrige Hosen, knallig geblümte Blusen und sehr hohe Absätze trug. »Sie können kein schwerer Fall sein«, sagte sie zu mir, »weil Sie in einer offenen Abteilung sind.« Die Tatsache, daß ich »Wer rastet, der rostet« nicht interpretieren konnte, hatte also offensichtlich nicht meine Einweisung in die Abteilung für Gemeingefährliche bewirkt. Yvonne fuhr fort, mich ins Bild zu setzen.

»Sobald Sie sich vom niedrigsten Rang zu einem höheren hinaufgearbeitet haben, können Sie kommen und gehen, wie

108

Sie wollen, so wie ich.« Ja, sie verbringe sogar die Wochenenden zu Hause und nur die Werktage im Krankenhaus!

Am Morgen dieses Tages hatte ich bereits meinen Arzt, Dr. Alex Robertson, kennengelernt. Er rauchte ständig Pfeife, trug Tweedjacken und hellblaue Oxfordhemden und hatte stets einen Aktenkoffer bei sich. Er sah aus wie ein Universitätsprofessor. Er leitete Tyson Cottage und würde mein Therapeut sein. Yvonne fand das wunderbar. »Die meisten anderen Patienten werden von Sozialarbeitern oder Psychologen betreut«, erzählte sie mir. Anscheinend konnte sich das Krankenhaus nur einen Mediziner pro Abteilung leisten. »Im Augenblick leiden wir etwas unter Raummangel, und Sie werden daher ein Zimmer teilen müssen«, hatte Dr. Robertson gesagt. »Wir haben keine Privatzimmer, und natürlich müssen Sie das Bad gemeinsam mit den anderen Patienten benutzen.« Das Geschäft müsse ja florieren, hatte ich trocken bemerkt.

Meine »Hauptschwester«, Marie, brachte meine Sachen ins Tyson Cottage. Ich fand es merkwürdig, daß Marie Jeans und einen Pullover trug. Die Luft im Cottage roch abgestanden, aber es war nicht der übliche Krankenhausgeruch. Ich war verwirrt. Ich dachte, ich sei in einem Krankenhaus, aber wo waren die Schwestern und die typischen Einrichtungsgegenstände?

Longview war lediglich für Kurzaufenthalte, eingerichtet, nicht für chronisch Kranke. Yvonne, mit allen Schlichen dieses Spiels vertraut, erklärte mir die Zusammenhänge. Die Klinik behielt niemanden länger als neunzig Tage, weil Medic-aid, eine der größten Krankenkassen, nur so lange zahlte. Danach ging es ab in die staatliche Nervenheilanstalt, wenn man keine Privatversicherung hatte oder die Rechnungen nicht aus eigener Tasche bezahlen konnte. Und jeder psychiatrische Patient wußte, was das bedeutete. Das Ende.

Ich erinnere mich nicht mehr an alles, was Yvonne sagte, aber ich weiß, daß ich mir keine Sorgen wegen des Geldes machte. Ich war froh, in einer Klinik mit kurzer Verweildauer zu sein. Das verlieh mir ein besseres Gefühl. Und trotz Erics düsterer Drohungen hatte niemand das gefürchtete Wort »Leukotomie« in den Mund genommen. Die therapeutischen Bemühungen in den psychiatrischen Krankenhäusern waren also durch die Erfordernisse von Medic-aid diktiert. Sonderbar. Was wohl Freud davon gehalten hätte? Was ist, wenn man einhundertzwei oder tausend Tage braucht, um sich wieder zu fangen? Pech gehabt. Man muß es in neunzig Tagen schaffen oder endet in den Verliesen der Staatlichen Nervenheilanstalt. Aber das war nicht mein Problem. Ich wußte, daß ich bald wieder draußen sein würde.

Yvonne führte mich herum und zeigte mir als – leite sie eine offizielle Besichtigung – die Tennisplätze, die Cafeteria, die Ambulanz. In Tyson seien achtzehn Patienten untergebracht, von denen die meisten unter Depressionen litten. Sie führte mich in den Tagesraum, wo einige von ihnen saßen. Sie sahen nicht verrückt aus. Einige rauchten Zigaretten und hörten Platten. Judy Collins' Aufnahme von »Both Sides Now« war die Lieblingsplatte des Hauses. Ich fragte mich, ob das etwas mit Schizophrenie zu tun habe. Andere starrten auf den Fernseher oder saßen apathisch da, ohne irgend etwas zu tun.

Yvonne war seit Jahren abwechselnd in Krankenhäusern und draußen. Wenn ihr die Dinge über den Kopf wüchsen, kehre sie freiwillig hierher zurück, erzählte sie mir. Sie war Vorsitzende des Cottage und arbeitete in vielen Ausschüssen des Krankenhauses mit, ein aktives Mitglied der Klinikwelt. Später wurde mir klar, daß ihr das Krankenhaus zu einer Identität verhalf, die sie in dem überfüllten Ghetto von Jersey City, wo sie wohnte, nie erlangt hätte. Und dank Medic-aid, das ihr jedes Jahr einen neunzigtägigen Klinikaufenthalt finanzierte, war sie imstande, ihr Leben zu meistern. Wir setzten uns zusammen in eine Ecke des Tagesraums. Yvonne redete ohne Unterlaß. »Robertson ist ein phantastischer Therapeut. Er ist besser als Goldberg, und der ist wieder besser als Ira. Sie haben Glück, daß Sie ihn bekommen haben. Die Klinik arbeitet auf

110

Team-Basis«, erklärte sie mir. Zwar hatte jeder Patient einen eigenen, für ihn zuständigen Therapeuten. Aber in Longview wird »Milieu-Therapie« praktiziert, das heißt, die Therapie findet auch statt, während man ißt, sich unterhält, sich ausruht oder fernsieht. Man wird die ganze Zeit beobachtet. Der therapeutische Stab hält ständig Besprechungen ab, bei denen Sozialarbeiter, Psychologen und Schwestern den zuständigen Therapeuten berichten, wie jeder Patient vorankommt, wie er sich verhält und mit anderen interagiert, wie er schläft, wie er ißt. »Auch wenn Robertson Ihr Arzt ist, kennt doch jedes Mitglied des Stabes Ihre Geschichte«, sagte Yvonne. Phantastisch, dachte ich, das ist einfach wunderbar.

Sie ging weg, um an einer Patienten-Schwestern-Versammlung teilzunehmen, und ich saß einfach da und starrte in die Luft wie die anderen. Willkommen im Club, dachte ich. Dann sah ich auf: Edie stand vor mir. Sie trug einen kleinen Koffer mit Kleidern, von denen sie meinte, ich könnte sie brauchen. »Hier sind Halstücher – ich weiß, wie sehr du sie magst –, Papier- und Schreibzeug, saubere Unterwäsche, Parfüm. Alles, was man so braucht, Schatz. Wie behandeln sie dich, Barbara?« fragte sie mich nervös.

»Ich werde demnächst Jack Nicholson spielen und hier einen Aufstand anführen«, sagte ich. »Sobald ich meine Nummer beisammen habe.« Ich lächelte und umarmte sie fest.

»Das ist der sogenannte Tagesraum«, sagte ich, Yvonnes Rolle als Fremdenführerin übernehmend. »Bedeutet das, daß ich abends nicht hier sitzen darf?« Sie sah mich besorgt an. »Ich mache bloß Witze, Edie. Wirklich. Wie geht es Eric?«

»Ich weiß es nicht. Er hat kaum ein Wort gesagt, als ich in deine Wohnung ging, um deine Sachen zu holen. Ich weiß immer noch nicht, was geschehen ist, Barbara. Du hast ihn so geliebt. Wir haben alle geglaubt, daß er dich liebt.«

Und sie betrachtete mich mit einem ihrer unnachahmlichen, durchdringenden Blicke.

»Ich weiß es auch nicht«, antwortete ich. »Die Tabletten,

schreckliche Sachen sind mit mir passiert und dann auch mit ihm.« Ich wußte, daß ich mich ihr nicht verständlich machte. »Ich kann jetzt nicht darüber sprechen, Edie. Ich habe solche Angst.«

»Du wirst wieder ganz in Ordnung kommen, Barbara«, sagte sie liebevoll. »Du bist stärker, als du glaubst.«

Marie unterbrach uns mit der Bemerkung, daß Edie nur noch wenige Minuten bleiben könne. Wir sahen einander an, meine geliebte Freundin und ich. Wir versuchten, unsere ganze Furcht, Hoffnung, Dankbarkeit, Liebe mit unseren Augen auszudrücken. »Rufst du meine Eltern an?« fragte ich. »Ich möchte, daß sie es von dir erfahren, nicht von Eric.«

Nachdem wir uns verabschiedet hatten, kehrte ich in mein Zimmer zurück und versuchte, zwischen Yvonnes Siebensachen einen Platz für meine Dinge zu finden. Dann beschloß ich, gar nicht erst auszupacken. Ich wollte mich hier nicht allzu häuslich einrichten. Ich verstaute den Koffer einfach unter meinem Bett.

Edie hatte mir ein Schreibheft mitgebracht. Ich setzte mich auf den Bettrand und begann zu schreiben. Ich wollte alles festhalten. Ich lächelte, als mir einfiel, wie ich als kleines Mädchen in Miami meinen Bruder gehütet hatte, wenn meine Eltern Bekannte besuchten oder zum Kartenspielen gingen. An den Abenden, wenn im Radio meine Lieblingsprogramme liefen, schrieb ich alle guten Witze auf, um sie am nächsten Morgen beim Frühstück meinen Eltern vorlesen zu können. Das Aufschreiben von Dingen würde mir helfen, wieder Beziehungen herzustellen, dachte ich.

An diesem ersten Tag wurde ich einer oberflächlichen körperlichen Untersuchung unterzogen, die Dr. Robertson weil er Arzt war, selbst vornahm. Ich war noch nie von einem Psychiater untersucht worden. Es war ein merkwürdiges Gefühl. Er besah sich die Flecke an meinen Armen, und seine Miene verfinsterte sich. »Wer hat das gemacht?«

»Eric«, antwortete ich leise, mein Gesicht vor ihm verbergend. Ich empfand es als ungeheuer demütigend. Ich wußte nicht, wie ich anfangen sollte, ihm verständlich zu machen, was geschehen war. Wie konnte ich ihm sagen, daß ich geschlagen worden war, aber es bis gestern abend nicht einmal richtig wahrgenommen hatte? Wie konnte ich ihm erklären, daß nicht ich es war, die geschlagen wurde, sondern ein kleiner Fratz? Daß es nichts mit Sex zu tun hatte?

»Sie haben multiple Kontusionen«, stellte er nüchtern fest. Ich wußte nicht, was eine Kontusion ist. Ich betrachtete die hervortretenden gelblich-violetten Beulen, die meinen Arm wie eine groteske Tätowierung bedeckten. »Das geht wieder weg«, beruhigte er mich, »aber er hätte Ihnen die Arme brechen können.«

Dr. Robertson wog mich. Zweiundfünfzig Kilo. Ich hatte vier Kilo abgenommen. Dann nahm er Blut- und Urinproben ab. Jetzt kam es mir wieder wie in einem Krankenhaus vor und das bewirkte, daß ich mich etwas wohler fühlte. Jetzt wußte ich, wo ich war.

Während er die Tests machte, erzählte mir Dr. Robertson von der Beschäftigungstherapie und den Tennisplätzen und ermunterte mich, diese Angebote wahrzunehmen, sobald ich mich besser fühlte. »Und ich möchte, daß Sie anfangen zu essen. Marie wird Ihnen in den nächsten Tagen das Essen bringen, aber danach müssen Sie in die Cafeteria im Hauptgebäude gehen. Wir haben hier keine Zimmerbedienung.«

Er war so nüchtern, so unpersönlich. Ich wollte mit ihm reden und ihm die Geschichte mit den Tabletten und Eric erklären, aber ich konnte nicht klar denken. Bitte, hören Sie mir zu, bitte. Ich bin nicht immer krank gewesen. Bitte, seien Sie nicht so brüsk. Aber ich konnte kein Wort herausbringen. Plötzlich brannte meine Kopfhaut wieder, und das gleiche schreckliche Gefühl der Leere und Unwirklichkeit, das mich in der Wohnung in solche Angst versetzt hatte, kehrte zurück. Es war entsetzlich. Ich versuchte, es ihm zu sagen. Aber er wollte

113

mir nicht zuhören. Er mußte schleunigst zu einer Besprechung. Ich ging in meine Zelle zurück und schrieb in mein Notizheft: »Ich bin Barbara, ich bin es, ich bin es, ich bin es.«

Nun war ich also doch in Chatahoochie gelandet. Aber wie war das geschehen? Das einzige, woran ich mich deutlich erinnerte, war mein Entschluß, das Valium aufzugeben. Das war meine letzte überlegte Handlung gewesen, bei der ich mich als »ganz«, als klar im Kopf und entschlossen erlebt hatte. Ich dachte an den St. Patrickstag. Jetzt war Mitte Mai. Ich hatte siebenundfünfzig Tage in meiner Wohnung zugebracht. Siebenundfünfzig Tage, an die ich mich kaum erinnern konnte. Siebenundfünfzig Tage, die ich nie vergessen würde.

Während der ersten paar Tage in Longview konnte ich nicht schlafen, hatte meinen Körper überhaupt nicht unter Kontrolle. Ich verbrachte Stunden damit, in dem hellerleuchteten gelben Korridor auf- und abzugehen, um die Erregung zu mindern, die ich empfand. Ich dachte an Eric, Edie und Jonathan, aber ich konnte nicht klar denken, deshalb ging ich einfach auf und ab. Außerdem war es mir unmöglich, einfach stillsitzen und nichts tun wie die anderen Patienten. Freunde und meine Eltern riefen an. Edie hatte ihnen mitgeteilt, daß ich im Krankenhaus sei. Ich versuchte, die Anrufe zu erwidern, aber ich war zu aufgewühlt, um zu sprechen. Ich konnte das Essen nicht schmecken, ich konnte nicht weinen, konnte nichts fühlen. Ich versuchte, alles zu begreifen. Noch vor acht Wochen hatte ich einen Beruf ausgeübt, lebte mit einem Mann zusammen, den ich liebte, und hatte ein schönes Leben – wenn nicht diese verfluchten Angstanfälle gewesen wären. Jetzt war ich im Longview-Hospital und lebte mit achtzehn anderen Männern und Frauen zusammen, von denen die meisten an tiefen Depressionen litten. Worin bestand meine Krankheit?

Nur auf eines freute ich mich den ganzen Tag – auf meine Sitzung mit Dr. Robertson. Er erklärte mir, was geschehen war, und half mir, mein Leben wieder in den Griff zu kriegen. Er war

kein unattraktiver Mann, im Gegenteil, mit seinen Tweedjacken und seiner Pfeife, sah er recht gut aus. Ich war in
wunderbaren Händen, ich wußte es.

»Was ist eigentlich los mit mir? Bitte sagen Sie mir, was
geschehen ist.« Ich saß ihm in seinem kleinen, spärlich
möblierten Arbeitszimmer an einem riesigen Schreibtisch
gegenüber. Es gab zwar eine Menge Aktenordner, aber keine
Pflanze, kein Bild, nicht das geringste Anzeichen, daß der
Raum irgend jemandem gehörte. »Nach dem Valium erinnere
ich mich an nichts mehr deutlich«, sagte ich und rückte
während des Redens näher an seinen Schreibtisch heran, als
könnte ich ihn durch meine Nähe zwingen, sich für meine
Geschichte zu engagieren. Ich war besessen von dem Wunsch,
verstanden zu werden, wollte darüber sprechen, wie sehr ich
mein früheres Leben und Eric geliebt hatte, was geschehen war.
Aber Dr. Robertson fragte nach anderem aus meiner Vergangenheit: Ob ich Windpocken gehabt hätte und Mumps, ob
meine Eltern noch lebten. Er saß bloß da, stellte mir Fragen
und schrieb alles, was ich sagte, in ein großes, schwarzes Heft
mit losen Blättern. Ich hatte therapeutische Sitzungen erwartet, aber das Ganze schien mehr dem Zweck zu dienen, die
Seiten in Dr. Robertsons Notizheft zu füllen.

»Ich *muß* alles aufschreiben«, entgegnete er, als ich mich bei
unserer zweiten Sitzung beklagte. »Das ist notwendig für das
Krankenhausarchiv.«

Das Telefon läutete, und er nahm den Hörer ab. Er wurde
ständig unterbrochen, ständig konsultiert, und zu seinen
Aufgaben gehörte es auch, Medikamente für die Patienten aller
anderen Therapeuten zu verschreiben. »Wo waren wir stehengeblieben«, fragte er, als er auflegte.

»Wie kann das eine Therapie sein«, sagte ich, »wenn Sie die
ganze Zeit schreiben oder telefonieren?«

»Das gehört dazu. Vorschrift ist Vorschrift«, antwortete er.
»Wirklich, Sie sind so neurotisch, Barbara. Seien Sie ein braves
Mädchen und beschweren Sie sich nicht. Wo waren wir

stehengeblieben? Haben Sie Brüder oder Schwestern? Wo sind Sie zur Schule gegangen?«

Ich hätte am liebsten geschrien. »Ich möchte über *jetzt* sprechen – über meine Rückkehr nach Hause, zur Arbeit, wie ich leben werde«, insistierte ich, bemüht, mich nicht zu verrückt aufzuführen.

»Vorschrift ist Vorschrift«, sagte er kopfschüttelnd. »Unsere Zeit ist jetzt um. Ich sehe Sie am Freitag nach der Schwesternversammlung wieder. Ich glaube, dann bleiben uns dreißig Minuten.«

An diesem Freitag verkündete Dr. Robertson seine Diagnose. »Sie sind eine zyklothyme Persönlichkeit«, erklärte er, »keine manisch-depressive. Sie unterliegen starken Stimmungsschwankungen innerhalb von vierundzwanzig Stunden. Klassische Manisch-Depressive haben längerfristige Hochs und Tiefs.«

Ich saß da und hörte gespannt zu. Endlich redete er über mich. Eine zyklothyme Persönlichkeit, dachte ich. Das hatte ich noch nie gehört. Nun, wenigstens war es nicht Schizophrenie.

»Sie sind äußerst depressiv und haben viel zu viel Angst«, fuhr er eilig fort. »Ich werde Ihnen etwas geben, damit Sie sich besser fühlen. Es heißt Sinequan. Es ist ein Medikament gegen Depressionen und gegen Angst.«

»Wird es das schreckliche Gefühl der Leere beseitigen, das ich die ganze Zeit spüre? Wird das Brennen dann aufhören? Wird es mir mein Selbst zurückgeben, Dr. Robertson? Ich gehe den ganzen Tag im Hausflur auf und ab. Wird es mich beruhigen, so daß ich stillsitzen, an einem Fleck bleiben kann, ohne mich zu rühren?« Die Fragen sprudelten aus mir heraus. »Ich wußte nicht, daß Angst ein Symptom der Depression sein kann«, sagte ich. »Warum hat mir Dr. Allen ein dämpfendes Medikament gegen Depression gegeben?«

»Das war falsch«, bemerkte Dr. Robertson sachlich. Das Telefon läutete, und ich hörte ihn die Namen von Medikamenten herunterrasseln, die die Patienten an diesem Abend nehmen sollten. Als er aufgelegt hatte, sagte er:»Wo waren wir? Ach ja, ich weiß. Was ich nicht verstehe, Barbara, warum Sie nicht sobald die Entzugssymptome einsetzten, zumindest eine kleine Dosis Valium genommen haben. Das hätte Ihnen geholfen.«

Ich rang nach einer Antwort, zwang mein Gehirn zum Denken. Es war immer noch schwierig für mich, aufzunehmen, was andere zu mir sagten. Dann fiel es mir wieder ein.»Weil Dr. Allen sagte, ganz gleich, was passiert, nehmen Sie keine Tablette mehr. Ich habe den Rat meines Arztes befolgt.«

»Ich habe gerade jetzt eine Patientin hier, Barbara, die einen Valiumentzug macht. Ihr eigener Arzt hat sie hergeschickt. Wir verringern ihre Dosis um fünf Milligramm pro Woche, um eine psychotische Episode zu vermeiden.«

Sehr klug. Die hat Glück, dachte ich bei mir.»Aber Heroinsüchtige setzen doch auch immer abrupt ab, oder nicht?« fragte ich.

Er starrte mich ungläubig an. Dann schüttelte er den Kopf und verließ das Zimmer. Unsere Zeit war abgelaufen.

Was Dr. Allen sagte, war also falsch, dachte ich – so einfach ist das. Der falsche Arzt, die falsche Krankheit, und neue Tabletten. Das nenne ich Fortschritt.

Ich kehrte in mein Zimmer zurück und legte mich auf meine schmale Liege, bemüht, bei Verstand zu bleiben. Ich bin Barbara, sagte ich mir, ich bin Barbara, meine Mutter heißt Sally, mein Vater heißt Lou, ich habe Eric geliebt, ich habe bei CBS gearbeitet, ich bin, ich bin. Ich sagte mir diese Litanei immer und immer wieder vor, in der Hoffnung, einen Funken Erkenntnis meiner selbst zu finden.

»Unsere Sitzung kann heute nur fünfundzwanzig Minuten dauern, Barbara«, eröffnete mir Dr. Robertson, als ich über die Schwelle trat.»Sie sehen besser aus, viel besser.«

Nicht zu fassen, dachte ich. Ich trage ein bißchen Lippenstift auf, und er glaubt, es geht mir besser. Es ist so leicht, ihn zu täuschen. Zu leicht.

»Ich glaube, das Sinequan hat wirklich geholfen«, sagte er, lehnte sich in seinem Sessel zurück und stopfte seine Pfeife. »Was meinen Sie?« »Ich glaube auch«, bemerkte ich nervös. »Zumindest schlafe ich jetzt nachts drei bis vier Stunden und gehe nicht mehr so viel auf und ab. Aber es fällt mir nach wie vor schwer, mich zu konzentrieren, und das Brennen in meinem Kopf hat nicht aufgehört. Ich fühle mich immer noch wie ein Skelett mit Fleisch. Ich spüre meine Seele nicht.«

Dr. Robertson sah mich fragend an und begann dann zu sprechen. »Das war nicht anders zu erwarten, Barbara. Dieser abrupte Valiumentzug hat in Ihrem Kopf einen psychischen Sturm ausgelöst. Sie haben immer noch Entzugssymptome. Es wird einige Zeit dauern, aber Sie werden darüber hinwegkommen.«

»Aber was ist mit meinem Leben? Was ist mit Eric und mir? Ich weiß immer noch nicht, was geschehen ist. Ich habe ihn so geliebt.«

Ich spürte, daß sich Dr. Robertson etwas unbehaglich fühlte, wenn ich über Eric zu sprechen begann. Als wir mit meinen Kinderkrankheiten und meiner zyklothymen Persönlichkeit fertig waren, ließ er mich schließlich über unsere Beziehung und meine Erinnerungen an die Wochen reden, die wir zusammen in meiner Wohnung verbracht hatten. Meine Erinnerungen waren wirr, meine Worte manchmal unzusammenhängend, aber er notierte alles pflichtschuldig in seinem Heft, wobei er gelegentlich an seiner Pfeife sog und nickte. Ob er mir glaubte? Oder ob er meinte, ich erfinde das alles? Ich fragte mich das manchmal selbst. Das Ganze klang wie ein billiger Schundroman, wie die Phantasien eines echten Geisteskranken.

»Ich weiß auch nicht, was geschehen ist, Barbara«, meinte er. »Ich habe nur Ihre Version der Geschichte gehört. Aber Sie müssen Eric mit Ihren Forderungen nach Aufmerksamkeit und

118

Ihrem infantilen Verhalten ganz schön verrückt gemacht haben. Der arme Teufel.«

Armer Teufel! Ich schaute die blauen Flecken an, die auf meinen Armen noch zu sehen waren. Eric saß jetzt in meiner Wohnung, las und hörte Musik. Ich war in der Klapsmühle. »Liebe äußert sich manchmal in merkwürdiger Weise«, sagte Dr. Robertson. »Wenn sich Eric in Therapie begibt, bin ich sicher, daß Sie beide weiter zusammenleben können.« Ich konnte es nicht glauben. Er sagte, daß Eric und ich wieder zusammenkommen konnten. Ich hatte gedacht, es sei alles vorüber. Vielleicht würde ich doch nicht allein sein.

»Sie machen gute Fortschritte, Barbara«, sagte Dr. Robertson, »aber ich kann Sie nicht entlassen, solange Eric in Ihrer Wohnung wohnt. Es ist immer noch eine potentiell gefährliche Situation. Aber mit ein bißchen Hilfe werden Sie es beide schaffen.«

Eric und ich wieder zusammen? Ich kehrte in mein Zimmer zurück, legte mich auf das Bett und dachte an Eric: wie er war, als ich ihn liebte, wie er roch, wie er lächelte, wie er im Bett war. Ich drehte mich auf den Bauch und grub mein Gesicht ins Kissen. Warum hast du es getan? Warum hast du mich in der Wohnung bleiben lassen? Warum hast du mich nicht in ein Krankenhaus gebracht? Und dann stellte ich mir tief innen eine andere Frage. Warum hast du es ihn tun lassen? Weil ich ihn liebte. Das war die einzige Antwort. Ich liebte ihn.

Ich saß im Tagesraum und versuchte, Zeitung zu lesen. Was ich einmal als normalen, selbstverständlichen Teil meines Lebens betrachtet hatte, war jetzt eine schwierige Arbeit – so als läse ich Sanskrit oder Arabisch. Ich las die Worte laut wie ein Kind in der ersten Klasse. Marie klopfte mir leicht auf die Schulter. »Ein Anruf für Sie«, sagte sie und hielt dann inne. »Es ist ein Mann. Vielleicht Eric.« Marie wußte alles, was mit mir geschehen war; es stand in meiner Krankengeschichte. Außerdem hatte ich angefangen, täglich mit ihr ein bißchen zu

sprechen. Wir hatten begonnen, uns anzufreunden. »Möchten
Sie mit ihm sprechen?«

Ich nickte. Seine früheren Anrufe hatte ich nicht erwidert.
Eric und ich wieder zusammen? Irgendwann mußten wir ja
damit beginnen. Ich ging an den öffentlichen Fernsprecher im
Flur, wo alle Patienten ihre Anrufe entgegennahmen.

Man war nicht ungestört, aber gewöhnlich war jeder zu sehr
mit seinem eigenen Elend beschäftigt, als daß er sich um die
anderen gekümmert hätte.

»Ja«, sagte ich und fühlte, wie mein Herz klopfte.

»Ich bin es, Barbara.«

Es war Eric, aber seine Stimme klang ausdruckslos und
mechanisch, so wie er in der Wohnung gesprochen hatte. Wann
hatte er angefangen, so zu sprechen? Ich konnte mich nicht
erinnern.

»Wie geht es dir? Wirst du gut behandelt?«

»Prima.«

»Willst du, daß ich dich besuche?«

»Nein, jetzt nicht. Noch nicht, Eric.«

»Deine Freunde schneiden mich. Sie machen mich zur
Unperson. Du ruinierst mein Leben, Barbara. Edie und
Jonathan behandeln mich wie einen Aussätzigen. Deine Eltern
sind in New York angekommen und wollen mich nicht sehen.
Sie stecken unter einer Decke, alle stecken unter einer Decke
gegen mich. Ich habe dir nur Liebe gegeben, und weißt du
was?« Er begann zu brüllen. Seine Stimme zerschmetterte mir
fast das Trommelfell. »Du hast genommen, nur genommen, du
verrücktes Biest! Ich habe dir alles gegeben. Alles! Und jetzt
vernichtest du mich!«

»Bitte, Eric. Bitte«, sagte ich. »Sprich nicht so mit mir. Du
brauchst Hilfe. Wir brauchen beide Hilfe. Geh zu einem
Therapeuten, bitte.«

»Nein«, schrie er. »Ich bin okay!« Plötzlich hatte er seine
Stimme wieder unter Kontrolle. »Aber wenn du dich besser
fühlst, werde ich einen Arzt konsultieren. Bloß um dich

glücklich zu machen. Alles, um die Madame glücklich zu machen.«

Ich legte den Hörer auf und kehrte in mein Zimmer zurück. Ich fühlte mich leer und traurig. Ich wollte dich nie ruinieren, Eric. Ich will dich nicht bestrafen. Die Hände über meine Stirn gelegt, lag ich in dem dunklen Zimmer, bis ich einschlief.

Einige Tage später rief er wieder an.

»Babe, wie geht es dir? Ich vermisse dich. Diese Wohnung ist so still ohne dich.«

»Hallo, Eric. Was willst du von mir?« fragte ich, um Fassung ringend.

»Ich habe es gemacht. Ich bin zu einem Therapeuten gegangen, einem guten. Und weißt du, was er gesagt hat? Ich habe noch nie von einer solchen Liebe und Aufopferungsbereitschaft gehört, wie Sie sie dieser Frau gegenüber bewiesen haben. Genau das hat er gesagt. Und ich hätte unendlich viel von meinem eigenen Leben aufgegeben, um mit dir diesen Sturm durchzustehen.«

Ich hielt den Hörer in der Hand und wußte nicht, wie mir geschah. »Hast du ihm alles gesagt, Eric?«

»Natürlich, und er sagt, ich sei hundert Prozent phantastisch. Diagnose: Heiraten. Er meint, wir seien ein großartiges Team.«

Er lügt, dachte ich. Warum macht er das?

Als ich später Dr. Robertson von Erics Anruf erzählte, meinte er, es könnte wahr sein. »Ich habe heute morgen selbst mit ihm gesprochen. Er möchte Sie besuchen kommen. Sie wissen, daß Sie nicht nach Hause dürfen, bis er Ihre Wohnung verlassen hat.«

»Ich möchte ihn nicht sehen«, antwortete ich. »Ich kann es nicht einmal ertragen, seine Stimme zu hören.« Wie konnte ich ihn dazu bringen, auszuziehen? Ich mußte einen Weg finden, nur war zu befürchten, daß, wenn ich ihn direkt darum bat, er in einem Wutanfall in der Wohnung oder in dem Haus am Meer alles kurz und klein schlägt. Aber Nervenzusammen-

121

bruch oder nicht, ich wollte meine Wohnung am Central Park West unter keinen Umständen verlieren.

Es war ein strahlender Juninachmittag. Meine Eltern hielten sich seit mehreren Tagen in New York auf. Sie waren von Miami heraufgeflogen, nachdem sie mit Edie und Eric gesprochen hatten. Obwohl ich während des Valiumentzugs einige Male mit ihnen telefonierte, hatten sie keine Ahnung, was mit mir vorging. Später sagten sie zwar, ich hätte in all diesen Wochen ganz anders als sonst geklungen, aber offenbar war es mir gelungen, meinen Zustand vor ihnen zu verbergen. Es muß ein schrecklicher Schock für sie gewesen sein, als sie erfuhren, daß ich in einem psychiatrischen Krankenhaus war.

Anfangs weigerte ich mich, mit ihnen zu telefonieren, aber schließlich vereinbarten wir einen Besuch. Heute sollten sie kommen. Ich war gleichzeitig von Gefühlen der Demütigung, Scham und Aufregung erfüllt. Ich wollte nicht, daß sie mich hier sahen, so wie ich jetzt ausschaute, aber andererseits würden sie mit mir reden und mein Selbstgefühl stärken. Sie waren immerhin meine Eltern. Ein Blick auf sie, und ich würde wissen, wer ich bin, das Gefühl der Hohlheit verschwinden. Ich würde wieder in Verbindung treten – augenblicklich.

Als mir Dr. Robertson mitteilte, daß sie sich im Hauptgebäude angemeldet und auf dem Weg zum Tyson Cottage seien, vergaß ich meine zwiespältigen Empfindungen und rannte ihnen entgegen. Ich wußte, daß sie sich bemühen würden, ihre Nervosität und Besorgnis zu verbergen. Sie würden sich so verhalten, als läge ich mit einem gebrochenen Bein im Krankenhaus und wollte es ihnen so leicht wie möglich machen.

Wir saßen in Klappstühlen auf dem Rasen vor dem Cottage. Ich sah sie beide an. Meine Mutter, klein und zierlich, attraktiv, makellos gekleidet. Wie erschrocken sie sein mußte. Mein Vater, das Haar glänzend wie Lackleder, der Schnurrbart tadellos gestutzt, die Kleidung farbenfroh. Sie sahen beide genauso aus wie früher. Nichts ändert sich im Grunde.

122

»Das kommt alles wieder in Ordnung«, begann ich. »Ich weiß nicht genau, was geschehen ist, aber ich verspreche euch, daß alles wieder in Ordnung kommt. Ich werde in kürze hier rauskommen. Wie weit seid ihr informiert?«

»Also, Liebling«, sagte meine Mutter. »Edie hat uns angerufen und dann Eric. Natürlich sind wir sofort gefahren. Ist das eine gute Klinik? Dein Arzt klingt sehr sympathisch am Telefon.«

»Ja, er ist sehr nett. Was hat euch Eric erzählt?«

Meine Mutter begann zu reden, aber mein Vater unterbrach sie. »Laß mich reden, Sally. Laß mich reden.«

»Es war ein sehr merkwürdiger Anruf«, sagte meine Mutter.

»Er behauptet, er habe dein Leben gerettet«, fuhr mein Vater fort. »Er sagte, als ihr euch kennenlerntet, hättest du keine Freunde gehabt und dich finanziell stark übernommen, deine Karriere sei am Ende gewesen. Er sagte, er hätte dich mit den richtigen Leuten bekanntgemacht und dir Ideen für deine Filme geliefert. Er hätte dir alles gegeben. Er hätte dich geliebt, und ihr wäret im Begriff gewesen zu heiraten, als dies geschah. Dann habe er dir das Leben gerettet, indem er dich in dieses Krankenhaus brachte.«

Ich schüttelte ungläubig den Kopf. Meine Eltern starrten mich an und warteten auf meine Reaktion.

»Erzählt mir das noch einmal«, sagte ich langsam. »Erzählt mir alles. Es ist wichtig, daß ich alles weiß.«

Sie begannen beide zu reden und die Einzelheiten von Erics Anruf zu wiederholen. Meine Karriere! Nicht auch das noch, Eric! »Das ist nicht wahr«, schrie ich fast. »*Ich* habe *ihm* Klienten verschafft, *ich* habe *ihm* Geld geliehen, *ich* habe ihn *meinen* Freunden vorgestellt. Warum macht er das?«

»Liebes, ich bin sicher, es tut dir nicht gut, dich so aufzuregen«, beschwichtigte mich meine Mutter. »Wir haben ihm nicht geglaubt, oder, Lou? Edie sagte, du würdest uns erzählen, was geschehen ist, deshalb haben wir seither nicht mehr mit Eric gesprochen.«

»Was ist denn eigentlich geschehen, Baby?« fragte mein Vater.

»Ich weiß nicht«, sagte ich. »Es hat mit Tabletten angefangen, die ich wegen meiner Nerven genommen habe.«

»Du bist immer so überempfindlich gewesen«, meinte meine Mutter. Und dann begann sie, über meinen Bruder und seine Frau, über ihre Enkel und über Familienneuigkeiten zu reden. Wenn es ihr schon Sorgen machte, eine unverheiratete Tochter zu haben, wie würde sie es ihren Freunden erst erklären, daß ich in einer Klapsmühle war?

»Brauchst du etwas, Baby?« fragte mein Vater.

»Nichts, nichts.«

»Barbara, Liebling«, begann meine Mutter wieder, »wir wissen, daß alles wieder in Ordnung kommt, mach dir also keinerlei Sorgen. Ich werde in New York bleiben, solange du mich brauchst. Daddy fährt in ein, zwei Tagen nach Florida zurück, aber ich bleibe hier. Ich möchte dir helfen, dich wieder in deiner Wohnung einzuleben. Wie lange wirst du noch hier bleiben?«

Ich antwortete, daß ich es nicht wisse. Aber als sie von meiner Wohnung redete, drehte sich mir der Magen um. Eric war dort, bei meinen Sachen, unseren Sachen. Wie und wann würde ich für alles eine Lösung finden?

Ich küßte sie zum Abschied und sah ihnen nach, wie sie zusammen zum Hauptgebäude gingen. Meine Mutter hängte sich bei meinem Vater ein. Ich hatte sie nie so vertraut erlebt. Mehr als zuvor erschienen sie mir jetzt wie ein Paar, ein Liebespaar. Waren sie immer so zueinander gewesen, so zärtlich, rücksichtsvoll? Vielleicht hatte meine Krise sie einander näher gebracht.

Ich war traurig, als sie fort waren, traurig und verwirrt. Ich liebte sie. Ich spürte, daß sie mich liebten und sich um mich sorgten. Aber ich war enttäuscht, daß ihr Besuch keinen dauerhaften Eindruck auf mich machte und mich nicht endgültig wieder mit der Realität verband.

124

Ich fügte mich nie wirklich in die Krankenhausroutine ein. Beschäftigungstherapie und Volleyball waren nichts für mich, und ich wollte auch kein Pendler werden wie Yvonne. Ich wollte raus, zurück zu meinem früheren Leben, meiner Arbeit. Aber noch immer fiel es mir schwer, klar zu denken und mich zu konzentrieren. Dafür schaffte ich es inzwischen, in das Hauptgebäude zu gehen und meine Mahlzeiten mit hundert anderen Patienten in der riesigen und lärmerfüllten Cafeteria einzunehmen. Ich hatte meine Ängste niedergekämpft und marschierte steif mit meinem Tablett in der Hand dahin. Ich ließ die Rempeleien des Küchenpersonals über mich ergehen, spürte ihre Grobheit, ihren Haß, merkte, wie sie ihre stärkere Position auskosteten. Ich hatte nicht nur ihr überlegenes Gehabe zu erdulden, sondern auch das zerkochte graue Fleisch, das matschige Gemüse und die faden Salate. Damals wurde mir bewußt, daß man nicht tiefer sinken kann als auf die Stufe eines psychiatrischen Patienten. Den Tiefpunkt erreichte ich an einem Samstagabend. Alle übrigen Patienten waren im Freizeithaus, wo sie Musik hörten, einen Film ansahen oder sich mit Spielen vergnügten. Ich hatte es vorgezogen, im Cottage zu bleiben, was Pat, die Nachtschwester, ärgerte. Wäre ich auch weggegangen, so hätte sie mit ihren Freundinnen plaudern können. So mußte sie bei mir bleiben. Ich saß im leeren Tagesraum und schaltete den Fernseher ein, bloß um mich abzulenken.

Die Nachrichtensendung endete, und als die Werbung begann, starrte ich einfach vor mich hin. Plötzlich wurde ich durch einen vertrauten Dialog aufgeschreckt, Worte, die ich schon einmal gehört hatte, Musik, die mir wohlbekannt war. Ich schaute auf den Bildschirm. Eine Frau lag auf der Couch eines Psychiaters, und dazu war die Stimme des Sprechers zu vernehmen. Ich wußte im voraus, was er sagen würde, aber ich muß den Fernseher zwei Minuten lang angestarrt haben, bevor der Groschen fiel. Es war der Anfang eines Films, den ich für CBS geschrieben und produziert hatte – ein Film über die Lage der Psychiatrie, den ich erst vor fünf Monaten zusammen mit Steve und Fran gemacht hatte. Es war ein heikler Film, der zu verdeutlichen suchte, daß die Psychiatrie oft als Form der politischen Bestrafung mißbraucht wird, und zwar in bestimmten Schichten der amerikanischen Gesellschaft ebenso wie in der Sowjetunion.

Die Einleitungsszene ging zu Ende, und dann sah ich meinen Namen auf dem Bildschirm: »Buch und Regie: Barbara Gordon«. Ich wurde sehr aufgeregt. »Das bin ich, das bin ich!« rief ich. »Pat, komm her und schau dir das an. Das ist meine Sendung, die habe ich gemacht.« Ich wünschte verzweifelt, daß jemand meinen Namen auf dem Bildschirm sah, es schwarz auf weiß hatte, daß ich existierte, daß ich nicht tot war, daß ich eine Geschichte, ein Leben gehabt hatte, bevor ich hierher kam. Und ich konnte dahin zurückkehren. Aber Pat starrte mich bloß durch die Glaswand des Büros an unf fuhr fort, am Telefon zu reden.

Ich saß da und verfolgte eine Fernsehsendung, die ich produziert hatte – eine Sendung über den Mißbrauch und die Interessenkonflikte in der amerikanischen Psychiatrie und über Psychiater, die sich manchmal weniger dem Patienten verbunden fühlen als dem System, dem sie dienen, über psychiatrische Einrichtungen, die als Internierungslager, ja als Gefängnisse für die Alten, die Behinderten, die Unerwünschten dienen. Und jetzt saß ich selbst in dem dunklen Tagesraum einer solchen Institution, sowohl Opfer als auch Gefangene der Psychiatrie. Wer würde mir glauben? Ich mußte es jemandem sagen, aber als Pat endlich aus dem Büro kam, war der Vorspann vorüber, der Film hatte begonnen, und mein Versuch, ihr meine Aufregung zu erklären, muß ihr verrückt erschienen sein.

»Schon gut, Barbara«, sagte sie. Natürlich hast du diese Sendung produziert.« Sie beschwichtigte mich, und es gab keine Möglichkeit, ihr zu beweisen, daß ich nicht wahnsinnig war, daß ich die Sendung gemacht hatte. Sie ging kopfschüttelnd und murmelnd weg, und ich wußte, daß sie in meine Krankengeschichte schreiben würde, ich hätte Wahnideen. Ich lachte, ohne es zu wollen.

Das Problem mit Eric und der Wohnung ließ mir keine Ruhe. Ich machte Dr. Robertson klar, daß ich Edie und Jonathan nicht bitten wollte, ihn hinauszuwerfen; sie hatten schon so viel für mich getan. Auch meine Eltern mochte ich da nicht hineinziehen. Schließlich bot mir Dr. Robertson seine Hilfe an. »Sie müssen irgendwann mit ihm zusammentreffen«, meinte er. »Warum nicht hier? Ich werde mit ihm sprechen und ihn diplomatisch ersuchen auszuziehen.«

Ein, zwei Tage später sagte mir Marie, da sei ein Anruf für mich und sie glaube, es sei Eric. Ich fürchtete mich davor, seine Stimme zu hören; nach unseren Gesprächen fühlte ich mich immer so verwirrt.

»Barbara, du mußt eine Entscheidung treffen.«

Zitternd hielt ich den Hörer in der Hand. Was wollte er von mir?

»Der Tennisclub nimmt nach dem Monatsende keine Mitglieder mehr auf. Willst du nicht einen Scheck hinschikken?«

»Eric, ich kann im Moment nicht darüber nachdenken.« So etwas, dachte ich. Tennis, unter diesen Umständen.

»Ich versuche bloß vorauszuplanen«, meinte er. »Und ich möchte dich gerne besuchen. Ich fühle mich ausgeschlossen.« Er brüllte nicht. Er war noch nicht wütend. Er versuchte, sich zu beherrschen. »Edie hat dich besucht und deine Eltern. Was ist mit mir? Alle außer mir. Darum wollte ich dich heiraten. Ich wußte, daß es so kommen würde. Ich wußte, daß ich ausgeschlossen werden würde. Wenn man verheiratet ist, hat man Rechte«.

Seine Stimme wurde jetzt zornig, laut. »Mein ganzes Leben lang habe ich mich davor gefürchtet, zur Unperson zu werden, und jetzt versuchst du, mich zu ruinieren. Was ist mit unserer

Europareise? Was ist mit unserem gemeinsamen Leben? Was hast du aus unserem Leben gemacht?«

Ich hörte ihm zu, ohne ein Wort zu sagen. Ob ich mich je an den Klang seiner Stimme gewöhnen würde? »Dr. Robertson möchte, daß du am Montag zu Besuch kommst, wenn dir das recht ist«, sagte ich schließlich.

»Sehr gut, Babe. Sehr gut. Ich werde kommen.«

Am Montag war ich ungeheuer erregt. Der bloße Gedanke an Eric wühlte die unterschiedlichsten Emotionen in mir auf. Ich konnte mir nicht vorstellen, wie es sein würde, ihn wiederzusehen. Den ganzen Vormittag konnte ich kaum stillsitzen, und nachmittags versuchte ich, im Tagesraum zu lesen, als er mit einem Mal neben mir saß und mich mit diesem sonderbaren Lächeln fixierte. Ich hatte sein Kommen nicht bemerkt. Plötzlich bekam ich Angst. Ich fühlte mich wie ein Tier in einer Falle, fürchtete, daß er mich schlagen würde. Ein Teil von mir empfand instinktiv die frühere Liebe und Zärtlichkeit, die ich bei seinem Anblick immer verspürt hatte. Mein zweites Ich verspürte Zorn und Haß wegen allem, was er mir angetan hatte. Solange ich von so gegensätzlichen Emotionen erfüllt war, konnte ich nicht zu mir selbst finden.

Ich sprang auf und lief wie ein verängstigtes Kind in Dr. Robertsons Büro. Ich brauchte Schutz. Ich konnte mit Eric nicht allein sein, nicht das Gesicht sehen, das mich geküßt und geliebt hatte und das einen so schrecklichen Ausdruck annahm, als er mich schlug, als er sagte, ich sei ein rotziges Scheusal, das seine Welt zerstört habe, genau wie seine Mutter.

Welcher Eric war er? Wer hatte wen zerstört?

Ich wartete zitternd in dem Büro, während Dr. Robertson Eric holen ging. Er war gekleidet wie immer, aber er sah feister und schwammig aus und seine Brillengläser wirkten dadurch kleiner. Ich erinnerte mich nicht mehr genau, wie er vorher ausgesehen hatte, aber sicher nicht so.

»Jetzt war es aber langsam Zeit, daß ihr beide euch entschlossen habt, mich zu Besuch kommen zu lassen«, sagte er, sobald er sich gesetzt hatte. Ich merkte, wie er sich anstrengte, ruhig zu bleiben. »Jeder darf zu Besuch kommen, bloß ich nicht. Ist es nicht so, Barbara? Du hast mich zur Unperson gemacht. Ich wußte, daß es geschehen würde. Wenn wir verheiratet wären, dann wäre ich jemand. Dann hätte ich Rechte.«

Ich sah zu Dr. Robertson hin, in der Hoffnung, daß er mir helfen würde. Aber Dr. Robertson lehnte sich pfeiferauchend in seinem Sessel zurück und hielt seinen Blick auf Eric gerichtet, nicht auf mich. »Nun, Eric, lieber Freund«, begann er, »niemand will Sie isolieren. Aber Sie müssen zugeben, daß Barbara in ziemlich übler Verfassung war, als sie hierher kam, und ich kann sie nicht entlassen, solange Sie noch in der Wohnung sind. Das ist nur eine vorübergehende Maßnahme. Ich bin sicher, daß Sie beide in der Zukunft eine Lösung finden können. Aber im Augenblick halte ich es für das beste, wenn Sie getrennt wohnen.«

»Was soll das heißen, vorübergehend?« schrie Eric. »Schließlich ist das auch mein Leben. Warum trennen Sie mich von der Frau, die ich liebe?«

Dr. Robertson machte einen langen Zug an seiner Pfeife, und ich sah, daß er sich bemühte, seine Worte sorgfältig zu wählen. »Niemand trennt Sie. Ich halte es bloß im Augenblick für besser, daß Sie und Barbara nicht zusammen wohnen. Bloß für zwei oder drei Monate. Bis dahin werden Sie beide gefestigter sein. Sie werden Hilfe erhalten haben. Dann wird man über eine Versöhnung reden können.«

Mir fiel der Ausdruck auf Dr. Robertsons Gesicht wieder ein, als er die Blutergüsse an meinen Armen sah; ich erinnerte mich an seinen Ekel, seinen Zorn. Jetzt sprach er von einer Versöhnung zwischen Eric und mir. Ich war verwirrt und frustriert, weil ich das Gefühl hatte, daß mein Leben meiner Kontrolle entzogen war. Ich hörte diese zwei Männer über mich reden, als ob ich gar nicht anwesend sei. Ich hörte sie sagen *sie, sie*. Warum redeten sie nicht mit mir?

Schließlich schlug Dr. Robertson vor, Eric und ich sollten allein miteinander sprechen und Pläne machen. Er verließ das Büro, und wir beide saßen da und starrten vor uns hin, ohne ein Wort zu sagen. Die Spannung war unerträglich. Plötzlich stand ich auf und ging. Ich strebte dem Tagesraum zu, wo andere Menschen sein würden. Vor dem Alleinsein mit ihm hatte ich immer noch Angst, sein geheimnisvolles Lächeln, der ins Leere gerichtete Blick und seine sonderbare, roboterhafte Art zu sprechen gefielen mir nicht. Er folgte mir und schlug einen Spaziergang auf dem Anstaltsgelände vor. Trotz meiner Angst stimmte ich zu. Er würde es nicht wagen, mir etwas zu tun, wenn andere Leute in der Nähe waren. Auch wenn er gewalttätig sein konnte, wollte er nicht, daß andere diese Seite an ihm kennenlernten. Er hatte sie fünf Jahre lang vor mir verborgen. Oder hatte ich sie vor mir verborgen? Ich war mir nicht sicher.

Wir verließen das Cottage und setzten uns unter einen Ahornbaum, zwei Menschen, die einander fremd geworden waren. Ich sah ihn an, starrte ihn geradezu an in der Hoffnung, in seinem Gesicht die Erklärung für meinen Identitätsverlust zu finden. Mit ihm hatte ich so viel Glück erlebt – und so viel Grauen. Wenn mir meine Eltern nicht den Schlüssel zu meiner Identität geben konnten, dann würde Eric es tun. Er mußte. Dessen war ich sicher.

Aber bevor wir miteinander reden konnten, begann er plötzlich zu schluchzen. Erst hätte ich ihn ausgeschlossen, klagte er, dann meine Eltern, Edie und Jonathan, und jetzt habe er nichts mehr. Ich hätte ihn seiner selbst beraubt, seine Welt zerstört. Ob ich mir vorstellen könne, welche Qualen er erleide, jetzt, wo er allein in meiner Wohnung lebe, die voll von Erinnerungen an mich sei? Er fragte nicht, wie es mir ging, er sagte kein Wort über die schrecklichen Wochen, die wir zusammen in der Wohnung verbracht hatten. Er sagte nur, wie sehr er mich liebe, wie sehr er mich brauche, damit seine Welt nicht zusammenbreche.

Obwohl ich das alles schon am Telefon gehört, obwohl er das gleiche auch zu Dr. Robertson gesagt hatte, war ich verwirrt. War nicht ich die Abhängige in unserer Beziehung gewesen? Eric hatte mich so bezeichnet und Dr. Robertson ebenfalls. Ich wußte nicht, was ich sagen sollte. Außerdem konnte ich mit seinen Tränen nicht umgehen. Schließlich murmelte ich, daß er ja nur vorübergehend ausziehen müsse. Alles werde wieder in Ordnung kommen. Wir würden bald wieder zusammen sein. Er hörte auf, zu weinen. »Okay«, sagte er. »Ich werde mich für einige Monate nach einem möblierten Zimmer umsehen, aber bist du auch sicher, daß du das willst? Du tust es nicht bloß Dr. Robertson zuliebe?«

»Ja, das will ich«, antwortete ich. »Ich kann jetzt im Moment einfach nicht mit dir zusammenleben.«

Dann begannen wir, über das Haus am Meer zu reden, über mögliche Mieter und Arbeiten, die getan werden mußten. Er bestellte mir Grüße von Freunden, die angerufen hatten. Alles schien so normal, so alltäglich, geradeso, als sei nichts geschehen. Ich stand auf und sah ihn an. Das war Eric. Hatte er sich wirklich verändert? Oder lag das alles nur an mir? »Warum hast du das getan?« fragte ich ihn tonlos. Ich bemühte mich, meine Atmung unter Kontrolle zu halten und meine Stimme zu festigen, die fortwährend zu kippen drohte. Das einzige, was ich sagte war: »Warum hast du das getan?«

Er griff nach seiner Jacke, erhob sich und sah mich zärtlich an: »Ich habe alles aus Liebe zu dir getan. Fürchte dich nicht vor mir, Barbara. Ich bin es, Eric. Küsse mich.«

Es war keine Bitte, es war ein Befehl.

Ich wollte ihn weder küssen noch berühren.

Er stand starr da, sein rätselhaftes Lächeln wich einem traurigen, verlorenen Ausdruck. »Küsse mich, Barbara. Ich liebe dich«, sagte er nochmals.

Ich küßte ihn wie ein Kind auf die Wange und lief zum Cottage zurück. Durch ein Fenster sah ich ihn im Aufnahmegebäude verschwinden. Ich versuchte, mich an die Zeit des

Glücks zu erinnern, an Lachen; ich versuchte, mich an den Schmerz zu erinnern. Aber es gelang mir nicht. Ich konnte nicht weinen. Ich empfand nichts. Weder Zorn, noch Entrüstung, noch Wut, weder Liebe, noch Haß, noch Verlust. Nichts. Und nichts ist schlimmer als alles andere. Nichts ist das Schlimmste.

Ich blieb siebzehn Tage in Longview. In dieser Zeit sah ich Dr. Robertson neunmal, lauschte seiner beruhigenden Stimme und schaute zu, wie er unzählige Seiten in seinem großen schwarzen Notizheft füllte. Nach unseren Sitzungen kehrte ich in mein Zimmer zurück und schrieb in mein eigenes Heft, um Erinnerungen wachzurufen, hoffte, die Verbindung herzustellen. Ich suchte Antworten auf Fragen, von denen ich nicht einmal wußte, wie ich sie stellen sollte. Sie sprudelten alle aus mir heraus, wenn ich mit Dr. Robertson sprach, aber jedesmal trat ein Ausdruck der Verständnislosigkeit auf sein Gesicht. »Also wirklich, Barbara«, meinte er dann, »Sie sind so neurotisch. Jetzt nehmen Sie einfach Ihre Tabletten wie ein braves Mädchen, und Sie werden bald wieder nach Hause können.«

Ich verbrachte die Tage in Gesprächen mit anderen Patienten. Zu ihnen gehörte Jennie, eine junge Krankenschwester, die manisch-depressiv war. Lithium brachte ihr Leben ins Lot, mäßigte die Hochs und die Tiefs. In ihrem Fall wirkte Dr. Robertson wie ein Wunderheiler. Dann war da Dennis, ein junger Student. Auf einer Londonreise war er in einem Kaufhaus in Tränen ausgebrochen, weil er sich mit neunzehn Jahren nicht entscheiden konnte, welches Buch er kaufen sollte. Er hatte versucht, sich das Leben zu nehmen. Depressionen bringen mehr Leute um als Krebs. Obwohl jeder Patient aus einem anderen Grund ins Krankenhaus gekommen war, hatten wir eines miteinander gemein. Ob Schizophrenie, Depressionen, Zyklothymie, Angstneurose oder was auch immer – wir waren alle seit Jahren in Therapie gewesen. Jeder von uns hatte sich um Hilfe bemüht, und wir kamen alle aus New York, einem der großen medizinischen Zentren der Welt. Dennis, Jennie, ich – unsere Ärzte hatten uns Tabletten verschrieben: die falschen Tabletten, die richtigen Tabletten, auf jeden Fall aber zu viele Tabletten. Sie hatten die Symptome und nicht die Ursache unserer Krankheit behandelt.

Eines Abends entschloß ich mich, einer plötzlichen Eingebung folgend, Dr. Allen anzurufen. Ich war immer noch wütend auf ihn, aber vielleicht konnte er mir erklären, was mit mir geschehen war, mir in Erinnerung rufen, wer ich bin. Ich sagte ihm, wo ich sei, und fügte hinzu, daß ich jetzt Sinequan bekäme. »Sie sind in einer guten Klinik, und Sinequan ist ein ausgezeichnetes Medikament«, antwortete er. »Ich bin sicher, daß es Ihnen bald wieder besser gehen wird.«

»Aber meinen Sie nicht, daß Sie mich sehen sollten?« fragte ich. »Sie kennen mich so gut. Ich könnte in Ihr Krankenhaus kommen.«

»Nein, ich fürchte, das geht nicht.« Weg war er. Er hatte aufgelegt.

Nach zehnjähriger Behandlung, Tausenden von Dollar und nachdem er mir den falschen Rat gegeben hatte, von einem Tag zum anderen das Valium abzusetzen, legte er einfach auf. Während ich im Krankenhaus war, rief er noch einmal an, um mir Guten Tag zu sagen. Später hörte ich von ihm nur dann, wenn er sich beschwerte, daß ich ihm noch fünfundsiebzig Dollar schuldete und ich bitte die Rechnung begleichen möge.

Ich blieb nicht lange genug in Longview, um dauerhafte Freundschaften zu schließen. In diesem psychiatrischen Krankenhaus waren wir wie Passagiere auf einem Schiff, die der Zufall zusammengeführt hat. Eine kurze, intensive Zeit lang aßen, schliefen und lebten wir zusammen. Doch anders als Reisende hatten wir kein Ziel. Ich wußte jetzt, daß meine Welt aus einer leeren Wohnung bestehen würde. Ich erlebte mit, wie andere Patienten für eine Nacht und dann über das Wochenende nach Hause gingen. Ich tat weder das eine noch das andere.

133

Edie würde einfach kommen und mich abholen, sobald ich bereit war, von hier wegzugehen, und damit basta. Nein, ich wollte nicht in den Nachbarort zum Einkaufen fahren; nein ich wollte nicht mit Jennie und Dennis ins Kino gehen. Ich würde erst dann die Tür dieses Krankenhauses passieren, wenn es Zeit für mich war, nach Hause zurückzukehren.

Monate später sollte ich das bereuen. Erst da wurde mir klar, wie unvorbereitet ich war, mein Leben draußen wieder aufzunehmen. Und außerdem glaubte ich immer noch, nicht lange allein zu sein. Vielleicht würde Eric sich einer Therapie unterziehen, vielleicht war alles meine Schuld, vielleicht würde er mich um Verzeihung bitten, mir erklären, was mit ihm und mit uns geschehen war. Nach einigen Monaten konnten wir uns vielleicht zu einem Drink treffen und alles würde wieder gut werden. Vielleicht war es möglich, aus dieser Hölle ein gemeinsames Leben zu bauen. Ich dachte daran, was Dr. Robertson über Eric gesagt hatte: »Er ist ein netter Mensch; ein bißchen streitsüchtig, aber ein netter, intelligenter Mensch.« Dr. Robertson war schließlich Arzt. Wenn mit Eric etwas nicht in Ordnung wäre, hätte er es mir gesagt.

Endlich kam Edie. Meine Sachen waren schon gepackt. Ich langweilte mich schrecklich in dem Krankenhaus; ich wollte hinaus, und Dr. Robertson hatte schließlich zugestimmt. Aber zu welchem Arzt sollte ich gehen, wenn ich nach Hause kam? Ich fragte ihn. Er versprach, mir einige Namen zu nennen. »Aber andere Patienten werden nach ihrer Entlassung von einem Arzt erwartet, den sie schon kennen oder mit dem sie zumindest telefoniert haben,« wandte ich ein. »Ich kann nicht nach Hause zurück und ohne Eric, ohne Beruf und ohne Therapeut sein. Bitte helfen Sie mir.« »Also wirklich, Barbara, seien Sie nicht so neurotisch«, sagte er. »Ich werde Ihnen eine Liste von Ärzten geben, bevor Sie entlassen werden, und alles wird okay sein.«

An dem Nachmittag, an dem Edie ankommen sollte, machte

ich mit Marie, unserer Schwester, einen Spaziergang. Sie hatte bei mir gesessen, mit mir gesprochen und mir immer wieder geholfen, wenn ich jemanden brauchte. Wenn ich rückfällig zu werden drohte und mich wie ein kleines Mädchen benahm, sah Marie zu mir auf und sagte: »Kommen Sie zu mir, wenn die erwachsene Barbara Gordon sprechen will. Ich rede nicht mit dem Kind.« Sie war unsentimental und konsequent, professionell und dabei gütig. Oft setzte Sie sich zu mir und redete mir zu, meinen Impuls, einem Wutanfall freien Lauf zu lassen, zu unterdrücken. Sie pflegte die Stirn zu runzeln und mich darauf hinzuweisen, daß Eric diese Art des Verhaltens unterstützt habe; jetzt müsse ich es mir wieder abgewöhnen. An einem Sonntagnachmittag, als ich in meinem Zimmer lag, unfähig zu denken, nur von Wut auf Eric erfüllt, saß Marie auf meiner Liege, sprach mit mir, riet mir, ausgiebig warm zu duschen und brachte mir dann Limonade. Sie war ein Mensch.

Wir gingen in den Anlagen spazieren und verabschiedeten uns voneinander. »Ich kann nicht einmal weinen, Marie, ich kann nicht einmal weinen«, klagte ich. »Werde ich je wieder fähig sein, zu fühlen, zu lieben, Traurigkeit, Zorn oder irgend etwas zu empfinden?«

»Sie müssen lernen, auszudrücken, was Sie denken«, meinte sie nüchtern.

»Aber ich habe hier keine Einsichten gewonnen, warum das alles geschehen ist, und ich habe immer noch keinen Therapeuten, zu dem ich gehen kann, wenn ich nach Hause komme.«

»Dr. Robertson wird jemanden für Sie finden«, antwortete sie.

»Marie, was ist Ihre Meinung?« fragte ich sie. »Dr. Robertson meint, daß ein Leben mit Eric noch möglich sei.«

Sie schien überrascht. »Nun, nur Sie können das entscheiden.«

»Wir haben uns so geliebt, Marie, so sehr geliebt«, seufzte ich und sah sie ernst an. »Es müßte doch möglich sein, noch etwas zu retten. Er hat mich vorher nie geschlagen. Dr. Robertson sagt, meine Krankheit habe auch ihn krank gemacht, wir beide hätten mit den Gefühlsstürmen nicht umgehen können, die durch meinen Valiumentzug ausgelöst wurden.«

»Sie werden genügend Zeit haben, das zu entscheiden«, meinte Marie. »Das wichtigste ist, daß er ausgezogen ist und Sie ohne Angst nach Hause gehen können. Alles wird wieder in Ordnung kommen.«

»Aber ich möchte weinen können, fühlen können«, sagte ich. »Ich fange eben an, das Essen wieder zu schmecken.«

»Sie werden es lernen«, meinte sie zuversichtlich.

Als ich zum Cottage zurückging, sah ich in der Ferne Edies blonde Haare. Meine Freundin war da. Nach Hause – es ging nach Hause! Ich rannte, meinen Koffer zu holen, und verabschiedete mich von Yvonne, Jennie und Dennis. Dann bat ich Dr. Robertsons um die Liste der Ärzte, die er mir empfahl. Gedankenverloren gab er mir einen zerknitterten Zettel mit fünf Namen darauf. »Die sind alle gut für Phobiker wie Sie«, sagte er. Dann fügte er hinzu: »Viel Glück, Barbara. Schicken Sie mir keine Geschenke.« Was für eine sonderbare Bemerkung, dachte ich. Warum sollte ich ihm ein Geschenk machen?

Edie erwartete mich lächelnd. Wir umarmten uns und liefen fast zum Auto. Ich warf meinen Segeltuchkoffer auf den Rücksitz. Edie sah nachdenklich aus, als sie in den Long Island Expressway einbog und wir in Richtung Stadt fuhren.

Ich erzählte ihr, was Dr. Robertson gesagt hatte. »Er sagt, wenn Eric eine Therapie macht, ist es möglich, daß wir wieder zusammenkommen. Und weil ich so ausgeflippt bin, habe ich Eric in Wut versetzt. Edie, vielleicht war es wirklich alles meine Schuld, und vielleicht werde ich doch nicht allein sein müssen. Ich habe ihn so geliebt.«

Edie biß sich auf die Lippen, lächelte nervös und hielt ihren Blick auf die Autobahn gerichtet. »Du wirst wieder arbeiten«, sagte sie. »Du wirst neue Leute kennenlernen. Alles wird bestens, Barbara.«

»Ich möchte keine neuen Leute kennenlernen, Edie. Ich möchte mein früheres Leben zurück haben.«

Edie antwortete nicht, konzentrierte sich auf das Fahren. Ich spürte, wie behutsam sie mich behandelte und wie nervös sie war. Es ist eben ganz anders als bei einem gebrochenen Bein, dachte ich.

Trotzdem entschloß ich mich, ihre nur zu offenkundige Skepsis zu ignorieren. Es mußte noch eine Chance geben, etwas von meinem früheren Leben zu retten. Ich hatte Hoffnung.

Wir fuhren über die Brücke bei der 59. Straße. Von der oberen Fahrbahn aus bot die Stadt einen atemberaubenden Anblick und mir kamen sofort Hunderte von Sommerabenden ins Gedächtnis zurück, an denen ich mit Eric auf dem Rückweg vom Meer über diese Brücke gefahren war. Da war das Restaurant an der Ecke der Second Avenue, wo wir manchmal zu Abend gegessen, die Galerie auf der Madison Avenue, wo wir ein Bild für die Wohnung gekauft hatten. Alles, was ich sah, verband sich aufs neue mit dem Gedanken an Eric. Das ist ganz natürlich, dachte ich. Du hast so viele Jahre mit ihm in dieser Stadt gelebt. Das ist nur allzu natürlich.

6

Als wir zu meinem Haus kamen, fragte mich Edie, ob ich Lebensmittel einkaufen wolle. Sie dachte wohl daran, wie schwer es mir gefallen war, in Geschäfte zu gehen. Wir kauften in einem kleineren Laden an der Ecke ein. Dann war es soweit, nach Hause zu gehen. Edie begleitete mich nach oben. Mit Lebensmitteln und Koffern bepackt, standen wir beide vor meiner Tür. Ich fummelte mit meinen Schlüssel herum und hatte fast Angst, hineinzugehen.

Ich weiß nicht, was ich vorzufinden erwartete, schließlich war ich nur siebzehn Tage weggewesen. Aber nach den grellerleuchteten Korridoren und dem tristen Tagesraum im Krankenhaus war es fast wie ein Schock, wie heiter und sonnig die Wohnung aussah. Eric hatte nichts kaputtgemacht. Mit einem Seufzer der Erleichterung ließ ich mich auf die Couch fallen und verabschiedete mich von Edie.

Ich war zu Hause. Eric war ausgezogen, aber nach fünf Jahren des Zusammenlebens kam mir die Wohnung ohne ihn unheimlich vor. Es ist wie ein Nervenzusammenbruch und eine Scheidung zusammen, dachte ich. Ich zwang mich, an die Zeit zu denken, bevor ich Eric kennenlernte, als ich hier allein gelebt hatte. Aber meine Gefühle von damals konnte ich nicht mehr nachempfinden. Ein Teil von mir hoffte, daß der Eric, den ich liebte, überraschend aus dem Schlafzimmer treten und sagen würde: »Hello, Babe. Wie geht's dir denn? Das war alles nur ein böser Traum. Wir sind noch zusammen. Es ist alles in Ordnung«. Aber ein anderer Teil von mir empfand allein bei dem Gedanken, im gleichen Zimmer mit ihm zu sein, eisigen Schrecken

Ich begann, mich in der Wohnung umzusehen. Nichts verriet die Szenen des Wahnsinns und der Gewalt, die sich hier abgespielt hatten. Obwohl Eric fort war, lagen einige seiner Sachen – seine Winterkleidung, seine Stiefel, seine Bücher und Schallplatten – noch genau dort, wo sie immer gelegen hatten. Das war in gleicher Weise beruhigend wie tröstlich für mich. Er wird zurückkommen, sagten mir seine Sachen; er wird zurückkommen und alles wird wieder gut werden. Es braucht bloß Zeit. Die Zeit ohne ihn wird ein Fegefeuer sein, dachte ich, aber ich muß lernen, als Frau allein zu leben.

Während ich auspackte, gab ich mir Mühe, meine Gedanken auf die notwendigen Handgriffe zu konzentrieren. Ich badete, goß die Pflanzen, setzte mich auf den Rand des Bettes. Ich wußte nicht, was ich mit mir anfangen sollte. Mit wem reden die Leute, wenn sie allein sind? Wie machen sie das? Aber ich war nicht allein! Ich lief zum Telefon und rief meine Mutter an, die in einem nahegelegenen Hotel wohnte. Wir verabredeten uns zum Abendessen. Dann begann ich, einige meiner Freunde anzurufen, doch sie klangen merkwürdig, kühl, distanziert, nicht sehr froh, von mir zu hören. Ich konnte mir nicht vorstellen, warum. Nur ein einziger sagte: »Ja, Barbara, wir müssen uns mal zu einem Drink treffen«. Was ging hier vor? Mal zu einem Drink treffen – die redeten mit mir, als ob ich eine Fremde sei. Vielleicht hatte meine Krankheit alle ein bißchen nervös gemacht? Trotzdem behagte mir dieser unterkühlte, distanzierte Ton nicht.

Ich ging zum Central Park South, um meine Mutter in der Halle ihres Hotels abzuholen. Sie saß auf einer Couch in der Nähe der Tür und wartete auf mich. Ich wollte sagen, ich weiß, wie beunruhigt du bist, aber ich glaube, daß alles wieder in Ordnung kommt. Ich wollte sagen, es tut mir leid, daß ich alles so verpfuscht habe. Ich weiß nicht, was mir mir passiert ist, aber ich bringe alles wieder in Ordnung, du wirst sehen. Und ich wollte ihr erzählen, daß Dr. Robertson meine, Eric und ich könnten wieder zusammenkommen. Aber ich sagte nichts. Werde ich mein ganzes Leben lang alles unterdrücken, was ich gerne sagen möchte? Ich fühlte mich so benebelt, so meines Selbsts beraubt und zerbrechlich, daß ich meinte, alles, was ich jetzt sagte, könnte falsch sein oder als verrückt gedeutet werden. Ich umarmte meine Mutter. »Komm, Sally, gehen wir etwas Gutes essen. Der Krankenhausfraß hängt mir zum Hals heraus.« Sie strahlte übers ganze Gesicht. Man sah ihr die Erleichterung an. Ich war Barbara, sah aus wie sie und redete wie sie. Ich war ihre Tochter, und ich lebte.

Wir saßen im hinteren Teil eines kleinen spanischen Restaurants in der Nähe des Hotels. Ich bestellte eine Margarita und meine Mutter ihren traditionellen Canadian Club und Ginger Ale. Sie genehmigte sich nie mehr als einen. Sobald sie mehr trank, bekam sie einen Schwips. Wir saßen also da und nippten bloß an unseren Drinks.

»Daddy sagt, Eddie und Melinda würden wahnsinnig gern heraufkommen und dich besuchen. Und Eddie möchte wissen, ob du ihn brauchst. Er ist für dich da.«

»Ja, Mutter, ich weiß. Ich brauche keine Hilfe, wirklich nicht. Aber ich bin sehr dankbar, daß du hier bist. Ich weiß, daß du nicht lange bleiben kannst. Vater wird dich vermissen.« Das stimmte. Auch er brauchte sie. Aber jetzt war sie meine Mutter und immer für mich da. Ich war dankbar, aber keineswegs überrascht. »Und habe ich dir schon erzählt, Barbara, daß Marge nach Rußland fährt und die Irvings den Sommer wieder in Capri verbringen werden? Warum begleitest du Vater und mich nicht nach Europa? Wir werden uns viel besser fühlen, wenn du mit uns kommmst.«

»Ich muß mich um einen Job kümmern Mutter. Ich muß mit Alan über meine Rückkehr zu CBS sprechen, ich muß

140

versuchen, mit Eric klarzukommen, mein Leben wieder in Ordnung bringen. Ich kann nicht mit euch fahren.«

Ich registrierte das kaum merkliche Stirnrunzeln, als Erics Name fiel, und mir wurde sofort klar, daß ich dieses Thema besser nicht erwähnt hätte.

»Eric?« fragte sie. Sie wußte zwar nicht, was sich alles zwischen uns abgespielt hatte, aber sie wußte genug, um beunruhigt zu sein.

»Dr. Robertson glaubt, daß Eric in Ordnung ist, Mutter«, sagte ich und klammerte mich selbst an diesen Gedanken.

»Aber Barbara, nach allem, was er getan hat, nach all den Lügen, die er uns erzählt hat – wie kannst du nur daran denken, zu ihm zurückzukehren?«

»Wir werden sehen, Sally. Wir werden sehen.«

Ich sah den Ausdruck von Besorgnis auf ihrem Gesicht und streckte den Arm aus, um ihre Hand zu tätscheln. »Wirklich, Mutter, alles wird wieder gut werden. Ich fühle mich wunderbar.« Ich mußte sie beschwichtigen, aber schon während ich die Worte aussprach, spürte ich, daß ich zu dick aufgetragen hatte.

Während des ganzen Essens redete meine Mutter über ihre Freunde und deren Kinder, über Krankheiten und Begräbnisse. Es war ungeheuer entspannend, einfach dazusitzen und ihr zuzuhören, während sie über das Leben in Miami Beach quasselte. Wir konnten keine weltbewegenden Probleme wälzen; wir konnten nicht über meine Kinder, meinen Mann, meine Arbeit reden – deshalb redeten wir über das Leben anderer Leute. An diesem Abend war das ungefährlicher.

»Okay, Sally, meine Ausgeherlaubnis bis zehn Uhr ist schon überschritten«, sagte ich schließlich. »Morgen habe ich einen harten Tag vor mir. Ich muß mich auf die Jagd nach einem Psychiater machen.« Wieder sah ich diesen besorgten Ausdruck in ihrem Gesicht, das waren Ärzte, und Ärzte bedeuteten Krankheit. »Mach dir keine Sorgen«, sagte ich. »Dieses Mal werde ich einen guten finden. Geh morgen einkaufen, Mama.

Unternimm etwas. Ich möchte nicht, daß du den ganzen Tag im Hotel herumsitzt und dir Gedanken machst oder Wege für mich erledigst.«

»Ich besorge dir bloß einen neuen Filter für deine Klimaanlage – der alte ist schmutzig – und ein paar Sachen für die Küche. Wirst du morgen mit mir zu Abend essen?«

»Auf jeden Fall«, antwortete ich. Wie Schulmädchen gingen wir plaudernd Arm in Arm zu ihrem Hotel zurück. Ob sie mir das Selbstvertrauen abnahm, das ich ihr vorspielte? Sie sah weniger nachdenklich, weniger sorgenvoll aus, als wir uns zum Abschied küßten. Fast glaubte ich selbst daran. Ich war nahezu sicher, die kleinen Dämonen zum Schweigen gebracht zu haben, die in meinem Kopf böse Dinge sagten.

Am nächsten Morgen, als ich gerade meinen Kaffee trank und den vor mir liegenden Tag überdachte, läutete das Telefon. Es war Edie, natürlich. Ein Will–bloß–mal–sehen–ob–du–noch–lebst–Anruf. Sie bemühte sich, unbeschwert und heiter zu klingen. Sie wußte, daß ich an diesem ersten einsamen Morgen Angst haben würde. Wir verabredeten uns für später in der Woche, aber zunächst mußte ich den heutigen Tag irgendwie hinter mich bringen.

Auf dem Weg zum Fahrstuhl dachte ich an die alte schleichende Angst, die mich überfiel, sooft ich die Wohnung verließ. Agoraphobie, Barbara, Angst vor dem Marktplatz. Denk daran, was Dr. Robertson sagte: Wir fürchten nur, was wir hassen. Eines Tages möchte ich leben, ohne mich an die weisen Sprüche von Psychiatern klammern zu müssen. Eines Tages möchte ich auf Selbststeuerung schalten können. Warum sollte ich den Marktplatz hassen? Vergiß es. Du hast nichts zu fürchten. Geh weiter. Ich werde es schaffen, sagte ich mir. Koste es, was es wolle.

Ich ging zur Bank und kaufte Zeitungen, aber auf dem Rückweg überschwemmten mich plötzlich Erinnerungen an Eric, an all die schönen Jahre und die gräßlichen Wochen, an die Liebe und das Grauen. Als ich die Wohnung betrat, mußte ich weinen. Maries Worte fielen mir ein: »Sie werden weinen. Sie werden wieder fühlen.« Zuerst war es wundervoll zu weinen, so wie es wundervoll gewesen war, wieder zu schmecken. Aber ich weinte so sehr, daß ich das Gefühl hatte, mein Herz löse sich in Tränen auf. Ich weinte über den Verlust von Eric, den Verlust von Liebe, den Verlust meiner selbst. Und ich konnte nicht aufhören.

Am Nachmittag saß ich da und starrte auf die zerknitterte Liste von Psychiatern, die Dr. Robertson mir gegeben hatte. Da ich keinen von ihnen kannte, suchte ich mir ihre Adressen und Telefonnummern heraus. Ostseite, Westseite – es war mir egal, solange es nicht am River Side Drive war.

Ich wählte die erste Nummer. Die Stimme am Anrufbeantworter strahlte Frohsinn und Autorität aus. »Hier spricht Dr. Robert Steinberg. Ich bin gegenwärtig nicht anwesend, aber wenn Sie mir Ihren Namen und Ihre Nummer hinterlassen, werde ich Sie zurückrufen. Sprechen Sie nach dem Summton.«

Folgsam hinterließ ich Namen und Nummer, die ich in der Folge noch zwei weiteren mechanischen Medizinmännern mitteilte. Der vierte Anruf war produktiver. Ich sprach mit einem lebenden Menschen: Dr. Marcus Popkin. »Nein, ich habe im Augenblick keine Sitzung, ich kann also reden.«

Wenn Sie um diese Zeit keinen Patienten haben, dachte ich, können Sie nicht sehr gut sein oder sehr viel zu tun haben. Aber ich verbot mir meine Feindseligkeit und gab einen kurzen Abriß der letzten siebzig Tage meines Lebens. Dieses Drehbuch muß noch überarbeitet werden, dachte ich dabei für mich. Da und dort ein bißchen kürzen, die Personen noch etwas farbiger gestalten.

»Das klingt sehr interessant«, sagte Dr. Popkin. »Ich bin sicher, daß ich Ihnen helfen kann. Wann haben Sie Zeit für eine Konsultation?«

Wann ich Zeit habe? Hatte er nicht zugehört? »Ich habe *immer* Zeit, Dr. Popkin.«

»Wie wäre es mit heute abend?«

Meine Mutter würde sicher nichts dagegen haben, wenn ich unsere Verabredung zum Abendessen absagte; so stimmte ich seinem Vorschlag zu, um acht Uhr abends zu ihm zu kommen. Da ich nicht alle meine Neurosen auf eine Karte setzen wollte, rief ich aber noch den letzten Namen auf Dr. Robertsons Liste an.

Dr. Tom Rosen war persönlich am Telefon. Keine Schwester, kein Anrufbeantworter. Das ist ein gutes Zeichen, dachte ich. Ich trug ihm eine ausgereiftere Fassung meiner Geschichte vor und vereinbarte einen Termin mit ihm.

Ich wußte, wer im Sommer einen Psychiater sucht, muß sich auf Katastrophen gefaßt machen. Entweder sind sie in Europa, auf Cape Cod oder in den Hamptons. Niemand will im Juni einen neuen Patienten annehmen. Wenn die Leute auf den Straßen von New York im Sommer verhärmt und abgezehrt aussehen, dann deshalb, weil jeder Shrink, der sein Valium wert ist, verschwunden ist. Aber Dr. Robertson hatte gesagt, diese Fünf seien »Spitzenleute«. Das klang wie die Kommentare, die meine Eltern über Ärzte abgaben: ein Spitzenorthopäde, ein Spitzenaugenspezialist, ein Spitzenneurologe. Nun, ich würde einen finden, zum Teufel, und wenn es den ganzen Sommer dauerte. Von jetzt an würde ich nicht mehr in das erstbeste Geschäft stürzen und das erstbeste Kleidungsstück packen, das ich auf der Stange hängen sah. Ich würde mir das Etikett anschauen, die Sachen anprobieren. Von jetzt an würde ich das Einkaufen auskosten.

Dr. Popkins Praxis lag auf der 72. Straße im Osten. Er war etwa fünfunddreißig und trug ein offenes Hemd und eine sportliche Hose. Das war erfrischend. Dr. Allen und Dr. Robertson hatten immer Jacketts und konservative Krawatten getragen. Die Praxis sah freundlich aus, mit einigen Topfpflanzen, vielen Büchern und den medizinischen Ausbildungsnachweisen an der Wand. Er bedeutete mir, auf einem Sessel vor seinem Schreibtisch Platz zu nehmen, und ich lieferte ihm eine erweiterte Version der jüngsten Prüfungen und Heimsuchungen Barbara Gordons. Ich glaube, ich brauchte etwa zwanzig Minuten dazu.

Dr. Popkin hörte mir gebannt zu und wandte sich dann ab, um aus seinem Fenster zu starren. »Was Sie erzählen, macht mich sowohl traurig als auch aufgeregt«, sagte er schließlich mit einem Beiklang von Feierlichkeit.

Er war traurig und aufgeregt!

»Ich bin sehr ambivalent in bezug auf das, was Ihnen zugestoßen ist«, fuhr er fort. »Aber ich fühle mich traurig, traurig und aufgeregt zugleich.« Er schwieg. Wartete er darauf, daß ich *seine* Gefühle interpretierte?

»Warum sind Sie traurig?« fragte ich. »Ich will kein Mitleid. Ich will Ihr Mitleid nicht.«

»Das ist kein Mitleid«, versicherte mir Dr. Popkin. Und bevor ich mich versah, glitt mir die Sache aus der Hand, und wir führten ein dreißig Minuten dauerndes analytisches Gespräch darüber, warum Dr. Popkin traurig war. Ich strich ihn im Geist von meiner Liste, denn ich konnte es mir weder finanziell noch emotional leisten, Dr. Popkin bei seinen Problemen zu helfen.

Am Ende der Stunde sammelte ich gerade meine Sachen zusammen, als er mich fragte: »Möchten sie nicht ein Rezept für Tranquilizer?« Damit war die Sache besiegelt. Die sind verrückt, diese drogenpuschenden Shrinks. Ich mußte hier raus. »Ich nehme das Sinequan weiter, das man mir im Krankenhaus gegeben hat«, antwortete ich. »Danke schön, keine Tabletten mehr.«

»Vielleicht etwas Librium? Und was ist mit einem neuen Termin in einigen Tagen? Sie sollten wirklich jemanden regelmäßig konsultieren und stärkere Medikamente bekommen, nach allem, was Sie mitgemacht haben.«

»Ich rufe Sie an«, log ich. »Jetzt muß ich laufen und meine Mutter zum Abendessen abholen.«

»Ihre Mutter – Sie haben ihre Mutter nicht erwähnt.« Er

klammerte sich jetzt an Strohhalme, bemüht, mich in sein psychiatrisches Netz zu locken.

»Ich muß gehen«, stieß ich hervor und eilte zum Aufzug hinaus.

Einer weniger, vier bleiben noch, dachte ich im Taxi auf dem Rückweg zur Wohnung. Ich mußte lachen. Wem könnte ich von Dr. Popkins Traurigkeit erzählen? Da war niemand, niemand, mit dem ich mich darüber amüsieren konnte, niemand, mit dem ich irgend etwas teilen konnte. Und jetzt wurde *ich* traurig. Selbstmitleid begann in mir aufzuwallen. Ich haßte das, und ich wußte, daß ich neben allem übrigen auch gegen mein Selbstmitleid kämpfen mußte. Aber an diesem Abend, fürchte ich, war es stärker als ich.

Ein, zwei Tage später war ich mit meinem Chef, Alan Newman, im Edwardian Room des Plaza-Hotels zum Mittagessen verabredet. Als ich zu Fuß von meiner Wohnung zu dem Hotel ging, sagte ich immer vor mich hin, du bist Barbara, du bist mit Alan verabredet, du kennst ihn seit vier Jahren, du magst ihn, er mag dich, sei einfach du selbst. Trotzdem empfand ich Gefühle von Scham und Peinlichkeit, weil ich in einem psychiatrischen Krankenhaus gewesen war. Ob ihn unsere Begegnung nervös macht? Glaubt er, daß ich nicht mehr arbeiten kann? Nein, ich liebe meine Arbeit. Er weiß, daß ich gut bin. Diesen Teil meines Lebens kann ich wieder zurückerobern. Es kann nicht sein, daß ich auch das verloren habe.

Alan erhob sich vom Tisch, als er mich hereinkommen sah, und ich lief spontan auf ihn zu, um ihn zu umarmen. Wir bestellten, und er begann zu erzählen, was sich im Büro getan hatte. »Wir möchten, daß du jetzt zurückkommst, Barb. Wir machen diese neue Verbrauchersendung, und Greg meint, du seist die einzige, die das produzieren kann.«

Ich lächelte ihm zu. Ich hatte gefürchtet, er würde mich nicht mehr haben wollen. Schließlich kannte ich das Stigma der

Geisteskrankheit. Aber nein, ich hatte wieder einen Job. Warum versetzte mich das nicht in freudige Erregung? Warum sagte ich ihm nicht, daß ich morgen zur Stelle sein würde? Ich wollte ja sagen, aber stattdessen begann ich ihm von den Symptomen des Valiumentzugs zu erzählen: daß ich in tausend Stücke zerbrochen und immer noch nicht ganz sei. Ich berichtete ihm vom Krankenhaus, denn meine Freunde sollten imstande sein normal darüber zu reden. Es sollte weder ein Geheimnis sein, noch allzu wichtig genommen werden. Deshalb scherzte ich über meine Rebellenrolle, über das Küchenpersonal, über die Milieutherapie.

»Nun, dein Milieu ist CBS«, meinte Alan. »Also melde dich nächste Woche wieder.«

»Ich werde dir Bescheid geben. Laß mir ein paar Tage Zeit, um mich zu vergewissern, wer ich bin.«

»Und Eric?«

»Wir haben uns getrennt, Alan. Ich weiß gar nicht wo ich anfangen soll bei all dem, was sich zwischen uns abgespielt hat. Eines Tages, wenn ich mehr Distanz dazu habe, wenn mehr Zeit vergangen ist, werde ich es dir erzählen.«

Der Kellner rollte einen Wagen mit verlockenden Desserts heran – Erdbeertörtchen, Eclairs, Napoleons. Es ist alles da, Barbara, sagte ich mir. Du brauchst bloß zu wählen. Warum kannst du dich nicht entscheiden? Aus irgendeinem Grund mußte ich an das schwedische Restaurant denken, in dem meine fünfjährige Affäre mit einem verheirateten Mann geendet hatte. Bill. Wir waren beide verheiratet gewesen, als es begann. Ich hatte mich scheiden lassen, und jetzt lag alles bei ihm. Er kam gerade aus Europa zurück, von wo er mir Telegramme geschickt hatte, in denen er mir die Ehe versprach und mich aufforderte, eine Wohnung für uns zu suchen. Mit diesem Mittagessen, so glaubte ich, sollte das alles gefeiert werden. Stattdessen erklärte er, er könne seine Kinder nicht verlassen. Er könne sich nicht scheiden lassen. Ich saß da und schaute wie gebannt auf das riesige Smorgasbord–Karusell in der Mitte des

147

Speisesaals, das sich unablässig im Kreise drehte. Ich hörte Bills Worte, und das einzige, was ich tun konnte, war, auf den Hummer und die Shrimps zu starren.

»Barbara, bitte sag ja«, fuhr Alan fort. Wir alle brauchen dich. Du bist einer der besten Produzenten, die wir je hatten.« Alans Worte holten mich wieder ins Plaza zurück. Komisch, ich hatte an Bill, nicht an Eric gedacht. Aber es war die gleiche Geschichte Verlust, Trauer, lernen müssen, wieder zu leben. Zweimal hatte alles, was ich mir im Leben wünschte, griffbereit vor mir gelegen. Zweimal war es mir plötzlich weggenommen worden. »Danke, Alan«, sagte ich mit echter Dankbarkeit. »Ich werde darüber nachdenken. Wahrscheinlich werde ich ja sagen.« Dabei beließen wir es. Wir umarmten uns zum Abschied. Ich trug ihm Küsse für Steve und Fran und alle anderen und Grüße für Greg auf. Euphorisiert durch seine Worte ging ich in meine Wohnung zurück. Ein Job, ich hatte wieder einen Job! Ich werde mich heute abend entscheiden. Ich wollte bloß sicher sein, daß ich die Sache nicht vermurkse.

Am nächsten Nachmittag rief Eric an, endlich. Seit ich aus dem Krankenhaus zurückgekehrt war, hatte ich darauf gewartet, mich davor gefürchtet, es mir vorgestellt, damit gerechnet.

»Also, Babe, ich bin in meiner neuen Behausung. Und ich habe zwei neue Klienten. Alles läuft bestens.«

Ich hielt krampfhaft den Hörer fest. Ich wollte alles hören.

»Aber ich bin froh, daß es nur für zwei Monate ist. Ich vermisse die Wohnung, ich vermisse dich, Wie geht es dir? Wie verbringst du jetzt deine Zeit?«

»Ich bin beschäftigt, Eric, ich bin sehr beschäftigt. Ich habe viel zu tun. CBS will mich wieder haben. Und ich bin auf der Suche nach einem neuen Therapeuten.«

Ich versuchte, meine Stimme unter Kontrolle zu halten, aber ich konnte einfach nicht so tun, als ob nichts zwischen uns geschehen sei. Ich mußte wissen, warum. Die Worte brachen aus mir heraus. »Du mußt auch zu einem Therapeuten gehen, du mußt herausfinden, warum du mich leiden lassen woll-

148

test, warum du diese ganze Krankheit gefördert hast, statt mir zu helfen. Bitte, Eric. Ich muß wissen, warum.«

Schnell atmend, zitternd, wartete ich auf seine Antwort.

»Ich habe dir doch gesagt, daß ich bei einem war«, antwortete er. »Ich habe nicht die Absicht, den Rest meines Lebens bei Psychiatern zuzubringen, selbst wenn du das tust. Außerdem bin ich völlig normal. Du bist die Kranke. Und jetzt verbreitest du vermutlich in der ganzen Stadt, daß ich dein Leben ruiniert hätte. Aber ich habe Neuigkeiten für dich, Babe. Deine Freunde wissen, daß das nicht stimmt. Du bist ein verrücktes Biest, du manipulierst jeden, und du hast mein Leben ruiniert, so wie du alle ruinierst. Aber verstehe mich nicht falsch. Ich liebe dich immer noch.«

Ich legte auf. Es begann wieder von vorne. Ich hasse dich, ich liebe dich, du bist verrückt. Das konnte ich nicht ertragen. Ich ging in der Wohnung umher, sah die Bilder an, goß die Pflanzen, versuchte, mein Gehirn auf irgend etwas zu konzentrieren, aber ich war außerstande, all der wiedersprüchlichen Gefühle, die mich bestürmten, Herr zu werden. Ich beschloß, Edie anzurufen. Ich mußte mit jemandem reden. Sie war zu Hause. Ich erzählte ihr, wie durcheinander ich sei. Und als sie hörte, daß Eric angerufen hatte, wollte sie zu mir herüberkommen. Sie habe mir etwas Wichtiges zu sagen.

Als sie zur Tür hereinkam, sah sie grüblerisch aus, gar nicht wie die selbstsichere Dame, die ich vor wenigen Tagen gesehen hatte.

»Verlier die Kraft nicht, die du soeben erst gewonnen hast«, begann sie, »aber ich glaube, ich sollte es dir sagen. Du wirst dich wundern, und mit der Zeit wirst du selbst alles aufklären. Niemand versteht Eric.«

Wovon redet sie nur? fragte ich mich. Ich ging in die Küche und goß uns zwei große Gläser Grapefruit-Saft ein. Dann setzten wir uns auf die Couch, und ich wartete – wartete darauf, daß meine Freundin mir erzählen würde, was es so Dringliches gebe.

»Während du im Krankenhaus warst, hat Eric einige

horrende Sachen gemacht.« Sie hielt inne, um sich zu vergewissern, daß ich nichts von dem wußte, was sie mir mitteilen wollte. »Ich habe einige wirklich verrückte Anrufe bekommen. Sue rief mich an und erzählte mir, Eric habe gesagt, sie sei lesbisch.«

»Ach, Edie, hör auf, das ist doch lächerlich.«

Sie sah mich tiefernst an. »Er hat es getan, Barbara. Er hat Sue erzählt, du hättest gesagt, sie sei lesbisch und habe sich an dich rangeschmissen.«

»Edie, das ist grotesk. Sue ist nicht lesbisch, und selbst wenn sie es wäre ... Ach, Edie, ich glaube es nicht. Das ist doch Unsinn!«

»Das ist noch nicht alles. Er kreuzte in Lynns Büro auf und erzählte ihr, daß Irv sie betrüge. Er sagte, du hättest seit Monaten davon gewußt, und es sei Zeit, daß sie es erfahre. Er sagte, er wolle, daß sie es von ihm erfahre.«

»Aber das ist nicht wahr!«

Ich war wie vor den Kopf geschlagen und saß sprachlos da, während sie fortfuhr, mir Dinge zu erzählen, die Eric zu meinen Freunden gesagt hatte, Dinge von denen er behauptete, daß sie von mir kämen. Einige der Geschichten enthielten ein Körnchen Wahrheit – Dinge, die ich ihm in intimen Augenblicken erzählte hatte und die er zu bösartigem Klatsch verwandelte. Aber das meiste war erlogen, hundertprozentig erlogen. Meine Gedanken drehten sich im Kreis, während ich mir zu erklären suchte, warum er etwas so Schreckliches tun konnte. »Edie, warum? Warum hat er das getan?«

»Jonathan und ich haben darüber gesprochen. Es ist unsinnig, aber wir glauben, daß er versucht, deine Freundschaften zu untergraben, damit du zu ihm zurückkehren mußt, damit du niemanden hast, auf den du dich stützen kannst. Damit du ihn schließlich doch wieder brauchst. Es muß ein Teil irgendeines verrückten Planes sein, Barbara. Und indem er diese schrecklichen Geschichten erzählt, schützt er sich selbst. Er denkt sich wahrscheinlich, daß dir die Leute nicht glauben werden, wenn du ihnen die Wahrheit über das, was vorgefallen ist, und über ihn erzählst.«

Ich konnte es einfach nicht fassen, ich war wie betäubt. »Edie, bitte sag mir, daß du das alles bloß erfindest.« Sie schüttelte traurig den Kopf. »Nein, Barbara, ich wollte, es wäre so. Die Leute haben mich angerufen. Er hat schreckliche Dinge getan. Ich wollte es dir anfangs ersparen. Ich glaubte, es würde dich überfordern, das jetzt zu erfahren. Aber es erklärt, warum dich manche Leute nicht sehen wollen. Sie sind verwirrt, gekränkt und verärgert, und sie wissen nicht, was sie davon halten sollen. Du mußt bedenken daß sie auch Eric mochten. Und sie haben die üble Seite von ihm nicht gesehen. Sie sind fast bereit, ihm zu glauben.«

Ja, seine verrückte Logik wurde mir jetzt klar. Meine Freundschaften zerstören, damit ich niemanden mehr haben sollte außer ihm. Alles im Namen der Liebe. Wie kann man jemanden ruinieren, den man liebt? Aber es mußte wahr sein.

»Ach Gott, Edie«, seufzte ich.

Das Telefon läutete, und ich meldete mich mechanisch. Es war Eric. Er klang wie der alte Eric, lieb und zärtlich. »Wie geht es dir, Babe? Ich will nur mal hören. Wie kommst du zurecht? Arbeitest du schon wieder?«

Ich lauschte seiner Stimme und dachte daran, was er meinen Eltern, was meinen Freunden erzählt hatte. Etwas in mir brach entzwei. Ich hörte ihm zu und hoffte, seine Worte würden Edies Worte bestätigen. Aber er redete ganz normal über Unverfängliches. Worüber wird dein nächster Film sein? Sollten wir nicht mit deiner Mutter zu Abend essen, bevor sie nach Miami zurückfliegt? Sieh zu, daß du bald einen guten Therapeuten findest, damit wir wieder zusammenkommen können. Ich zitterte, als ich ihm zuhörte. Das Telefon stand im Schlafzimmer, und ich erinnerte mich daran, wie ich hier auf dem Boden gelegen hatte, eine Gefangene in meiner eigenen Wohnung, und jetzt fragte mich Eric, ob ich mit ihm Tennis spielen wolle. Ich legte auf.

151

Ich kehrte ins Wohnzimmer zurück; Edie und ich saßen schweigend da, unfähig, ein Wort zu sagen. Es war aus. Was auch immer geschehen sein mochte, ich wußte in diesem Augenblick, daß es aus war. Welcher Zauber uns auch umfangen hatte, er war zu Ende. Es gab keine Achtung mehr, keine Zärtlichkeit, keine Vernunft; da war nichts, worauf wir ein Leben aufbauen konnten. Er haßte mich zu sehr. Doch ich fühlte mich immer noch wie betäubt, außerstande, ihn zu hassen. Ich war nur geschockt und erstaunt, daß er gar nicht zu wissen schien, wie sehr er mich haßte. Ich spürte, daß Edie meine Gedanken erriet: Mit Eric und mir ist es aus. Ich nickte, und ihre klaren, blauen Augen füllten sich plötzlich mit Tränen. Wir faßten uns an. Die Spätnachmittagssonne ergoß sich durch die Fenster des Wohnzimmers. »Ich werde ihn vergessen«, sagte ich. »Es war nicht alles meine Schuld. Das weiß ich jetzt. Aber ich muß mir klar darüber werden, was mit mir geschehen ist. Ich muß einen guten Therapeuten finden und die richtigen Medikamente bekommen. Wenn ich mein früheres Leben nicht mehr zurückhaben kann, dann muß ich, verdammt nochmal, anfangen, mir ein neues aufzubauen.«

An den folgenden Tagen setzte ich meine Suche nach einem Therapeuten fort. Unter anderen lernte ich einen Psychiater kennen, der mir eröffnete, daß ich in eine privilegierte Patientengruppe aufgenommen werden könne, wenn ich ihm einen Scheck über zehntausend Dollar ausstellte. Er hatte eine Reihe ehemaliger Drogenkonsumenten und Alkoholiker um sich versammelt, die alle auf »strukturellem« Gebiet tätig gewesen waren, und er meinte, ich würde eine Bereicherung für die Gruppe darstellen. Im Verlauf der Konsultation zeigte er mir, wie die Therapie funktionierte. »Berühren Sie die Wand, Barbara«, sagte er.

Ich berührte die Wand.

»Danke, Barbara, daß Sie die Wand berührt haben.« Dann trat er näher an mich heran. »Berühren Sie die Lampe,

Barbara.« Ich berührte die Lampe. »Danke, Barbara, daß Sie die Lampe berührt haben.«

So ging es fünfzig Minuten lang weiter, und mir wurde klar, daß ich es mit einem Irren zu tun hatte. Am Ende der Sitzung setzte er mich wegen der zehntausend Dollar unter Druck – noch dazu mit Bankgarantie –, und ich rannte auch aus dieser Praxis davon.

Verglichen mit dieser Pflaume kam mir Dr. Allen langsam vor wie Erich Fromm. Verlier nicht den Glauben, Barbara, du bist in der medizinischen Hauptstadt der Vereinigten Staaten. Aber was mir fehlte, war eine Guide Michelin für die Shrinks von Manhattan. Warum hat noch niemand Sternchen für die Qualität der angebotenen Dienstleistung, den Komfort des Wartezimmers, die Hygiene der Toiletten ersonnen? Wenn ich mich nur stärker gefühlt hätte, wäre mir dieser ganze Irrsinn vielleicht sogar komisch vorgekommen.

Ich ging Dr. Robertsons Liste systematisch durch, und obwohl ich den Eindruck hatte, daß eine oder zwei seiner Empfehlungen selbst Kandidaten für Tyson Cottage waren, entschloß ich mich schließlich für Dr. Tom Rosen. Er war jung, vital, intelligent, und er trug Jeans. Ich hatte mich offensichtlich für den Anti-Establishment-Kurs entschieden. Er arbeitete mit einem guten Krankenhaus zusammen, und während unserer ersten beiden Konsultationen legte er keine allzu handgreiflichen Neurosen an den Tag. Er schien wirklich zuversichtlich zu sein, daß er mir helfen könne, sagte jedoch, ich würde ein anderes Medikament brauchen. Er empfahl Lithium, das für die Behandlung Manisch-Depressiver verwendet wird. »Bin ich manisch-depressiv?« fragte ich. »Nein«, antwortete Dr. Rosen. »Aber es hilft auch in Fällen wie dem Ihren.« Vielleicht wird mir eines Tages jemand eine Pille für eine Krankheit geben, die ich wirklich habe, dachte ich.

Meine Mutter kehrte in dem Bewußtsein nach Florida zurück, daß ich mich in der Wohnung wieder eingelebt hatte und therapeutisch in guten Händen war. Die Erleichterung war ihrem Gesicht an jenem Abend deutlich abzulesen, als ich ihr versicherte, daß eine Versöhnung mit Eric ausgeschlossen sei. »Nun, mach dir keine Sorgen«, sagte sie mit einem strahlenden Lächeln. »Wir finden schon noch einen netten Mann für dich, den du heiraten kannst.«

Kurz nach ihrer Abreise rief Eric mich eines Nachmittags an. Ich wappnete mich gegen die üblichen Schmähungen. Aber nein – diese Mal spielte er den sanften Eric. Er werde in kürze nach Boston fahren. Er habe vor, in Massachusetts das juristische Examen zu machen. Er erzählte mir, daß er einen Freund aus seiner Studienzeit habe, der im Süden von Boston eine Anwaltspraxis betreibe. »Es ist eine einmalige Chance, Babe. New York hängt mir zum Hals heraus. Es ist ein bürokratischer Alptraum. Dort kann ich den Leuten wirklich helfen.«

Lügt er wieder? fragte ich mich. Und wenn er die Wahrheit sagte, warum hat er sich so plötzlich entschlossen, wegzufahren? Er erwähnte kein einziges Mal die Geschichten, die er meinen Freunden aufgetischt hatte. Mit den meisten von ihnen hatte ich mich inzwischen getroffen oder mit ihnen telefoniert, und ich wußte nun, daß sie zu mir hielten. Vielleicht akzeptierte Eric inzwischen doch die Tatsache, daß es zwischen uns aus war.

Er wollte zu mir in die Wohnung kommen, um seine restlichen Sachen zu holen. »Nein«, wehrte ich ab. »Ich werde alles zusammenpacken und unten beim Portier deponieren.« Ich hatte Angst davor, mit ihm allein in der Wohnung zu sein. Schon der Gedanke an seine Nähe verursachte mir Schüttelfrost.

»Okay, Babe«, stimmte er zu. »Wir machen es so wie du willst.«

Am nächsten Nachmittag rief er wieder an. »Hör mal«, sagte er, »ich habe mich über dich erkundigt. Du bist schon früher in Krankenhäusern gewesen. Du bist schon früher ausgeflippt. Ich habe Stan angerufen. Du warst schon verrückt, als du ihn geheiratet hast. Er mußte dich auch in ein Krankenhaus bringen. Und ich habe deinen Freund Bob angerufen, deinen früheren Filmredakteur. Er erzählte mir, daß du mitten in der Arbeit durchgedreht hast. Also hör zu, Süße, du warst schon früher in Chatahoochie. Du bist ganz schön angeknackst. Frag Stan, frag Bob. Und ich bin draufgekommen, daß du NBC verlassen hast, um in ein Krankenhaus zu gehen, und nicht wegen deines alten Freundes Bill. Ich habe mich auch bei ihm erkundigt.«

Ich schluckte einmal fest, bemüht, meine Fassung zu bewahren. Ich konnte es nicht glauben. Er meinte es völlig ernst. Er redete schnell und in dieser merkwürdigen roboterhaften Sprechweise. »Du bist schon früher verrückt gewesen«, sagte er. »Du warst dein ganzes Leben lang geisteskrank. Aber ich habe dich geliebt. Ich wollte dir bloß helfen. Ich gehe nach Boston. Deine Freunde in New York werden dich einer nach dem anderen verlassen. Und du wirst mich brauchen, du wirst mich haben wollen, du wirst zu mir kommen. Du wirst schon sehen!«

Er wird nie damit aufhören, dachte ich. Das ist schlimmer als geschlagen zu werden, brutaler, barbarischer und weitaus vernichtender. Ich legte den Hörer auf. Der Horror ging immer noch weiter, und ich wußte nicht, wann er enden würde.

Ich begann, Erics Sachen zusammenzupacken. Ich empfand Zorn und Trauer und eine schreckliche Angst als ich seine Bücher und Platten aus den Regalen räumte. Ich holte seine Kleider aus den Schränken und dachte an die Worte meiner Mutter: »Denk doch bloß, Liebling – wenn Eric weg ist, wirst du viel mehr Platz für deine eigenen Sachen haben.« Und ich hatte sie angefahren: »Lieber habe ich wenig Platz. Verstehst du nicht, daß ich lieber wenig Platz habe?« Ich wußte, daß sie mich nur zu trösten versuchte. Trotzdem verabscheute ich diese Bemerkung.

Das ist das Ende, der Alptraum ist vorbei, dachte ich, als ich alles in die großen Kartons packte. Aber aus irgendeinem

155

Grund war ich deprimierter denn je. Er hatte alle getäuscht. Aber wie konnte ich jemanden geliebt haben, der nichts unversucht ließ, um mir weh zu tun? Hatte das immer schon in ihm drin gesteckt? Ich fand immer noch keine Antworten auf diese Fragen. Aber vielleicht, hoffte ich, vielleicht werde ich wieder frei atmen können, wenn er nach Boston geht. Ich werde mein Leben wieder in Ordnung bringen.

Ich teilte Alan mit, daß ich die Verbrauchersendung nicht produzieren wollte. Ich würde es vorziehen, im Herbst einen Dokumentarfilm zu drehen. Warum? Ich weiß es nicht. Verglichen mit den Filmen, die ich sonst gemacht hatte, wäre eine Verbrauchersendung ein Kinderspiel gewesen. Aber ich fürchtete mich davor, wieder zu arbeiten, davor es nicht zu schaffen, und ich wußte, wenn ich bei der Arbeit versagte, dann würde das meine Karriere schneller ruinieren als alles, was in meinem Privatleben vorgegangen war. Hatte ich den Teil von mir, der meine Arbeit liebte, zusammen mit allem übrigen verloren? Ich scheute mich davor, dieser Frage auf den Grund zu gehen.

Es war ein Fehler. Ich hätte hingehen und anfangen sollen, irgend etwas zu tun. Produzieren, Regie führen, Schreiben, Redigieren, Papierkörbe ausleeren – egal was. So blieben meine Tage völlig leer. Ich hatte nichts zu tun.

Eines Morgens saß ich mit meinem Kaffee auf dem Bettrand. Das Radio sagte einen schwülen, heißen Julitag voraus, während ich in meinem klimatisierten Schlafzimmer fröstelte. Jimmy Carter und die Demokraten hielten eben im Madison Square Garden ihre Wahlversammlung ab. Es war erst zehn Uhr. Ich hatte an diesem Tag keinen Termin bei Dr. Rosen. Ich mußte nirgends hingehen, nirgends sein. Auch vor Erics Zeit war ich schon allein gewesen, doch damals hatte ich ohne diese Überbewußtheit gelebt, ohne dieses ständige Sich-selbst-Beobachten und -Zuhören. Jetzt mußte ich es tun, um mich nicht ganz zu verlieren. Sollte ich mich zum Mittagessen verabreden? Mit wem? Warum? Worüber würde ich reden? Was sollte ich mit diesem Tag anfangen, der sich vor mir ausdehnte? In meinem Leben muß es Zeiten gegeben haben, als ich nicht arbeitete und nicht mit jemandem zusammenlebte, den ich liebte – eine Zeit, in der ich bloß existierte. Niemand kann vierundzwanzig Stunden am Tag nur produktiv sein oder lieben. Was macht man in der Zwischenzeit?

Ich sah in die Zeitung. Die *Times* war voll von Berichten über Kunstausstellungen, Theaterstücke, Filme, Konzerte – lauter Dinge, die ich früher geliebt hatte. Aber ich wollte nirgends allein hingehen. Außerdem interessierte es mich nicht. Ich beschloß, einen Spaziergang zu machen. Ich würde unter Leuten sein und einige Lebensmittel einkaufen. Aber als ich auf die Straße trat, fühlte ich mich wie ein Marsmensch, wie ein Wesen von einem anderen Stern, das den Central Park West entlanggeht. »Kommen Sie zu Jimmy Carter, Ecke 52. Straße und Broadway«, stand auf den Plakaten. Jimmy Carter? Wie war das zugegangen, daß der plötzlich an erster Stelle lag? Die Vorwahlen hatte ich während meines Valiumentzugs versäumt. Überhaupt schien ich, zu allem die Verbindung verloren zu haben. Ich war von diesem politischen Jahr völlig abgeschnitten.

Klebrig von der Sommerhitze kehrte ich in die Wohnung zurück, und hörte mir in der Badewanne die Übertragung der Reden aus dem Madison Square Garden an. Ich hatte bis morgen um drei Uhr, meinem nächsten Termin bei Dr. Rosen, nichts zu tun. Ich legte mich aufs Bett und versuchte zu schlafen. Aber es gelang mir nicht. Sobald ich die Augen schloß, sah ich Szenen der letzten Monate vor mir, Szenen aus guten wie aus schlechten Zeiten. Ich sagte mir, niemand versteht, wie schwer das zu bewältigen ist. Schließlich hatten Eric und ich ja nicht monatelang gestritten und dann beschlossen, uns zu trennen. Nein, wir waren verliebt und glücklich gewesen und über Nacht kam der Wahnsinn. Ohne Vorbereitung. Es hatte uns gegeben und dann gab es uns nicht mehr. Da war Liebe gewesen und dann keine mehr. Da war ein Leben gewesen, wo jetzt nur noch Leere war.

Ich stand auf und goß nochmals die Blumen. Sie mußten verfaulen, wenn ich nicht bald gesund würde. Ich hörte Musik, dachte daran, jemanden anzurufen, aber es gab niemanden, den ich sprechen wollte, niemanden. Den Rest des Tages saß ich bloß herum, und als es dunkel wurde, machte ich mir das Abendessen, sah fern und ging zu Bett.

Hätte es nur einen solchen Tag gegeben, wäre das vielleicht nicht so schrecklich gewesen. Aber ein Tag nach dem anderen verging, und außer den Einkaufsgängen und der Fahrt zum Psychiater führte ich dieses leere, einsame, verzweifelte Dasein. Und ich sah keine Möglichkeit, daran etwas zu ändern.

Wenn ich gelegentlich mit Freundinnen zu Abend aß, verstärkte sich meine Einsamkeit nur noch. Nach dem Essen kehrte ich in eine leere Wohnung zurück und sie in eine Welt voll Menschen, Kinder, Ehemänner und Jobs. Alle versicherten mir immer wieder, wie tapfer ich sei. Aber ich konnte mit ihrem Lob nichts anfangen. Ich versagte; die Einsamkeit trug den Sieg davon, und ich haßte es, mich als so ziellos, so leer, so hilflos zu erleben.

»Barbara, ich habe nicht den Eindruck, daß Ihnen das Lithium guttut«, sagte Tom Rosen. »Und da Sie nicht reagieren, werde ich Ihnen Thorazin verschreiben müssen.«

Ich mochte Tom. Ich vertraute ihm. Aber plötzlich packte mich das Entsetzen. Ich hatte die Sätze an den Wänden in Longview gelesen: Spür nichts, fühl nichts, nimm Thorazin. »Nein«, rief ich. »Ich will kein Thorazin. Ich bin sowieso schon halbtot.«

»Okay. Vielleicht warten wir noch eine Weile. Aber wir müssen mit Ihren Gefühlen in Berührung kommen. Was denken Sie über Eric? Wir müssen an Ihre Aggressionen heran. Hier ist ein Kissen. Reden Sie mit dem Kissen. Stellen Sie sich vor, es sei Eric.«

Ich war verlegen. Wie konnte ich das? Tom hielt das Kissen. Er erwartete, daß ich draufdrosch, also tat ich es. »Warum hast du das getan? Wozu? Ich dachte, du liebst mich. Ich hasse dich. Ich hasse dich«, rief ich und schlug auf das Kissen ein, aber dann blickte ich zu Tom auf. »Ich hasse ihn nicht«, sagte ich. »Das ist das Problem. Ich hasse ihn überhaupt nicht. Ich fühle gar nichts.«

Tom schüttelte traurig den Kopf. »Okay, Barbara. Wir werden einige Tage warten und sehen, ob Sie sich besser fühlen, und wenn nicht, können wir nochmals über Thorazin sprechen.«

Nach der Sitzung fuhr ich im Taxi nach Hause zurück. Tom Rosen war mir bestens empfohlen worden. Er war ein guter Arzt. Warum half mir alles nicht? Was machte ich falsch?

Eric rief nicht mehr an, um sich zu verabschieden. Er holte seine Sachen beim Portier ab, aber ich war nicht sicher, daß er die Stadt verlassen hatte, bis Libby seine Sekretärin, eines Tages anrief. Er hatte sie entlassen und das kleine Büro in East Harlem aufgegeben, aber er schuldete er ihr noch Gehalt. Es sei kein großer Betrag, sagte sie, aber ob ich seine neue Adresse hätte, damit sie ihm schreiben könne? Ich sagte ihr, ich wisse nicht, wo er sei.

Es war eine Erleichterung für mich, daß er wirklich fort war. Sooft ich die Wohnung verließ, hatte ich schreckliche Angst gehabt, daß er in der Vorhalle auf mich warten oder wir uns auf der Straße begegnen würden. Ich konnte das Gebäude nicht verlassen, ohne nervös nach rechts und links zu blicken. Und jetzt konnte ich mich endlich auch um eine unerledigte Angelegenheit kümmern – das Haus am Meer. Jedes Wochenende hatte ich daran gedacht, hinauszufahren, aber ich brachte es nicht fertig – die Erinnerungen, die Angst, daß er da sein könnte. Ja, ich fürchtete sogar, daß er das Haus verwüstet haben könnte.

Ich rief die Wohnungsmaklerin an. Sie war gerne bereit, das Haus verschiedenen Interessenten zu zeigen, und hatte sogar

159

Leute, die genau so etwas suchten. Als sie mich zurückrief, um mir mitzuteilen, daß es ihren Interessenten sehr gefallen habe und sie es für den ganzen August bis zum Labor Day mieten wollten, war keine Rede davon, daß etwas nicht in Ordnung sei. Aber ich wußte, daß einige Vorbereitungen nötig waren; jedenfalls mußte ich saubermachen und Erics Kleider zusammenpacken, aber ich brachte das nicht allein fertig. Ich rief Edie an, und sie erklärte sich bereit, an einem Wochentag frühmorgens, wenn wenig Verkehr war, in meinem Auto mit mir hinauszufahren.

An diesem Morgen rief ich die Garage an, um ihnen mitzuteilen, daß ich das Auto abholen würde. »Es ist nicht da«, sagte der Mann, und ich wußte sofort, was geschehen war. Der alte Sammy war nach Boston gefahren. »Ach ja«, sagte ich, nach Worten suchend. »Ich habe ganz vergessen. Es ist an der Küste. Ich glaube, wir werden unseren Garagenplatz nicht mehr brauchen. Bitte schicken sie mir die Rechnung.«

Edie schüttelte den Kopf. »Dieses Schwein! Er weiß, daß er dich nicht haben kann. Laß ihm das verdammte Auto.«

Ich nickte. »Ja,« antwortete ich. »Er soll den alten Sammy haben.«

Im Laufe des Vormittags fuhr ich mit dem Zug hinaus.

Als ich das Haus betrat, wurde mir bewußt, daß ich noch nie allein dortgewesen war. Wir waren immer zusammen hingefahren. Aber jetzt war keine Zeit, darüber nachzudenken. Ich mußte saubermachen und den Zug um sechs Uhr elf nach New York erreichen. Also begann ich zu kehren, Fenster zu putzen und Wäsche zu waschen. Ich hatte gerade den Kopf im Kühlschrank und schrubbte die Fächer mit einem Schwamm, als das Telefon läutete. Niemand außer Edie weiß, daß ich hier bin, dachte ich, als ich hinlief.

»Ich weiß, wo du bist, Barbara«, hörte ich Erics abgehackte, monotone Stimme. »Ich weiß immer, wo du bist.«

»Von wo rufst du an, Eric?« begann ich nervös. »Was willst du von mir?«

»Ich möchte dich, und ich möchte unser gemeinsames Leben wiederhaben, und ich möchte einige Erklärungen. Warum wolltest du mich nicht sehen? Niemand wollte mich sehen, und ich will wissen, warum.«

»Eric«, begann ich sanft, »weißt du nicht, warum? Weißt du nicht, was du ihnen und mir angetan hast?«

»Wovon redest du, Barbara? Was habe ich denn getan? Das einzige, was ich je getan habe, ist, dich zu lieben.«

In diesem Augenblick erkannte ich, daß Eric nicht im mindesten bewußt war, daß er etwas Destruktives getan hatte. Ich konnte es nicht fassen, daß er keine Schuldgefühle zu haben schien, sich keine Vorwürfe machte. Und ich wußte, daß es sinnlos war, mit ihm zu streiten. »Ich kann jetzt nicht reden, Eric. Ich muß einen bestimmten Zug erreichen. Und bitte, wenn du mich liebst, laß mich in Ruhe.« Ich legte den Hörer auf.

Den nassen Schwamm in der Hand, setzte ich mich auf den Sessel beim Schreibtisch. Ich blickte durch die funkelnden Fenster auf das Meer und sah zu, wie die weich anrollenden Brecher auf den Strand klatschten. Ich schloß kurz die Augen. Ich sah Eric und mich, wie wir uns auf der Terrasse geliebt hatten, auf beiden Seiten durch die hohen Dünen geschützt. Ich sah ihn in diesem Raum auf einer Leiter stehen und die Deckenbalken abmessen. Ich erinnerte mich an Musik und Liebe und Lachen, an politische Diskussionen mit unseren Freunden, an kaltes Bier nach dem Tennis und stürmische Aprilabende, an denen wir uns vor dem offenen Kamin aneinandergekuschelt hatten. »Wird er immer in diesem Haus herumspuken?« fragte ich mich laut.

Ich riß mich aus meinen Träumen, beendete die angefangenen Arbeiten und rief ein Taxi. Ich würde den Zug um sechs Uhr elf erreichen.

»Ich werde Sie nie belügen«, sagte Jimmy Carter. »Das ist Ihre erste Lüge, Mr. Carter«, murmelte ich. Ich saß mit einem Geflügelsandwich aus dem Delikatessenladen und einem Bier vor dem Fernseher auf dem Bett. Das Telefon läutete. Es war Eric, der aus Boston anrief.

»Ich habe einen wundervollen Arzt hier gefunden, der auf Schizophrenie spezialisiert ist.« Es war dieselbe hohlklingende Stimme, und mir fiel ein, daß er Jonathan am Telefon gesagt hatte, ich litte unter akuter Schizophrenie. »Er ist besser als Laing. Er behandelt die Leute mit Liebe, nicht mit Tabletten. Warum kommst du nicht her und siehst ihn dir an, Babe? Ich hole dich ab, und du brauchst niemandem zu erzählen, daß du mich triffst, falls es dir peinlich ist. Bedenke, niemand kennt dich so gut wie ich.«

Ich legte auf, ohne ein Wort zu sagen, und ging in das dunkle Wohnzimmer. Dort zündet ich mir eine Zigarette an, inhalierte tief und rauchte in der Dunkelheit sitzend. Nur das Ächzen der Klimaanlage war zu hören. Ich schloß die Augen und begann zu weinen, weinte und weinte über den Verlust an Liebe, den Verlust meiner selbst. Morgen wird es besser sein. Ich muß es besser machen. Aber um irgend etwas tun zu können, muß ich erst mit mir im reinen sein. Wer bin ich? Wo bin ich? Lieber Gott, hilf mir, mich selbst zu finden.

Das Telefon klingelt nochmals. Aus Angst, es sei Eric, ließ ich es läuten. Ich hoffte, daß der Auftragsdienst schließlich antworten und mir diese schreckliche Stimme ersparen würde, aber er tat es nicht. Deshalb hob ich selbst ab, zitternd. Es war meine Mutter.

»Bist du es, Liebling?« fragte sie. »Ist alles in Ordnung? Ich versuche schon so lange, dich zu erreichen.«

»Ich bin gerade zur Tür hereingekommen«, antwortete ich.

»Lou, Lou, jetzt ist Barbara am Telefon. Nimm den anderen Hörer ab. Wie steht's, Liebling? Wie geht es dir?«

»Prima, Mama. Alles entwickelt sich bestens. Ich war gerade mit Edie und Jonathan zum Abendessen, die mir einen tollen Mann vorgestellt haben. Ich werde bald wieder zu arbeiten beginnen, und Dr. Rosen sagt, ich mache große Fortschritte.«

Ich weiß nicht, ob sie mir glaubte oder nicht. Wie hätte ich ihr erklären sollen, daß mein Leben immer noch in Scherben lag, daß das Gefühl, nicht ich selbst zu sein, alles ruinierte. Sie war so tapfer gewesen und hatte mich so unterstützt – ich wollte sie nicht beunruhigen.

»Hallo, Baby.« Es war mein Vater. »Was hälst du davon, mit uns nach Europa zu fahren, New York eine Zeitlang den Rücken zu kehren?«

Sie hatten ihen Urlaub meinetwegen verschoben, aber ich wollte nicht nach Europa fahren. Deshalb drängte ich sie, nicht länger zu warten. »Wirklich, ich brauche euch nicht«, versicherte ich ihnen. »Ich muß mein eigenes Leben leben, Mama. Es gibt keinen Grund, warum ihr nicht fahren solltet.«

Mein Vater klang erleichtert, meine Mutter noch nicht ganz überzeugt. »Bist du sicher, daß du zurechtkommen wirst?« fragte sie nervös.

»Ja, und ich werde euch schreiben. Macht euch keine Sorgen.«

Ich fühlte mich unerhört erleichtert, als wir aufgelegt hatten. Sie würden wegfahren und an ihren Stammplätzen in Capri und Südfrankreich den Urlaub verbringen. Ich werde mir nicht den Vorwurf machen müssen, ihren Sommer ruiniert zu haben.

Nicht auch das noch.

»Du bist schizophren, Barbara, aber viele Leute werden davon geheilt und können wieder ein wunderbares Leben führen. Du kannst die Krankheit überwinden. Es ist nicht hoffnungslos, nicht mehr.«

Tom hatte das gefürchtete Wort ausgesprochen – Schizophrenie. Ich hatte ihn seit Wochen um eine Diagnose gebeten; jetzt hatte er sie gestellt.

»Mach mich mit einem Menschen bekannt, der depersonalisiert gewesen ist und geheilt wurde«, sagte ich. »Mach mich mit einem Menschen bekannt, Tom, der diesen Horror besiegt hat, und ich werde mich besser fühlen.«

»Das kann ich aus ethischen Gründen nicht tun, Barbara. Aber ich kenne Leute, die schwerer krank waren als du. Sie sind wieder gesund geworden. Und Thorazin hilft, die Psychose unter Kontrolle zu bekommen.«

»Noch nicht, Tom, noch nicht. Ich habe nicht das Gefühl, ein Psychotiker zu sein, und ich möchte kein Thorazin. Ich habe vor, im Dezember wieder meine Arbeit aufzunehmen. Ich muß aus der Wohnung raus. Ich lebe wie ein Einsiedler.«

Als ich aus seiner Praxis kam, lief ich zu einer Buchhandlung in der Nähe meiner Wohnung und kaufte jedes Buch über Schizophrenie, das ich finden konnte. Ich las Laing und Freud und Perls, alle. Keiner behauptete, daß es hoffnungslos sei. Alle waren sich einig, daß es behandelt werden könne. Aber jeder hatte eine andere Vorstellung davon, wie die Behandlung auszusehen habe.

Ich bin schizophren. Eric hatte recht. Wie wird man im Alter von vierzig Jahren schizophren? Hatte das Valium die Krankheit in all diesen Jahren unterdrückt? Ist das der Grund, warum die Symptome erst auftraten, als ich die Tabletten absetzte? Ich las die Bücher immer wieder durch – auf der Suche nach einem Beweis, daß es hoffnungslos sei, auf der Suche nach einem Vorwand zu sterben.

Der Sommer ging vorbei. Den ganzen Juli über fuhr ich nicht mehr in unser Haus an der Küste. Lieber blieb ich in meinem dunklen, kühlen Schlafzimmer als irgendwo hinzugehen. Die Symptome der Erstarrung nahmen zu. Wilde Visionen begannen mich zu jagen. Tiere, herabstürzende Menschen, schreiende und weinende Stimmen. Ich hatte Angst vor dem Einschlafen, weil in dem Augenblick, wo ich die Augen schloß, in meinem Kopf die Horrorfilme begannen. Ich sah Bilder, Bruchstücke von Gesichtern, ein Auge, das mich anschaute, einen schreienden Mund, einen Verwandten, eine Freundin, eine Puppe, die mir einmal gehört hatte. Geschichten über Leute, die ich nicht kannte, wirbelten durch mein Gehirn, und

164

ich hatte das Gefühl, meinen eigenen Verstand nicht unter Kontrolle halten zu können. Ich sah Eidechsen und Kröten, Affen und Elefanten. Ich wußte nicht, wo ich war. Ich wollte nichts tun, niemanden sehen. Ich lebte von Coca Cola und Sandwiches, die ich allein in meinem Schlafzimmer verzehrte. Wie ein kleines Pelztier verkroch ich mich in der kühlen Dunkelheit, die ich der Belastung des Zusammenseins mit anderen Menschen vorzog. Ich verließ die Wohnung nur, um Dr. Rosen zu sehen. Er bemühte sich immer noch, mich zur Äußerung meiner Wut auf Eric zu veranlassen, und verursachte mir dabei Schuldgefühle, weil ich meine eigene Wut nicht erleben konnte. »Was ist bloß mit Ihnen los, Barbara«, sagte er eines Nachmittags, »daß Sie ihn nicht hassen können? Er hat sich Ihnen gegenüber schrecklich, abscheulich verhalten.«

»Ich habe ihn geliebt, bevor er abscheulich war«, antwortete ich. »Verstehen Sie das nicht? Liebe stirbt nicht so schnell.«

Ich hörte auf, die Zeitung zu lesen, hörte auf, fernzusehen. Ich konnte nicht denken. Ich wußte, daß ich dem Wahnsinn nachgab, aber wenn ich wahnsinnig war, dann war ich eben wahnsinnig. Wenn ich hoffnungslos war, dann war ich eben hoffnungslos. Ich würde es ausleben. Meine Verzagtheit wuchs mit jedem Tag. Edie und viele meiner anderen Freunde riefen oft an und drängten mich, mit ihnen ans Meer zu fahren, zu Abend zu essen oder Tennis zu spielen. Nein, ich wollte niemanden sehen.

Der August kam, das Haus am Meer war vermietet, und ich hatte jetzt endgültig einen Vorwand, um mich wie ein verschrecktes Tier in der Dunkelheit meines Zimmers zu verkriechen. Jonathan und Edie, die meine Nabelschnur zur Welt gebildet hatten, waren auf ihrer Israelreise. Von Eric begannen Briefe aus Boston einzutreffen, Briefe, in denen er schrieb: »Du bist immer krank gewesen. Alle haben das gewußt, aber ich liebe dich. Du bist schizophren, aber wenn du mich in Boston besuchst, kann dich meine Liebe gesund machen. Wer kennt dich besser als ich?« Ich zitterte. Woher sollte ich die Kraft nehmen, sowohl gegen die Krankheit in mir zu kämpfen als auch gegen das, was ihn verzehrte, was immer es war?

Meine Therapie machte sichtlich keine Fortschritte. Dr. Rosen eröffnete mir, wenn sich meine Depression nicht bessere, würde ich in ein Krankenhaus müssen. »Nein«, entgegnete ich, »ich gehe in kein Krankenhaus mehr.«

»In diesem Fall, Barbara, möchte ich, daß Sie anfangen, eine kleine Dosis Thorazin zu nehmen. Es wird Sie nicht beeinträchtigen, wirklich nicht, und es hilft Ihnen bestimmt.«

»Sind Sie sicher, daß es mich nicht noch gefühlloser machen wird?«

»Ich bin sicher.«

»Aber ich dachte, es sei ein Medikament gegen Psychosen. Ich habe jetzt keine Psychose. Das weiß ich.«

»Es wird Ihnen helfen, sonst würde ich es Ihnen nicht empfehlen.«

Ich verließ seine Praxis mit einem Rezept in der Hand und zutiefst deprimiert. Thorazin, das Medikament für die hoffnungslosen Fälle, die Droge »wenn nichts anderes wirkt«, wie ich in den Büchern gelesen hatte. Und Tom Rosen wollte, daß ich sie nehme.

Ich ging in einen Drugstore, um mir das Medikament zu holen. Es war mir peinlich, dem Apotheker das Rezept zu geben. Millionen von Filmen über die neue Einstellung zur Geisteskrankheit, die einem klarzumachen suchen, daß eine neue Zeit angebrochen ist, in der psychiatrischen Patienten Verständnis entgegengebracht wird, selbst ein Engelschor in den Lüften, der mir versichert hätte, daß es keine Schande sei, hätten nicht vermocht das Gefühl der Demütigung auszulöschen, das ich wegen meines Rezepts für Thorazin empfand. Warum hast du das nicht auch in bezug auf Valium empfunden? fragte ich mich. Ich hatte mich zwar oft geschämt, wenn ich in Drugstores gelaufen war, um mir das Medikament zu holen. Der Gedanke, von irgend etwas abhängig zu sein, hatte mir nie behagt. Aber das hier war schlimmer.

Der Apotheker zuckte nicht mit der Wimper. Er sah nicht einmal zu mir auf. Trotzdem hastete ich aus dem Laden und flüchtete mich in die Wohnung. Ich nahm eine der kleinen, runden, weißen Kapseln, und innerhalb von dreißig Minuten war ich unfähig zu denken, unfähig mich zu bewegen. Ich hatte das Gefühl, im Koma zu liegen. Als ich aufwachte, war meine Zunge so dick, daß ich nicht reden konnte, und das Gefühl der Unwirklichkeit war schlimmer denn je. Nun schön, meine Liebe, sagte ich mir, du wirst das trotzdem weiter nehmen. Dr. Rosen ist ein guter Arzt, und er meint, das wird dir helfen. Verzweifelt schwor ich mir, dem Thorazin eine Chance zu geben. In ein paar Tagen würden die Nebenwirkungen vielleicht verschwinden.

Der Labor Day rückte näher und damit mein Gespräch mit Alan über die Arbeit an einem neuen Film. Er hatte mir versichert, die Mittel für neue Filme würden demnächst bewilligt werden. Meine guten alten Freunde Barry und Lisa Travis hatten mich für das Wochenende in ihr Haus nach Princeton eingeladen. Wir würden Poker spielen, eine zwanzigjährige Tradition, die Fehlgeburten, Scheidungen, berufliche Veränderungen und nunmehr Geisteskrankheit überdauert hatte. Barry und Lisa waren ein Wort – BarryundLisa. Sie waren eine Reklame für die Ehe. Sie waren die ersten Freunde gewesen, die die Stadt verließen und ins Grüne zogen. Ihre politische Einstellung war im Laufe der Jahre zwar konservativ geworden, aber wir konnten uns damit gegenseitig aufziehen. Ich beschimpfte sie als faschistoid, sie nannten mich eine Rote, und am Ende verstanden wir uns wieder prächtig. Sie hatten Eric gekannt und gemocht, und sie wußten, was ich durchmachte. Lisa hatte den ganzen Sommer über angerufen und mich gedrängt, einmal übers Wochenende hinauszukommen. Schließlich hatte ich eingewilligt.

Ich fuhr mit meiner Freundin Paula Sondheim und ihrem Mann, Marc, nach New Jersey. Paula war sexy, lebenslustig, voller Übermut. Bei ihr saß mehr als eine Schraube locker. Ihretwegen war Marc von seiner Frau und seinen Kindern weggegangen. Inzwischen hatten sie eine eigene Familie, gemeinsam ein neues Leben aufgebaut, und nach zehn Jahren Ehe waren sie immer noch so glücklich wie am Tag ihrer Hochzeit.

Das Wochenende war eine Katastrophe. Ich fühlte mich noch unwirklicher als sonst und führte es auf das Thorazin zurück. Es gelang mir nicht, den Gesprächen zu folgen, ich kam mir dumm vor und schwer von Begriff. Oft zwickte ich mich in den Arm und sagte mir, daß ich Augen hätte und sehen könne und daher existieren müsse. Poker spielen war unmöglich. Ich saß bloß starr und unbeweglich da, außerstande, mich zu beteiligen. Ich konnte mir die Karten nicht merken, wußte nicht, wann ich setzen sollte. Mit einem aussichtsreichen Blatt gab ich auf. Das alles war mir peinlich und verursachte mir Angst. Obwohl jeder merkte, daß ich nicht ganz da war, sagte niemand ein Wort. Schließlich ging ich in das Gästezimmer hinauf, brach auf dem Bett zusammen und begann zu weinen. Ich versuchte, mein Schluchzen zu unterdrücken, damit mich niemand hörte. Ich war sicher, daß ich im Begriff stünde, den Verstand zu verlieren.

Als ich nach New York zurückkam, war mir klar, daß es so nicht weiterging. Jonathan und Edie waren aus Israel zurückgekehrt und wir verabredeten uns für den kommenden Tag zum Essen. Es mußte etwas geschehen. Beim Abendessen wollten wir einen Entschluß fassen.

Ich betrat das Restaurant, das Edie ausgewählt hatte, ein kleines, freundliches, makrobiotisches Lokal in der Nähe meiner Wohnung. Ich war nervös. Ich hatte sie seit ihrer Rückkehr nicht gesehen, aber ich hatte mit Edie telefoniert und wußte, daß sie und Jonathan über den Ernst meiner Situation gesprochen hatten. Ich versuchte, nonchalant zu sein, aber sobald ich sie erblickte, füllten sich meine Augen mit Tränen. Sie waren meine besten Freunde. Während dieses katastrophalen Sommers hatte ich sie so vermißt. Der Monat August war für mich verloren. Nach meinem Maulwurfdasein erinnerte mich der Anblick von Edie und Jonathan an Sonnenschein und frische Luft und Gesundheit.

Nach den Umarmungen und Küssen sah Jonathan mich lange an und sagte dann so sanft er konnte: »Was, zum Donnerwetter, ist los mit dir und Dr. Rosen, Barbara? Warum fühlst du dich noch nicht besser?«

»Ach, Jonathan, er hat mich auf Thorazin gesetzt, und ich fühle mich jetzt noch lebloser als zuvor.«

»Das hast du mir schon am Telefon gesagt«, bemerkte Edie. »Warum Thorazin?«

Ich antwortete, daß ich mich gespalten fühle, daß meine Gedanken sich von meinen Gefühlen trennten, meine Liebe von meinem Haß, ich mir selbst fremd sei. Ich fühlte mich wie ein Untermensch. »Tom sagt, ich sei schizophren und Thorazin werde mir gegen all das helfen.«

»Hilft es dir, Barbara?«

»Nein, ganz und gar nicht. Ach, Edie, welch eine Last bin ich in diesem Sommer für alle gewesen.«

»Du warst nie eine Last. Hör auf damit, Barbara«, unterbrach mich Jonathan barsch. Dann leistete Edie ihren Beitrag zu dem anstehenden Problem. »Ich habe einen Freund, Barbara. Sein Name ist Leon Roth, einer der besten Analytiker in New York. Ich habe ihn angerufen, nachdem wir miteinander telefoniert hatten, und ihm erzählt, Dr. Rosen halte dich für schizophren. Er ist anderer Ansicht und meint, Thorazin sei völlig falsch für dich. Er schlägt vor, daß du dich mit einem Therapeuten namens Kurt Bernstadt in Verbindung setzt.«

»Edie«, sagte ich, »ich will nichts mehr von weiteren Psychiatern hören.«

»Aber Barbara, dieser Mann ist weltberühmt. Bitte, gib ihm doch eine Chance. Roth sagt, er sei wunderbar.« Edie redete

169

jetzt schnell und versuchte mich zu überzeugen. »Geh wenigstens einmal zu einer Konsultation hin. Normalerweise dauert es Monate, bis man ihn zu sehen kriegt, aber mit Leons Hilfe kannst du schnell einen Termin bekommen.«

Ich nickte. Sie sahen mich dankbar an, aber ich wußte, daß ich diejenige war, die dankbar sein sollte. Sie versuchten, mir zu helfen, mein Leben zu retten. Wann, fragte ich mich, würden wir wieder bloß Freunde sein? Wann konnten wir wieder zusammenkommen, ohne an diesen Abend, an Eric, an die kranke Barbara zu denken oder darüber zu reden? Wann würde *ich* ihnen wieder etwas zu geben haben? Ich wollte gesund sein.

Sie begleiteten mich an diesem milden Septemberabend zu Fuß nach Hause, bereit, meine Bürde mit mir zu teilen, bemüht, das Rätsel meiner Existenz zu lösen. Ich versprach ihnen, Kurt Bernstadt am nächsten Morgen anzurufen. Vielleicht konnte er ein Wunder wirken.

Das Columbia Presbyterian ist ein riesiger, weit verzweigter Krankenhauskomplex in der nordwestlichen Ecke von Manhattan. Das Taxi fuhr über den West Side Highway. Beim Anblick der zarten grauen Nebelschleier, die über dem Hudson lagen, dachte ich daran, wie ich mit Eric diese Autobahn entlanggefahren war und wir dann die George-Washington-Brücke überquert hatten, um das Wochenende mit Freunden in New Jersey zu verbringen. Überhaupt erinnerte mich alles an etwas in meiner Vergangenheit: das Licht, die Wolkenbildungen, die Spiegelung der Sonnenstrahlen, der Geruch des Regens. Aufs Stichwort beförderte mein Gehirn mich in eine andere Zeit, an einen anderen Ort, zu einer Erinnerung an längst vergangene Jahre. Obwohl ich bei Proust über diese Erfahrung gelesen hatte, betrachtete ich sie jetzt als pathologisch. Ich konnte in der Gegenwart nicht zurechtkommen, wenn mein Bewußtsein von den Schatten der Vergangenheit verhüllt war.

Dr. Kurt Bernstadt hatte ein zärtliches Lächeln und warme Augen. »Eine Konsultation dauert neunzig Minuten«, begann er. »Ich schlage vor, daß Sie dreimal herkommen, und dann werde ich eine Empfehlung aussprechen. Aber leider bin ich im Moment zu beschäftigt, um neue Patienten annehmen zu können. Jetzt sagen Sie mir, was kann ich für Sie tun? Was ist mit Ihnen passiert?«

Ich war enttäuscht. Obwohl ich stets betont hatte, das Letzte was ich wolle, sei ein neuer Psychiater, so hatte ich doch sofort Zutrauen zu diesem freundlichen Mann gefaßt und glaubte, daß er mir helfen könne. Wie konnte ich ihm meine Geschichte, diesen grotesken Alptraum erzählen und dann aus seiner Praxis in dem Bewußtsein fortgehen, daß er mich nicht behandeln würde? Und sollte ich ihm die lange oder kurze Fassung erzählen?

»Ich habe Valium genommen, ich habe damit aufgehört, und dann sind schreckliche Dinge mit mir passiert.«

So begann ich, und bald wußte er alles über Eric, über Chatahoochie, über Longview, über Thorazin und schließlich darüber, wie verzweifelt und hoffnungslos ich mich jetzt fühlte.

Nachdem wir eine Weile über meine Situation gesprochen hatten, sagte er tiefernst: »Barbara, Sie brauchen Hilfe. Ich glaube, sie müssen in ein Krankenhaus gehen.«

»Ich kann nicht in ein Krankenhaus gehen«, erwiderte ich. »Ich habe mit meinem ehemaligen Chef vereinbart, daß ich zu CBS zurückkehre. Das Thema für meinen nächsten Film steht bereits fest.« Trotz der Verzweiflung des letzten Monats hatte ich daran gedacht, einen Film über eine kleine Stadt auf Long Island zu drehen, die meiner Ansicht nach faschistoide Tendenzen aufwies. Die Stadtverwaltung verbot bestimmte Bücher für den Schulgebrauch. Werke von Kurt Vonnegut und Philip Roth waren beschlagnahmt worden. »Durch die Arbeit wird sich mein Zustand bessern, Dr. Bernstadt. Das weiß ich. Ich möchte diesen Film machen. Er ist wichtig.«

»Barbara« – seine Stimme klang jetzt entschieden – »ich

171

glaube nicht, daß Sie Thorazin bekommen sollten, und ich glaube auch nicht, daß Sie schizophren sind. Aber Sie leiden immer noch unter dem Valiumentzug. Ich glaube, wir müssen ein ungefährliches Medikament für Sie finden, und es muß Ihnen unter striktester ärztlicher Aufsicht verabreicht werden. Wenn Sie Ihre Arbeit wieder aufnehmen, werden Sie durch ihre Unfähigkeit, die Krankheit unter Kontrolle zu halten, nur in Verlegenheit kommen. Da Sie, wie mir scheint, paradoxe Reaktionen auf Medikamente an den Tag legen, können wir nur an einem sicheren Ort das richtige für Sie finden.«

»Es ist nirgends sicher, Dr. Bernstadt, wenn man sich so fühlt. Ich möchte nicht in ein Krankenhaus.«

»Mitarbeiter von mir sind im Greenwood Hospital in Connecticut tätig. Ich kann es wärmstens empfehlen. Es ist ein gutes Krankenhaus. Bitte denken Sie darüber nach.«

Mein Herz wurde schwer. Das macht zwei, dachte ich. Noch eines und du bist weg vom Fenster, Barbara. Ich versprach Dr. Bernstadt, darüber nachzudenken.

Ich verließ seine spärlich beleuchtete Praxis und fand mich in einem Taxi Richtung Süden, Richtung nach Hause wieder. Ich wollte alles, was Dr. Bernstadt gesagt hatte, sehr sorgfältig abwägen. Meine Eltern waren aus Europa zurückgekehrt, und meine Mutter sollte heute in New York ankommen. Ich würde nach Hause gehen, darüber nachdenken und mich dann bei ihr melden. Ich mußte mit Alan sprechen, der wegen des Films mit mir rechnete. Anschließend würde ich Edie und Jonathan anrufen. Ich war nicht sicher, ob ich mich bei dem Gedanken an das Krankenhaus erleichtert fühlte oder nicht. Ich mußte mich mit diesem Gedanken beschäftigen.

Ich saß in der Dunkelheit meines Wohnzimmers und sah auf die Lichter der Stadt hinaus. Es war ein schwüler September-abend, und ich merkte plötzlich, daß ich nicht einmal die Klimaanlage eingeschaltet hatte. Ich rauchte eine Zigarette nach der anderen und versuchte, über alles gleichzeitig nachzudenken. Ich wollte sterben. Ich wollte nicht in ein

172

Krankenhaus. Wenn ich nicht ganz, nicht gesund sein konnte, wollte ich nicht leben.

Ich dachte an das Fläschchen mit den Schlaftabletten, die ich aufgehoben hatte, seit Dr. Rosen sie mir im Frühsommer verschrieben hatte. Tabletten. Für alles gibt es eine Tablette – für den Seelenfrieden, für den Schlaf, für den Tod. Vielleicht gibt es eine Wunderpille, die mir mein Leben zurückgibt? Ich wußte jetzt, daß es keine Wunderpille gibt, aber ich wünschte mir eine. Wenn es sie nicht gab, wollte ich sterben.

Es war eine schwere Entscheidung an diesem Abend, die Wahl zwischen Leben und Tod, und es war eigentlich nicht einmal das. Wenn ich das Krankenhaus wählte, entschied ich mich zu überleben, aber ich lebte dann noch immer nicht wirklich. Ich wußte, was es bedeutete, gesund zu sein, obwohl die Erinnerung daran langsam verblaßte. Wie konnte ich mich damit abfinden, ein nur halb funktionsfähiger, hoffnungsloser Krüppel zu sein? Was konnte ein Krankenhaus daran ändern? Aber mir war klar – wenn ich in der Wohnung blieb, würde ich sterben. Deshalb hatte ich keine Wahl, denn letztlich liebte ich das Leben so sehr – meine Freunde, meine Arbeit. Ich wollte nicht wieder in eine psychiatrische Klinik. Ich wollte bloß ich sein.

Ich ging zum Telefon und rief meine Mutter in ihrem Hotel an. Sie wußte, daß ich bei Dr. Bernstadt gewesen war, und wartete darauf, von mir zu hören. Leben, sterben, überleben – ich wußte nicht, was ich zu ihr sagen würde, aber in dem Augenblick, als ich ihre Stimme hörte, brach ich in Tränen aus und hörte mich sagen: »Ich gehe in ein Krankenhaus. Er sagt, in einem Krankenhaus kann man mir helfen. Mama, ich habe keine Wahl.«

7

Ich ging die langen, mit Antiquitäten vollgestopften Flure im Erdgeschoß des Greenwood Hospitals entlang und staunte über die Eleganz, ja den Luxus, der hier entfaltet wurde. Ein paar Tabletten, dachte ich und ich bin wieder zu Hause. Ich wußte nicht, daß man hier keine Tabletten bekam, und daß ich nie wirklich den Wunsch haben würde, nach Hause zu gehen.

An diesem Nachmittag saß ich mit meiner Mutter und Edie im Aufnahmebüro in der ersten Etage. Eine Frau forderte mich auf, Formulare auszufüllen, und fragte mich nach meiner Krankenversicherung. Nein, ich hatte keine Krankenversicherung.

»Dann müssen wir Sie um einen Scheck über fünftausend Dollar bitten«, antwortete sie prompt. »Der Pflegesatz beträgt 1.800 Dollar pro Woche, und da Sie weder eine Versicherung noch Anspruch auf Medic-aid haben, müssen wir das Geld im voraus bekommen.«

Nein, ich habe ganz sicher keinen Anspruch auf Medic-aid, sagte ich mir stolz und vermied den Gedanken an die Summen, die mich dieser Umstand kosten würde. Ich stellte einen Scheck über fünftausend Dollar für das Greenwood Hospital aus. Das bedeutet, daß ich nicht lange hier sein werde, dachte ich bei mir. Nur drei Wochen. Ich *mußte* bald gesund werden. Der Aufenthalt in dieser Klinik erschien mir wie die Fahrt in einem superteuren Taxi, bei dem der Zähler auch im Schlaf weiter-

174

läuft. Die Frau nahm den Scheck lächelnd entgegen. Ich hatte das Gefühl, daß es hier nicht viele bar zahlende Patienten gab.

»Wenn Sie bitte einige Minuten hier Platz nehmen«, sagte sie, »dann wird jemand kommen, der Sie in die Halle hinaufführt.« Sie sammelte ihre Papiere vom Schreibtisch auf und verließ das Büro.

Ich sah den erschrockenen Ausdruck auf Edies Gesicht, sah, wie sich meine Mutter bemühte, stark zu sein, wie beide die Fassung zu wahren suchten. »Es wird schon gutgehen«, sagte ich und zwang mich zu einem Lächeln. »Macht euch keine Sorgen. Es wird schon gutgehen.«

»Natürlich, Barbara«, pflichtete mir Edie bei. »Natürlich«, echote meine Mutter leise.

Ein kleiner Schwarzer betrat den Raum. »Sind Sie Barbara«, fragte er und sah mich an.

»Ja, ich bin Barbara.«

»Ich bin Ihr Sozialarbeiter. Wir gehen jetzt in die Halle hinauf. Wenn Ihre Freunde Sie begleiten wollen, so können sie das tun.«

Wir erhoben uns alle drei; ich griff nach meinem Koffer und Radio – sonst hatte ich nichts mitgebracht. »Kümmern Sie sich nicht darum«, meinte er. »Jemand wird das nach oben bringen, sobald es überprüft wurde.«

»Weshalb überprüft?« fragte ich brüsk. »Alles muß durchsucht werden«, antwortete er entschieden.

»Ich habe keine Waffen bei mir«, fuhr ich ihn an.

»Barbara!« rief meine Mutter. »Der Mann tut doch nur seine Pflicht.«

Hier herrschte ein anderes Klima als in Longview. Etwas sehr Ernstes ging hier vor sich, und ich wußte, daß ich es bereits haßte, glaubte, daß mir jeder Augenblick hier zuwider sein würde.

Wir drei fuhren in einem höhlenartigen Fahrstuhl zum vierten Stock. Insgeheim wollte ich meine Mutter und Edie nicht dabeihaben. Jeder redete von einer Halle, aber mir war klar, daß sie mich in eine Abteilung führten; ich wollte nicht, daß sie das sahen. Ich ahnte, daß es hier nicht wie in Longview sein würde, wo achtzehn Neurotiker vor sich hinstarrten. Dies würde schlimmer sein. Und es war noch demütigender, weil Mutter und Edie es auch sehen, weil sie mitbekommen würden, daß man mich auf das Leben in einer Irrenanstalt reduzierte. Ich wollte ihnen beiden die Peinlichkeit einer solchen Szene ersparen. Aber es war zu spät. Wir wurden einen, wie es schien, endlosen Korridor entlanggeführt. Ohne zu wissen, wo es hinging, und ohne zu reden, folgten wir drei meinem Sozialarbeiter in mein neues Heim.

Die Atmosphäre gepflegter Eleganz nahm plötzlich eine Wendung zur Schäbigkeit. Wir waren in der »Halle« angekommen, einem breiten, dunklen Korridor, der von grotesken Lampen aus der Zeit der Jahrhundertwende erleuchtet wurde. Die Luft war zum Schneiden und roch faulig und ungesund nach Rauch und Urin. Streit! Weinen! Da waren Leute, die Decken und Kissen umklammert hielten, jemand der vor sich hinmurmelte, Männer und Frauen, die ziellos im Kreis gingen, ein junger Mann der mit dem Kopf zwischen den Händen dasaß und vor- und zurückschaukelte, eine Frau, die Obszönitäten schrie. Junge Männer in Jeans, Mädchen in Röcken gingen vorbei. Waren das Aufseher oder Patienten? Ich wußte es nicht. Es war ein Tollhaus! Keine antiken Möbel mehr, bloß ausgediente Sofas und Sessel der Heilsarmee, deren Muster unkenntlich war, wie weggewetzt durch allzu viele Stunden der Pein.

Ich konnte meinen instinktiven Abscheu nicht unterdrükken, meine Überzeugung, daß dies für mich nicht der richtige Platz sei. Ich spürte, daß ich hier noch kränker werden würde. »Ich kann hier nicht bleiben, nicht hier. Das ist ein Irrenhaus. *Marat/Sade* hoch zehn. Ich bin nicht so verrückt!« Ich schaute zu meiner Mutter hinüber, um ihren Ausdruck zu beobachten. Ich merkte, daß sie beunruhigt war. Edie biß sich auf die Lippe, und ich wußte, was das bedeutete. Ich versuchte, meine Panik unter Kontrolle zu halten, um sie zu schützen und zu beschwichtigen.

Eine hübsche junge Frau mit kurzem, dunklem Haar kam auf uns zu und begrüßte uns. »Ich bin Debbie, die Oberschwester und Ihre persönliche Betreuerin«, sagte sie lächelnd. »Folgen Sie mir bitte in das Büro? Ihre Freunde können draußen warten.«

Sie führte mich in einen durch Glaswände abgetrennten Raum, wo ich auf einem Klappstuhl Platz nahm. »Kann ich Ihre Handtasche haben?« fragte Debbie ruhig. »Und wenn Sie Schmuck tragen oder Medikamente bei sich haben, geben Sie sie mir bitte.«

»Ich möchte meine Tasche behalten«, entgegnete ich aufgebracht. »Es ist *meine* Tasche, und ich behalte sie.«

»Wir nehmen Ihr Geld für Sie in Verwahrung«, antwortete Debbie sanft. »Es ist gefährlich, es im Zimmer zu haben. Jemand könnte es stehlen. Wenn Sie Geld brauchen, sagen Sie es bloß Francis, die das Büro leitet. Sie wird ihr Konto führen, wie in einer Bank.«

Widerwillig händigte ich Debbie meine Tasche aus, ein Louis-Vuitton-Modell, das mir meine Mutter aus Paris mitgebracht hatte. Es muß komisch gewirkt haben, eine Frau in alten Jeans und einem ausgebeulten Pullover mit einer so teuren Tasche. Debbie begann, den Inhalt in einen großen verschließbaren Korb zu leeren. Nein, wollte ich ausrufen. Das gehört mir, das ist meine Tasche, das sind meine Sachen, das ist mein Leben. Wissen Sie nicht, was Sie tun? Sie berauben mich meiner Identität, Sie behandeln mich wie einen Sträfling.

»Ich behalte das Parfüm, den Spiegel und die Pinzette vorläufig hier, Barbara«, erklärte Debbie. »in einigen Tagen bekommen Sie alles zurück. Aber im Augenblick muß ich Ihre Kosmetiksachen und Ihren Schmuck hierbehalten.«

»Warum?« fragte ich wütend.

»Sie könnten sich damit verletzen«, entgegnete sie nach einigen Sekunden.

Selbstmord! Sie denkt an Selbstmord. Und als ich durch die Glaswände einen Blick auf das tolle Treiben draußen warf, dachte ich bei mir: Oder Mord.

»Die Kreditkarten habe ich auch genommen«, fügte sie hinzu, »sie werden also nicht mehr in Ihrer Brieftasche sein, wenn Sie sie zurückerhalten. Aber machen Sie sich keine Sorgen. Wir werden sie sicher für Sie unter Verschluß halten.«

»Was in Gottes Namen ist an einer Kreditkarte von Bonwit gefährlich?« fragte ich erstaunt.

»Sie hat scharfe Kanten«, antwortete sie nüchtern. Dann klappte sie den Deckel des Korbes zu, sperrte ihn ab und versah ihn mit dem Schild: *Gordon – Sechs Nord.* »Wir werden Ihnen Ihre Kleider in einigen Tagen hinaufschicken, sobald die Namensschilder eingenäht sind«, erklärte sie schließlich. »Hier ist Ihre Tasche und ein Schlafrock für heute abend.«

Im Vergleich zu hier kam mir Longview langsam wie ein Luxushotel vor.

»Also«, sagte Debbie aufmunternd, »ich glaube, Ihre Therapeutin wartet schon auf Sie. Wollen wir nicht mit Ihren Freunden die Halle hinuntergehen, um sie kennenzulernen? Sie heißt Julie Addison, und ich glaube, Sie werden sie mögen.«

Sie? Sie? Mein Arzt war eine Sie? Ich hatte noch nie eine Ärztin gehabt und fragte mich spontan, ob die überhaupt etwas weiß. Ach, Barbara, wie kannst du nur so sexistisch, so chauvinistisch denken, schalt ich mich selbst. Was für eine Heuchlerin du bist.

Meine Mutter, Edie und ich folgten Debbie durch die Halle. Sonderbar aussehende Leute saßen auf Sofas und Sesseln herum und starrten uns an, als wir vorübergingen. Eine Schwarze näherte sich uns und sagte: »Christus wird deine Wunden reinigen.« Sie trug einen Turban und hatte einen Schal dekorativ um ihre Schulter drapiert. »Christus wird dich vor dir selbst erretten«, verkündete sie. Ich wich zurück.

Debbie zeigte auf einen Raum, der an die Halle grenzte: »Hier ist der Eßraum.« Ich war schockiert – der Speisesaal gleich hier, nicht in einem anderen Gebäude. Das war ja ein Gefängnis. Ein Negerjunge, der einen Hut und eine schmutzige grüne Jacke trug, kam zu mir her und sagte: »Tag. Sie müssen die neue Patientin sein. Willkommen in *Sechs Nord.*« Er streckte seine Hand aus. »Ich heiße Jeff. Haben Sie eine Zigarette?«

Ich fischte unter den wenigen Dingen, die noch in meiner Tasche waren, nach einer Zigarette. Auch ein Heft mit Streichhölzern fand ich und bot sie ihm an. Debbie nahm mir die Streichhölzer aus der Hand; holte ein Feuerzeug aus ihrer Tasche und zündete Jeffs Zigarette an. Was für ein Service! Die zünden einem sogar die Zigarette an! Für 1.800 Dollar in der Woche kann man das auch verlangen, sagte ich mir.

»Es tut mir leid, Barbara«, sagte Debbie. »Ich muß die Streichhölzer übersehen haben. In den ersten achtundvierzig Stunden dürfen Sie keine Streichhölzer behalten. Sie werden alle Helfer und Schwestern kennenlernen, aber ich bin für Sie zuständig. Wenn etwas Besonderes oder Wichtiges ist, dann rufen Sie mich einfach.«

Ich hörte ihr nicht zu. Also doch kein guter Service. Streichhölzer, Feuer, Tod, dachte ich. In *Sechs Nord* wurde alles als potentielle Waffe betrachtet. Ob Debbie als meine zuständige Schwester mich vor Gewalttaten schützen würde? fragte ich mich.

Wir waren am Ende der langen, schwach erleuchteten Halle angekommen, und Debbie öffnete die Tür zu einem kleinen, kahlen Büro. Eine junge Frau saß auf der Schreibtischkante. Als wir hintereinander den Raum betraten, stand sie auf und ging uns mit ausgestreckter Hand entgegen. »Ich bin Julie Addison, Barbara.«

Ich reichte ihr eine schlaffe Hand und starrte sie an. Sie war groß und schlank, mit langen, kohlschwarzen Haaren und meeerblauen Augen hinter einer großen Schildpattbrille. Sie war schön! Die sieht ja aus wie eine verdammte Schönheitskönigin, dachte ich, und nicht wie eine Ärztin.

»Ich werde Ihre Therapeutin sein, Barbara«, sagte sie.
»Würden Sie mich mit Ihren Freunden bekannt machen?«
Meine Mutter lächelte gezwungen; Edie starrte Julie Addison ebenfalls ungläubig an.
»Sind Sie Ärztin?« fragte ich erstaunt.
»Ich bin Psychologin, Barbara«, antwortete sie.
»Sie sind nicht einmal Medizinerin?« rief ich aus. »Dann können Sie ja nicht einmal ein Rezept für Tabletten verschreiben!« Ich hörte, wie meine Stimme schrill wurde; ich spürte, wie mir das Blut in die Wangen stieg, wie die Wut in mir zu kochen begann. »Mutter«, schrie ich beinahe, »ich muß hier raus! Hier gibt es nicht einmal Ärzte!«

»Wir haben einen Stationsarzt, der Medikamente verschreibt, Barbara«, sagte sie ruhig. »Ich arbeite eng mit ihm zusammen. Aber wir wissen ja noch gar nicht, ob Medikamente nötig sind, deshalb werden wir damit warten.«

Ich schimpfte auf sie los, daß sie keine Medizinerin sei, zu jung außerdem und eine Frau – ohne zu bedenken, daß meine Erfahrung mit Ärzten einer der Gründe war, warum ich mich hier befand. Sie diente mir nur als Zielscheibe all meiner Wut, all meiner Enttäuschung und all der Ängste, die ich vor meiner Einkerkerung in *Sechs Nord* empfand.

Julie Addison sagte kein Wort. Sie beobachtete mich bloß, bis ich mich wieder beruhigt hatte. Dann sagte sie: »Ich glaube, es ist Zeit, daß Ihre Mutter und Edie uns jetzt verlassen und wir beide miteinander reden, Barbara. Ich möchte Ihnen Ihr Zimmer zeigen. Sie sollten die anderen Patienten kennenlernen. Wirklich, es ist Zeit.«

Ich schämte mich meines unbeherrschten Verhaltens und wandte mich meiner Mutter und Edie zu. »Macht euch keine Sorgen«, sagte ich. »Ich komme schon zurecht. Ich komme schon zurecht, Mama.« Sie nickten schweigend.

Dr. Addison und ich begleiteten sie zum Aufzug. Ich hörte sie sagen, daß ich eine Zeitlang keine Besuche empfangen und nicht telefonieren dürfe, und verspürte in einem Winkel meiner Seele ein Gefühl der Erleichterung darüber. Ich wollte niemanden sehen, mit niemandem sprechen. Edie umarmte mich und stieg in den Aufzug. Meine Mutter und ich hielten einander umarmt, wobei meine Tränen zu fließen begannen und auch ihre Augen sich mit Tränen füllten. »Barbara, Liebling, paß gut auf dich auf«, sagte sie. Ich spürte, wie stark sie mir zuliebe sein wollte, und das verschärfte meinen Schmerz noch mehr. Die Aufzugtür schloß sich, und sie waren fort.

Dr. Addison führte mich durch den Wahnsinn und das Chaos der Halle zu dem kleinen, von Glaswänden umgebenen Büro zurück, wo ich einige weitere Mitglieder des Stabes – die Schwestern und Helfer – kennenlernte. Alle waren in Straßenkleidung – keine Uniform, kein gestärktes Weiß. Ich wurde mit einer jungen Schwester namens Connie bekannt gemacht. Sie hatte langes, blondes Haar und sah recht energisch aus. »Sie werden achtundvierzig Stunden lang unter S.B. sein, Barbara«, bemerkte sie. »Das bedeutet, Sie werden, bis wir Sie kennengelernt haben, unter ständiger Beobachtung stehen, selbst beim Essen und auf der Toilette. Und während Sie schlafen, wird jemand vor Ihrem Zimmer Wache halten. Aber denken Sie sich nichts dabei, jeder macht das hier durch.«

»Warum ist das nötig?« fragte ich ärgerlich und wandte mich an Dr. Addison. Aber ich wußte die Antwort auch so: Um festzustellen, ob ich gegen andere handgreiflich vorgehen oder mich selbst verletzen würde. Mein Zorn schwand, als ich mir vor Augen hielt, daß dies schließlich ein psychiatrisches Krankenhaus und kein Urlaubshotel war. Du bist jetzt in der Nationalmannschaft, Barbara, und mußt dich an die Regeln halten. Fang nicht an, dich aufzulehnen und zu kämpfen. Wenn du das tust, machst du alles nur noch schlimmer.

»Betrachten Sie es als Gesellschaft«, meinte Dr. Addison, »als jemanden, mit dem man reden kann.« Sie lächelte. »Wir sehen uns morgen. Ich muß laufen. Ich komme vormittags vorbei, und wir sprechen ein bißchen miteinander.« Sie verließ das Büro und ging die Halle entlang zum Fahrstuhl, der sie von *Sechs Nord* weg, in die Welt der geistig Gesunden zurückbringen würde. Ich wollte ihr nachlaufen und sagen, bitte nehmen Sie mich mit. Ich bin nicht verrückt. Bringen Sie mich von hier fort, bitte!

Es war noch mitten am Nachmittag. Ich saß in der Halle, und Connie stand neben meinem Sessel. Ich rauchte eine Zigarette nach der anderen. Sie griff immer wieder in ihre Tasche nach ihrem Feuerzeug und beobachtete mich, wie ich den Wahnsinn rings um mich betrachtete.

Allein schon die Geräuschkulisse war ungeheuer dicht: Auf einem Fernsehgerät flimmerten uralte Zeichentrickfilme, ein Plattenspieler plärrte die Schmirgelgeräusche der *Grateful Dead* heraus – die Toten sind sicher dankbar dafür, sagte ich mir. Seufzer, Flüstern, Stöhnen, Schreie der Angst, das Kreischen und Brüllen von Patienten, die ihren Schmerz ausagierten. Ich sah und hörte alles. Und während der ganzen Zeit wachte auch das dritte Auge, dieser Monitor, den ich in den letzten Monaten entwickelt hatte – beobachtete den Wahnsinn, kalkulierend, alles im Auge behaltend, beobachtete mich, wie ich die Halle beobachtete. Es versicherte mich meiner Identiät, indem es mir immer in Erinnerung rief, wo ich war, aufmerksam, kritisch, mein Wachposten, mein Retter – meine Nemesis.

Der Tag wurde zur Nacht. Ich weiß, daß ich zu Abend aß, aber ich erinnere mich nicht daran, im Speisesaal gewesen zu sein. Noch immer war ich geschockt vom Lärm der Halle, den schrecklichen menschlichen Lauten, die sich mit den des Fernsehers, dem Schrillen des Münztelefons und dem pausenlosen Dudeln des Plattenspielers vermischten.

Und dann begannen die Nachtgeräusche: Fünfundzwanzig Transistorradios, die gräßliche Musik aus den zellenähnlichen Zimmern entlang der Halle ausspien, Musik, die das gedämpfte Flüstern des Nachtpersonals, das unseren Schlaf bewachte übertönte. Ich lag, noch mit meinen Jeans bekleidet, den Schal um den Hals, auf der Decke und hielt mich am Bett fest. Ich fürchtete mich vor dem Einschlafen. Ich hatte Angst, geschlagen zu werden. Ich spürte die unterschwellige Neigung zur Gewalt, die in der Halle herrschte; deshalb blieb ich die ganze Nacht wach. Ein großer schwarzhäutiger Mann saß auf der Schwelle meines Zimmers und beobachtete mich – mein Beschützer. Ich war beunruhigt, wenn ich manchmal aufblickte und feststellte, daß er in seinem Sessel eingeschlafen war. Die Kakaphonie der nächtlichen Laute, die aus den Zimmern drangen, erinnerte mich irgendwie an CBS. Aber damals hatte ich die Geräuschkulisse der verschiedenen im Entstehen begriffenen Filme unheimlich gern gehört – sie zeugte von Arbeit, Leben und Glück. Dies waren Geräusche des Schmerzes und der Angst, akzentuiert durch die leisen Stimmen und das Lachen des Pflegepersonals, Geräusche des Elends unterbrochen von anonymer Lustigkeit – ich konnte sie nicht abschalten. Mitten in der Nacht hörte ich neue Geräusche: Das Geschrei von Frauen, die wie Hyänen kreischten: »Sperrt auf! Laßt mich raus! Sperrt auf!« Die Schreie kamen aus dem Stockwerk unterhalb von *Sechs Nord*. Wer mochten diese Frauen sein? An das Bett geklammert, sah ich zu meinem Bewacher hinaus, der mir zulächelte, und dachte: Wer rastet, der rostet. Weißt du noch, Barbara? Du weißt, was das bedeutet. Aber so sehr ich mich auch bemühte, ich kam nicht darauf.

Es war mein zweiter Tag in *Sechs Nord*. Ich stand nicht mehr unter S.B.. Nachdem man mir einen Tag lang überall hin gefolgt war, kam das Pflegepersonal zu dem Schluß, daß ich nicht gefährlich sei – weder für mich selbst noch für jemand anderen. Ich saß auf der uralten grünen Couch vor dem Raum, in dem ich die Nacht verbracht hatte, und wartete auf meine erste therapeutische Sitzung bei Dr. Addison. Wieviel hatte Dr. Bernstadt ihr erzählt? Wo sollte ich beginnen?

Ich hatte inzwischen, meine Mitpatienten auf der Station kennengelernt. Die dunkelhäutige Frau mit dem Turban und dem Schal sagte, sie stamme aus Äthiopien. Eine Schwester erzählte mir, daß sie in Wirklichkeit aus Hartford/Connecticut komme. Lara, eine junge Frau mit einem ängstlichen, verstörten Ausdruck, war verheiratet und hatte zwei Kinder. Eines Tages begann sie, alles in ihrer Wohnung zu waschen. Ihr Mann ertappte sie um vier Uhr früh, wie sie Bettücher bügelte. Sie konnte nicht mehr aufhören mit dem Saubermachen. »Ich bin manisch-depressiv«, teilte sie mir mit, »aber Dr. Addison – sie ist auch meine Therapeutin – hilft mir bestimmt. Sie wird mir bald Tabletten geben, Lithium. Ich kann jetzt nicht mehr reden. Ich muß mir die Haare waschen.« Und sie verschwand zum dritten Mal an diesem Morgen im Badezimmer.

Ein junger Schwarzer, Don Collins, hatte sich mir beim Frühstück vorgestellt. Er war fünfundzwanzig – ein Psychologiestudent, der als Helfer in der Abteilung arbeitete. Die Helfer spielten Backgammon mit den Patienten, gingen mit ihnen spazieren, besorgten ihnen Handtücher, redeten mit ihnen und führten Aufsicht in der Halle oder schlichteten Streitigkeiten, die in *Sechs Nord* zum Alltag gehörten. Don war mir auf Anhieb sympathisch. Er trug eine dicke Nickelbrille, einen Rollkragenpullover, Jeans und Turnschuhe. Er hatte einen Kinnbart, und an seinem Gürtel klimperte beständig ein Schlüsselbund. Jede Tür in unserer Abteilung war versperrt. Wenn man hinaus wollte, mußte jemand aufsperren und hinter einem wieder zusperren.

Während ich dasaß und auf mein Gespräch mit Dr. Addison wartete, kam ein großes, maskulin aussehendes, blondes Mädchen von sechzehn Jahren die Halle entlangmarschiert. Ihr Name war Iris; ich war bereits vor ihr gewarnt worden. »Sie schlägt und beißt«, hatte mir Lara zugeflüstert. Ein Wutausbruch aus heiterem Himmel. Iris brüllte mit voller Lunge. »Verdammter Ficker, verdammtes Scheißhaus, laßt mich hier raus! Die CIA hat mich hier eingesperrt, und ich will hinaus!

Irgendwer hat mich mit Keks gefüttert, während ich geschlafen habe, damit ich dick werde. Dieses verdammte Scheißloch! Irgendwer macht mich fett mit Injektionen, während ich schlafe!« Sie begann gegen das Glasfenster der Schwesternstation zu trommeln. Dann erspähte sie eine Kaffeekanne und hob den Arm, um sie durch die Scheibe zu schleudern. Don trat blitzschnell hinter sie und entwand ihr die Kanne.

Ich war entsetzt, aber die Reaktionen der anderen verliehen mir das Gefühl, daß dies kein außergewöhnlicher Vorfall sei, daß Gewaltausbrüche einen wesentlichen Bestandteil des Lebens in dieser Abteilung bildeten. Bisher hatte mir niemand gesagt, daß *Sechs Nord* in eine Station für chronisch Schizophrene umgewandelt werden sollte und als die gewalttätigste Abteilung im Greenwood Hospital berüchtigt war. Das erfuhr ich erst später.

Endlich wurde ich in das kahle Büro am Ende der Halle gerufen, wo Dr. Addison und ich einander zum ersten Mal gegegnet waren. Und so begannen meine Sitzungen bei ihr. Ich fühlte mich empfindungslos, tot, betäubt. Das dritte Auge verfolgte immer noch jeden meiner Gedanken, und ich wollte mit ihr darüber sprechen, über meine Symptome, über Eric. Aber nein, wir mußten am Anfang beginnen. Julie Addison wollte meine ganze Geschichte hören. An diesem ersten Tag forderte sie mich auf, von meinen Eltern und meiner Kindheit zu erzählen. Ich sträubte mich, ich wollte nicht auf all das eingehen, weil ich es für irrelevant hielt. Aber sie bestand darauf.

Ich war immer noch zu wütend und zu verschreckt, um meine Umwelt mehr als ausschnitthaft wahrzunehmen und mir ein kritisches Urteil über die Leute um mich herum zu bilden. Was in dieser ersten Sitzung genau passierte, weiß ich nicht mehr, aber ich erinnere mich daran, daß Julie Addison die Füße auf den Schreibtisch gelegt hatte und an einer Diätcola nippte. Sie rauchte nicht und machte sich keine Notizen. In all den Monaten, in denen wir miteinander sprachen, schrieb sie nie ein Wort auf, ganz im Gegensatz zu Dr. Robertson, der alles

185

notierte. Sie hatte nicht einmal einen Schreibblock vor sich, sondern saß bloß da, hörte mir zu und stellte gelegentlich Fragen. Wenn sie meine Äußerungen besonders interessierten, nahm sie ihre Füße vom Schreibtisch, stützte beide Ellbogen auf die Knie und beugte sich zu mir vor, als wolle sie die Welt ausschließen, als verschlinge sie meine Worte. Sie war so schön. Ich erinnere mich, daß ich dachte: Sie ist jünger als ich. Sie ist nur eine Psychologin. Sie ist keine Jüdin. Sie stammt aus St. Louis. Was kann sie über meine spezielle Spielart urbaner Angst, über meine jüdische Neurose wissen? Was kann sie über meinen Schmerz wissen, diese kühle, weiße, angelsächsisch-protestantische Schönheit?

Ich begann ihr Geschichten über mein Leben in Miami Beach zu erzählen, wo die meisten Mädchen meiner Generation zu wahren jüdischen Prinzessinnen heranwuchsen, beschützt und von ihren Eltern verwöhnt, bis sie die »richtige Partie« machten. Geistlos, gedankenlos, einkaufend und kochend verschwanden sie dann in der schattigen Scheinwelt der Karriere ihrer Männer. Ich hatte mir niemals, niemals ein solches Leben gewünscht und galt seit Jahren in meiner Familie als aus der Art geschlagen – als diejenige, die die Stadt verließ, um es aus eigener Kraft zu schaffen, die es fertig brachte, dem allen zu entgehen.

Anfangs fielen mir nicht gerade Einzelheiten meiner Kindheit ein – nur einige Dinge, die ich Dr. Allen gegenüber im Laufe der Jahre flüchtig erwähnte. Ich hatte nie gern mit Puppen oder »Familie« gespielt. Ich zog es vor, etwas *zu tun*: Lesen, Schwimmen, ins Kino gehen. Ich kann mich nicht erinnern, mir je ein eigenes Heim, einen Ehemann und Kinder gewünscht zu haben – jene Dinge, wovon junge Mädchen angeblich träumen. Und ich war immer aufmüpfig gewesen, in der Schule und zu Hause. Ich war empört, wenn mich die Lehrerin aufforderte, beim Gebet meinen Kopf zu senken, wütend, wenn ich in der Grundschule Fragebogen ausfüllen mußte, in denen die Konfession anzugeben war. Ich schämte mich nicht, Jüdin zu sein; ich konnte mir bloß nicht vorstellen, warum das irgend jemand interessierte. Deshalb schrieb ich in die Spalte Konfession: »keine«. Mit zehn Jahren wurde ich eine Atheistin genannt. Als ich zwei Jahre später mein Antragsformular für die Oberschule ausfüllte, beantwortete ich die Frage nach meiner Rassenzugehörigkeit mit »Mensch«. Mit zwölf Jahren nannte man mich Kommunistin.

Ich erzählte Julie von meinem Vater, der während der Wirschaftskrise mit seiner Familie von Boston nach Miami übergesiedelt war, und von meiner Mutter, deren Familie von der New Yorks Lower East Side in den Süden gezogen war. Beide Familien hatten in Florida das neue Grenzland gesehen. Miami bestand damals noch aus Sümpfen; die riesigen Hotelklötze aus Beton, die heute die Sicht auf das Meer verstellen, waren noch nicht erbaut. Es war eine junge, aufblühende Pionierstadt, erfüllt von der Zuversicht, ein großartiges Urlaubszentrum werden zu können. Mit ein bißchen Glück und viel harter Arbeit konnte man dort Geld machen. Meine Mutter und mein Vater lernten sich durch gemeinsame Freunde kennen und heirateten, als sie beide Mitte zwanzig waren. Mein Vater arbeitete in einem Drugstore, meine Mutter in einem Juwelierladen. Sie hörte auf, als ich zwei Jahre später zur Welt kam. Nicht lange danach gelang es meinem Vater, sich an der Südspitze von Miami Beach einen eigenen Drugstore zu erwerben. Es wurden Limonade und Eis verkauft, Medikamente, Zeitungen und Zeitschriften sowie Spielsachen. Für ein kleines Mädchen war es eine Zauberwelt, und ich erinnere mich an alles, was es in dem Laden zu sehen und zu riechen gab, so deutlich, als ob es gestern gewesen wäre. Der Krieg hatte gerade begonnen, die Hotels von Miami dienten als Truppenunterkünfte, und der Laden war immer gerammelt voll mit Soldaten. Ich marschierte mit ihnen, wenn ich zur Schule ging, eine Spielzeugpistole in der Hand, und sang: »Around her neck she wore a yellow ribbon«

Ich sah ihnen am Strand bei ihren Turnübungen zu. Sie

bildeten einen natürlichen Teil meines Lebens. Der Laden beanspruchte meinen Vater rund um die Uhr. Mir schien es, daß er nie zu Hause war. Trotzdem waren meine Mutter und ich selten allein. Auf beiden Seiten der Familie waren Großeltern, Onkeln, Tanten und Vettern vorhanden. Geburtstage, Jubiläen, religiöse Feiertage - es gab immer irgend etwas zu feiern, einen Anlaß, der uns zusammenführte.

Woran ich mich aus den Jahren erinnerte, als ich das einzige Kind war? An wenige Dinge. Aber ich erinnere mich lebhaft an den Abend an dem mein Bruder Eddie geboren wurde. Ich war fünf Jahre alt. In der Badewanne sitzend, hörte ich wie mein Vater das Haus betrat, die Tür zuschlug und ans Telefon eilte. Entgegen seinen sonstigen Gewohnheiten kam er ungewöhnlich früh nach Hause. Er telefonierte mit Johnny, seinem Mitarbeiter im Laden, und seine Stimme klang jubelnd. »Es ist ein Junge, es ist ein Junge, Gott sei Dank! Es ist ein Junge.«

Jahre später spürte ich noch den stechenden Schmerz, das Gefühl des Verlusts, den ich damals als Fünfjährige empfunden hatte. Sie waren vorüber, meine Jahre als Bienenkönigin, als Lieblingskind, als ganz besonderes kleines Mädchen. Und ich muß es sofort gewußt haben, als ich in dem heißen seifigen Wasser saß und meinen Vater mit seinem Freund lachen hörte. Einige Tage später kehrte meine Mutter aus der Klinik zurück. Sie hatte während der Schwangerschaft an Wassersucht gelitten und konnte weder Schuhe tragen noch etwas in der Hand halten. Ich bin nicht sicher, ob ich überhaupt daran geglaubt habe, daß sie je wieder zurückkommen würde, geschweige denn mit einem Baby – meinem Bruder, einem Sohn.

»Julie«, sagte ich und unterbrach mich, um mir eine Zigarette anzuzünden, »ich habe genug Freud gelesen, um über Geschwisterrivalität und die Ödipusgeschichte Bescheid zu wissen. Ich kann doch kein solcher Lehrbuchfall sein, ich doch nicht.«

Sie lächelte und nippte an ihrer Diätcola. »Erzähl weiter, Barbara«, antwortete sie. Wir duzten uns inzwischen.

188

Änderte sich mein Leben tatsächlich nach Eddies Geburt? Wurde ich wirklich abgelehnt? Genaugenommen erinnerte ich mich nicht daran. Außerdem, was zum Teufel hatte all das mit Eric und mir zu tun?

Julie drängte mich, weiterzuerzählen.

Mir fiel der Vater meiner Mutter ein, der die meiste Zeit bei meiner Familie lebte. Nach Großmutters Tod war er zu uns gezogen. Opa spielte jeden Tag stundenlang mit mir oder ging mit mir in den Park. Ein Spiel, das wir oft spielten, wenn wir am späten Nachmittag auf der mit meinem Fliegengitter geschützten Terrasse saßen und auf die Straße hinausschauten, bestand darin, die Farbe des nächsten Autos zu erraten, das vorüberfahren würde. Ich liebte dieses Spiel, und selbst jetzt hörte ich Opa noch sagen:»Barbara, ich wette, ich wette« – er unterbrach sich, um seine Pfeife anzuzünden –»ich wette, es wird rot sein.«

»Nein, Opa. Ich wette, es ist weiß.«

Ich erinnerte mich lebhaft an meinen Großvater. An meinen Vater hingegen hatte ich aus jenen Jahre keine einzige Erinnerung. Später erklärte mir meine Mutter, daß mein Vater den ganzen Tag und die halbe Nacht im Laden gearbeitet habe. Deshalb war er nicht da, konnte nicht mit mir spielen, mit mir reden. Er hatte keine Zeit. So wurde Opa mein Ersatzvater, Freund, Beschützer und Berater.

Aber bald nach Eddies Geburt, sobald er alt genug war, in den Park gefahren zu werden, verlagerte sich Opas Interesse auf den goldigen, blonden, prächtigen kleinen Jungen. Kein fünfjähriges Mädchen konnte damit konkurrieren. Nicht in einer Familie, in der ein Junge wie ein Geschenk des Himmels und ein Mädchen etwa wie eine Plage angesehen wurde. Man behandelte mich zwar nicht so, aber der Familienname würde schließlich von meinem Bruder und nicht von mir weitergegeben werden. Und überhaupt, ein Junge war eben ein Junge.

Als ich mich all das sagen hörte, meinte ich zu Julie, es klinge so klassisch, geradezu klischeehaft.

»Darum gibt es Klischees, Barbara«, antwortete sie lachend.
»Darum sind Binsenwahrheiten wahr, weil sie ständig passieren.«

Eine erhebende Einsicht! Ich war verrückt, weil ich ein Klischee war. Was sollte ich damit anfangen? Würde ich herausfinden, was mit mir nicht stimmte? Wie konnte *sie* das wissen, egal, wieviele Geschichten ich ihr über meine Vergangenheit erzählte? Und wenn sie darauf bestand, alles zu erfahren, dann würde das ewig dauern. Immerhin war ein Anfang gemacht, und nach unserer ersten Sitzung saßen wir fast täglich in dem öden Büro und redeten miteinander. Es war nicht die Cocktail-Party-Konversation, die ich mit Dr. Allen geführt hatte, und Julie kanzelte mich, anders als Dr. Robertson auch nicht wie ein ungezogenes Schulmädchen ab. Es ging um schmerzhafte Erinnerungen. Sie lösten Tränen und Wut aus, und oft verließ ich Julies Büro mit dem sehnlichen Wunsch nach Ruhe und Frieden. Aber ich wußte nicht, wie ich in meinem Inneren Ruhe schaffen sollte, solange ich randvoll war mit Scherben der Vergangenheit. Die Worte meiner Mutter und meines Vaters hämmerten sich in mein Gehirn: »Braves Kind, sei ein braves Kind, du kriegst eine, sei brav, hilf dem Kleinen, fall nicht hin, fall nicht hin, schau wo du hintrittst.« Diese uralten Dinge, Belanglosigkeiten einer längstvergangenen Zeit, entführten mich in die Vergangenheit und verhinderten jede Erfahrung der Gegenwart. Das waren die losen Enden der kindischen Regression, die ich in der Wohnung durchgemacht hatte. Jetzt flatterten sie in meinem Kopf herum wie Konfetti. Steve, Edie und Eric gab es nicht mehr. Mich gab es nicht mehr. Meine Gegenwart war die Geräuschkulisse von *Sechs Nord*, der Lärm, das Plärren des Plattenspielers, das Geleier des Fernsehers, die Streitigkeiten um den Billardtisch. Einsam.

So einsam. Ein Freund von mir hat einmal gesagt, wenn Einsamkeit eine Farbe wäre, dann mußte sie weiß sein. Zuerst war ich zu sehr mit meiner Krankheit beschäftigt, um mich einsam zu fühlen; zu elend, um jemanden zu vermissen; ich hatte zuviel damit zu tun, die zudringlichen Gedanken abzuwehren und das Gefühl der Leblosigkeit zu bekämpfen. Ich wußte nicht, daß die Psyche mit akuten Symptomen ausdrückt, daß man Angst hat, daß man einsam, ungeliebt, depressiv ist. Deshalb macht man all diesen Wahnsinn, all diesen psychotischen Schmerz durch. Eher entfesselst du einen Hurrikan in deinem Kopf als ein legitimes Gefühl zuzulassen – Verlust, Angst, Wut, Traurigkeit, was auch immer.

Wie kann man weinen, ohne etwas zu empfinden? Nach jeder Sitzung mit Julie kehrten die Symptome zurück – die Leblosigkeit, die Hohlheit, die Unwirklichkeit, die quälenden Gedanken. Ich saß stundenlang auf der Couch vor meinem Zimmer, weinte oder starrte in die Luft. Einige der gesünderen Patienten durften die Halle verlassen, um zur Beschäftigungstherapie oder in die Turnhalle zur Erholungstherapie zu gehen, aber ich blieb bei denen, die zu krank waren. Ich weigerte mich zu malen, mit Ton zu arbeiten oder Topflappen zu stricken. Nein, ich saß auf meiner abgenützten grünen Couch, die an der schmutzigen grünen Wand einer Halle stand, deren Luft gesättigt war von den kranken Gerüchen dreier Generationen. Es mochte ein köstlicher Herbstmorgen sein, die Luft schon vom Geruch brennenden Laubs erfüllt, während die Blätter, die noch an den Zweigen hafteten, eine Farbenpracht entfalteten, die ich als Stadtkind selten gesehen hatte. Aber ich ging nicht einmal hinaus, um einen Spaziergang zu machen, sondern verharrte im Gestank der Halle, in der Abgestandenheit der verpesteten Luft.

Dort blieb ich hilflos Tag für Tag, bemüht, riesige Wogen von Tränen, die mein Herz erfüllten, zu ersticken, um mich ihnen schließlich doch zu überlassen. Wenn eine Schwester oder ein Helfer stehenblieben und einen Blick auf mich warfen, kam manchmal ein Fragment meines früheren Selbst, meiner früheren Würde, in die Erinnerung zurück, und vor Scham brennend lief ich dann ich mein Zimmer, um allein zu weinen.

Ich schluchzte nicht über etwas Bestimmtes – einen Verlust, eine Erinnerung, Eric –, es war ein existentielles Weinen. Ich weinte um mein verlorenes Ich. Wer war ich? Wie konnte ich irgend etwas sein, wenn ich nicht wußte, wer ich war?

Das ist eine Depression, erklärte mir Julie. Ich hatte gedacht, Depression bedeute einfach Traurigkeit. Ich wußte nicht, daß man sich gleichzeitig wie von Sinnen, toll, empfindungslos, tot, dumm, aggressiv und hysterisch fühlt. Depression ist ein Killer.

Meine Filme hatten sich mit sozialer und politischer Unterdrückung beschäftigt. Dennoch war ich nicht darauf vorbereitet, selbst unterdrückt, selbst ein Opfer, selbst in einem psychiatrischen Krankenhaus zu sein. In meinen Filmen wurden die skandalösen Zustände in Anstalten wie dieser angeprangert. Was machte ich hier allein, weinend, wie ein Kind und verzweifelt? Wo war das Kamerateam? Steve und ich könnten dieses ganze Tollhaus zu einem brisanten Film verarbeiten. Das Problem war nur, daß ich mich nicht herausschneiden konnte. Ich war die Patientin, das Opfer, die Kranke.

Ich hatte Filme über die Demütigungen des Alters gemacht; ich hatte Menschen gefilmt, die über die Schmerzen sprachen, die mit Armut, Rassenhaß und Geisteskrankheit einhergehen. Ich hatte diesen Schmerz nachempfunden, soweit jemand, der vom Glück begünstigt ist, ihn nachempfinden kann. Doch nun erkannte ich, daß ich ihn nie ganz nachvollzogen oder diese Menschen auch nur völlig verstanden habe. Ich war nie einer von ihnen gewesen. In gewissem Sinne erschien mir meine Arbeit rückblickend als Flirt; ich war um menschliches Elend herumgesummt wie eine Bremse, war ein- und ausgegangen in Pflegeheimen, Rehabilitationszentren, Gefängnissen. Am Abend kehrte ich jedesmal in meine Welt voll guter Dinge zurück – ein guter Mann, eine gute Wohnung, gutes Essen, ein gutes Leben. Jetzt, da ich mit vierundzwanzig anderen fehlangepaßten Verlierern im Gefängnis der Krankheit steckte, konnte ich mich an mein früheres Leben, die frühere Barbara nicht erinnern.

Ist es nur in jüdischen Familien so, fragte ich mich, daß sich die Kinder als etwas Besonderes fühlen, beschützt, von einer wohlwollenden, allmächtigen Gottheit, obwohl sie sich gleichzeitig für Atheisten halten? Bilden sich auch andere Leute ein, daß sie irgendein Schutzengel vor Krebs, Krieg, Krankheit, ja sogar vor dem Tod bewahrt, irgendeine liebevolle Autorität, die gesichtslos über den Wolken schwebt? Aber nun, inmitten der größten Krise meines Lebens – wo war mein Schutzengel, der angeblich über mich wachte? Stieß all dies der Barbara zu, die zu sagen pflegte: »Ich liebe meine Arbeit so sehr – wenn CBS das je erfährt, werden sie Geld von mir dafür verlangen, daß ich hier arbeiten darf.«

Aber Julie wollte nicht, daß ich schon über diese Dinge redete. Sie wollte sich ein vollständiges Bild machen. Sie mußte das Gefühl haben, Eddie, meine Mutter und meinen Vater so gut zu kennen wie mich. Obwohl es trivial klang, wollte sie alles über meine Kindheit wissen. »Wie bist du mit deinem Bruder ausgekommen?« fragte sie mich eines Tages.

»Es gab die üblichen kindlichen Rivalitäten«, antwortete ich,« und während des größten Teils meiner Kindheit verachtete ich ihn oder war wütend auf ihn. Er war mir im Weg, mischte sich störend in meine Welt ein, ärgerte meine Freundinnen und wollte immer in meine Pläne einbezogen sein. Ich war älter als er; ich wollte nichts mit ihm zu tun haben. Jahre später, als er zu studieren begann, wurden wir Freunde. Als er heiratete und seine Frau ihr erstes Kind erwartete, flog ich nach Miami. Ich wollte bei der Geburt seines Kindes dabei sein, an seinem Leben teilhaben. Wir wuchsen zusammen auf, das ist alles. Noch ein Klischee.

»Wie stand dein Bruder zu dir?« fragte mich Julie.

»Er idealisierte mich«, antwortete ich. »Er war stolz auf meine Intelligenz, meine Leistungen. Ich war seine große Schwester.«

Wurdest du je für irgend etwas bestraft, was du deinem Bruder angetan hattest?«

Ich erinnerte mich nicht. »Meine Mutter drohte mir ständig mit Strafen«, bemerkte ich.

»Warst du ein schlimmes Kind?« fragte Julie. »Was hast du getan, daß deine Mutter dir so oft drohte?«

Ich wußte es nicht. Ich wußte bloß, daß ich jedesmal, wenn ich etwas verbrochen hatte, und sei es nur aus Versehen, schreckliche Angst empfand. Nicht vor dem Verdroschenwerden fürchtete ich mich. Ich hatte Angst, daß meine Eltern mich verlassen oder mich in ein Krankenhaus bringen würden.

»Hat es dich geärgert, immer brav sein zu müssen, lächeln zu müssen, dir ständig Mühe geben zu müssen, um nicht verlassen zu werden?« fragte mich Julie und griff nach ihrer Diätcola.

Ich zündete mir eine Zigarette an. »Ich muß wütend gewesen sein«, antwortete ich, »aber ich erinnere mich nicht richtig daran.«

»Erzähl mir von etwas Schlimmem, was du getan hast«, drängte sie sanft, »etwas, wofür du Strafe verdientest.«

»Es war Thanksgiving, und meine Mutter kochte zum ersten Mal frisches Preiselbeerkompott. Ich spielte in der Küche, in der Nähe des Tisches, auf dem das Kompott in einer großen Schüssel abkühlte. Ach, Julie«, unterbrach ich mich, »das ist zu trivial. Ich kann das nicht weitererzählen.«

Sie drängte mich, fortzufahren, und ich erzählte ihr, daß mir meine Mutter auftrug, ein Fläschchen mit Jod zum Nachbarn zurückzubringen, das sie sich wegen einer Schramme am Knie meines Bruders ausgeborgt hatte. Ich sagte nein, ich wollte weiterspielen. »Barbara, mach es jetzt!« rief sie. Mißmutig nahm ich das Jodfläschchen, schüttelte es, spielte damit herum, schraubte den Deckel auf ... Im nächsten Moment glitt mir das Fläschchen zu meinem Entsetzen, aus der Hand und plumpste mitten in die Schüssel mit den heißen Preiselbeeren. Ich stand starr vor Schreck. Ich erinnerte mich, wie meine Mutter zu ihren Freundinnen gesagt hatte, daß sie *frisches* Preiselbeerkompott machen werde. Ich erinnerte mich, wie aufgeregt und stolz sie gewesen war, als sie es meinem Vater angekündigt hatte. Sie hörte meinen leisen Aufschrei und drehte sich zu mir um. Ich sagte es ihr unter Tränen. Sie wurde blaß, dann puterrot vor Zorn. Bevor sie etwas sagen konnte, rannte ich aus dem Haus.

Ich verbrachte den ganzen Tag in einer einige Häuserblocks entfernt liegenden Garage, wo ich mich unter einem großen Auto versteckte. Mein Bruder, damals fünf Jahre alt, entdeckte mich nach stundenlanger Suche. Wieso er wußte, wo er mich finden würde, habe ich nie herausgebracht. Er sagte, mein Vater werde mich bestrafen, wenn er von der Arbeit nach Hause komme. Ich antwortete, er solle mich in Ruhe lassen. Ich wollte endgültig von zu Hause weglaufen. Aber schließlich wurde ich weich und stahl mich so leise ich konnte in die Wohnung zurück.

Die Ellbogen auf den Knien lehnte sich Julie gespannt nach vorn, um den Rest der Geschichte zu hören.

»Nun, was ist passiert? Haben sie dich verdroschen?«

Ich konnte mich an das Ende nicht erinnern. »Ich weiß seit Jahren nicht mehr, was an diesem Abend geschehen ist«, antwortete ich.

Julie riet mir, es nicht erzwingen zu wollen, es sei nicht wichtig.

»Es fällt mir wirklich nicht ein«, sagte ich, »aber ich erinnere mich an den Geruch des Schmieröls unter dem Auto, an die Farbe der Preiselbeeren, an den Gesichtsausdruck meiner Mutter und an den Geruch des Jodes, als es in die Schüssel mit den dampfenden Beeren floß.«

Julie fragte mich, ob ich mich an andere Missetaten erinnere.

»Nein«, antwortete ich. »Das war das Schlimmste. Und es war ein Mißgeschick. Ich habe es nicht absichtlich getan.«

»Ich glaube dir«, sagte sie lächelnd, »ich glaube dir. Die Frage ist, ob deine Mutter dir geglaubt hat.«

Mit den anderen Patienten wollte ich nichts zu tun haben. Ich redete mit ihnen nur, wenn sie mich ansprachen. Sie waren

195

für mich nicht wirklich. Wirklich war nur mein Schmerz. Aber zwischen den Sitzungen mit Julie saß ich auf der Couch vor meinem Zimmer und beobachtete die anderen, registrierte ihren Wahnsinn. Lara trug ständig ein Handtuch um den Kopf geschlungen. Sie wusch sich mindestens zehnmal am Tag die Haare, und dazwischen wischte sie den Staub von den schäbigen Möbeln in der Halle. Einmal sah ich sie Scrabble-Steine und Pingpongbälle schrubben. Ich gewöhnte mich daran, Joe zu ignorieren, einen achtzehnjährigen Burschen mit langem Haar und Bart, der seit zwei Jahren in der Abteilung war. Er verbrachte den ganzen Tag damit, Kreise abzuschreiten, die den Zweck hatten, die Gebäude und das Firmament seiner Welt vor dem Einstürzen zu bewahren. Selbst im Speisesaal stand er nach jedem zweiten Bissen auf und drehte eine Runde.

Joe war harmlos, aber mit Iris war das eine andere Sache. Obszönitäten kreischend warf sie mit Dingen um sich – mit Aschenbechern, Billardkugeln, Lampen. Jeff, ein vierzehnjähriger Negerjunge, schnorrte ständig Zigaretten. Er hatte eine zerrüttete Familie, die Hölle der Innenstadt und die Bandenkriege der South Bronx überlebt und war schließlich in Greenwood eingewiesen worden. Er saß den ganzen Tag in der Halle, klimperte auf einer ramponierten Gitarre, »Honky Tonk Women«, sah sich im Fernsehen Zeichentrickfilme an, belästigte die Schwestern oder suchte mit Joe und Iris Streit, um sich schließlich wieder auf eine Couch zurückzuziehen und »Honky Tonk Women« vor sich hinzusingen.

Roger war ein paranoider Schizophrener. Während alle anderen Patienten als »behandelbar« galten, war er der einzige wirklich Geisteskranke in der Abteilung. Auch er war gewalttätig, und Don und Debbie mußten ihn immer wieder auf den Boden niederringen. Was macht er hier? fragte ich mich. Wenn er zu verrückt für diese Abteilung war, dann schienen Claudia und Kathy, zwei Teenager, zu normal. Sie wohnten ganz einfach auf der Station und benutzten sie als eine Art

196

Schülerheim. Jeden Morgen gingen sie mit ihren Büchern in die Krankenhausschule und kehrten jeden Nachmittag zurück. Ich verstand nicht, warum sie überhaupt hier waren.

Eine junge Frau namens Ellen, einige Tage nach mir aufgenommen, verheiratet und Mutter, wog nur achtunddreißig Kilo. Sie litt an Unterernährung – Anorexia nervosa. Immer stand sie die Hände auf den Bauch gepreßt, vor dem Spiegel, und sagte:»Ich muß abnehmen. Ich muß abnehmen.« Ihr Mann hatte sie einweisen lassen. Soweit ich feststellen konnte, war ich die einzige in der Abteilung, die nicht von irgendwelchen Verwandten eingeliefert worden war. Als die anderen Patienten das erfuhren, waren sie erstaunt. Warum begab sich jemand freiwillig hieher?

Neben Julie Addison arbeiteten noch vier weitere Therapeuten mit den fünfundzwanzig Patienten in *Sechs Nord*. Außer ihnen und den Ärzten, die regelmäßig in der Halle auftauchten, gab es psychiatrische Schwestern, die morgens und abends das Tablett mit den Medikamenten zusammenstellten, Kunsttherapeuten, Musiktherapeuten, Helfer und Pfleger. Sie alle trugen einen Schlüsselbund am Gürtel – das sicherste Mittel, so stellte ich fest, um die Patienten vom Personal zu unterscheiden - und gingen rasch und zielstrebig ihren Aufgaben nach. Wenn ich ihnen zusah, kam mir stets zu Bewußtsein, daß ich nichts tat, daß ich geistlos und abwesend vor mich hinstarrte. Julie erschien jeden Tag frühmorgens in einer gutsitzenden Hose und einem schicken Pullover, wundervoll zurechtgemacht, mit glänzendem, langem Haar und einem Mark-Cross-Aktenkoffer in der Hand. Sie nickte mir zur Begrüßung zu, wenn ich in meinem schäbigen Morgenrock und mit Hausschuhen auf der Couch vor meinem Zimmer saß, eine Kaffeetasse in der Hand, eine Zigarette rauchend oder bloß dumpf vor mich hinstarrend. Es war mir jedesmal peinlich, und es drängte mich, zu rufen: Ich habe auch einmal gut ausgesehen, ich bin auch einmal zielbewußt gegangen, ich hatte früher auch eine Aktentasche voll Papiere. Ich war nicht immer leer.

Aber es kostete mich eine übermäßige Anstrengung, irgend etwas zu tun oder auch nur zusammenhängend zu denken. Ich kam zu der Überzeugung, daß ich die Fähigkeit verloren hatte, deduktiv und induktiv vorzugehen. Ich wußte, daß ich assoziierend denken konnte und das, sagte ich mir, ist kindhaft. Jeden Morgen stürzte ich mich auf das einzige Exemplar der *New York Times* in der Halle und versuchte, sie bis zum Ende zu lesen. Aber es gelang mir nicht, all diese Worte zu verstehen, und ich merkte, daß ich nach einer Stunde nicht mehr wußte, was ich gerade gelesen hatte. Pflichteifrig löste ich jeden Tag das Kreuzworträtsel, sagte das Einmaleins auf und betete die Hauptstädte der amerikanischen Bundesstaaten herunter. Ich testete mich, indem ich den Inhalt von Büchern, die ich gelesen hatte, wiederzugeben suchte und die Handlung von Filmen aufschrieb, die ich gesehen hatte – all das, um mein Gehirn wieder funktionsfähig zu machen. Aber es war nutzlos. Ich vermochte den lähmenden Nebel, der mich wie ein Schleier umhüllte, nicht abzuschütteln.

Selbst in den Sitzungen mit Julie war ich stumpf und phlegmatisch. Wenn sie mich ermunterte, in meiner Vergangenheit herumzustöbern, berichtete ich bloß die nackten Tatsachen. Ich erzählte ihr, daß das Geschäft meines Vaters zunehmend besser ging und er schließlich eine Firma erwarb, die Restaurants belieferte und sich zu einem riesigen Unternehmen entwickelte. Wir wurden wohlhabender, die Autos größer, die Häuser komfortabler, und für Eddie und mich gab es bessere Kleider, Klavierstunden, Tennislektionen – all jene Begleiterscheinungen des Erfolgs.

Dann wollte Julie wissen, was für Menschen meine Eltern seien, wie sie einander behandelten. Wie die meisten Eltern eben miteinander umgehen, antwortete ich leichtfertig. Ich haßte es, wenn sie stritten. Nicht, daß sie oft gestritten hätten, aber ich konnte es nicht ertragen, wenn sie es überhaupt taten. Sie bemühten sich so sehr, es einander recht zu machen. Sie mit ihrem Kochen, ihren Kleidern, ihrer Kosmetik; aber was sie

198

auch anstellte, manchmal schien es immer noch zu wenig zu sein. Und auch er bemühte sich – indem er noch mehr Geld verdiente, noch erfolgreicher war. Aber ebenso wie sie muß er manchmal das Gefühl gehabt haben, nie genug tun zu können. »Und mit dir, war es da genau so?« fragte mich Julie. »Ja«, antwortete ich leise. »Ich fühlte mich von beiden unter Druck gesetzt, und wenn sie stritten, wollte ich die Versicherung haben, daß im Grunde alles in Ordnung sei. Ich wollte sie fragen: Liebt ihr euch? Habt ihr ein schönes Leben? Macht ihr einander glücklich? Erzählt mir von euren Zärtlichkeiten, von den Dingen, die euch verbunden haben, als ihr jung wart. Aber ich sagte nie etwas. Oft denke ich, daß sie ihre Zärtlichkeiten vor Eddie und mir verborgen haben. Und weil ich nicht genug solcher Augenblicke sah, vermutete ich, daß es keine gab. Ich weiß, daß mein Vater uns alle irgendwo tief innen gern hatte, aber vielleicht ist es ihm schwergefallen, es meinem Bruder, mir und meiner Mutter zu zeigen. Ich weiß, daß wir ihm ungeheuer viel bedeuteten. Und, Julie, ich wurde eine sensible Frau, die offen ihre Gefühle zeigt. Wie, zum Teufel, ist das passiert! Warum wurde ich nicht eine frigide, verkniffene, gefühllose Jungfer?«

»Weil du immer ein eigenständiger Mensch warst«, antwortete sie. »Außerdem gab es wahrscheinlich eine Zärtlichkeit zwischen deinen Eltern, von der du nichts wußtest. Wie viele Kinder hast du nur die schmerzhaften Augenblicke gesehen, nicht genug von den liebevollen. Manche Eltern scheuen sich, einander vor ihren Kindern zu viel Zuneigung zu zeigen. Das bedeutet nicht, daß keine da ist.« Dann forderte sie mich nochmals auf, ihr von anderen Anlässen zu erzählen, bei denen ich ungezogen gewesen war, ungezogen genug, um bestraft zu werden.

Noch eine Geschichte fiel mir ein. Eines Abends kamen alle unsere Verwandten in unser Haus, um Eddie zu bewundern, mit dem meine Mutter gerade aus der Klinik gekommen war, und um einen Film anzuschauen, den mein Vater dort von der

Beschneidung gedreht hatte. Ich lag in meinem Zimmer und hörte das Lachen und die Stimmen meiner Tanten und Onkel, meiner Vettern, die mit meinem Vater redeten und ihm gratulierten. Ich wollte auch den Film sehen, wollte wissen, warum alle so glücklich waren. Leise stahl ich mich aus meinem Zimmer und rollte mich auf dem Boden zu einer kleinen Kugel zusammen. Ich schaute mir den Film an, ohne ihn wirklich zu verstehen. Ich sah meine Tanten und Onkel, wie sie meinen Vater und meine Mutter im Zimmer der Klinik küßten, und ich erhaschte flüchtige Blicke auf das Neugeborene. Plötzlich bemerkte mich mein Vater. Er war wütend. Er riß das Leitungskabel des Projektors aus dem Stecker und begann, mich damit vor meiner Mutter, meinen Tanten, meinen Onkeln und Vettern zu prügeln. Es war demütigend. Warum mußte er mich mit dem Kabel schlagen? Vor allen! Ich wollte bloß den Film von meinem neuen Bruder sehen! Die Kinderschwester und meine Mutter ließen mich nie in sein Zimmer; sie hatten Angst, ich könnte ihn anstecken. Ich wollte ihn sehen. Aber ich mußte etwas Schreckliches getan haben, daß mein Vater mich schlug. Ich schrie und weinte. Das Schlimmste jedoch war die Demütigung, vor der ganzen Familie bestraft worden zu sein.

»Es war ihm wohl peinlich«, bemerkte Julie ruhig. »Wahrscheinlich wollte er nicht, daß du deinen Bruder nackt siehst.«

»Aber Julie, ich weiß es noch, als ob es gestern gewesen wäre. Ich habe Doktor Allen ein –, zweimal davon erzählt.«

»Was hat er gesagt?«

»Nichts. Bloß, daß es schrecklich für mich gewesen sein muß. Aber Julie, es war mehr als schrecklich. Das sind meine Erinnerungen an Schlimmsein, an Bestraftwerden. Und ich fürchte, du hast recht – sie sind deutlicher als meine Erinnerungen an Liebe, Zärtlichkeit und Gemeinsamkeit. Das ist furchtbar, nicht wahr?«

Sie wollte keinen Kommentar dazu abgeben, wollte noch nicht interpretieren. Sie hatte mich so lange gedrängt, über

200

meine Kindheit zu sprechen – jetzt endlich kamen alle meine Erinnerungen heraus, alle meine kindlichen Ängste. Ich erzählte ihr von Chatahoochie, aber ich wußte nicht mehr genau, wie alt ich war, als dieser ganze Irrsinn begann. Ich erinnerte mich nur an die Worte meiner Mutter: »Wenn du nicht brav bist, werden wir dich nach Chatahoochie bringen, wo die Verrückten sind, und dich dort allein zurücklassen.« Das bereitete mir schreckliche Angst. Ich mußte alles tun, um sie zufriedenzustellen. Ich wollte nicht an diesem schrecklichen Ort ausgesetzt werden. Ich wollte nicht wie meine Großmutter sein.

Meine Großmutter, die Mutter meiner Mutter. Meine Eltern sprachen über sie nur im Flüsterton. Ich wußte, daß mit ihr etwas nicht stimmte. Ich wußte, daß sie »wunderlich« war, aber niemand sagte je etwas Genaueres. Sie ging nie aus dem Haus, ihre Kleider waren immer zerlumpt, und sie kämmte sich nie das Haar. Meine Mutter wollte nicht, daß ich mit ihr spielte. Großvater pflegte sie, bis sie starb, und ich glaube, auch danach erzählte ich meiner Mutter nie, wie sehr ich mich vor meiner Großmutter gefürchtet hatte. Aber so war es.

»Vielleicht hat sich deine Mutter auch vor ihr gefürchtet«, meinte Julie. Dann begann sie über Verinnerlichung zu sprechen. Sie erklärte mir, meine Mutter habe ihre eigenen Ängste auf mich projiziert, und ich hätte diese Ängst sowie ihre verzweifelten Befürchtungen für ihr eigenes Leben unbewußt verinnerlicht. Aber ebenso hatte sie ihre Hoffnung, ihre Träume von Erfolg, von Leistung und Bildung auf mich projiziert und auch diese Aspekte ihrer Persönlichkeit seien von mir internalisiert worden, sagte Julie. Ein Kind ist nicht wählerisch.

Ich hörte sie reden, hörte ihre Worte. Es fiel mir schwer, ihr konzentriert zu folgen, aber plötzlich hatte ich das Gefühl, vor Wut buchstäblich zu explodieren. Ich hatte also nicht nur die Träume und den Ehrgeiz meiner Mutter, sondern auch ihre Neurosen und Ängste übernommen – das Gute wie das

Schlechte. Meine junge Seele, unfähig zu unterscheiden, verschlang beides. Und ich war der Überzeugung, daß das alles *ich* sei. Zehn Jahre Therapie bei Doktor Allen hatten mir nicht zu dieser Erkenntnis verholfen.

»Worüber habt ihr beide eigentlich geredet?« fragte Julie stirnrunzelnd, als sie aufstand und ihre Papiere verstaute.

Ich wußte es nicht mehr, ich wußte es wirklich nicht mehr.

Die Sitzung war vorüber, und ich verließ ihr Büro, um voller Erinnerungen an Eddie, meine Eltern und meine Großeltern in die Halle zurückzukehren. Ich sah die Lichtschatten in meinem Kinderzimmer vor mir, als ich fünf war; ich hörte das Ticken einer alten Uhr, die im Wohnzimmer gehangen hatte. Es war beängstigend, daß so viele Einzelheiten meiner Kindheit einschließlich der Sinneseindrücke plötzlich wieder so lebendig wurden.

Zurück in meinem Zimmer legte ich mich auf das Bett und versuchte, der rasenden Wut Herr zu werden, die ich gegenüber meinen Eltern empfand. Warum waren sie nicht gesünder gewesen, warum hatten sie ihre Neurosen auf mich, ein unwissendes Kind, projiziert, das selbst noch darum rang, mit der Welt zu Rande zu kommen? Das war nicht fair, es war weiß Gott nicht fair. Wie konnte jemand solche Drohungen, eine solche Grausamkeit überleben? Obwohl es nicht absichtlich geschehen war, hatte es eine tiefgreifende Wirkung auf mich gehabt. Ich schwor mir, sie nie wieder zu sehen. Ich durfte nicht riskieren, daß sie ihre Verrücktheiten weiterhin auf mich abwälzten. Ich steckte selber bis zum Hals in Neurosen.

In diesem Augenblick kam Don mit einem Zettel, in mein Zimmer, meine Eltern hätten angerufen. Er wußte von meinem Gespräch mit Julie, und als er mich wissend ansah, zerknüllte ich das Papier und warf es zu Boden. »Es ist schwierig, all diesen Dingen ins Auge zu sehen«, bemerkte er besänftigend. »Hast du Lust, Backgammon zu spielen?«

Ich schüttelte den Kopf. Nein ich wollte allein sein mit meiner Wut, allein mit meiner Enttäuschung. Vierzig Jahre lang hatte ich dieses Gepäck, wie Julie es nannte, mit mir herumgeschleppt. Die Hohlheit, die ich jetzt empfand, deutete sie als ein neues Selbst – ein Selbst, das den überflüssigen Ballast der Vergangenheit abgeworfen hatte, ein Selbst, das neue Erfahrungen brauchte, um all diese alten Ängste zu ersetzen. Sie redete über psychische Dinge, doch ich erlebte die Leere als etwas Körperliches. Ich fühlte mich so leicht – nicht im Sinne von sorgenfrei, sondern zerbrechlich; jeder Windstoß, die geringste Brise konnte mich umblasen. Und die Wut auf meine Eltern brannte wie ein Feuer in meiner Seele. An diesem Abend beschloß ich, daß wir, so sehr sie mich auch liebten oder so sehr ich sie geliebt hatte, miteinander fertig waren. Und wenn ich nach Europa oder Kalifornien übersiedeln mußte – es war vorbei, ich mußte mich von ihnen befreien. Vielleicht war es zu spät, aber es war alles ihre Schuld. Ihretwegen hatte ich Stan geheiratet, mich in Bill und Eric verliebt, war bei einem Psychiater wie Doktor Allen geblieben, der mir nicht half. Das einzige, was ich geerbt hatte, waren emotionale Probleme.

Mit dieser Erkenntnis fühlte ich mich plötzlich besser. Nicht Eric, nicht ich, sondern *sie, sie, sie* waren an allem schuld. Ich blickte auf das zerknüllte Papier auf dem Boden, betrachtete die Bilder meiner Eltern und meines Bruders, die in meinem Zimmer standen, und überlegte, daß Eddie diesem ganzen Dilemma weitgehend entgangen sei. Mich als Erste, als Älteste traf die volle Wucht ihrer Ängste und Befürchtungen. Als Eddie zur Welt kam, hatte ich bereits den größten Teil davon absorbiert, und ich haßte ihn, weil er es überlebte, weil er eine Frau und drei schöne Kinder hatte, weil er glücklich war. Es war auch seine Schuld.

Weiß Gott, es war nicht *meine* Schuld. Wenn ich wirklich ein solcher Ausbund an Neurosen war, warum hatte ich dann so viele Freunde? Warum stand mir Edie in dieser Lage bei und überschüttete mich mit Fürsorge und Zuneigung? Ich dachte an all die Menschen, die ich gekannt und geliebt hatte. Ihre

Gesichter flimmerten schemenhaft und unwirklich an mir vorüber, als ob in meinem Kopf ein Monitor liefe und Steve und ich eine Filmfassung meines Lebens redigieren würden. Mal sehen, wir schneiden Stan und Eric raus, rücken die Mutter enger an den Vater, Eddie hier, Barbara dort. Siehst du, Steve, es funktioniert, es funktioniert. Ich wußte, daß wir es hinkriegen würden.

Aber dann öffnete ich die Augen, und da war kein Steve, kein Film, keine Familie, keine Freunde. Ich saß verloren in der verdammten Klapsmühle, und mußte gleichzeitig Kamera, Klebepresse, Band und Film sein. Ich suchte verzweifelt nach einem Weg, um die Bilder ganz allein zusammenzufügen. Ich sehnte mich nach Steves Wissen, seiner Sensibilität und seinem guten Geschmack. Zusammen würden wir es hinkriegen. Wir hatten es mit Jeanie geschafft, und der Film war ein großer Erfolg geworden. Aber vergiß nicht, Jeanie ist gestorben. Diesmal jedoch muß die Protagonistin leben, und du bist auf dich selbst gestellt, Barbara, so wie du es ja immer wolltest. Das Problem war nur, ich hatte nicht geplant, mit vierzig eine Solonummer abzuziehen. Auch wenn ich das immer befürchtete, hatte es nicht in meiner Absicht gelegen, niemals.

Also war ich schließlich doch in Chatahoochie gelandet. Vielleicht entsprach es nicht genau dem Ort, mit dem mir meine Mutter gedroht hatte, aber als Bild stimmte es – ein schlimmes kleines Mädchen, das bestraft wird. Und in einem Winkel meiner Seele war ich bereit zu vergessen, daß die Tabletten dazu beigetragen hatten, mich hierher zu bringen, ein Teil von mir war bereit, die ganze Schuld auf sich zu nehmen. Und so dachte ich, wie das alles paßt. Davor hast du dich dein ganzes Leben lang gefürchtet. Seit Jahren lebtest du in Angst vor Krankenhäusern und Krankheit, und jetzt hat es dich eingeholt – eine sich selbst erfüllende Prophezeiung. Du machst das jetzt in großem Stil, Baby, im ganz großen Stil.

204

8

Die Realität des Krankenhauses wurde bald meine einzige Realität. Ich war meiner Krankheit völlig ausgeliefert, kehrte mich innerlich und äußerlich von meiner Welt, beantwortete keine Briefe, erwiderte keine Anrufe. Ich überließ mich der Sicherheit des Mutterschoßes, dem Versorgtwerden, dem Wahnsinn. Innerhalb weniger Tage erschienen mir meine neuen kranken Freunde in der Halle wirklicher als jene Menschen, die ich jahrelang gut gekannt hatte.

Die einzigen Stunden des Tages, die zählten, waren meine Gespräche mit Julie. Und in meinem Schmerz und meiner Frustration sparte ich all meinen Zorn für sie auf. Sie wurde zur Zielscheibe der Wut, die ich darüber empfand, im Krankenhaus zu sein, meiner Wut über meine Eltern, meiner Wut über alles. Als die Tage vergingen und der Schmerz in meinem Kopf zunahm, schrie ich ihr zu: »Die Verzweiflung nimmt kein Ende! Jeder Tag ist der schlimmste. Es ist, als ob ich bei lebendigem Leib begraben sei. Bitte hilf mir!« Ich beschimpfte sie und stellte ihre berufliche Qualifikation in Frage, wenn sie mir die Medikamente verweigerte, die ich verlangte. »Doktor Bernstadt hat gesagt, daß ich Medikamente brauche.« Ich zeterte wie ein verzogenes Kind. »Das ist der einzige Grund, warum ich in dieser Klapsmühle bin – um das richtige Medikament zu finden. Ich bin nicht verrückt. Ich bin es nicht! Ich flehe dich an, gib mir eine Tablette. Irgend etwas! Nimm

205

mein Geld, nimm mein Haus am Meer, nimm alles, was ich habe. Wenn du Ärztin wärst, würdest du meinem Leiden ein Ende machen, bitte!« Aber sie weigerte sich stets und erklärte mir immer wieder, daß ich nichts nehmen dürfe, wenn ich eine dauerhafte Heilung wolle. Tabletten könnten mir mein Leben nicht wiedergeben. Nur ich könne das. Es sei meine größte Chance.

Ich entgegnete, wenn sie mir nicht helfe, würde ich eine Genesung vortäuschen, um aus diesem Hexenkessel herauszukommen. Sie antwortete, ohne mit der Wimper zu zucken, daß sie mich dann vor Gericht bringen werde. Sie spielte damit auf eine Zwangseinweisung an und sie wußte, daß ich mir darüber im klaren war, daß die Möglichkeit bestand. Den meisten freiwilligen Patienten, wie ich einer war, ist nicht bekannt, daß psychiatrische Krankenhäuser das Recht haben, einen Patienten zwangseinweisen zu lassen, wenn er »gegen den ärztlichen Rat verstößt«. Ein solcher »Verstoß« hat in einer Nervenheilanstalt eine ganz spezielle Bedeutung, und wie das funktioniert, hatte ich gesehen, als ich meinen Dokumentarfilm über die Mißstände in der Psychiatrie drehte. Nicht der Patient entscheidet, wann er imstande ist, das Krankenhaus zu verlassen. Diese Entscheidung treffen die Ärzte, und wenn sie beschließen, jemanden »zu seinem eigenen Besten« zu behalten, dann wird der Status des »freiwilligen« Patienten bedeutungslos. Später im Krankenhaus habe ich keinen einzigen Patienten getroffen, der vor Gericht mit seiner Behauptung, gegen seinen Willen festgehalten zu werden, Erfolg gehabt hätte. Un nun bediente sich Julie dieser Drohung. Ich haßte sie deshalb.

»Du bist ein Doktor, Julie. Du bist angeblich ein Doktor, der den Menschen hilft«, sagte ich eines Tages zu ihr. »Schämst du dich nicht, daß du mir nicht geholfen hast, daß du mir nichts verschreiben willst? Ich hasse dich. Ich hasse dich. Du bist unmenschlich. Du hilfst den Menschen nicht. Du läßt sie leiden.«

Aber sie saß bloß ruhig da. Schließlich antwortete sie: »Ich versuche, dir zu helfen, Barbara. Ich versuche, diese Selbstzerstörung zu stoppen. Wenn du mich vernichtest – das wird dir zwar nicht gelingen –, dann vernichtest du dich selbst. Ich repräsentiere deine Welt, alle, die dich je geliebt haben, alle, die du je liebtest.«

»Du repräsentierst niemanden!« rief ich. »Ich projiziere nicht andere Menschen auf dich. Ich hasse dich, *dich*!«

Ich rannte aus ihrem Büro in mein Zimmer und schlug die Tür hinter mir zu. Sie hatte kein Schloß, aber ich wußte, es würde sie fernhalten, wenn ich die Tür laut zuschmetterte. Es war Freitag. Ich würde Julie bis Montag nicht mehr sehen. Das ganze Wochenende lang, während ich regungslos dasaß und das ganze Ausmaß an Krankheit um mich herum wahrnahm, die Gewaltausbrüche, das Gedröhn des Plattenspielers und des Fernsehers, dachte ich nur an sie. Ich hatte sie verletzt und, noch schlimmer, es war volle Absicht gewesen. Sie versuchte wirklich, mir zu helfen, mein Leben zu retten – und ich hatte sie angegriffen. Schuldgefühle peinigten mich. Ich bat die Schwestern, die an diesem Wochenende Dienst taten, Julie zu Hause anzurufen. Ich wollte mich entschuldigen. Ich schämte mich so. Nein, beschieden sie mich. Das sei nicht dringend. Ich müsse bis Montag warten.

Am Montag saß ich in ihrem Büro, unfähig, ihr in die Augen zu sehen. «Möchtest du eine Diätcola, Barbara?« fragte sie mich, als sie sich in ihrem Sessel zurücklehnte und ihre Beine wie immer hochlegte.

»Es tut mir leid, Julie, sehr leid.«

»Ich glaube dir, Barbara. Aber meinst du nicht, daß dein Versuch, mich zu zerstören, ein notwendiger Teil des Heilungsprozesses ist? Ich würde mir Sorgen machen, wenn du es nicht versucht hättest.«

»Warum ist das notwendig? Warum? Ich habe dich verletzt, und zwar mit voller Absicht, ich wollte das.«

»Ich weiß. Und wenn du diesen Kampf weiterführst, wird es

207

ein Pyrrhussieg sein. Du wirst alles verlieren. Ich bin nicht dein Feind, Barbara. Ein Teil von dir versucht, dein eigenes Glück zu zerstören. Das hast du mir am Freitag demonstriert. Es beweist deine Stärke, daß du mir, uns beiden, diese schreckliche, destruktive Seite zeigst.«

Als unsere Zeit abgelaufen war, streckte sie mir ihre Hand entgegen, musterte mich kühl und sagte sanft: »Morgen um dieselbe Zeit, Barbara.« Dann war sie fort; ich saß auf meinem Sessel, betrachtete ihren Schreibtisch und starrte die Begonie auf dem Fensterbrett an. Ich hatte mein Leben dieser achtundzwanzigjährigen Frau anvertraut, die wie ein Fotomodell aussah und die behauptete, daß ich Kräfte in mir hätte, die mich selbst zerstören wollten. Ich dachte an ihre Worte: »Du wirst wieder versuchen, mich zu zerstören, Barbara. Du wirst die Versuche fortsetzen, dich selbst zu zerstören. Aber ich werde es nicht zulassen. Ich bin sehr stark. Ich werde damit fertig.«

Wir kehrten also wieder zu meiner Kindheit zurück, und ich begann mein eigenes Leben so zu erforschen, als würde ich für einen Film recherchieren. Ich hatte das noch nie zuvor getan. Ich hatte so viele Dinge zur Seite geschoben, hatte Scheuklappen aufgesetzt, wenn ich etwas nicht sehen wollte. Mein angeborener Verdrängungsmechanismus, erklärte mir Julie, habe mich zusammen mit der heimtückischen Verdrängungsfunktion des Valiums blinder gemacht als Scarlett O'Hara. »Ich werde morgen darüber nachdenken.« Das Problem war, das ich es nie tat. Das Absetzen des Valiums sprengte dann den Deckel weg, und aus meinem Unbewußten brach alles hervor wie aus der Büchse der Pandora.

»Aber zum Donnerwetter«, sagte ich zu Julie, »so hat Doktor Allen es angeordnet. Er bestand darauf. Und dieser Mann ist *dein* Kollege.«

Julie zuckte verlegen die Achseln und erklärte, daß es nicht fair wäre, sein Vorgehen zu bewerten. Aber schließlich sagte sie: »Ich glaube, das war falsch.«

Von meinen Freunden kamen Briefe voll Liebe und Hoffnung, voll von Anlässen zum Lachen. Von Edie war immer etwas dabei: eine Karte, ein Zeitungsausschnitt. Lisa schrieb mir jede Woche zweimal über die Dinge, die ihren Alltag ausfüllen: Barrys Geschäfte, die Zahnklammer ihrer Tochter, den Wählerinnenverband. Sie war stark genug zu begreifen, daß ich Kontinuität brauchte, auch wenn es sich um *ihren* Lebensweg handelte, von dem sie berichtete. Es tat mir gut zu wissen, daß die Welt weiterging und ich nach meiner Rückkehr wieder an ihr teilhaben konnte. Meine amüsante Freundin Paula schrieb mir einen Brief, den ich immer noch aufbewahre. »Werde nicht zu normal, Barbara«, schrieb sie. »Wir haben dich so geliebt, wie du warst.«

Einige Freunde ließen nichts von sich hören, konnten es vielleicht nicht, weil meine Krankheit, mein Aufenthalt in einer Nervenheilanstalt, ihr Selbstgefühl bedrohte, die Furcht verstärkte, das, was mir zugestoßen war, könne jedem zustoßen. Zu nahe dran. Ich verstand es. Schließlich ging es nicht um einen Beinbruch, um ein Krebsgeschwür. Es war ein Krebsgeschwür der Seele, und obwohl sie nicht wissen konnten, daß die Todesangst im Leben schlimmer ist als das Sterben, hielten sie meine Krankheit vielleicht für tödlich. Ich glaubte das selbst, und einem Freund, der im Sterben liegt, schickt man keine witzige Genesungskarte. Nur sehr wenige Menschen wissen, wie man jemanden anspricht, der »wahnsinnig« ist.

Ich stürzte mich auf die Briefe und Karten, die ich bekam, las sie immer wieder. Manchmal machten sie mich traurig. Sie erinnerten mich an eine Barbara, die ich nicht mehr war, erinnerten mich an Liebe und Glück und Aktivität. Aber sie dienten mir auch als Bestätigung meiner Existenz. »Ich muß Barbara sein«, sagte ich mir. »Meine Mutter hat angerufen, Edie hat mir eine Karte geschickt, Lisa hat mir geschrieben.« Aber nach wie vor war ich nicht imstande, mit jemanden zu telefonieren oder Briefe zu beantworten. Bevor ich antworten konnte, mußte ich begreifen, was mit meinem Leben geschehen

209

war, mußte ich eine Idee bekommen, wie es wieder zusammen-
zuflicken war.

Außerdem, wie hätte ich an ihrem Leben Anteil nehmen
können? Ich war zu krank, um mich für irgend etwas zu
interessieren. Trotzdem waren die Schuldgefühle, die ich
wegen meines Desinteresses empfand, ungeheuer; sie waren
ein weiterer Nagel zum Sarg meiner Seele. Meine Apathie
erschien mir ebenso pathologisch wie Joes irre Kreise oder
Laras Haarewaschen. Ich wußte nur zu gut, welch intensiven
Anteil ich früher an allem genommen hatte. Jetzt war mir alles
egal, und ich haßte mich deshalb.

»Erzähl mir noch mehr über deinen Vater, Barbara«,
forderte mich Julie auf.

Er begann mit zwölf Jahren zu arbeiten, berichtete ich ihr.
Er log hinsichtlich seines wahren Alters und bekam einen Job
als LKW-Fahrer. Er erreichte nie einen Schulabschluß, ging
nie in ein College. Alles was er darstellte und wußte, erwarb er
sich selbst in harten Existenzkämpfen, wie so viele Amerikaner
der ersten Generation. Er mußte jeden Pfennig zusammenkrat-
zen und ließ sich als junger Mann wohl nie träumen, daß er
später so wohlhabend werden würde.

»Aber was ist er für ein Mensch?« fragte mich Julie. »Wie
hast du ihn aus deiner Jugend in Erinnerung?«

»Er war extrem kritisch gegenüber den Menschen, die ihm
nahestanden. Er spornte sie zu immer größeren Leistungen an
und drängte sie, erfolgreicher und beliebter zu werden. Das ist
wahrscheinlich der Grund, warum ich ein kleines Wunderkind
wurde, Julie, immer bemüht, ihn zu erfreuen, etwas zu leisten,
die Beste in der Klasse zu sein, der Liebling der Lehrerin, die
Beliebteste, die Erfolgreichste. Das Problem war nur, daß ich
manchmal das Gefühl hatte, ganz egal, was ich auch tat, es
würde nicht reichen.«

»Hattest du das Gefühl, daß er dich im Grunde nicht
mochte?«

»Manchmal. Aber tief drinnen wußte ich, daß das nicht stimmte. Er hat mir immer alles gegeben, Julie, selbst wenn er es sich nicht leisten konnte. Alles. Ich weiß, daß ich ihm viel bedeutet habe. Es hört sich so nach armen kleinen reichen Mädchen an, wenn ich dir sage, daß er immer bemüht war, mir allen materiellen Luxus zu ermöglichen – Kleider, eine akademische Ausbildung, Europareisen. Ich weiß, wie schwer es für ihn war, die Dollars zu verdienen, um mir und meinem Bruder soviel Komfort zu bieten. Vielleicht brachte ich die Dinge durcheinander, vielleicht hatte ich das Gefühl, nicht genug um meiner selbst willen geliebt zu werden, sondern Leistungen erbringen zu müssen, um seine Zuwendung zu erhalten. Ich glaube, ich fühlte mich immer unter Druck gesetzt. Ich mußte ständig etwas produzieren, in Bewegung sein, höher und höher klettern. Mir gegenüber spielte er meine Leistungen manchmal herunter, aber hinter meinem Rücken brüstete er sich seinen Freunden gegenüber mit seiner erfolgreichen Tochter. Meine Mutter übrigens genauso.«

Ich hielt inne, um mir eine Zigarette anzuzünden. »Ach, was soll das alles?« fuhr ich fort. »Wenn du glaubst, daß ich mit fünf Jahren meinen Vater verführen und ihn meiner Mutter wegnehmen wollte und aus Frustration den Rest meines Lebens nach Vaterfiguren Ausschau gehalten habe, dann ist das alles Krampf. Es ist zu einfach. Zu naheliegend und zu trivial.«

»Nein, Barbara, das glaube ich nicht überhaupt nicht. Erzähl mir von deiner Mutter. Du hast gesagt, daß sie ebenfalls Ehrgeiz für dich entwickelte.«

»Ja, aber irgendwie anders. Ich erinnere mich, als ich klein war, erzählte sie mir über ihr Leben als junges Mädchen: Wie grob ihre Brüder mit ihr umgingen, wie es war, arm zu sein und eine beständig kranke Mutter zu haben. Das machte mich traurig; ich wünschte, meine Mutter hätte ein besseres Leben gehabt. Sogar heute tut mir das noch weh. Und als ich klein war, spann sie Geschichten, wie mein Leben später sein würde, malte die Träume aus, die sie für mich hegte, Träume von Bildung, Erfolg und Glück. Ich wünschte so sehr, ihr eine Freude zu machen. Ich liebte sie und wollte ihr diese Träume erfüllen. Aber manchmal hatte ich Schuldgefühle, daß ich eines Tages all das haben würde, was sie nie gehabt hatte. Angesichts ihres Ehrgeizes und ihrer Hoffnungen und der ständigen Kritik meines Vaters konnte es ja wohl nicht ausbleiben, oder?«

»Was konnte nicht ausbleiben?«

»Daß ich eine zwanghafte Arbeitswut entwickelte, daß ich mich an meinen Schreibtisch und meinen Job wie an ein Rettungsfloß klammerte, daß mein Selbstgefühl von äußeren Faktoren abhängig war. Kein Wunder, daß es ohne Arbeit keine Barbara gab. Jetzt begreife ich, warum der letzte Sommer so gräßlich war. Ohne Arbeit, ohne Eric, habe ich eine zwanzigkarätige Identitätskrise durchgemacht.«

»Aber verstehst du nicht, Barbara«, entgegnete Julie, »es ist, als ob du in den Träumen deiner Mutter mitgespielt hättest? Du hast ihre Phantasien von Erfolg, von einer Karriere – Dinge, die sie sich selbst gewünscht hatte – ausgelebt, und du hast deine Rolle gut gespielt. Du hast eine großartige Karriere gemacht, du hast den Speck nach Hause gebracht. Und die Ängste, die sie in bezug auf sich hatte, das Leben ihrer Mutter – du hast auch in ihren Alpträumen mitgespielt. Du hast ihre Träume ausgelebt – die schönsten und die schlimmsten. Du bist jetzt frei, Barbara.«

Ich rang darum, ihre Worte zu begreifen, das Puzzle zusammenzusetzen. »Es war Schicksal, Julie. Kismet, Vorsehung«, stellte ich fest. »Der freie Wille ist eine Illusion. Ich hatte nie eine Chance, etwas anderes zu sein, als eine ehrgeizige, verunsicherte Karrierefrau. Furchtbar neurotisch.«

Julie lachte. »Furchtbar alltäglich, Barbara«, antwortete sie. »Aber neurotische Leute sind selten langweilig.«

»Ich wäre lieber langweilig als in einer psychiatrischen Klinik«, scherzte ich.

»Haben die Ambitionen deiner Mutter für dich auch Ehe und Kinder eingeschlossen?« fragte mich Julie.

»Natürlich«, antwortete ich. »Das tun sie immer noch. Sie wird die Hoffnung nie aufgeben.«

Julie hatte meine Mutter nur einmal gesehen, an dem Tag, als sie und Edie mich ins Krankenhaus brachten. Aber ich hatte damals das Gefühl gehabt, daß sie meine Mutter ebenso scharf beobachtete wie mich. Und jetzt fragte sie mich: »Ist dir je aufgefallen, daß deine Mutter mit dir bisweilen nicht wie mit einer erwachsenen Tochter spricht? Manchmal redet sie mit dir, als ob du noch ein kleines Mädchen wärst.«

»Meine Mutter hat immer so mit mir gesprochen«, antwortete ich.

»Findest du das nicht merkwürdig?«

»Nein. So ist meine Mutter. So ist sie eben. Ich werde immer ihr kleines Mädchen sein.«

Alle Mütter sind so, dachte ich. Alle Mütter lieben ihre Töchter so sehr, daß es ihnen am liebsten wäre, wenn diese klein blieben, nicht von zu Hause weggingen, damit sie sie weiter bemuttern können. Ich erzählte Julie den Witz über die jüdische Mutter, die ihre Tochter in einem Rollstuhl durch ein elegantes Geschäft auf der Fifth Avenue schiebt. Eine Verkäuferin nähert sich, traurig den Kopf schüttelnd, der Mutter und sagte: »Ach, das arme Kind. Sie kann nicht gehen. Wie schrecklich.« Die Mutter antwortet: »Gott sei Dank hat sie's nicht nötig.«

Ich wartete auf Julies Lachen, aber sie sagte stirnrunzelnd: »Das ist ein furchtbarer Witz, Barbara.« Dann begann sie mir das Leere-Nest-Syndrom näher zu erklären. Sie sagte, meine Eltern befürchteten wahrscheinlich, daß mein Erwachsenwerden für ihr Leben Leere bedeuten würde. Unbewußt wünschten sie, daß ich zu Hause, im Bannkreis ihrer Welt bleibe, und deshalb infantilisierten sie mich, wie Julie es ausdrückte.

Ich war empört und verpaßte Sally und Lou einen weiteren Minuspunkt. Aber Julie gestand mir keinen größeren Zornausbruch zu. »Alle Eltern tun das bis zu einem gewissen Grad«, gab sie zu bedenken. »Aber früher oder später ist es Sache des Kindes, sich dagegen zur Wehr zu setzen.«

Ich ließ mich in meinen Sessel zurückfallen und starrte sie an. »Wie soll ich es dir erklären?« begann ich. »In Familien wie meiner werden die Kinder immer geknebelt, speziell die Mädchen. Alles wurde als lebensbedrohlich dargestellt. Faßt den Toaster nicht an, sonst kriegt ihr einen elektrischen Schlag. Schwimmt nicht nach dem Essen, sonst ertrinkt ihr. Benutzt keine öffentliche Toilette, sonst sterbt ihr an einer schrecklichen Krankheit. Ich wundere mich, daß ich überhaupt noch lebe. Es geschah alles aus Liebe, aus Fürsorge. Das weiß ich. Ich wollte robust und stark sein, aber in meinem Kopf erscholl ein ganzer Chor von Verboten: Tu das nicht, tu jenes nicht, gib acht, fall nicht, iß nicht, lebe nicht. Wie kann ich dir das begreiflich machen?«

»Ich begreife das sehr gut«, antwortete Julie gelassen, ihren Blick unverwandt auf mich gerichtet.

»Tausende anderer Mädchen werden genauso erzogen und landen nicht in *Sechs Nord*. Was nützt uns das also?«

»Es ist gut für dich, wenn du darüber redest. Zum ersten Mal in deinem Leben schaust du dich selbst an. Du allein, ohne Tabletten, schaust dein Leben an. Es ist wichtig, alles aufzudecken.«

»Ich weiß *nichts!*« rief ich. »Und du hilfst mir nicht. Warum hilfst du mir nicht? Warum zwingst du mich, das alles durchzumachen?« Plötzlich unterbrach ich mich. »O Gott, du hast recht. Ich benehme mich wirklich wie ein kleines Mädchen. Wie ein verzogener Fratz.«

Ich erinnerte mich an mein Verhalten in diesen schrecklichen Wochen, die ich mit Eric in der Wohnung verbracht hatte, an die Wutanfälle, das Füßestampfen. »Ist das des Pudels Kern, Julie?« fragte ich sie. »Der unbewußte Wunsch, zu regredieren, wieder ein Kind zu sein?«

»So einfach ist es nicht, Barbara. Ein Teil von dir hat immer

214

den Wunsch gehabt, stark, unabhängig, aus eigener Kraft erfolgreich zu sein. Aber ein anderer Teil genießt es, ein Kind zu bleiben, wünscht sich, wie ein Kind behandelt zu werden.«

»Schizophren«, bemerkte ich. »Ich *bin* schizophren, wenn es zwei Barbaras gibt.«

»Keineswegs. Du bist *eine* Barbara. Es sind zwei Aspekte derselben Persönlichkeit. Da besteht schon ein Unterschied, weißt du.«

»Und du glaubst, meine Eltern sind dafür verantwortlich«, sagte ich. »Deshalb dieses ganze Gerede über meine Kindheit. Hör zu, Julie, niemand hat mich als Kind in einen Schrank gesperrt oder geschlagen, falls du darauf hinaus willst. Die Eltern, die Eltern, die Eltern! Ich habe wunderbare, liebevolle Eltern, zum Donnerwetter. Ich stamme aus einer anständigen, stinknormalen Familie. Nichts Pathologisches, das schwöre ich dir. Ich war ein normales Kind. Warum hackst du immer darauf herum?«

Julie lächelte. »Nun, das nenne ich Fortschritt. Letzte Woche warst du noch wütend auf deine Eltern, erinnerst du dich? Du hast ihnen die Schuld an allem gegeben.« »Aber Julie, es *war* doch ihre Schuld, oder nicht? Meine Mutter setzte mir Flausen in den Kopf, wollte aber im Grunde nicht, daß ich erwachsen werde, und mein Vater reagierte negativ, sooft ich etwas Neues anfing. Kein Wunder, daß es zwei Barbaras gibt.«

»Sei nicht zu streng mit deinen Eltern«, entgegnete Julie. »Alle Eltern projizieren ihre eigenen Träume ebenso wie ihre Ängste auf ihre Kinder. Das geht auf uns über wie ein Vermächtnis. Es ist ebenso real und spezifisch wie die Chromosomen, die wir geerbt haben. Deine Eltern wollten, daß du stark bist, Barbara, aber sie wollten auch, daß du dich sicher fühlst. Ich glaube, das möchtest du doch auch.«

»Natürlich will ich das«, antwortete ich und spürte die Wut aufs neue in mir aufsteigen. »Wer zum Kuckuck will das nicht?«

»Du hast recht. Jeder fühlt sich ein bißchen abhängig, ein

bißchen bedürftig, will geliebt und beschützt werden, und gleichzeitig will er lieben, stark sein, geben und unabhängig sein. Das ist die universelle Neurose, Barbara. Und die meisten Leute lernen, damit zu leben. Aber bei dir ist es ein Kampf, ein Kampf mit dir selbst.«

»Barbara, das Kind, gegen Barbara, die Erwachsene. Die Liebe meiner Mutter und die Kritik meines Vaters.«

»Du mußt aufhören, nach Sündenböcken zu suchen«, mahnte mich Julie. »Es ist Zeit, daß du anfängst, wieder dein eigenes Leben zu leben.«

»Aber wie kann ich das, wenn ich meine Eltern noch in mir trage, wenn ich ständig mit mir selbst im Krieg liege?«

»Gib den Kampf auf und schließe Frieden.«

Unsere Zeit war abgelaufen. »Barbara, du bist seit über zwei Wochen hier«, sagte Julie, als ich aufstand, um zu gehen, »und du hast kein einziges Mal die Halle verlassen. Warum malst du nicht oder gehst in den Turnsaal? Du weißt, daß du meine Erlaubnis hast, draußen in den Anlagen spazieren zu gehen. Warum bittest du nicht Don, mit dir hinauszugehen?«

»Weil ich krank bin!« antwortete ich auf der Schwelle mit einem wütenden Blick.

»Gut, Barbara. Morgen reden wir weiter.«

Ich litt also unter der universellen Neurose. Phantastisch. Psychisch krank ist psychisch krank, und Julie hatte keine Lösungen, kein fertiges Programm, kein Rezept, um mich wieder gesund zu machen. Es schien mir, daß wir Tag für Tag immer wieder über dieselben Dinge redeten. Allerdings mußte ich mir selbst eingestehen, daß Dr. Allen und ich nie so miteinander geredet hatten. Trotzdem erlaubte Julie mir nicht, alles auf ihn zu schieben. Sie hielt mir immer vor Augen, daß ein Teil von mir offenkundig diese Pfuschtherapie samt den Tabletten gewollt habe. Jener Teil von mir, der es genoß, zu einem Psychiater zu gehen und ihn mit Geschichten über mein Leben zu unterhalten, ihm intelligent und attraktiv, fast keck

216

gegenüber zutreten, ohne ernsthaft an mir zu arbeiten, ohne zu wachsen. Nicht, daß ich bewußt die Schmerzhaftigkeit der Therapie gemieden hätte – ich war schon so lange bei Dr. Allen in Behandlung, daß ich einfach glaubte, das sei Therapie. Eine Schau abziehen und Geschichten erzählen, nannte es Julie, und durch sie erkannte ich, was für eine kolossale Vergeudung diese Jahre gewesen waren. Schlimmer noch, es waren destruktive Jahre. Denn während ich meine Schau abzog und ihm Geschichten erzählte, verschrieb er mir immer höhere Dosen von Valium. Er war ein Symptombehandler, und ein Teil von mir, den ich noch nicht verstand, war froh, bloß die Symptome loszuwerden. Ich wußte nicht, daß das Zudecken von Symptomen kleine Probleme zu riesigen Konflikten wuchern läßt, aus kleinen Teufeln Ungeheuer macht. Ich hatte so vieles, soviel Wut, soviele Tränen, lange Zeit verdrängt.

Julie erklärte mir, das Hauptproblem bei den Tranquilizern bestehe darin, daß man unfähig ist, seine Aggressionen loszuwerden. Solange ich die Tabletten nahm, war ich außerstande, Aggressionen zu verspüren, die notwendig gewesen wären, um mein Leben zu ändern. Ich wußte, daß sie recht hatte, und ich bezahlte jetzt einen fürchterlichen Preis dafür. »Gott, wieviele Frauen tun das gleiche wie ich?« fragte ich sie. »Es ist nicht gesund, herumzugehen und unfähig zu sein, zu schreien, zu fühlen, zu riechen, zu schmecken. Es ist nicht gesund, die Hälfte seiner Sinne durch eine Chemikalie zu betäuben, die man, angeblich um sich zu helfen, ständig schluckt.«

Julie stimmte mir vollkommen zu und meinte, daß ich immer noch unter den Entzugssymptomen litte. Aber sie ließ nicht zu, daß ich der Droge die Schuld an allem, was geschehen war, gab. Nach wie vor weigerte ich mich, die Existenz jenes Teils von mir, der bei Dr. Allen blieb und gedankenlos starke Drogen konsumierte, zuzugeben. Julie versuchte, mich mit dieser infantilen, folgsamen, gefügigen, nichtdenkenden Person zu konfrontieren. Es gefiel mir nicht, was ich da sah, aber sobald ich der Konfrontation auszuweichen suchte, holte Julie

217

mich wieder zurück, indem sie sagte: »*Du* warst es , die zehn Jahre lang zu ihm gegangen ist, *du* hast die Tabletten genommen, *du* hast die Tatsache verdrängt, daß Eric gestört war, weil du ein solches Bedürfnis nach seiner Liebe hattest.« Ich schrie sie wütend an. Wie konnte sie so etwas zu mir sagen, warum verhielt sie sich so grausam? Ich war schon einmal auseinandergebrochen. Eric hatte meinen Panzer gesprengt, indem er mich aufforderte, Schuldgefühle zu empfinden, Wut auszudrücken, indem er mein Leben analysierte und neu interpretierte. Jetzt unterzog Julie mich der gleichen Prozedur. Und ich fürchtete, den Schmerz einer erneuten Zergliederung nicht ertragen zu können. Außerdem, erklärte ich ihr, beginne mich die Beschäftigung mit mir selbst zu langweilen.

»Mich langweilt es nicht, Barbara«, antwortete sie. Also redeten wir weiter. Und ich merkte, was sie tat. Sie entriß mir Stück für Stück meine Wut – die Wut auf meine Eltern, auf Dr. Allen, auf die Tabletten, auf Eric, auf die Welt, weil sie mir das alles angetan hatten. Bald würde niemand übrigbleiben, dem ich die Schuld geben konnte, außer mir selbst, und weil ich dazu noch nicht bereit war, leistete ich ihr mit dem ganzen Sarkasmus, dem Zorn und den Tränen, die ich aufbieten konnte, erbitterten Widerstand. Jeden Fußbreit des Weges.

In dieser kranken Umgebung gedieh der wahnsinnige Teil meiner Psyche und wurde trotz all meiner Vorsätze immer stärker. Ein Teil von mir fühlte sich, von der Krankheit genährt, dort wohl, und ich kam zu dem Schluß, daß mich alle einschließlich Julie anlogen. Ich *mußte* krank sein, wenn man mich mit Patienten zusammenlegte, die so schwer gestört waren. Eric hatte recht; was Julie auch sagen mochte, ich *war* schizophren. Wahnsinn ist die äußerste Form von Abhängigkeit, und genau an dem Ort befand ich mich, wo nämlich andere Menschen über deinen Verstand wachen – nicht über eine Niere, nicht über die Bauchspeicheldrüse, sondern über den Verstand.

Mein Verstand war immer das Beste an mir gewesen, besser als meine Beine, mein Gesicht, mein Haar. Meine Arbeit, meine Kontakte zu Menschen hatten immer einen wachen Kopf und ein zuverlässiges Gespür erfordert. Aber jetzt konnte ich nicht mehr klar denken und war weit davon entfernt, mein Herz zu spüren. Ich war nur noch Körper und Hirn; aber nichts war miteinander verbunden. Wutanfälle traten auf und wurden durch Tränen abgelöst, die wie aus heiterem Himmel flossen. Der Kampf, den ich zwischen Abhängigkeit und Unabhängigkeit, Liebe und Haß, Gesundheit und Krankheit kämpfte, war weder emotional noch intellektuell. Doch er verzehrte meine ganze Existenz, und ich kam zu der Überzeugung, daß Geisteskrankheit eine Übersteigerung der menschlichen Kondition darstellt. Julie hatte recht. Wir machen alle dieselben Konflikte durch. Nur – in der Geisteskrankheit werden alle Proportionen gesprengt.

An solchen Tagen, an denen ich keine Sitzung bei Julie hatte, kam sie oft vorbei, um eine Viertelstunde mit mir zu plaudern oder nachzusehen, wie sich die Dinge entwickelten. Sie wußte immer, wo sie mich finden würde: auf der grünen Couch vor meinem Zimmer. Eines Tages jedoch traf sie mich in der Cafeteria, und wir tranken eine Tasse Kaffee zusammen. Ich schlug mich immer noch mit der Vorstellung herum, es müsse zwei Barbaras geben. Existierte in mir wirklich ein kleines Ungeheuer, das darauf aus war, alles übrige zu vernichten? Ich sagte zu Julie, daß ich, wenn schon nicht schizophren, dann zumindest eine gespaltene Persönlichkeit sei.

Sie lächelte. »Warum denkst du immer in Formeln und psychologischen Schlagwörtern, Barbara? Du behandelst das Leben, als ob es ein Rebus mit einer einfachen Lösung sei. Warum reduzierst du alles auf psychologische Begriffe?«

»Ich reduziere es, um es besser zu verstehen«, antwortete ich. »Ihr Psychologen sprecht von Verhaltensmustern. Was war meines?« Julie stellte ihre Tasse nieder, und als ich sie anschaute, war der ganze Lärm in der Halle plötzlich ausgeblendet und wir waren einfach zwei Freundinnen, die sich bei einem Kaffee miteinander unterhielten. »In vielen deiner Beziehungen hast du die abhängige Rolle des kleinen Mädchens gespielt. In anderen warst du stark und unabhängig. Es gab kein durchgehendes Muster, außer daß du dich oft mit etwas – oder jemandem – zufriedengegeben hast, das oder der nicht ganz deinen Wünschen entsprach. Und wenn du enttäuscht wurdest, hast du den Schmerz akzeptiert, als ob du ihn verdient hättest. Du warst auf den Schmerz gut vorbereitet.«

Ich war schockiert. »Ich habe mich selbst nie als Fußmatte betrachtet. Die Vorstellung ist mir zuwider.«

»Du bist keine Fußmatte«, meinte Julie. »Manchmal hast du bloß ein schlechtes Urteilsvermögen bewiesen, bestimmte Leute idealisiert, ihre Schwächen nicht wahrhaben wollen und das gesehen, was du sehen wolltest.«

»Warum, Julie? Warum habe ich das getan?«

»Das versuchen wir ja herauszufinden.«

Als sie gegangen war, kehrte ich in die verrauchte, lärmende Halle, in die Brandung des Irrsinns zurück. Roger hatte einen seltenen Augenblick der Ruhe und begann, über seine Reisen zu all den Planeten des Sonnensystems zu erzählen. Iris wollte wissen, ob ich Porno-Scrabble mit ihr spielen würde, und Jeff schnorrte eine Zigarette bei mir. Ich ging an ihnen vorüber in mein Zimmer zurück, von dem Wunsch erfüllt, ein Mittel zu finden, all die negativen Programme aus meiner Seele zu löschen, all das, was dazu beigetragen hatte, daß ich Schmerzen erduldete und vielleicht sogar brauchte. Ich hatte von der Existenz dieses Bedürfnisses nie etwas gewußt, aber jetzt sah ich plötzlich alles klar vor mir. Eine grelle, häßliche Farbe, ein Bild der Neurose. Ich wollte es wegkratzen. Aber das bin ja ich, und ich bin es auch, die das löschen muß. Wie ist es möglich, einen Teil von mir auszuradieren, ohne zugleich das übrige zu zerstören?

Ich hatte alles verpfuscht, gründlich verpfuscht. Was hat ein anständiges Mädchen wie ich in einem solchen Drehbuch zu suchen? Bei einem Theaterstück gibt es wenigstens einen dritten Akt, eine Synthese. Ich hatte das Gefühl, die entscheidende Ingredienz verloren zu haben, die mir helfen würde, zu genesen und den Riß in meinem Gehirn zu schließen. Ich empfand das wie ein chemisches Defizit, einen physischen Mangel, aber nein, Julie sagte, es sei psychologisch bedingt. Verdammt, das bedeutete, daß ich selbst daran arbeiten mußte. Warum bin ich nicht gleich beim ersten Mal richtig aufgewachsen? dachte ich, als ich mich auf der schmalen Liege herumwälzte. Jetzt ist es um so viel schwerer.

Drei Wochen waren vergangen, und ich war immer noch von Minute zu Minute, von Stunde zu Stunde der Spielball übermächtiger Gefühlswogen. Es war, als fege ein Hurrikan über mich hinweg und als könne ich nichts anderes tun, als mich irgendwo festzuklammern. Gütige Schwestern und Pfleger kamen in mein Zimmer und streckten mir hilfsbereit ihre Arme entgegen. »Barbara«, sagte Don zu mir, »es gibt Zeiten, wo du Menschen brauchst. Du mußt unterscheiden lernen, wann du dich abhängig verhältst und wann du ein echtes Bedürfnis hast. Jetzt brauchst du Menschen, Barbara. Halte dich fest.«

Und ich hielt mich am Bett fest, hielt mich an den starken Armen von Don oder einem der anderen Helfer oder einer Schwester fest, wenn mich die Wellen mit sich fortzureißen drohten. Mir war zumute, als ob mein Inneres herausgerissen würde und ich mich auflöste. Mir blieb nicht anderes übrig, als ihre Güte zu akzeptieren, die Wärme ihrer Arme, die Kraft ihrer Gesundheit und vor allem die Zärtlichkeit, die sich in jeder ihrer Gesten ausdrückte. Später sagte Don zu mir, daß es wie Geburtshilfe sei, Menschen durch solche Krisen zu geleiten. Er konnte all die Aggressionen, all den Schmerz nur ertragen, weil er wußte, daß die Persönlichkeit des Patienten sich inmitten dieser Krise regeneriert. Kein biologischer

Geburtsvorgang ist mit den Qualen einer solchen Wiedergeburt – falls es sich darum handelt – zu vergleichen. Aber ich hatte Glück. Mir standen starke, behutsame, weise Helfer zur Seite. Ich schluckte meine Demütigung hinunter und hielt mich an ihnen fest, stützte mich auf ihre Kraft.

Dennoch hatte ich das Gefühl, mich im Kreise zu drehen, nicht zu wissen, wo ich war. Oft schien es mir, als werde ich meterhohe Wogen emporgeschleudert, wie ich sie im Spätherbst von meinem Haus am Meer aus so gerne betrachtet hatte. Ich suchte die verblassende Erinnerung an jene andere Frau festzuhalten, die Frau, die geliebt und gelacht hatte und die geben konnte. Sie war fort. War ich das gewesen? Ich verbrachte Stunden damit, mir zu sagen, ich müsse Barbara sein. Diese Jeans habe ich bei Different Drummer gekauft, Bill hat mir diesen Ring geschenkt, Edie diesen Brief geschrieben. Alle diese Leute kennen mich, zum Teufel; ich muß existieren. Es half mir nicht. Im Gegenteil, es verstärkte nur meine Angst, ohne äußere Beweise nicht zu existieren. Nur bei meinem unaufhörlichen Weinen konnte ich etwas fühlen, und so tief die Wunde auch war – ich hatte das Gefühl, die ganze Tragik der Menschheit zu weinen; so zog ich die Tränen dem Nichts vor.

Mir fielen die kindischen Rätsel ein, mit denen wir uns im College unterhalten hatten. Wenn im Wald ein Baum umstürzt und niemand ist da, der es hört, gibt es dann ein Geräusch? Gibt es Geräusche, wenn keine Ohren da sind? Existiert Barbara, wenn niemand anwesend ist, der ihr Existenzgefühl bestätigt? Ich fühlte mich tot, und da ich in einer Gesellschaft aufgewachsen war, die Ärzte als Götter anbetet, einer Gesellschaft, die ein Pantheon von Medikamenten verehrt, bettelte ich Julie immer noch an, mir eine Pille zu geben, die mich wieder lebendig machen würde. »Du läßt mich zu weit von mir selbst wegtreiben«, schrie ich. »Ich erinnere mich nicht mehr an mich. Du machst mich unsichtbar!«

»Du machst dich selbst unsichtbar, Barbara«, antwortete sie, unerschütterlich hinter ihrem Schreibtisch sitzend. »Und nur du kannst dich selbst wieder sichtbar machen. Keine dieser Pillen.«

Ich stürmte aus ihrem Büro, rannte in mein Zimmer und warf mich aufs Bett. Sie folgte mir. »Du wirst den Rest deines Lebens in dunklen Räumen verbringen«, sagte sie. »Du wirst ewig hier liegen.«

»Geh weg, Julie«, schrie ich wie von Sinnen. »Ich kann dich im Moment nicht ertragen. Verlaß das Zimmer!«

»Hier fühlst du dich sicher, nicht wahr, Barbara?«

»Ja. Es ist wie in einem vermaledeiten Uterus. Aber wenigstens hört hier der kreischende Lärm in meinem Kopf teilweise auf.«

»Ich öffne dir ein Fenster!«, bemerkte sie. »Hier kann man ja nicht atmen.«

»Danke«, sagte ich. »Es tut mir leid, daß ich dich so angefahren habe. Ich bin so müde. Verzeih mir.«

Sie öffnete das Fenster, wandte sich um und verließ den Raum.

Ich war etwa einen Monat im Krankenhaus, als ich eines Morgens beschloß, zur Beschäftigungstherapie zu gehen. Julie hatte mich gedrängt, es zu versuchen, aber ich hatte erklärt, ich könne mein Selbstgefühl niemals durch Tonkneten oder Korbflechten wiedererlangen. Jetzt wollte ich zumindest für eine Weile der Krankheit und dem Elend in der Halle entfliehen. War das ein Fortschritt? Ich zweifelte daran. Ich war bloß neugierig, was die anderen Ausgeflippten machten.

In dem großen, luftigen Gebäude schlenderte ich dann von Raum zu Raum und schaute mich bloß um. Menschen jeden Alters arbeiteten hingebungsvoll mit Ton, webten Stoffe, fertigten Topflappen an oder machten Petit-Point-Stickereien. Ich zwang mich, selbst irgend etwas zu versuchen, aber ich brauchte nur einen Blick auf den Mann zu meiner Linken oder zu meiner Rechten zu werfen, um mich sofort hoffnungslos unfähig zu fühlen. Während ich mich bemühte aus dem leblosen grauen Tonklumpen, den ich in der Hand hielt, etwas

223

zu formen, hörte ich tief in mir eine Stimme sagen: »Es ist elf Uhr vormittags an einem Dienstag, und du sitzt hier und bastelst mit Ton, um gesund zu werden. Barbara Gordon, *du* bist in Beschäftigungstherapie, und es wird nicht lange dauern, bis du Körbe flichst.« Verzweifelt gab ich es wieder auf und wanderte in einen anderen Raum, wo noch mehr Leute zielstrebig damit beschäftigt waren, irgend etwas herzustellen. In der Kunsttherapie schließlich sah ich Kleckse über Kleckse bunter Acrylfarben, und die Leuchtkraft dieser Farben zog mich magisch an. Ich nahm einen Pinsel und begann die Farben buchstäblich auf eine Leinwand zu schleudern. Wenn ich Julie meine Qualen nicht zu schildern vermochte, so konnte ich sie ihr vielleicht auf diese Weise sichtbar machen. Ich beschloß also, das Feuer zu malen, das in meinem Kopf wütete – den orangen, gelben und roten Dschungel eines Feuers. Dann malte ich den grauen Nebel, der sich wie ein Schleier um mein Gehirn gelegt zu haben schien. Am Nachmittag brachte ich meine kindischen Produkte in ihr Büro, um ihr zu zeigen, wozu mir die Worte fehlten. Wie eine Fünfjährige, die mit ihrer Fingermalerei vom Kindergarten nach Hause kommt, stürzte ich zur Tür herein: »Siehst du, Julie, so weh tut es mir. So fühle ich mich. So sehe ich aus. Ich bin ein Ungeheuer. Schau dir mein Ungeheuer an.«

Sie betrachtete die Bilder und lächelte. »Ein sanftes Ungeheuer, Barbara.«

So begann meine Malerei: Gesichter mit weißen leeren Augen, Monstren, Scheusale, Särge, Tote, Grau, Schwarz, Braun, Umbra. Es sollte lange Zeit dauern, bis ich aus dem Fenster sehen und Blumen malen würde.

Wer je mit dem Gedanken gespielt hat, daß zwei Wochen in einem »Sanatorium« vielleicht gar nicht so übel wären, wer glaubt, daß das gerade der richtige Ort sei, eine ausgelaugte Psyche frisch aufzuladen und die Balance wiederzufinden, bei untätigem Herumlungern, genüßlichem Weißweinschlürfen, bei der Lektüre von Keats und auf langen Spaziergängen mit einem Arzt, der wie eine Mischung zwischen Gregory Peck und Robert Redford aussieht – der sollte es sich gut überlegen. Es ist nicht Keats am Nachmittag, sondern Bugs Bunny in aller Herrgottsfrühe; es sind keine Spaziergänge im Park, sondern endloses Auf- und Ablaufen in einem Raum, der penetrant nach Zigaretten und durchgewetzten Polstermöbeln riecht. Es bedeutet, um sieben Uhr dreißig aufstehen. Betten machen zehn vor acht, Frühstück abgeräumt um acht Uhr fünfundzwanzig, Zeichentrickfilme um neun, Beginn der Vormittagsbeschäftigungen um zehn, Mittagessen um zwölf, Nachmittagsbeschäftigungen um zwei, Abendessen um fünf, »Zusatzkost« um acht, zu Bett um elf, Lichter aus um zwölf. Träumt süß. Und was das Personal entmutigt als »Zusatzkost« bezeichnete, bestand aus Erdnußbutter, Marmelade, Cornflakes, Gebäck und Keksen. Leere Kalorien für leere Geister. Ferner bedeutet es, an jedem einzelnen Tag daran erinnert zu werden, daß »sie« die Schlüssel haben. Sie bestimmen, wann man ißt, was man ißt, wann man schläft, wann man spazieren geht, wann man malt und wann – wenn überhaupt – man das Krankenhaus verläßt. Und es bedeutet, zu krank zu sein, um sich darüber Gedanken zu machen.

Auf diese Weise schwammen die streng eingeteilten Tage formlos vorüber. Jeder Tag war endlos, aber die Wochen verflogen. An diesem Ort scheint jede Minute mehr Sekunden, jede Stunde mehr Minuten, jeder Tag mehr Stunden zu haben als anderswo. Die Zeit läuft nicht weiter voran in einer solchen Anstalt; sie hüllt einen ein. Ich mußte die langen Stunden, die sich zwischen den Sitzungen mit Julie vor mir dehnten, irgendwie ausfüllen. Ich saß vor meinem Zimmer und rauchte, ging zur Beschäftigungstherapie, um zu malen, unternahm mit Don oder einem der anderen Helfer Spaziergänge in den Anlagen, führte endlose Gespräche mit anderen Patienten – solchen, die gesund genug waren, um reden zu können; den anderen gegenüber verhielt ich mich gleichgültig. Ich las alles, was mir in die Hände fiel, selbst wenn ich nicht begriff, was ich da las. Ich begann, lange Briefe an Edie und Lisa zu schreiben. Ich schaute Joe zu, wie er im Kreise ging, hörte mir Rogers Erzählungen von den Bergen auf dem Mars an und wehrte Iris' Annäherungsversuche auf der Toilette ab. Iris, die Lampen und Fenster zertrümmerte, wenn sie ihren Willen nicht durchsetzen konnte, war scharf auf mich. Großartig.

Julie und ich redeten immer noch über meine Eltern, aber ich war kein kleines Mädchen mehr. Ich war ein Teenager auf dem Weg zum College. Mein Vater wollte, daß ich an die Universität von Miami ging, und versuchte mich zu bestechen, indem er mir Kleider, ein Kabriolett und eine eigene Wohnung versprach. Aber ich wollte an eine andere Universität, weniger um meinen Eltern, als Miami Beach zu entfliehen. Ich haßte die falschen Wertbegriffe dieser Stadt, ihre glitzernde Fassade, die Besitzgier ihrer prestigesüchtigen Einwohner. Ich wollte mein Leben nicht in einer kulturellen Wüste beschließen. Ich hatte keine Lust, als Hauptfach Jai Alai (spanisches Ballspiel) und Wasserskifahren zu belegen. Ich wollte in Vassar studieren und dann in New York leben und arbeiten. Das sagte ich jedenfalls, aber was ich in Wirklichkeit meinte, war, daß ich nicht das Leben meiner Mutter führen wollte. Ich beobachtete sie oft, wie sie sich auf die Rückkehr meines Vaters aus dem Geschäft vorbereitete. Sie machte sich sorgfältig zurecht und fand doch oft keine Beachtung, wenn er erschöpft und mürrisch nach einem Arbeitstag zur Tür hereinkam und nichts anderes wollte, als sich einen Drink zu mixen, zu entspannen und fernzusehen. Ich mußte weg aus dieser Umgebung. Und als sich meine Mutter einschaltete, gab er endlich nach. Ich wurde in Vassar aufgenommen, und damit war die Sache für mich erledigt.

»Siehst du«, sagte Julie, »da hast du noch etwas, wofür du deiner Mutter dankbar sein kannst.«

»Aber ich glaube nicht, daß sie mich wirklich gehen lassen wollte«, antwortete ich.

»Bist du sicher? Du hast gesagt, daß sie große Ambitionen in bezug auf dich hatte, daß sie Dinge für dich wollte, die sie selbst nie gehabt hatte.«

»Warum hatte ich dann solche Schuldgefühle, als ich sie verließ?«

An der Universität Vassar geschah etwas, erzählte ich Julie, das meinem Leben eine unheilvolle Wendung gab. An meinem ersten Tag in Poughkeepsie fuhr ich mit meinem Fahrrad durch das Universitätsgelände, als plötzlich die Bremsen versagten und ich einen steilen Abhang hinunter raste. Ich stürzte und landete mit dem Kopf in den Speichen eines Rades. Ein Schlüsselbeinbruch war der einzige Schaden, den der Arzt diagnostizierte. Ich mußte mit einer Halsstütze herumgehen, die mir die Haltung eines West-Point-Kadetten verlieh. Aber Monate später stellte sich heraus, daß zwei Bandscheiben angeknackst waren, die mir die nächsten zwölf Jahre lang Schmerzen verursachen sollten. Was noch schlimmer war, sie führten mich in die Welt des Valiums ein. Mehrere orthopädische Chirurgen verschrieben mir für meinen Rücken Valium, das eigentlich ein Mittel zur Muskelentspannung ist. Als mir Dr. Allen dasselbe Medikament gegen meine Angstzustände empfahl, kam mir das wie die Rückkehr zu einem alten Freund vor. Wenn ich Valium nicht all die Jahre lang wegen meines Rückens genommen hätte, dann würde ich es vermutlich nicht so sorglos als Tranquilizer akzeptiert haben. Ich machte den Fehler, es als Medizin zu betrachten und nicht als Droge, mit der man vorsichtig umgehen muß.

»Millionen anderer Frauen begehen den selben Fehler«, bemerkte Julie.

»Warum?« fragte ich. »Warum sagen ihre Ärzte ihnen nicht die Wahrheit? Ich werde von einem fast zwanghaften Bild verfolgt, Julie. Tausende von Frauen im ganzen Land lassen sich von Männern – ihren Ärzten – mit Tabletten füttern. Männer sedieren Frauen, stellen sie ruhig, helfen ihnen, sich ihrer selbst zu berauben. Es ist obszön.«

Julie mußte zustimmen. Diese Männer waren ihre Kollegen, aber sie haßte diese Verstellung ebenso sehr wie ich. Sie wußte, daß ich nicht den ganzen Berufsstand verurteilte, nur jene Ärzte, die ein verantwortungsloses Spiel mit der menschlichen Psyche treiben.

Vassar war nicht schlecht, erzählte ich Julie. Es gefiel mir, zum ersten Mal im Leben auf eigenen Füßen zu stehen. Aber Poughkeepsie war mir zu fremd, Vassar erschien mir etwas unwirklich. Ich war nicht für ein Leben mit weißen angelsächsisch-protestantischen Debutantinnen oder jüdischen Prinzessinnen aus New York geschaffen, neben denen ihre Schwestern aus Miami wie krasse Dillettanten wirkten. Mich zog es nach New York; deshalb wechselte ich für die folgenden Studienjahre an die Barnard Universität, was in der Familie einen weiteren Aufruhr auslöste: Die kleine Barbara ganz allein in der bösen Großstadt. Sie gewöhnten sich schließlich an die Idee, aber zunächst gab es einen Kampf.

»Wir alle haben um das zu kämpfen, was wir wiklich wollen«, meinte Julie. »Und wenn es nicht die Eltern sind, mit denen wir uns herumschlagen müssen, dann sind wir es selbst.«

Sie hielt mir immer wieder vor Augen, daß ich meinen eigentlichen Kampf nicht mit meinen Eltern oder mit Pillenpfuschern oder gar mit ihr führte, sondern mit mir selbst. Und es war ihr schließlich gelungen, meine Wut aufzulösen. Unsere Sitzungen waren jetzt ruhiger; es gab keine Ausbrüche mehr, ganz selten nur noch einen zornigen Aufschrei. Meine Aggressionen hatten sich nach innen, gegen mich selbst gekehrt, weil ich alles verpfuscht hatte. Aber Julie warnte mich auch davor. »Sei nicht so streng mit dir selbst, Barbara«, mahnte sie. »Es muß keine bedingungslose Kapitulation sein. Bloß ein tragfähiger Waffenstillstand.«

Ich hatte etwa sechs Wochen im Krankenhaus verbracht, als mir Julie erlaubte, zum ersten Mal mit einem der Helfer in die Stadt zu fahren. Das Problem war, daß das Pflegepersonal alle

Hände voll zu tun hatte, Roger zu Boden zu ringen oder Iris unter Kontrolle zu halten, so daß ihnen sehr wenig Zeit für die anderen Patienten blieb. Aber Julie wollte mich für die Fortschritte belohnen, die ich gemacht hatte, und Don zeigte Verständnis dafür. Er holte mich deshalb an seinem freien Sonntag um elf Uhr ab, begleitete mich in ein Restaurant zum Mittagessen und machte anschließend einen langen Spaziergang mit mir, um mir das Städtchen Greenwich zu zeigen.

Ich war so aufgeregt. Es kam mir vor wie ein erstes Rendezvous. Immerhin verließ ich das Anstaltsgelände zum ersten Mal. Don und ich redeten und redeten. Wir waren inzwischen Freunde geworden, und ich wollte alles über sein Leben wissen. Nach seiner Ausbildung, erzählte mir Don auf unserem Spaziergang durch die sonntäglich verschlafene Stadt, wolle er in das schwarze Ghetto von Brooklyn zurückkehren, um an Kinder wie Jeff heranzukommen, bevor es zu spät sei. Don wurde im Krankenhaus dafür bezahlt, sich um die Patienten zu kümmern. Aber *wie* er sich kümmerte! Eines Tages, dachte ich, als wir den langen Weg zum Hauptgebäude hinaufgingen, wird irgendein Kind in Brooklyn diesen wundervollen Mann als Therapeuten haben. Ich erinnere mich, daß er mir an diesem Morgen sagte, es müsse eine Verschlechterung eintreten, das sei bei jedem so, bevor es wieder aufwärts gehe. »Und du wirst es schaffen, Barbara.«

Es war auch Don, der mich vor Selbstmitleid warnte. Eines Nachmittags traf er mich auf der Couch vor meinem Zimmer an. Ich hatte mich geweigert, zum Mittagessen zu gehen, und er wollte wissen, weshalb. »Weil ich es nicht mehr aushalte«, antwortete ich, »in diesem tristen Speisesaal mit Leuten zusammenzusitzen, die mit den Fingern essen, rülpsen, furzen, Essen klauen, schmatzen und vor sich hinbrabbeln.«

Er legte seine Hand auf meine Schulter.

»Du tust dir selber leid, Barbara, und dafür hast du keine Zeit. Du mußt an dir arbeiten.« Er hatte recht. Von allen nutzlosen Gefühlen, zu denen auch Schuld und Neid gehören, ist Selbstmitleid das schädlichste und dasjenige, das einen am ehesten genau zu der Zeit überfällt, wenn man es sich am wenigsten leisten kann. Die Kombination von Selbstmitleid und Selbsthaß ist geradezu tödlich, ähnlich wie Valium und Alkohol, und ich mußte täglich dagegen ankämpfen. Aber dieses »Warum ich?« überfällt einen, sooft man nicht aufpaßt. Ich sagte deshalb zu Don, die einzige Möglichkeit, es loszuwerden, sei, sich an die Antwort zu erinnern, die Gott Hiob gab, als dieser schrie: »Warum ich, Herr?« »Weil du mir manchmal auf den Wecker gehst.«

Don lachte und ich lachte, und er sagte: »Okay, das ist schon besser. Wie wär's, wenn du jetzt etwas tätest? Warum gehst du nicht in die Küche hinüber? Ich habe gehört, daß du gestern eine Torte gebacken hast.«

»Unter einer Bedingung«, antwortete ich. »Wenn du mich wieder bei Selbstmitleid ertappst, laß es mir nicht durchgehen, bitte. Andere mögen sich darüber streiten, ob die Welt mit einem Knall oder einem Wimmern enden wird, ich möchte die Gewißheit haben, daß meine nicht in einem Gejammer untergeht.«

Dennoch strandete ich immer wieder in Selbstmitleid, Aggressionen und Krankheit. Und es gab Augenblicke, in denen ich wieder in kindische Aufsässigkeit verfiel. Das alles führte zu nichts, aber ich war machtlos dagegen. Und Don war immer da, um die Scherben aufzulesen. »Gib jetzt nicht auf, Barbara«, sagte er. »Du bist so mutig gegen Ungerechtigkeit eingetreten. Du hast gegen Nixon, das FBI, die CIA gekämpft. Du hast dich für die Rechte anderer Menschen eingesetzt. Kannst du nicht genau so entschlossen für dich selbst kämpfen?«

Ich versuchte, trotz meines Elends zu lachen. »Ach, Don, dieses Melodrama wird nie gespielt werden, niemand würde uns dieses Gespräch abnehmen.« Dann brach ich in Tränen der Wut aus. »Nein, ich kann nicht kämpfen, weil es mich nicht gibt, und außerdem kämpfe ich gegen mich, und ich bin zäh.

Ach, Don, ich wollte mich nie selbst zum Feind haben. Ich möchte so gerne gesund sein.«

Er lächelte, und seine braunen Augen sahen mich durch die Nickelbrille an. »Du wirst gesund werden, Barbara. Bald.«

9

Ende Oktober. Sieben Wochen waren vergangen. Ich machte mit Paul Mangello, einem Helfer, mit dem ich mich angefreundet hatte, einen Spaziergang durch die Grünanlagen. Das Laub der Bäume leuchtete orange und gelb. Die Luft roch frisch und würzig. Ich hatte immer den Herbst geliebt, den Herbst, den ich aus Florida oder New York nicht kannte. Du hättest dir auch eine angenehmere Möglichkeit als diese aussuchen können, einen Herbst auf dem Land zu erleben, dachte ich mir.

Paul war ein empfindsamer junger Italiener mit üppigem schwarzem Haar und großen blauen Augen. Er und Don waren eng miteinander befreundet. Ebenso wie Don, mit dem er eng befreundet war, befand sich auch Paul in der Ausbildung zum Psychotherapeuten. Wir hatten uns jeden Abend, wenn er Nachtschicht hatte, über das Leben, die Liebe, unsere Eltern und unsere Jugendjahre unterhalten. Ich hatte ihn mit einem Gemälde überrascht, das für seine künftige Arztpraxis bestimmt war. Ich war schockiert, wie sehr er sich darüberfreute.

Als ich in die Halle zurückkam, ging ich in Julies Büro. Sie hatte sich an diesem Tag zu unserer Sitzung um einige Minuten verspätet, ich saß da und betrachtete die Begonie auf der Fensterbank. Seit dem Tag, an dem ich sie zum ersten Mal gesehen hatte, war sie ein ganzes Stück gewachsen. Sieben Wochen, Barbara, sieben Wochen.

»Ich habe gehört, daß du zu Lillians Geburtstag eine Torte

gebacken hast, Barbara«, bemerkte Julie, als sie eintrat. Lillian, eine ältere Frau, war eine neue Patientin, die unter Depressionen litt.

»Ja«, antwortete ich. »Ich glaube, sie hat sich darüber gefreut.«

»Ich weiß, daß sie sich gefreut hat. Sie hat es mir erzählt.« Ich hatte vergessen, daß Lillian ebenfalls Julies Patientin war. Dann fragte ich mich: Wird sie mir sagen, daß ich als narzißtisches kleines Mädchen gehandelt habe, das Aufmerksamkeit erregen möchte, oder wird sie es als reifes, erwachsenes Verhalten bezeichnen? Sie las meine Gedanken. »Sprechen wir darüber. Wie hast du dich gefühlt, als du die Torte gebacken hast?«

Damit war die Sitzung eröffnet. Alles, was ich tat, wurde auseinandergenommen und endlos untersucht. Und durch die Geburtstagstorte, die ich für Lillian gebacken hatte, lernte ich an diesem Tag, daß ich mit Ambivalenz leben mußte.

»Wir tun Dinge aus vielen Gründen«, sagte Julie. »Weil wir geben wollen, weil wir geliebt werden wollen. Nichts ist eindeutig, Barbara. Wir tun alles aufgrund einer Reihe psychologischer Motive.«

»Verflixt nochmal, Julie, es war bloß eine Geburtstagstorte für eine einsame, alte Frau in einem Krankenhaus. Natürlich wollte ich, daß sie sich freut und daß sie mich mag. Aber sie hat mir wirklich leid getan. Es war ihr Geburtstag. Ausgerechnet hier, an diesem gottverlassenen Ort!«

Ich gebe zu, daß mir dabei mein eigener Geburtstag einfiel, von dem mich nur noch sechs Wochen trennten. Aber falls Julie dasselbe dachte, so erwähnte sie es nicht. Für sie war ich im Augenblick einundzwanzig Jahre alt und hatte soeben mein Studium an der Barnard Universität abgeschlossen. »Machen wir dort weiter, wo wir das letzte Mal aufgehört haben», meinte sie. «Was sagten deine Eltern dazu, daß du in New York geblieben bist?«

»Du kennst ja Sally und Lou inzwischen gut genug«,

233

antwortete ich. »Es gab natürlich wieder einen Riesenkrach. Sie wollten, daß ich nach Hause komme. Ich glaube, daß sie stolz auf mich waren, als ich einen Job bei NBC bekam, wenn es auch bloß als Sekretärin war. Aber daß ich allein in New York lebte, bereitete ihnen solche Angst, daß ich, bloß um sie zu beruhigen, in ein Hotel für Frauen zog. Es hatte einen hochtrabenden Namen, aber das war auch das einzig Bedeutende daran.« Trotz eines schmalen Ausblicks, den das Fenster meines winzigen Zimmers auf den East River freigab, war es ein unerquicklicher und deprimierender Ort. Viele der Frauen dort erwarteten Kinder, deren Väter sich längst verzogen hatten. »Und ich mußte mich gegen die Annäherungsversuche der Lesbierinnen wehren«, fügte ich hinzu. »Die Schwulenbewegung war noch in weiter Ferne, und die einzigen Kontaktversuche fanden im gemeinsamen Waschraum statt.«

Julie lächelte. »Und das war deine Einführung in die Glitzerwelt von New York.«

»Für mich und viele andere Mädchen, die ich kannte. Das alles inklusive Frühstück und Abendessen für achtzig Dollar die Woche. Das Essen war nicht zu genießen, im Bad konnte man nicht baden, mein Leben war unerträglich. Schließlich gelang es mir, meine Eltern zu überzeugen, daß ich lieber Raubüberfälle in einer eigenen Wohnung riskierte als Belästigungen im Duschraum.«

»Hat dir dein Job Spaß gemacht?«

»Es war ein Anfang«, erinnerte ich mich. Ich arbeitete in der Ablage, tippte, kochte Kaffee – und lernte soviel ich konnte über den Sendebetrieb. Zu dieser Zeit gab es noch keine Frauenbewegung, und die meisten Mädchen redeten nicht über eine eigene Karriere. Aber ich glaube, ich war schon damals anders. Ich wollte Karriere machen. Ich war jung, voller Hoffnung für die Zukunft, ich hatte Talent und litt nicht im mindesten unter Heimweh. Wenn mir damals jemand gesagt hätte, zwanzig Jahre später würde mir ein Therapeut nahelegen, meine Abhängigkeit von meinen Eltern aufzugeben, ich

234

hätte es nicht geglaubt. Ich fühlte mich völlig frei. Ich glaubte, die Nabelschnur durchschnitten zu haben, und war glücklich, auf eigenen Füßen zu stehen.

»Erzähl mir, wo du gewohnt hast«, sagte Julie.

»Greenwich Village. Wo sonst? Was anderes konnte ich mir nicht leisten. Aber ich liebte mein kleines Appartement. Ich baute mir ein Bücherregal aus Brettern und Ziegeln und stopfte die Bude mit Zimmerpflanzen, Büchern, Platten und neuen Freunden voll. Das schien mir alles so wundervoll aufregend, aber sicher haben hunderte anderer Mädchen dasselbe getan und auf dieselbe Weise gelebt. Wieder ein Klischee.«

»Nenne es zur Abwechslung einmal typisch«, meinte Julie. »Was meinten deine Eltern dazu, als sie dein Appartement sahen?«

Ich zündete mir eine Zigarette an. Mir fiel plötzlich eine weitere Kränkung ein. Verflixt nochmal, warum erinnerte mich Julie an diese Dinge? »Meine Mutter war die einzige, die es je sah«, antwortete ich schließlich. »Mein Vater ist nie zu Besuch gekommen.«

Ich wußte, was sie dachte: daß ich die Nabelschnur gar nicht durchschnitten hatte, daß ich bloß an einer langen Leine hing. Aber sie sprach es nicht aus. Sie fragte mich, warum.

»Ich weiß es nicht. Aber nachdem ich mit Dr. Allen darüber gesprochen hatte, kam ich zu der Überzeugung, daß mein Vater meine Selbständigkeit nie wirklich akzeptiert hat. Oder vielleicht war es schmerzhaft für ihn, eine Wohnung zu besuchen, wo ich als Frau, nicht als sein kleines Mädchen lebte.«

»Und deine Mutter?« fragte Julie.

»Sie war das genaue Gegenteil. Sie besuchte mich, sooft sie konnte, half mir, Möbel auszuwählen, schickte mir Kochrezepte. Aber mein Vater kam nie, auch nicht, als sie zusammen in New York waren. Ich bin nie dahintergekommen, ob er zu viel oder zu wenig Anteil daran nahm.«

»Wahrscheinlich ein bißchen von beidem«, meinte Julie.

Ich lächelte. »Ambivalenz?«

»Richtig. Du mußt lernen, mit Ambivalenzen zu leben, Barbara. Deinen eigenen und denen aller anderen Leute. Das Leben ist kein schlechter Film mit Guten und Bösen. Es wäre zwar einfacher so, aber die Wirklichkeit ist anders.«

An diesem Nachmittag verließ ich ihr Büro sowohl erschöpft als auch erleichtert. Ich war einerseits verzweifelt, daß ich so viel verdrängt, daß ich versucht hatte, die Dinge so zu drehen, wie sie nicht waren, aber auch voll Hoffnung, daß ich zu einer neuen Aufrichtigkeit mir selbst gegenüber finden könnte, daß bei alldem etwas Gutes herauskommen würde. Ich nahm mir vor, mich dem Leben von nun an ohne Einschränkung zu stellen, und, was am schwierigsten ist, Ungewißheit und Ambivalenz zu akzeptieren. Ich würde aufhören müssen, alles schwarz oder weiß zu sehen. Ich würde lernen müssen, in den Grautönen, in der Mitte zu leben.

An diesem Abend bekam Roger einen Tobsuchtsanfall. Als Don und Paul versuchten, ihm seine Medikamente zu geben, begann er, auf beide einzuschlagen, und zerbrach Dons Brille. Roger war hochgewachsen und spindeldürr, aber er verfügte über unvorstellbare Kräfte. Deshalb löste die Schwester, sobald er zu toben begann, Alarm aus und rief die Helfer herbei, die ihn unter Kontrolle bringen sollten.

Ich wandte mich ab. Diese Szene wollte ich nicht in meine Erinnerung eingraben. Mir wurde wieder bewußt, daß Leute wie Don und Paul in dieser Klinik täglich ihr Leben riskierten. Iris und Jeff kicherten und lachten, was Roger zu einem weiteren Anfall provozierte. Wie viele der anderen Patienten schienen diese beiden solche Gewaltausbrüche als Schauspiel zu genießen. Ich flüchtete in mein Zimmer, aber selbst durch die Tür hörte ich die Helfer hin- und herlaufen, hörte ihre Bemühungen, Roger in den Griff zu bekommen. Und ich hörte seine Klagerufe und Schreie noch, nachdem sie ihn den Flur entlanggeschleift und in die Beruhigungszelle gesperrt hatten.

Endlich begannen Julie und ich, über die Männer in meinem Leben zu sprechen – nach dem Vorhergehenden fast eine

236

Erleichterung, weil ich mich an diese Beziehungen erinnern konnte oder zumindest dachte, ich könne es. Das gleiche Terrain hatte ich ja schon mit Dr. Allen sondiert. Aber Julie erreichte irgendwie, daß ich die Dinge und auch mich selbst auf andere Weise betrachtete. Dr. Allen hatte sich für meine Pathologie interessiert. Julie forderte mich auf, ihr meine Schmerzen mitzuteilen.

Ich erzählte ihr die Geschichte meiner kurzlebigen Ehe. Es begann in meinem dritten Jahr an der Uni. Das Telefon klingelte, und ein Mann war dran, der sich als Stan Rossman vorstellte, ein Collegeprofessor aus Los Angeles, der meinen Cousin kannte. Er machte Urlaub in New York und lud mich ein, mit ihm auszugehen. Wir sahen uns drei Jahre lang in sporadischen Abständen. Jedesmal, wenn er nach New York kam, streunten wir stundenlang zusammen durch die Stadt. Er war ein hochgewachsener, gutaussehender Mann, der Pfeife rauchte, und ich war noch jung genug zu glauben, daß Männer, die bedeutungsvoll an ihrer Pfeife ziehen, große Denker seien, daß sich hinter dem langen Schweigen und den nachdenklichen Blicken geistvolle neue Ideen und Konzepte verbergen. Mir kam nicht in den Sinn, daß Leute, die so schweigsam und nach innen gekehrt sind, am Ende gar nichts zu sagen oder zu geben haben.

»Hast du Stan geliebt?«, fragte mich Julie.

»Ich bin mir nicht sicher. Ich war damals vierundzwanzig und Stan war fünfunddreißig und sich seines Urteils über alles so gewiß. Er trug immer noch seinen Phi-Beta-Kappa-Schlüssel an der Krawatte. Er war stolz darauf. Mir war es dagegen ungeheuer peinlich, wenn jemand auf ihn zuging und ihn fragte, was das bedeute, und er dann anfing, vor Leuten, denen das völlig wurscht war, mit seinen verjährten akademischen Auszeichnungen zu renommieren.«

»Das hätte mir auch Sorgen gemacht«, bemerkte Julie. »Warum hast du ihn geheiratet?«

»Ich weiß es nicht. Selbst Dr. Allen wollte mehr darüber erfahren. Wahrscheinlich war es so ein Gefühl, in der Falle zu sitzen. Im ersten Jahr hatte ich eine ideale Ausrede: Es sei nicht meine Absicht, meinen Job in New York aufzugeben, um eine Professorengattin in Los Angeles zu werden. Aber dann erhielt er einen Lehrauftrag an der Rutgers Universität und die Anrufe meiner Eltern begannen: ›Also, wann endlich – wann? Du läßt dich treiben, Barbara. Wann werdet ihr es tun, Stan und du?‹«

»Ach Barbara«, erwiderte Julie mit einem Anflug von Enttäuschung in der Stimme. »Fängst du wieder an, nach Sündenböcken zu suchen? Das kann doch nicht der Hauptgrund gewesen sein.«

»Ich mache ihnen keinen Vorwurf, Julie. Es war nicht ihre Schuld. Aber das war der Grund. Ich wollte nicht mit vierundzwanzig heiraten. Ich wollte Karriere machen, reisen, etwas erleben, neue Leute kennenlernen. Aber ich hatte das Gefühl, meine Eltern in so vieler Hinsicht enttäuscht zu haben, und ich war nicht stark genug, ihren ständigen Druck zu ignorieren. Alle meine Freunde wußten, was los war. Keiner von ihnen glaubte im Grunde, daß Stan und ich miteinander glücklich sein würden. Aber als ich seinen Antrag schließlich annahm, waren alle plötzlich außer sich vor Begeisterung. Barbara wird heiraten. Wieder ist ein jüdisches Mädchen unter die Haube gekommen. Sie wird nicht allein bleiben. Ich empfand keine Freude, nur einen Verlust meiner Unschuld, einen Verlust potentieller Abenteuer. Trotzdem, wenn sich alle so freuten, dann mußte richtig sein, was ich tat.«

»Erzähl mir von der Hochzeit«, forderte mich Julie auf.

»Eine jüdische Hochzeit in Miami. Typisch«, antwortete ich. »Hunderte von Leuten, die lachen, essen und sich betrinken. Verwandte, von denen ich nicht einmal wußte, daß es sie gab. Und ich fühlte mich wie das Opferlamm.«

Warum hatte ich das alles bloß zugelassen? Julie drang nicht weiter in mich, aber ich erzählte ihr eine Geschichte. Bei NBC war ich inzwischen aufgestiegen und arbeitete an einer Dokumentarserie über Frauen mit. Zu meinen Aufgaben gehörte es, die einzelnen Themen zu recherchieren – Themen

238

wie Menopause und Frigidität –, mit Psychiatern zu reden und dann mit den Schauspielern die fiktiven Szenen zu besprechen, die mein Chef, George, geschrieben hatte. Die Serie war wirklich sehr gut, und ich liebte meinen Job. Stan und ich waren übereingekommen, daß ich nach unserer Heirat weiterhin arbeiten würde. Aber jetzt war August, und die Hochzeit sollte erst im Oktober stattfinden.

Meine Mutter arrangierte alle Einzelheiten, was ihr ungeheure Freude machte. Ich hatte das Gefühl, meine Hochzeit sei ein Geschenk für sie. Eines Tages saß ich an meinem Schreibtisch – auf dem Sprung, nach Brooklyn in ein Studio zu fahren, wo die Sendung auf Band aufgezeichnet werden sollte. George rannte wie verrückt im Büro herum, und alle hatten das übliche Premierenfieber. Das Telefon läutete. Es war meine Mutter, die aus Florida anrief.

Sie behelligte mich gewöhnlich nicht im Büro, und ich dachte, etwas Schreckliches sei geschehen. Aber da sie mit Small Talk begann, war ich erleichtert. Wir waren der Tragödie, die in meiner Vorstellung an jeder Ecke lauert, wieder einmal entgangen. »Was ist dein Lieblingslied?« fragte mich meine Mutter beiläufig. George schoß mir aus der Vorhalle Blicke zu und zeigte auf seine Uhr. Es war Zeit zu gehen. So spontan wußte ich das nicht zu sagen, aber meine Mutter bestand darauf, daß ich es ihr jetzt, in dieser Minute, erklären müsse. Ich behauptete also, mein Lieblingslied sei »But Not for Me« von George Gershwin.

»Wie geht das?« fragte sie.

George war im Begriff durchzudrehen. »Wir müssen los, Barb«, rief er laut.

Gezwungen, zwischen meiner Mutter und meinem Chef zu wählen, entschied ich mich für die Mutter und hörte mich die Worte sagen: » ›They're writing songs of love, but not for me; a starry sky's above, but not for me.‹ « (Sie schreiben Lieder der Liebe, doch nicht für mich; am Himmel stehen Sterne, doch nicht für mich)

»Geht nicht«, unterbrach mich meine Mutter. »Das können wir nicht nehmen.«

»Wofür können wir es nicht nehmen?«

»Wir können nicht ein so trauriges Lied bei deiner Hochzeit spielen.«

»Bei der Hochzeit? Mama, die ist in zwei Monaten! Warum in Gottes Namen mußt du das jetzt wissen?«

»Die Kapelle muß üben«, antwortete sie gelassen. »Das ist für deinen ersten Tanz mit Stan.«

George wurde hysterisch. »Um Gottes Christi willen, Barbara!« röhrte er.

»Was ist dein zweitliebstes Lied?« fragte meine Mutter.

Ich hängte mir den Hörer über die Schulter und begann Dinge von meinem Schreibtisch aufzulesen. »›It's All Right with Me‹ von Cole Porter«, antwortete ich.

»Sag mir den Text«, insistierte meine Mutter.

Während George und die beiden Schauspieler mich fassungslos anstarrten, begann ich leise in das Telefon zu singen: »»It's the wrong time, it's the wrong place, though your face is charming, it's the wrong face.«« (Es ist die falsche Zeit, der falsche Ort, auch wenn dein Gesicht bezaubernd ist, es ist das falsche Gesicht)

»Ach, Barbara, das ist ja noch trauriger«, stöhnte meine Mutter verzweifelt.

»Kann ich was dafür, wenn ich Verlierersongs mag?« fragte ich.

»Also, das können wir auf keinen Fall spielen«, entschied sie. »Was ist Stans Lieblingslied?«

»»A Foggy Day« von Gershwin«, antwortete ich, stolz, daß ich die Vorlieben meines künftigen Mannes kannte.

»Wie geht es?« fragte sie.

»»A foggy day in London town had me low, had made me down.«« (Ein nebliger Tag in London hat mich traurig, hat mich niedergeschlagen gemacht)

»Genau so traurig«, bemerkte meine Mutter entrüstet.

240

»Warte mal, Mutter«, sagte ich aufgeregt. »Ich glaube es endet gut. Hör zu. ›Suddenly I saw you there, and in foggy London town the sun was shining everywhere.‹« (Doch plötzlich sah ich dich, und im Londoner Nebel schien die Sonne überall)

Sie war zufrieden. Das konnte man nehmen. Ich legte auf und raste aus dem Büro zum Aufzug und sprang unten in die wartende Limousine. Auf dem ganzen Weg nach Brooklyn sah George mich an, als sei ich einem Irrenhaus entsprungen.

»Und dieses Lied haben sie auch gespielt«, sagte ich zu Julie, »zwei Monate später.«

Julie lachte so, daß ich mitzulachen begann. »Ach, Barbara«, seufzte sie und wischte sich die Augen.

»Ich wünschte, der Rest der Geschichte wäre auch so komisch«, sagte ich. »Aber unsere Ehe war ein Desaster, Julie. Ein Desaster von Anfang an. Wegen seines Jobs in Rutgers mußte ich die Stadt, die ich liebte, verlassen und in eine gräßliche Stadtrandsiedlung in New Jersey übersiedeln. Da ich weiterhin arbeiten wollte, mußte ich täglich pendeln. Morgens früh auf, dann mit dem Zug nach New York, abends zurück nach New Jersey, einkaufen, kochen, Geschirr spülen. Keine Zeit, um mit Leuten zusammenzusein, weder da noch dort. Ich haßte es. Und ich entdeckte bald, daß Stan und ich einander nichts zu sagen hatten. Ich hoffte, daß ich ihn nach unserer Eheschließung vielleicht dazu bringen könnte, den Phi-Beta-Kappa-Schlüssel abzulegen, aber nein, sein Eintritt in den Ehestand änderte nichts an der Tatsache, daß er ihn täglich als Ehrenzeichen trug.«

»Ich bin sicher, daß das nicht das einzige war, was dich störte«, bemerkte Julie.

»Nur eines von vielen Dingen«, antwortete ich. »Irgendwie schien er sich in einen anderen Menschen zu verwandeln, oder vielleicht war er derselbe, und ich hatte ihn nur nie richtig gesehen. Nach einem Arbeitstag bei NBC hetzte ich nach Hause und kochte das Abendessen, bloß um ihn sagen zu hören:

»Dieses Gericht hat nicht genug Farbkontraste, Barbara, und das Gemüse hat dieselbe Konsistenz wie das Fleisch. Du hättest dir mehr Mühe geben sollen. Du solltest für die Zubereitung einer Mahlzeit ebenso viel Zeit aufwenden wie für deinen Job.« Ach Julie, er war eifersüchtig auf mich. Und dabei machte ich bloß die Recherchen für eine Dokumentarserie.«

»Viele Männer reagieren so«, antwortete sie. »Wie hast du dich dann gefühlt?«

»Ich war wütend. Aber ich habe nie etwas gesagt. Wir haben nie darüber geredet. Und ich merkte, daß ich ihn meinen Groll auf boshafte, kleinliche Weise spüren ließ. Stan hatte eine große Schwäche für Western-Omeletts. Meine Form des Protests war, in den Supermarkt zu gehen und die Eier, die Tomaten, die Zwiebeln, aber nicht den grünen Paprika dafür zu kaufen. Am nächsten Morgen, wenn Stan sein Western-Omelett verlangte, hackte ich frohgemut die Zutaten klein und rief dann im letzten Augenblick entsetzt aus: ›Ach, zu dumm, ich habe vergessen, grünen Paprika zu kaufen.‹ Ich hätte nach Reno fahren oder schreien oder toben sollen, aber nein, ich habe den grünen Paprika nicht gekauft. War das ein bestimmtes Verhaltensmuster, Julie?«

»Suchst du immer noch nach einer Formel?« fragte sie mich. »Alles entweder schwarz oder weiß?«

»Dr. Allen meinte, ich hätte einen Mann geheiratet, der ganz meinem Vater glich.«

»Das kann ein Aspekt sein, Barbara. Aber bloß weil wir uns mit einigen Dingen in deiner Vergangenheit beschäftigen, bedeutet das nicht, daß alles pathologisch ist. Natürlich wolltest du deinen Eltern eine Freude machen, indem du geheiratet hast. Natürlich wolltest du, daß sie dich lieben und mit dir zufrieden sind, und das hat dein Urteil beeinflußt. Aber ich habe den Eindruck, als hättest du einen langweiligen Pascha geheiratet, der nicht im mindesten zu dir paßte. Vielleicht hat es etwas mit Ödipus zu tun. Und ein bißchen mit Masochismus. Aber es war eine neurotische Wahl, keine psychotische.

Du verdienst einen Orden, daß du es so lange mit Stan ausgehalten hast. Aber du warst nicht verrückt. Damals nicht und jetzt auch nicht. Du bist gesünder, als du glaubst.«
»Und was ist danach mit mir geschehen, Julie? Was war mit Bill? Und mit Eric? Habe ich immer wieder dasselbe gemacht?«
»Das heben wir uns für einen anderen Tag auf«, entschied sie.»Danke, daß du mich zum Lachen gebracht hast. Du hast übrigens auch gelacht. Du hast wirklich gelacht, Barbara. Ich sage dir immer wieder, daß du ganz in Ordnung bist, wenn du dir nur mehr zutrauen würdest. Du bist wirklich mehr intakt, als du weißt.«

Wir gingen zusammen in die Halle zurück; sie steuerte auf die Glaszelle des Büros zu, um den Schwestern die Medikamente für ihre anderen Patienten aufzuschreiben, und ich kehrte in mein Zimmer zurück, um meinen Zeichenblock zu holen. Ich arbeitete in der Therapie an einem Stilleben mit einer Flasche und einer Obstschale und freute mich, daran weiterzumachen. Zu meiner eigenen Überraschung merkte ich, daß ich die Halle entlang hopste, buchstäblich hopste. Das Lachen hatte mir so gut getan. Ich vermißte so viel von meinem früheren Leben – Liebe, Freundschaft, Arbeit. Und jetzt stellte ich fest, daß ich auch das Lachen vermißt hatte – das wunderbare, frohe, befreiende, warme, großartige Gefühl des Lachens. Heute hatte ich zum erstenmal seit Monaten wieder gelacht.

Ich versuchte, dieses gute Gefühl festzuhalten. An diesem Abend konnte ich beim Einschlafen fast die Combo hören, wie sie bei meiner Hochzeit »A Foggy Day« gespielt hatte, konnte noch den Ausdruck auf den Gesichtern meiner Eltern sehen, als ich mit meinem frischgebackenen Ehemann tanzte. Wie können sie nur so stolz und glücklich sein, hatte ich mich damals gefragt. Ich liebte ihn überhaupt nicht und glaubte, jedermann wisse das.

Jeden Freitagvormittag fand in der Halle eine Versammlung

der ganzen »Gemeinschaft« statt, eine Bezeichnung, die vom
Pflegepersonal im Zuge ihrer unablässigen, aber vergeblichen
Bemühungen ersonnen wurde, unsere Anteilnahme an dem
Raum zu erwecken, den wir gemeinsam bewohnten. Die
meisten Patienten waren zu krank, um an dieser demokrati-
schen Gepflogenheit teilzunehmen, aber immerhin bot sie den
einzigen Anlaß in der Woche, daß sich alle Schwestern, das
Personal der Tag- und Nachtschicht, die Pfleger und die
Therapeuten trafen. Wir saßen in einem riesigen Kreis im
Tagesraum. Dr. Michael Wald, der einzige »Dr. med.« in der
Abteilung, führte den Vorsitz. Die Patienten wurden aufgefor-
dert, ihre Beschwerden vorzubringen. Es war wie eine riesige
Gruppentherapiesitzung.

Während der ersten Wochen in *Sechs Nord* saß ich bloß
verdrossen in dem Kreis, ohne ein Wort zu sagen. Was hatte ich
bei diesem ausgeflippten Kaffeekränzchen verloren? Aber es
dauerte nicht lange und ich begann mitzureden, gewöhnlich,
um mich über etwas zu beschweren. Julie meinte, das sei ein
weiteres Zeichen, daß ich nicht wirklich verrückt sei.

Woche um Woche redeten wir über dieselben Dinge. Was
mich und einige der anderen Patienten am meisten störte, war
das ständige Geplärr des Plattenspielers. Wir empfanden den
hämmernden Rhythmus der Rockmusik als provozierend und
meinten, er rufe bei den zu Gewalttaten neigenden Patienten
destruktive Verhaltensweisen hervor. Außerdem, hörte ich
mich bei einer Versammlung sagen, gehe einem das auf die
Nerven: der ständige Krach, die ewig gleiche Platte. Wir baten
das Pflegepersonal wiederholt, die Stunden einzuschränken, in
denen der Plattenspieler laufen durfte, und setzten uns
schließlich durch. Nach dem (sehr frühen) Abendessen durfte
jetzt zwei Stunden lang keine Musik gemacht werden. Endlich
bestand eine Chance, daß etwas Ruhe in die Abteilung
einkehrte, waren uns einige Augenblicke vergönnt, ohne daß
einem der Kopf dröhnte

Wir beklagten uns auch über das schlechte Essen und die

Grobheit des Küchenpersonals. Und bei einer Versammlung fragte eine Patientin plötzlich, warum sie keine Ausgeherlaubnis für das Wochenende bekomme. Ich zuckte zusammen. Ausgeherlaubnis. Nach Hause gehen. Das würde ich auch bald machen. Julie sagte, in drei oder vier Wochen bekäme ich meinen ersten Übernachtungsschein. Es war Anfang November. Vielleicht konnte ich meinen Geburtstag doch zu Hause verbringen.

Bei den Versammlungen beobachtete ich immer Julie. Einige der Therapeuten ergriffen die Gelegenheit, um sich vor ihren Kollegen in Szene zu setzen. Julie saß still da und registrierte alles, sagte jedoch nie ein Wort. Was auch immer sie dachte, sie behielt es für sich. Ich hatte das Gefühl, daß sie sich in dem Team von *Sechs Nord* nicht ganz zu Hause fühlte, daß sie nicht gern dämliche Fragen stellte. Joyce Roberts, eine Therapeutin aus Texas, war das genaue Gegenteil. Wenn Jeff etwas gestohlen, Iris ein Fenster zerbrochen hatte und Roger in die Beruhigungszelle gesteckt worden war, konnte man sich darauf verlassen, daß Joyce Roberts am nächsten Morgen lächelnd fragen würde: »Und wie ist heute die Stimmung in der Gemeinschaft?« Ich haßte ihren herablassenden Ton, ihre Einmischung, ihre Überzeugung, über eine Welt Bescheid zu wissen, die sie jeden Abend verließ. Julie bewies immer Achtung für die Patienten und nahm an den Versammlungen in der Rolle eines Beobachters, nicht eines Pseudoinsassen teil.

An einem Freitag hatte Dr. Wald sichtlich etwas Wichtiges zu besprechen. »Würdest du bitte auch teilnehmen?« wandte er sich an Roger, der, die Arme über den Augen verschränkt, schaukelnd in einer Ecke des Raumes saß. Als nächster erregte Joe, der kichernd innerhalb unseres Kreises herumging, Dr. Walds Aufmerksamkeit. »Bitte, Joe, setz dich zu uns. Wir müssen etwas besprechen, was für die Abteilung von großer Wichtigkeit ist.« Joe ignorierte ihn.

Dr. Wald wirkte etwas verunsichert, war aber entschlossen fortzufahren. »Ihr wißt alle, daß uns Rogers Gewaltausbrüche

245

ernste Sorgen bereiten. Roger, komm her zu uns. Es geht um dich.« Roger schaukelte weiter, erhob sich dann und begann, am anderen Ende der Halle auf und ab zu gehen. Er wollte nichts mit dieser Sache zu tun haben. Trotzdem versuchten Dr. Wald und die anderen Mitglieder des Stabes weiterhin, ihn zu der Versammlung zu locken. Ich hatte gehört, daß es im akuten Stadium der Schizophrenie am besten sei, mit dem Patienten so zu reden, als könne er einen hören, als nehme er Anteil, als sei er normal. Roger hörte nichts.

Schließlich gab Dr. Wald auf und eröffnete die Versammlung ohne ihn.

»Rogers Anfälle machen uns allen große Sorgen«, begann er. »Vor einigen Tagen hätte er beinahe Don und Paul verletzt, und das Pflegepersonal hat den Eindruck, daß er eine Gefahr darstellt.«

Ich tat einen tiefen Atemzug. Seit langem hatte ich das Gefühl gehabt, daß Roger zu krank für die Abteilung sei, zu gewalttätig, zu unberechenbar, und hatte diese Besorgnis auch geäußert, obwohl das kalt oder grausam erscheinen mochte. Solange er in der Halle ist, sind wir jeden Augenblick gefährdet, hatte ich bei der Versammlung in der Woche zuvor gesagt.

»Wir haben deshalb beschlossen«, fuhr Dr. Wald fort, »daß er EKT bekommen soll. Elektrokrampftherapie. Das mag für viele von euch erschreckend sein, aber wir glauben, daß es Roger sehr helfen wird. Welche Gefühle habt ihr diesbezüglich?«

Jeff sprang von seinem Stuhl hoch. »Elektroschock – wau, Mann! Stark! Ich habe davon gehört. Verpaßt ihr ihm eine ordentliche Ladung, ha, damit er sich nicht mehr mit uns anlegt? Stimmt's, Dr. Wald, hab' ich recht?«

»Setz dich, Jeff. Ich weiß, daß einige von euch Schockbehandlung bekommen haben, und wir halten es für das beste, wenn diese Leute über ihre Ängste und ihre Erinnerungen sprechen. Aber zunächst möchte ich euch versichern, daß Roger keine Schmerzen empfinden wird. Er wird während der

246

Prozedur schlafen. Die Schockbehandlung ist nicht mehr das barbarische und schmerzhafte Verfahren, das es einmal war. Wir haben das alles auch Rogers Eltern erklärt.«

Ich war überrascht über die Zahl der Patienten, die sich zu Wort meldeten und über ihre Erfahrungen mit Schocktherapie in diesem oder in anderen Krankenhäusern berichteten. Als ich für meinen Film über die Situation in der Psychiatrie recherchierte, versicherte mir einer der Ärzte, daß seit Entwicklung und Verwendung von starken Tranquilizern und anderen Psychopharmaka nur noch selten Elektroschocks angewendet würden. Hier hatte ich den Beweis für das Gegenteil.

»Ich habe auch einmal Elektroschocks bekommen«, sagte Lara, nervös ihre Hände reibend.

»Das ist uns doch scheißegal«, unterbrach Iris sie.

»Bitte, Iris, laß Lara ausreden«, sagte Dr. Wald.

»Es tut eigentlich gar nicht weh«, setzte Lara hinzu. »Kann ich mir jetzt bitte die Haare waschen gehen?«

Und es hilft eigentlich auch nicht, dachte ich. Aber an diesem Morgen hatte ich das Gefühl, daß stärkerer Anteil als bisher an den Ängsten der Patienten und den möglichen Auswirkungen von Rogers Schockbehandlung genommen wurde. Ich hätte am liebsten Dr. Wald meine Anerkennung dafür ausgedrückt, daß er sich die Zeit nahm, mit uns darüber zu reden.

In den folgenden Wochen sahen wir wiederholt, wie Roger, unter starker Sedierung auf einen langen, tragbahrenähnlichen Tisch geschnallt, von Paul und Don aus der Halle gerollt wurde. Wir waren darauf vorbereitet, man hatte uns gewarnt, und wir warteten alle gespannt auf eine Besserung seines Zustands. Er lebte seit drei Jahren in dieser Abteilung. Drei Jahre! Und er war immer noch gewalttätig und unzugänglich und sprach praktisch mit niemandem. Er aß, er ging herum, er schlief nachts einen tiefen Thorazin-Schlaf. Vielleicht würde ihm die EKT helfen. Gott, warum hoffte ich immer noch auf Wunder?

»Barbara, du hast einige Male Bill erwähnt. Ich weiß, daß er dir sehr viel bedeutet haben muß. Erzähl mir von ihm.«

Ich wußte, daß Bill der nächste Punkt auf unserer Tagesordnung sein würde. Aber wie konnte ich Julie von dem Mann erzählen, den ich so sehr geliebt hatte? Ich war zuerst so glücklich gewesen und hatte dann so sehr gelitten. Womit sollte ich anfangen? Ich schaute zu Julie auf, die darauf wartete, daß ich zu reden anfing.

»Ich arbeitete als Autorin an einer Fernsehserie und war noch mit Stan verheiratet, als ich einen Mann kennenlernte, Julie – einen witzigen, intelligenten, begabten Mann, der ebenfalls an dieser Serie mitwirkte. Ich verliebte mich sofort in ihn, auf der Stelle! Er war verheiratet, ich war verheiratet, aber wir konnten gegen unsere Zuneigung nicht an. Er war fast zehn Jahre älter als ich, aber mit ihm fühlte ich mich lebendiger, wirklicher und verliebter als je zuvor.«

Ich beobachtete Julie, ob sich auf ihrem Gesicht eine Spur von Mißbilligung, daß wir gegen die Regeln verstoßen hatten, abzeichnete. Aber wie üblich, schien sie mir Sympathie und Interesse entgegenzubringen.

»Mit Bill fiel es mir leichter, Stans Groll gegen mich zu ertragen, Julie. Und zum Unterschied von Stan, wollte er, daß ich mehr erreiche, als Autorin weiterkomme, daß ich wachse. Da die Serie an den verschiedensten Orten der ganzen Welt gedreht wurde, verbrachten Bill und ich oft zwei wundervolle Wochen zusammen – bei den Pyramiden in Ägypten, beim Mardi Gras in New Orleans, beim Karneval in Rio, in San Francisco, auf den Bahamas. Ich fühlte mich wie Aschenbrödel, das von einem Prinzen erlöst wurde. Er war mein Freund, mein Geliebter und der beste Geschichtenerzähler, den ich je getroffen habe. Wenn wir nach New York zurückkehrten – Bill zu seiner Familie nach Scarsdale und ich zu Stan nach New Jersey –, trafen wir uns zum Mittagessen, redeten, träumten und planten bereits wieder unsere nächste Reise. Wäre Bill nicht gewesen, hätte ich Stan wahrscheinlich viel früher verlassen. Aber weil ich so glücklich war und mich so geliebt fühlte, hielt ich es in dieser schrecklichen Ehe länger aus und behielt mein Geheimnis für mich. Weißt du, Julie, daß viele Leute Bill die Schuld an meiner Scheidung gaben, aber in Wahrheit bin ich seinetwegen länger in dieser Ehe geblieben.«

»Hat Bill dir versprochen, dich zu heiraten?«

»O ja, oft, und ich habe ihm geglaubt, obwohl ich wußte, daß die Chance gering war. Seine beiden Kinder bedeuteten ihm viel, und er schätzte seinen Lebensstil mit dem Haus im Grünen. Schließlich ergriff ich die Initiative. Nachdem Stan und ich uns geeinigt hatten, daß wir beide zu unglücklich waren, um noch weiterzumachen, ging ich nach Mexiko und ließ mich scheiden. Mit Hilfe scharfer Drinks brachte ich das Ganze hinter mich und kehrte nach New York zurück. Insgeheim hoffte ich wohl, daß Bill seine Frau verlassen würde, wenn ich geschieden war.«

»Aber es änderte sich nichts?« fragte Julie.

»Nichts. Es stellte sich heraus, daß er die Sicherheit seines Familienlebens der Fahrt ins Unbekannte mit mir vorzog. Unsere Beziehung hatte sechs Jahre gedauert, und ich wußte, daß er mich wirklich liebte. Aber ich wußte auch, daß ich von der Serie weggehen mußte, um mich selbst zu retten. Vielleicht, aber nur vielleicht, würde er mir folgen. Aber er hat es nicht getan.«

»War das das Ende?«

»Nein. Er rief mich noch monatelang an, nachdem ich weggegangen war. Ich werde es tun, Barbara, nach diesem Geburtstag, jenem Familienfest, diesem Urlaub, jener Reise. Aber ich weigerte mich, ihn wiederzusehen. Ich wußte, daß es aus war. Jahre später würden wir wieder Freunde sein, miteinander zum Essen gehen und reden können. Aber ich hörte nie auf, an seinem Leben, seiner Karriere, seinem Glück Anteil zu nehmen, und ich weiß auch, daß umgekehrt dasselbe für ihn gilt.«

»Wußten deine Eltern von ihm?«

»Ich habe meiner Mutter von ihm erzählt, also nehme ich an, daß auch mein Vater Bescheid wußte. Sie mißbilligte das natürlich, aber wir haben nie richtig darüber geredet. Das Komische war – ich traute mich nicht, meinen Eltern den wahren Grund zu nennen, warum ich nicht mehr an der Serie arbeitete. Irgendwann sagte ich meiner Mutter die Wahrheit. Sie und ich vereinbarten, so zu tun, als sei ich weggegangen, weil mir die Arbeitszeit nicht paßte. Aber unser Plan erwies sich als Bumerang, so daß ich zuletzt auch Vater reinen Wein einschenken mußte. Er reagierte merkwürdig, nämlich erleichtert. Es war nur wegen eines Mannes. Man hatte mich nicht gefeuert, weil ich bei der Arbeit versagt hatte. Es war schlimmer, versuchte ich ihm zu erklären. Ich hatte in der Liebe versagt.«

»Und so schließt sich mit dem Beginn deiner Therapie bei Dr. Allen der Kreis.«

»Ja. Zur Zeit meiner Scheidung begann ich die Behandlung bei ihm. In jenem Sommer, nachdem ich Bill verließ, erlebte ich meinen ersten echten Angstanfall.«

»Erzähl mir davon«, sagte Julie.

»Ich fuhr mit einem meiner Vorgesetzten in einem Taxi, als sich die Luft plötzlich verdickte und ich das Gefühl hatte, zu ersticken. Zuerst glaubte ich, es sei der Geruch seiner Zigarre. Aber es war intensiver. Ich sprang aus dem Taxi und eilte in Dr. Allens Praxis. ›Man nennt das Angst‹, konstatierte er rundweg. Und schon hatte er den Rezeptblock bei der Hand und empfahl mir Valium, meinen bewährten Helfer aus der Zeit meiner Rückenschmerzen.«

»Warum, meinst du, hast du Angst gehabt?« fragte mich Julie.

Ich lachte. »Mein Gott, Julie. Ich war geschieden, der Mann den ich liebte, weigerte sich, mich zu heiraten, mein neuer Job war nicht annähernd so interessant wie derjenige, den ich verlassen hatte. Ich fühlte mich einsam – einsam und furchtbar traurig. Sind das nicht genug Gründe, ich bitte dich?«

250

»Ich wollte dich nicht verärgern«, antwortete sie. »Ich versuche bloß, dir etwas klarzumachen. Wenn es reale Gründe für Angst gibt, Barbara, dann ist das nicht pathologisch. Hat dir das Valium geholfen?«

»Ja. Die Anfälle kamen und gingen, aber ich wußte, die Tabletten würden mir helfen, und so maß ich dem nicht allzuviel Bedeutung bei. Ich nahm nur zwei Milligramm pro Tag. Nach einiger Zeit fand ich wieder eine interessante Arbeit als Autorin und Produzentin von Dokumentarfilmen. Es war eine Herausforderung, und ich bewährte mich dabei. Die Angst schien nachzulassen, als ich mich wieder zu engagieren begann – für Menschen, für meine Arbeit.

»Warum glaubst du demnach, daß die Anfälle häufiger und intensiver wurden, nachdem du Eric kennenlerntest?«

»Du bist die Therapeutin«, antwortete ich. »Sag du es mir.« Ich wollte nicht sarkastisch sein, aber ich wußte, daß wir beide dasselbe dachten. Dieser erste Sommer, als ich mit dem Verlust von Liebe, dem Verlust meiner Arbeit und der Notwendigkeit eines neuen Anfangs fertigwerden mußte, war ein Vorläufer des letzten Sommers, als mein Leben erneut in Scherben fiel. »War das der Grund, Julie?« fragte ich sie. »Lebte ich die ganzen Jahre mit Eric in der Angst, daß wieder dasselbe passieren würde?«

»Glaubst du nicht, daß das eine Rolle spielte?«

»Ja«, antwortete ich leise. »Ich habe mir immer gewünscht, daß mein Leben ungebrochen dahinfließt, daß es Kontinuität hat. Es scheint jedoch nur aus Brüchen und Neuanfängen zu bestehen.« Ich versuchte zu lächeln. »Wie hoch veranschlagst du also den pathologischen Prozentsatz bei der Geschichte mit Bill – auf einer Skala von eins bis zehn? Wieder eine Vaterfigur? Masochismus? Anklammern an etwas, von dem ich wußte, daß ich es nicht haben konnte? Das abhängige kleine Mädchen, das weiß, daß es schlimm ist und Strafe verdient?«

»Ich habe keine simple Lösung für diese Frage. Aber da war nichts Pathologisches dabei. Nur Schmerzen, von denen du dir manche selbst zugefügt hast. Es tut mir leid, daß du das durchmachen mußtest. Aber es war ein Teil des Erwachsenwerdens.«

»Ach, Julie, ich mag dich. Nichts Pathologisches – das ist dein Lieblingsausdruck. Wenn nichts Pathologisches da ist, was mache ich dann an einem Ort wie diesem?«

»Das frage ich mich manchmal selbst.«

»Nun«, sagte ich, »warte bloß, bis ich dir von Eric erzähle.«

Ich hatte mich inzwischen mit Kathy und Claudia, den beiden Teenagern, angefreundet, die in der Halle wohnten und die Oberschule des Krankenhauses besuchten. Wir unternahmen gemeinsam Spaziergänge in die Stadt, malten zusammen und hörten Musik. Sie schienen völlig normale Jugendliche zu sein, und ich fragte sie eines Tages, warum sie hier seien. Was suchten zwei ganz normal wirkende Schülerinnen unter einem Dach mit Kranken wie Roger und Joe und Jeff und Iris? Warum erlaubten ihre Eltern das?

Ich wußte, daß beide Verhaltensprobleme und Anfälle von Depressionen hatten; beide waren mit der Drogenszene in Berührung gekommen; aber keine der beiden konnte als krank im psychiatrischen Sinne bezeichnet werden. Claudia war vierzehn und sah mit ihrem rundlichen Gesicht und ihrem Lausbubenlächeln wie zwölf aus. Kathy war ein schönes Mädchen von fünfzehn Jahren mit kurzgeschnittenem Haar und großen, braunen, seelenvollen Augen. Sie hätte in einem Broadwaystück die jugendliche Naive spielen können. Beide machten einen etwas verwirrten Eindruck, aber welche Halbwüchsigen taten das nicht? Ich wollte die Wahrheit wissen. Warum waren sie hier?

Die Wahrheit. Sie kamen mit ihren Eltern nicht gut aus, warum sollte man sie also nicht in ein psychiatrisches Krankenhaus stecken? Hier gab es gute Ärzte, eine gute Schule – außerdem waren sie gegen psychiatrische Erkrankungen versichert. Ich konnte nicht glauben, daß Eltern ihre Kinder in eine Anstalt steckten, weil sie gut versichert waren. Ich sah Claudia an, forschte in ihrem Gesicht. Gab es einen anderen Grund – einen Grund, den sie mir nicht gesagt hatte? Nein, da war nichts weiter. Die Klinik kostete weniger als ein Internat. Eines Morgens tranken Claudia und ich in der überfüllten Cafeteria einen Kaffee miteinander. Ich hatte in der Klinik-Hierarchie inzwischen den Status »Offene Halle« erklommen, was bedeutete, daß ich kommen und gehen konnte, wann ich wollte, solange ich meine Sitzungen bei Julie einhielt und vor der Sperrstunde um vier Uhr dreißig in die Abteilung zurückkehrte. Claudia und ich saßen da und beobachteten die anderen Patienten, die Ärzte und die Schwestern, die mit ihren Kaffeetassen und Tabletts an uns vorbeimarschierten. Claudia war furchtbar durcheinander. Sie mußte ein Wochenende bei ihrer Mutter verbringen, die sie haßte, oder bei ihrem Vater, den sie noch mehr haßte. Wir sprachen über ihre Situation.

»Du mußt unbedingt Pläne für den nächsten Herbst machen, Claudia«, sagte ich.

»Aber verstehst du nicht, Barb?« erwiderte sie schmollend. »Sie wollen, daß ich bei einem von ihnen lebe und im nächsten Jahr in eine Privatschule gehe. Darum geht es bei all diesen Besuchen.«

»Aber wäre dir das nicht lieber, als in dieser gräßlichen Anstalt zu leben?«

»Nein, ich würde lieber hierbleiben. Wirklich.«

»Bei Roger und Joe und Jeff und Iris und diesem ständigen Krach in der Halle? Das kann nicht dein Ernst sein, Claudia. Das glaube ich nicht.«

»Ja, es ist wahr. Und es kostet meine Eltern keinen Pfennig. Die Psychiatrieversicherung läuft noch zwei Jahre. Warum also nicht?«

»Ich kann nicht glauben, daß deine Eltern beide so schrecklich sind, daß du lieber hier bist. Deswegen nicht.«

Es war ein Gespräch, das wir schon oft geführt hatten. Aber alle meine Argumente prallten an ihr ab. Sie wiederholte immer wieder, daß es hier gar nicht so schrecklich sei, sie habe ihre Freiheit, ihre Schulkameraden seien prima, sie könne in der Beschäftigungstherapie backen und malen und in der Erholungstherapie kegeln, und sie habe ihr eigenes Zimmer. Was für ein Leben, dachte ich, was für Eltern, was für Teufel müssen das sein, die *Sechs Nord* als gute Alternative anschauen. Aber sooft wir auf dieses Thema zu sprechen kamen, wurde Claudia einsilbig, preßten sich ihre Lippen aufeinander und vertieften sich die kleinen Furchen auf ihrer jungen Stirn. Sie hatte nichts Schelmisches mehr an sich, sie wirkte plötzlich wie eine verstörte junge Frau, und ich fühlte mich hilflos.

Ich beklagte mich bei Julie. »Ich kann nicht glauben, daß das Krankenhaus Claudia gestatten wird hierzubleiben. So gierig können sie doch nicht nach Patienten, nach Dollars sein. Was ist das für eine Anstalt, die die Patienten behält, weil sie eine Versicherung haben, die verwirrte Teenager mit Schizophrenen und schweren Psychotikern wie Joe und Roger in einen Topf wirft?«

»Du bringst mich in eine schwierige Lage, Barbara. Ich kenne Claudias Vorgeschichte nicht genau und du auch nicht. Aber ich bin sicher, daß ihre Eltern nicht die Ungeheuer sind, als die sie sie beschreibt. Du darfst nicht alles glauben, was dir die anderen Patienten erzählen. Dr. Wald ist ihr Arzt, und bestimmt würde er sie nicht hierbehalten, wenn er es nicht für notwendig hielte.«

»Du kannst diesen Laden in Schutz nehmen; du mußt das wohl auch«, entgegnete ich. »Aber ich weiß, daß es ihr mehr schadet, hier zu bleiben, als zu Hause oder in einem Internat zu leben. Der einzige Grund für ihren Aufenthalt hier ist, daß es nichts kostet.«

»Nicht für jeden Barbara. Ich komme ungern darauf zu sprechen, aber die Anzahlung, die du geleistet hast, ist aufgebraucht, und du bist mit einer ziemlich hohen Summe im Rückstand. Du solltest mit Mr. Thomas in der Buchhaltung sprechen.«

Geld! Bei all dem Gerede über Claudia und ihre Versicherung hatte ich das ganze vergessen. Das Zählwerk lief weiter. Eintausendachthundert pro Woche. Meine fünftausend Dollar waren aufgebraucht, und ich schuldete dem Krankenhaus mindestens weitere dreitausend. Ich versprach Julie, mich darum zu kümmern. Das Gespräch war uns beiden peinlich.

»Jetzt bleiben uns nur noch ein paar Minuten, Barbara. Wir haben praktisch die ganze Zeit damit verbracht, über Claudia zu reden. Ich möchte, daß du etwas bekommst für dein Geld.«

»Es tut mir leid.«

»Mir nicht, zumindest nicht in einer Hinsicht. Hast du bemerkt, Barbara, daß du in letzter Zeit viel mit den anderen Patienten sprichst und an ihrem Schicksal Anteil nimmst? Lara hat mir erzählt, daß du ihr dein Parfüm geliehen hast, als ihr Mann zu Besuch kam. Und du backst Kekse und Kuchen und bietest sie den anderen an.«

»Du tust so, als ob ich hier Pfadfinderin oder Therapeutin spielen würde«, bemerkte ich.

»Nein, aber es ist ein Zeichen, daß du wieder teilzunehmen beginnst. Die frühere Barbara.« Sie begann, ihre Papiere vom Schreibtisch aufzusammeln. »Aber es kann auch ein Mittel sein, um sich selbst aus dem Weg zu gehen. Als du hierher kamst, wolltest du über nichts anderes reden als über Eric. Jetzt, wo wir an den Punkt gelangt sind, über ihn zu sprechen, scheinst du es hinauszuschieben. Warum?«

»Ich habe Angst, Julie. So einfach ist das. Ich habe Angst vor dem, was ich über mich selbst erfahren könnte.«

An diesem Abend traf ein neuer Patient ein. Er war jung, aber wegen seines dunklen Bartes und seiner ungekämmten Haare konnte ich sein Alter nicht genau schätzen. Seine Kleider sahen zerlumpt und abgerissen aus. Er ging wie ein Roboter, steif und mechanisch. Eine der anderen Patientinnen wisperte mir zu, daß er von Bellevue hierher verlegt worden sei und starke Beruhigungsmittel erhalten habe. Jeff ging zu ihm hin. »Abend. Bist du der Neue? Ich bin Jeff. Hast du eine Zigarette?« Don schob Jeff aus dem Weg und führte den jungen Mann zum Büro.

Lillian, die alte Frau, war am Tag zuvor entlassen worden. Sie hatte ein starkes Antidepressivum und eine improvisierte Therapie erhalten und sich daraufhin rasch erholt. Ob der Neue Lillians Dämonen hören würde oder seine eigenen? Absorbieren diese winzigen Räume die Krankheit? Plaudern sie Geheimnisse aus? Werden die Wände feucht durch die vielen Tränen, die die Insassen vergießen, und müssen häufiger gestrichen werden?

In der Halle entstand ein Tumult. »Das ist mein Scheißbillardstock«, kreischte Iris, »und ich habe keine Lust, ihn Joe zu leihen, diesem Arschloch!« Sie begann, mit dem Stock auf Joe einzuschlagen, und Don eilte aus dem Büro, um sie von ihm wegzureißen. »Komm mir nicht in die Nähe, Don«, schrie sie ihn an. »Komm mir nicht in die Nähe, oder ich hau dir deine Birne weich!« Selbst wenn diese Tirade Don Respekt eingejagt haben sollte, er schoß blitzschnell auf Iris zu und wand ihr den Stock aus der Hand.

Der neue Patient beobachtete das alles vom Eingang der Glaszelle aus. Jeff, der den Krawall genoß, ging auf ihn zu. »Willkommen«, sagte er mit einem breiten Lächeln und kaum einer Spur von Ironie. »Willkommen in *Sechs Nord*.«

10

Sein Name war Jim. Wir tauschten anfangs unsere Geschichten aus, wie psychiatrische Patienten sie einander mitzuteilen pflegen: Wenn du mir deine Misere erzählst, erzähle ich dir meine. Er stellte mir kluge Fragen, behutsam, aber tiefgreifend. Ich wußte nicht, daß Jim als erfahrener Patient alle Tricks kannte, um einem Leidensgenossen seine Geschichte zu entlocken. Aber er unterschied sich von den anderen in der Abteilung durch seine Intelligenz und Sensibilität. Ich erzählte ihm eine Kurzfassung meines Alptraums, und als ich geendet hatte, sah er stirnrunzelnd zu mir auf und sagte: »Eric war ein Nazi, ein SA-Typ. Wie konntest du diesen Menschen lieben?« Es war schwierig, Jim davon zu überzeugen, daß Eric mir die dunkle Seite seiner Persönlichkeit nie zuvor offenbart hatte.

Dann wollte ich etwas über Jim erfahren. Was machte dieser hochintelligente, psychologisch bewanderte junge Mann in einer psychiatrischen Klinik? Er schilderte mir sein Leben – nicht ohne Humor. Er hatte die Welt seiner Eltern abgelehnt. In Glen Cove auf Long Island, dieser Enklave der jüdischen Oberschicht, wo Gucci und Pucci als Leitsterne galten, wagte es Jim, sich Jim für Marcuse und Zen zu interessieren. Er erzählte mir von seinem Studentenleben in Ann Arbor Michigan, von seinen politischen Aktivitäten und dann von den Drogen, Unmengen von Drogen – Marihuana, LSD, Speed, noch mehr LSD. Obwohl er keine Verbindung zwischen seiner Krankheit und den Drogen herstellte, war ich überzeugt, daß es eine geben müsse. Seine erste schizophrene Episode erlebte er im Alter von zweiundzwanzig Jahren.

Nachdem er das Studium abgebrochen hatte, führte er ein Vagabundenleben Er wohnte in Rasthäusern für Fernfahrer und hörte Bob Dylan; er flüchtete vor dem Lebensplan, den seine Eltern ihm zugedacht hatten – einem Lebensplan, der unter anderem seinen Eintritt in das Familiengeschäft und eine Existenz in der erstickenden Welt einer insularen Schlafstadt vorsah. Er verabscheute dieses Leben, alles, was es symbolisierte; seine Stimme wurde lebendig, als er schilderte, wie in der Fabrik seines Vaters, in *jeder* Fabrik, die Arbeiter ausgebeutet wurden. Von daher war es eine logische Folge seiner Auflehnung, daß er als Hilfsarbeiter auf einer Ranch, in Stahlwerken, auf Orangenplantagen gearbeitet hatte (nach der Maxime: besser, ausgebeutet zu werden, als ein Ausbeuter zu sein, dachte ich), daß er kreuz und quer durch das Land reiste, allein reiste. Einsam.

Dann erzählte er mir von dem Unfall. Er arbeitete als Taxifahrer und fuhr eben durch die Third Avenue, als er plötzlich aus heiterem Himmel das Gefühl hatte, seine frühere Freundin sei in einer schrecklichen Situation und sehne ihn verzweifelt herbei. Er habe ihr Gesicht vor sich gesehen, sagte er, und ihre Stimme zu hören geglaubt, die ihn rief. Blitzschnell wendete er das Taxi und fuhr in der verkehrten Richtung durch eine Einbahnstraße. Es kam zu einem Zusammenstoß, bei dem eine junge Frau ihr Leben verlor. Jim wurde wegen fahrlässiger Tötung zu sechs Monaten Haft auf Rikers Island, einem der härtesten Gefängnisse New Yorks, verurteilt. Er hätte in ein Krankenhaus gehört. Es sollte Wochen dauern, bis Jim in der Lage war von der schrecklichen Isolierung in diesem Gefängnis zu erzählen, von der Gewalt und der Demütigung, mit abgebrühten Kriminellen zusammenzuleben, die ihn hänselten. Und er hatte sich gegen Männer zur Wehr setzen müssen, die ihn zu vergewaltigen suchten.

258

An dem Abend, als wir uns kennenlernten, redeten Jim und ich nach dem Abendessen fünf Stunden miteinander, saßen, in Morgenmänteln und Hausschuhen Seite an Seite auf der Couch vor meinem Zimmer. Jeder erfuhr etwas über das Leben des anderen, während Joe vor sich hinkichernd im Kreis herumging, Roger und Iris um einen Billardstock stritten, Jeff auf seiner Gitarre klimperte und seine unnachahmliche Version von »Honky Tonk Women« sang. Zu alldem dröhnten der Plattenspieler und der Fernseher, aber wir kümmerten uns weder um den Lärm noch um die Leute rings um uns. Ich mußte lachen, als Jim sagte, das Leben hier sei wie in einem Park, alles geschehe öffentlich, nichts privat. Erst als die Nachtschwester, Mae, eine große Schwarze, die ihre Pflichten wie ein Zuchtmeister versah, brüllte: »Jim! Barbara! Ich möchte es euch nicht noch einmal sagen. Elf vorbei. Geht sofort zu Bett! Ich meine es ernst, hört ihr?« – erst da sagten wir uns widerstrebend Gute Nacht, und ich hörte mich hinzufügen: »Schlaf gut« – Worte, die ich, solange ich mich erinnern konnte, zu niemandem mehr gesagt hatte.

Nach diesem ersten Abend verbrachten wir Stunden zusammen und redeten nur. Ich fühlte mich in Jims Gegenwart wohl. Er erschien mir gesund, nicht krank wie die anderen Patienten. Er war intelligent, ein Mensch mit Hirn, mit dem man sich unterhalten konnte, und obwohl ich fünfzehn Jahre älter war als er, mußte ich zugeben, daß er, sobald er seine Gammlerkluft abgelegt und sich rasiert hatte, ein attraktiver, fast schön zu nennender Mann war. Seine Augen funkelten wild; nur wenn wir über unsere Neigung zur Selbstzerstörung sprachen, sah ich so etwas wie Zärtlichkeit durch die finstere Wut schimmern, die in seinen Augen glomm.

Ich hatte Filme über Leute wie Jim gedreht – ihre gesellschaftliche Rebellion, ihren politischen Idealismus, die Straßenschlachten, die Drogen. Und bald begann ich, ihn damit aufzuziehen, daß sein Leben ein Überbleibsel aus den sechziger Jahren sei. Wenn er über seinen Haß auf das Geschäft seines

Vaters sprach, erinnerte er mich an Dustin Hoffman in *Die Reifeprüfung.* »Du solltest über diese ganzen Rebellionen der sechziger Jahre hinaus sein«, meinte ich. »Weiß du nicht, daß die siebziger Jahre eine Zeit der Konsolidierung und der Aussöhnung mit dem System sind?« Aber er hatte keineswegs aufgehört zu rebellieren und in seiner Beziehung zu seinen Eltern nichts gelöst. Er erzählte mir, daß er im vergangenen Jahr zehn Monate in diesem Krankenhaus gewesen war. Zehn Monate! Ich konnte es nicht glauben.

Und so redeten und redeten wir, lachten und zogen uns gegenseitig mit unserem Ausflippen auf. Die Pfleger fragten sich, worüber wir uns so viele Stunden lang unterhielten. Ich weiß es nicht mehr genau. Über Lyrik, über Politik, über unser eigenes Leben, über alles mögliche. Ich verschloß die Augen vor der Tatsache, daß er ein Patient, daß er schwer krank war. Ich sah nur einen zärtlichen, leidenden jungen Menschen, der im Alter von fünfundzwanzig Jahren zuviele Monate seines Lebens in psychiatrischen Anstalten zugebracht hatte. Viel später brauchte ich bloß den Namen Timothy Leary zu hören, um bei der Erinnerung an den tragischen Rat, den er einer Generation junger Menschen gegeben hatte, einen schrecklichen Zorn in mir aufsteigen zu fühlen. Jim war vermutlich einer von Tausenden Jugendlichen, die diesem Rat folgten, die mit bewußtseinsverändernden Drogen experimentierten und nicht mehr in die Realität zurückfanden. In meinen Monaten im Krankenhaus lernte ich auch andere junge Menschen kennen, die nach Drogenexperimenten in Vietnam oder hier zu Hause schwere Anfälle von Geisteskrankheit durchmachten. Und ich mußte auch mich zu dieser Kategorie der Drogenmißbraucher zählen. Ich dachte an den Film, den ich in Boston über den Drogenkonsum bei Kindern gedreht hatte, erinnerte mich, wie besorgt ich um ihr Leben gewesen war, wie ich die Drogen verabscheute, während ich selbst meine Tabletten schluckte. LSD, Speed, Heroin, Valium – jeder einzelne der Patienten von *Sechs Nord* hatte eine Droge benutzt und

260

mißbraucht, meist in Komplizenschaft oder zumindest mit Zustimmung ihrer Ärzte.

Die Stunden, die sich früher endlos vor mir dehnten, hatten jetzt einen Sinn. Jim war jemand, mit dem ich reden, für den ich Kaffee holen und Zigaretten kaufen konnte, jemand, der mir etwas bedeutete. Wenn ich von der Maltherapie kam, zeigte ich Jim immer meine Bilder, und er hängte sich einige der kindischen Klecksereien in seinem Zimmer auf. Er schrieb Gedichte für mich. In einer geschlossenen Abteilung eingesperrt, verbrachten wir Stunden damit, einander vorzulesen und die Leere, unter der wir beide litten, mit der Wärme und Intensität unserer Freundschaft zu füllen.

Er war begeistert von einem Dichter, von dem ich nie gehört hatte: Pablo Neruda.

»Wie ist es möglich, daß eine Frau wie du noch nie von Neruda gehört hat?« wunderte er sich. »Ich kann es nicht glauben. Ich glaube es einfach nicht, Barb.«

»Ich war damit beschäftigt, unsere freiheitlich-demokratische Grundordnung zu verteidigen, genügt dir das nicht?« fragte ich zurück. »Es tut mir leid, aber jetzt liebe ich ihn ja, was soll's also? Lies mir noch einmal das Gedicht über die Einsamkeit vor.«

Es war die Kakaostunde, und wie saßen auf der elenden Couch vor meinem Zimmer. Jim begann zu lesen.

Jim las mir immer noch vor, als am Abend die Alarmglocke schrillte und die Helfer herbeieilten, um Roger zu bändigen. Der Schreck fuhr mir in die Glieder, aber Jim sagte: »Achte nicht darauf, Barbara, achte einfach nicht darauf. Höre dir bloß die Gedichte an. Blende alles andere aus, damit du nicht Jahre später noch all dieses Häßliche in dir hast.« Ich suggerierte mir also, daß ich nur die Gedichte Nerudas hören wollte, und versuchte, die unschönen Vorgänge in der Halle durch die Schönheit seiner Worte und die Wärme unserer wachsenden Freundschaft von mir fernzuhalten. Jim und ich schufen uns behutsam unsere eigene Welt, die es uns ermöglichen sollte, in

261

dieser Hölle zu überleben. Das brauchte seine Zeit, aber es war das einzige, was wir beide leisten konnten.

Am nächsten Morgen erzählte ich Julie, was am Abend zuvor geschehen war. »Kannst du dir das vorstellen? Wir saßen da und lasen Gedichte, während Don und die anderen Helfer mit Roger rangen, und ich war imstande abzuschalten. Ich hörte nur die Gedichte und Jims Stimme.«

»Ich glaube es«, antwortete Julie. »Warum zweifelst du daran?«

»Weil ich dachte, ich sei zu krank, um eine Freundschaft zu schließen, zu krank, um Anteil zu nehmen. Aber er *ist* mein Freund, und ich möchte, daß er gesund wird. Ich mache mir solche Sorgen um ihn. Und ich mache mir Sorgen, daß du unsere Freundschaft nicht gutheißt.«

»Ihr seid gut füreinander«, antwortete Julie. »Wirklich. Ich habe dir ja gesagt, daß Therapie überall stattfindet, nicht bloß in diesem Zimmer.« Und sie lächelte in einer Weise, die besagte: »Ich weiß, du bist älter und hast mehr erlebt, aber ich bin jünger und dein Therapeut« – ein verlegenes Lächeln, das mich daran erinnerte, daß wir nicht auf gleicher Ebene verkehrten, daß ich in jeder Hinsicht von ihr abhing, sowohl in bezug auf Einsicht, Weisheit und Ratschläge, als auch in Hinblick auf Passierscheine und Entlassung. Sie stellte für meine Identität eine Art Lackmuspapier-Test dar, und ich war schockiert, daß sie meine Freundschaft mit Jim billigte. Ich hatte erwartet, daß sie mich an seine Krankheit erinnern und mir unseren Altersunterschied vor Augen halten würde. Aber nein, sie schien sich tatsächlich für mich zu freuen.

Jims Therapeutin war Joyce Roberts, eine hochgewachsene, knochige, redselige Texanerin mit einem ausgeprägten Akzent und einem ständigen albernen Grinsen. Sie war Psychiaterin und trug wie einige der Therapeuten in der Abteilung immer einen weißen Kittel, dazu ein Stethoskop um den Hals, als würden diese ärztlichen Attribute ihr im Bewußtsein ihrer Patienten Autorität verleihen. Sie entfaltete die Betriebsamkeit einer Glucke und verbrachte mit den Schwestern Stunden kichernd und klatschend hinter den Glaswänden des Büros, von wo aus sie die Geschehnisse in der Halle verfolgte. Ich hatte Joyce nie gemocht, fand sie zudringlich, herablassend und dumm. Aber jetzt dämmerte mir, daß sie vielleicht auch gefährlich sein konnte. Alles was in den sechziger Jahren in diesem Land geschehen war, schien an ihr spurlos vorübergegangen zu sein; sie hatte nichts begriffen, nichts erfahren, nichts gemerkt. Sie zeigte keinerlei Verständnis für Jim und seine Welt oder die Welt, die er sich erhoffte. Sie behandelte ihn wie einen kleinen Jungen, hätschelte und schmeichelte ihm, und das war ihm lästig. Zuerst dachte ich, ich hätte unrecht. Wie könnte ich schon recht haben? Aber leider entsprach es den Tatsachen. Und ich spürte, daß sie mich ablehnte. Wenn sie vorüberging und Jim und mich in ein Gespräch vertieft fand, konnte ich ihr den Ärger anmerken. Warum nur? Ich war eine Patientin. Julie billigte unsere Freundschaft. Wieso war Joyce auf mich eifersüchtig? Manchmal, wenn Jim sich aus dem Leben zurückzog und nicht über seinen schrecklichen Schmerz sprechen wollte, brachte ich ihn dazu, mir von Rikers Island oder seinem Unfall oder der Friedensbewegung zu erzählen. Die Verbindung stellte sich wieder her, er fühlte wieder, war wieder ganz da. Er muß Joyce gesagt haben, daß er gern mit mir rede, und deshalb war sie eifersüchtig. Sie hatte keine Beziehung zu seiner Welt. Sie wußte nichts von neonbeleuchteten Lkw-Rastplätzen, von Marcuse und Dylan – und nichts vom Leben der jüdischen Mittelschicht auf Long Island. Wie hätte sie Jim helfen können?

Obwohl ich mich über die kindische, unsensible Art ärgerte, mit der Joyce ihn und die anderen Patienten behandelte, kam mir der Gedanke, auch ich hätte das Pech haben können, ihr und nicht Julie zugeteilt zu werden, erst später. In einem psychiatrischen Krankenhaus gleicht die Zuweisung eines Therapeuten einem Würfelspiel um die eigene Seele. Ich wurde

263

nicht deshalb Julies Patient, weil sie auf bedürftige neurotische Damen aus New York spezialisiert war, sondern, weil sie gerade in diesem Augenblick weniger Fälle zu betreuen hatte als alle anderen, bloß, weil sie als nächste dran war. Und aus dem gleichen Grund übernahm Joyce die Behandlung von Jim. Es war ein erschreckender Zustand. In einem psychiatrischen Krankenhaus kann man seinen Therapeuten nicht frei wählen und einen unfähigen nicht los werden. Man muß bei dem einmal zugewiesenen bleiben. Jeder Versuch seitens des Patienten, den Arzt zu wechseln, wird vom Personal als Indiz betrachtet, daß man nicht bereit ist, in der Therapie voll mitzuarbeiten. Es ist immer die Schuld des Patienten; der unfähige Arzt wird stets in Schutz genommen. Wie unfair, dachte ich. Alles bleibt ein Spiel des Zufalls. Nie würden wir unseren Körper von Ärzten so mißhandeln lassen wie unsere Seele. Niemals!

Thanksgiving Day in einer psychiatrischen Anstalt. Die Schwestern brachten Gitarren mit, und wir saßen alle im Tagesraum zusammen, sangen Volkslieder und Weihnachtslieder. Das Personal gab sich alle Mühe, uns an diesem Tag Wärme und Geborgenheit zu vermitteln. Selbst Roger und Iris begriffen, daß heute Gewaltausbrüche fehl am Platz waren. Sie setzten sich ein wenig abseits und beobachteten still unser Bemühen, in dieser schrecklichen Umgebung das Erntedankfest zu feiern.

Julie hatte am Tag zuvor einen fünftägigen Urlaub angetreten. Während unserer letzten Sitzung hatte sie mich ermutigt, darüber zu reden, wie ich mich bei dem Gedanken fühlte, Thanksgiving, das Fest der Familie, der Freundschaft und der Zusammengehörigkeit, in einer Anstalt zu verbringen. Ich konnte ihr nicht antworten. Mein Gefühl des Verlusts war unbeschreiblich. Ich fand keine Worte dafür. Trotzdem versicherte ich ihr, daß es, weil ich mit Don und Paul und Jim, meinen neuen Freunden, zusammensein würde, eigentlich gar nicht so schrecklich sei. Wir hatten endlich angefangen, über Eric zu sprechen, über den düsteren Teil von ihm, der eine solche Anziehung auf meine dunkle Seite ausgeübt hatte. Ich fühlte mich immer noch wie ein Marsmensch, immer noch abgetrennt, und immer noch versuchte ich Julie zu überzeugen, daß ich hoffnungslos schizophren sei. Aber ich wußte, daß ich mich besser unter Kontrolle hatte, daß ich stärker aus mir herausging und Kontakt mit meiner Umgebung aufnahm, daß ich jetzt bereit war, das Rätsel Eric und die Dinge, die zwischen uns geschehen waren, zu lösen. Warum mußte Julie ausgerechnet in dieser Situation wegfahren? Beim Abschied umarmten wir uns, und ich wünschte ihr einen schönen Urlaub. Aber ich merkte, daß ich sie von dem Augenblick an, als sie die Halle verließ, vermißte.

Der Tag nach Thanksgiving war ein warmer, milder Vorwintertag, und Jim und ich beschlossen, Tennis zu spielen. Mit Jeans und Pullovern bekleidet, liehen wir uns zwei Schläger und drei Bälle aus und gingen zu dem Platz bei der großen Fichte, deren Zweige bis auf den Boden wippten. Wir spielten gut, wenn man bedenkt, daß wir beide gegen Trägheit und Apathie anzukämpfen hatten, daß wir erst die Starrheit unserer Körper überwinden mußten, die mit der Abstumpfung des Geistes einhergeht. Infolge des wochenlangen Sitzens litt ich unter einem Mangel an Koordination, aber Jim spielte sehr schön.

Ich wußte nicht, daß er neben seinen vielen anderen Jobs auch als Tennislehrer gearbeitet hatte. Ich war fasziniert von seiner Art, sich zu bewegen. Während ich linkisch und ungraziös dem Ball nachjagte, wirkten seine Bewegungen mühelos, leicht und flüssig.

Wir spielten kein Match, wir schlugen bloß den Ball hin und her. Aber es war wundervoll. Als ich Jim ansah, dachte ich, Gott, ist das ein Mann. Und zum erstenmal seit Monaten spürte ich sexuelles Verlangen in meinem ganzen Körper, meinen Brüsten. Es war wie in der beginnenden Pubertät als ich zum erstenmal erregt war. Ich fühlte mich ganz neu und unsicher in den Knien, und als wir zu spielen aufhörten, konnte ich nur mit Mühe gehen. Mir schwindelte vor neuen, unbekannt-bekannten, köstlichen Gefühlen.

Verlegenheit überfiel mich. Ich war mir seines Körpers bis dahin nicht bewußt gewesen. Seinen Geist, sein Herz, sein Ungestüm, seine Unreife, seine Sanftheit kannte ich, mit seiner Männlichkeit war ich nicht in Berührung gekommen. Aber ich sagte kein Wort, als wir durch die welken, raschelnden Blätter stapften, die den Boden bedeckten. Glücklich. Ich konnte fühlen! Fragen von richtig oder falsch, jung oder alt und ob er meine Gefühle teilte, kamen mir nicht in den Sinn.

Wahrscheinlich empfindet er nichts für diese neurotische, angstbesessene, alternde Person, sagte ich mir. Als mir diese Gedanken durch den Kopf gingen, schob ich sie zur Seite. Aber dicht an seiner Seite roch ich seine Männlichkeit, seinen durch das Spiel verstärkten Geruch, und mir wurde wieder schwindlig. Um Christi willen, Barbara, er ist ein fünfundzwanzigjähriger psychiatrischer Patient, ein Junge, dessen Hirn von LSD ausgebrannt ist. Schlag dir das aus dem Kopf, oder du wirst eine schöne Freundschaft ruinieren. Ich versuchte es, aber die wohligen Gefühle brachen meine seelische Abstumpfung auf, die Hohlheit, unter der ich seit Monaten gelitten hatte. Ich wußte, daß sie fehl am Platz waren, aber ich konnte sie nicht aufhalten.

Jim redete über frische Luft, Tennis und das Leben. Er neckte mich: »Für eine vierzigjährige Dame bist du ganz schön flink. Aber deine Rückhand ist schwach wie ein Huhn.«

Ich lächelte, in meine geheimen Gedanken versunken, als wir in die graugrüne Halle mit ihrer schweren, kranken Luft zurückkehrten, die ausnahmsweise nichts gegen die Leichtigkeit vermochte, die ich in meinem Herzen zu spüren begann.

An diesem Abend nahmen Jim und ich nach dem Essen wieder unseren Stammplatz auf der Couch vor meinem Zimmer ein. Wir redeten und sahen dem allabendlichen

266

Schauspiel zu: Roger, der vom Leben auf der Venus erzählte, Iris, die sich mit Joe anlegte, die anderen Patienten, die ständig in Bewegung waren, ohne an ein Ziel zu gelangen. Gemessen schreitend, stolzierend, vor sich hin brabbelnd, marschierten sie in der Halle auf und ab. Mickey, ein junger depressiver Patient, und Cora, ein schizophrenes schwarzes Mädchen, saßen uns gegenüber, starrten uns an und hörten unserem Gespräch zu, vielleicht in der Hoffnung, etwas von der Energie, dem Menschsein, der Normalität aufzufangen, die wir für sie repräsentiert haben müssen.

Jim hatte recht. Alle Vorgänge in einem psychiatrischen Krankenhaus sind öffentlich, als lebe man sein Leben auf einer Bühne. Ob man pinkelt, weint, seinen Arzt aufsucht, auf Passierschein hinausgeht, eine Mahlzeit versäumt – alle anderen Patienten wissen davon und nehmen darüber hinaus das Recht in Anspruch, ihre Kommentare dazu abzugeben. Genauso bilden sie sich ein, daß man sich für ihre Verdauungsgewohnheiten, ihre Medikamente und ihre Ausgeherlaubnis interessiert. Ich habe es als erpreßte Anteilnahme bezeichnet. Wir beobachteten, wie das Abendpersonal der Nachtschicht Bericht erstattete. Wir sahen die Wärter kommen – Männer, die auf Stühlen vor den Zimmern der Patienten saßen und deren Schlaf bewachten. Mae schaltete Fernseher und Plattenspieler ab; die Patienten stellten sich nach ihren Medikamente an. Um elf Uhr begann Friede einzukehren.

»Jim! Barbara! Es ist elf vorbei. Ich möchte euch nicht noch einmal erinnern«, rief Mae vom anderen Ende der Halle. Wir ignorierten sie. Ich las Jim ein Gedicht von Cummings vor. Als ich geendet hatte, sagte Jim leise: »Komm her, Baby, ich möchte dich in die Arme nehmen.«

Es war ein Schock und doch keiner. Es hatte also nicht nur mich erwischt. Ich hörte mich sagen, daß ich ihn auch umarmen wollte. Aber körperliche Kontakte (KK) waren verboten und öffentliche Schaustellungen zudem nicht unser Stil. So wünschten wir uns bloß Gute Nacht, schlaf gut.

»Heute nacht werde ich mit dir schlafen«, sagte Jim, als er aufstand.

»Und ich mit dir.«

Als ich in mein Zimmer ging, fühlte ich mich wie seit Monaten nicht mehr. Ich fühlte mein Herz, meine Seele, ich fühlte mich als Frau. Eigentlich war nichts geschehen, und doch war alles geschehen. Die bösen, häßlichen Gedanken, die gewöhnlich durch mein Hirn kreisten, blieben in dieser Nacht still. Ich machte den Fehler zu glauben, daß sie für alle Zeiten verschwunden seien. Aber der graue Schleier, der mich seit Monaten einhüllte, hatte sich gelichtet. Ich war eine Frau. Ich konnte fühlen. Ich konnte geben. Schließlich mußte ich Jim etwas gegeben haben, daß er mich in die Arme nehmen wollte. Und er hatte gesagt schlafen, nicht bumsen. In der Trostlosigkeit meiner Krankheit und in dieser schrecklichen Umgebung schienen mir dieses In-die-Arme-nehmen, Schlafen und Berühren die wichtigsten Dinge der Welt zu sein.

Einige Tage später, an einem Sonntag, gingen wir miteinander in den Anlagen spazieren. Plötzlich war die Kälte des Spätnovembers hereingebrochen, aber uns schien es noch warm genug, unter der schön gewachsenen Fichte zu sitzen. Er hatte seinen Arm um mich gelegt, mein Kopf ruhte an seiner Brust – so saßen wir schweigend nebeneinander und sahen die Sonne im graublauen Zwielicht des Himmels versinken.

Er küßte mich. Es war der zarteste Kuß, den ich je bekommen hatte. Dann berührten wir einander, betasteten und befühlten uns, Seite an Seite geschmiegt. Zum erstenmal mischte sich archaische Triebhaftigkeit in unsere Zuneigung. Als wir aufblickten, war die Sonne verschwunden und ein riesiger, orangefarbener Vollmond starrte auf uns nieder.

»Komm, gehen wir«, sagte Jim plötzlich. »Wir haben uns schon wieder verspätet.« Unsere Körper trennten sich. Die kindhafte Befriedigung des Erforschens war verschwunden. Die Welt des Erwachsenen hatte uns wieder eingeholt. Eine Mann-Frau-Beziehung läßt sich nicht sublimieren. Wir gingen also zurück, unbefriedigt, traurig, und frustriert und dennoch glücklich. Mein Lächeln strafte die andere Wahrheit Lügen. Wir hatten etwas miteinander geteilt, etwas Intimes. Nach diesem Abend gebrauchten wir oft den Satz: »Laß dir deine Selbstachtung nicht nehmen.« Wir sagten ihn einander vor, um uns vor der ständigen Demütigung zu schützen, die der bloße Aufenthalt in der Halle bedeutete.

Joyce fuhr fort, ihre Rolle als Erdmutter zu spielen. Ihr Gekicher, ihre Albernheit, ihr kultureller und politischer Horizont isolierte sie völlig von den Erfahrungen und Werten, aus denen zum Teil die Probleme ihrer Patienten resultierten. Es mangelte ihr an echter psychologischer Einsicht, und sie versuchte diesen Mangel zu überdecken, indem sie sich wie eine besorgte Mutter gebärdete. Jim erzählte mir lachend, daß eine Sitzung mit ihr die Intensität eines Telefongesprächs habe. Wenn er ihr von seiner Vergangenheit berichtete, von Indianerzelten in Arizona, von Kreuzfahrten durch das Amerika der sechziger Jahre, schaute sie ihn bloß verständnislos an und nannte ihn einen ungezogenen, verantwortungslosen Jungen. Sie hatte keine Ahnung, was in ihm vorging.

»Mich zu verstehen, heißt, die sechziger Jahre zu verstehen«, sagte Jim. Mir gegenüber konnte er sich auch über seine politischen Erfahrungen lustigmachen. »Ich war dabei«, erinnerte ich ihn. »Ich habe dich gefilmt. Ich war da mit Kameras und meiner eigenen politischen Empörung.« Wir lachten über unseren Altersunterschied, aber wir wußten beide, daß ich das Milieu kannte, aus dem er stammte. Joyce kannte es nicht, und ich haßte sie deshalb. Ich beklagte mich bei Julie über sie. Ich bat sie zu intervenieren, ihren Einfluß geltend zu machen, um einen anderen Therapeuten für Jim zu bekommen. Aber sie hatte keinen Einfluß darauf. Das System machte es unmöglich. Auch ich konnte nichts tun, außer Joyces Eifersucht mit wütenden Blicken zu quittieren. Zwischen uns entspann sich eine Feindschaft.

Eines Abends saß ich auf der Couch vor meinem Zimmer und sah zu, wie sich die anderen Patienten anstellten, um ihre abendlichen Medikamente in Empfang zu nehmen. Jim stand in Schlafrock und Pantoffeln mit ausgestreckter Hand da und wartete auf seine Tabletten. Er wirkte so klein, so zerbrechlich, so verletzbar. Wir haßten beide alle Anzeichen von Abhängigkeit beim anderen. Welch eine Ironie, dachte ich, daß ich, die um Tabletten gebeten hatte, nichts bekomme, während er anfangs praktisch gezwungen werden mußte, Medikamente zu nehmen.

Ich grübelte immer noch über diese Frage nach, als er sich zu mir auf die Couch setzte. Ich sagte zu ihm: »Jimmy, was ist mit uns passiert? Ich habe nichts weiter getan, als mit Valium aufzuhören.«

»Nein«, antwortete er, »Du hast nichts weiter getan, als mit Valium anzufangen.«

»Ja«, sagte ich. »Genauso wie du nie mit dem verdammten LSD hättest anfangen sollen.«

Sofort verfinsterten sich seine Augen, und die Furchen auf seiner Stirn vertieften sich. Ich hatte verbotenes Terrain betreten. »Das hatte nichts damit zu tun«, antwortete er scharf, »und du weißt es. Jetzt hör auf von dem LSD.«

Ich hatte eine Grundregel verletzt. Ich durfte nicht dem LSD die Schuld geben, niemals. Er weigerte sich, irgendeinen Zusammenhang zwischen seinen Drogenexperimenten und seiner Krankheit zu sehen. Seine Eltern, seine Ärzte, jeder vermutete einen solchen Zusammenhang, aber er blieb unerbittlich. LSD hatte damit nichts zu tun, gar nichts.

Jims Krankheit war nicht durch erkennbare Verrücktheit, durch Ausbrüche von Wahnsinn gekennzeichnet. Sie äußerte sich eher durch eine stille Melancholie, durch Trägheit, Passivität, Apathie, so weit ich sehen konnte. Bei mir war das anders. Ich fühlte mich immer noch einsam und verloren und von Ängsten gepeinigt. Und an diesem Abend, nachdem wir vom Thema Drogen zu etwas Unverfänglicherem übergegangen waren, zu einem Gesprächsstoff, der weniger Aggressionen auslöste, hatte ich plötzlich das Gefühl, mich in Luft aufzulösen, in Einzelteile zu zerfallen, und konnte nichts anderes tun, als mich festzuhalten. Ich wurde von Tränen überschwemmt. »Jim, es macht mir solche Angst. Ich habe das Gefühl, aus einer Million Billion Moleküle zu bestehen, die sich alle in die Atmosphäre verflüchtigen. Wenn ich mich nicht an der Couch und an dir festhalte, werde ich verschwinden.« Ich fing an, haltlos zu weinen. Aber durch mein Schluchzen hörte ich mich sagen: »Ich kann dir diesen Wahnsinn nicht zumuten, Jimmy. Ich darf es nicht.«

»Du kannst mir alles zumuten, Barb«, antwortet er. »Wir sind Freunde. Nur fühle ich mich so hilflos, wenn du so reagierst. Ich kann dir nicht helfen. Ich kann nichts tun.« Dann stand er auf und ging rasch zu seinem Zimmer.

Ich begann also, ihn in diesen schrecklichen Momenten zu meiden, diesen Momenten, die wie Anfälle über mich kamen, in denen ich nichts anderes spürte als meine Krankheit.

An diesem ersten Abend kehrte er zurück, als ich endlich aufhörte zu weinen, und brachte mir eine Tasse heißen Kakao. »Ich wollte dich nicht alleinlassen, Barb«, sagte er, »aber ich konnte es nicht ertragen. Ich hoffe, du bist mir nicht böse.«

Ich sah zu ihm auf, meine Augen füllten sich mit Tränen, neuen Tränen – Tränen über ihn, nicht über mich. »Wie könnte ich dir böse sein? Du hilfst mir, mein Leben zu retten. Ich werde das nie wieder machen, Jim, nie wieder!«

Wenn ich heute an Jim denke, fallen mir die Augenblicke ein, in denen wir zusammen gelacht haben. Aber falls ich je unseren Altersunterschied vergessen wollte – die Erfahrungen unseres Zusammenseins riefen mich stets in die Realität zurück.

Eines Tages saßen wir in der Kunsttherapie nebeneinander und malten. Ich ging zum Plattenspieler, um etwas Neues aufzulegen. Jim lauschte interessiert, während wir beide weitermalten.

»Das ist hübsch, Barbara. Wer ist das?« fragte er mich.

»Vivaldi.«

»Vivaldi? Ist er neu?«

»Jim, du machst Witze.« Ich lachte.

Vivaldi als der neue Bruce Springsteen. Die alte Barbara Gordon wäre schockiert gewesen. Die neue lachte.

Manchmal stritten wir. Einmal legte er sich mit einem Patienten an, der als Soldat in Vietnam gekämpft hatte. Er griff Earl an, weil dieser glaubte, er habe seine Männlichkeit durch Kampf und Patriotismus unter Beweis gestellt. Aber ich wußte, daß Earl nichts anderes besaß, was ihm Identität verlieh. Er hatte weder das Geld noch den Status noch die Bildung, um sich aus dem Krieg herauszuhalten. Und ich hegte den Verdacht, daß dies bei Jim so gelaufen war. Ich attackierte ihn daher mit einer nie dagewesenen Heftigkeit. Mehrere Tage lang redeten wir nicht miteinander.

An einem Wochenende Anfang Dezember gelang es Jim und mir, für den Nachmittag eine Ausgeherlaubnis zu erhalten. Wir aßen in Greenwich zu Mittag, und ich fühlte mich wunderbar, als mich der mißbilligende Blick des Oberkellners traf, der unser Alter zu überschlagen schien. Jim und ich saßen im hinteren Teil des Raumes eng nebeneinander und lachten und fummelten wie Halbwüchsige. Mein Herz machte einen Sprung, als er mich leicht auf die Lippen küßte. Es war wie mein erstes Rendezvous und mein erster Kuß.

Dann hatte ich ein merkwürdiges Erlebnis. Ich mußte mal raus, und in der Toilette des Restaurants wurde mir bewußt, daß sich die Tür versperren ließ. Man war ungestört, ohne Angst haben zu müssen, daß Iris hereintrapsen oder eine der Schwestern nachsehen würde, ob ich noch am Leben sei. Zurück am Tisch berichtete ich Jim von meiner Empfindung, was für eine Wonne ein verschließbares Klo sei. Die geringste Kleinigkeit genügt, um einen glücklich zu machen, wenn man in einer verzweifelten Situation ist.

Diese Toilette erinnerte mich an mein früheres Leben, und

272

ich sagte zu ihm: »Die wissen einfach nicht, daß ich nicht immer ausgeflippt, schwach und elend war. Ach, Jim, ich hatte ein gutes Leben, und sie wissen nicht, wie sehr ich es vermisse, wie sehr ich mir wünsche, wieder gesund zu sein. Aber ganz, nicht als Stück meiner selbst, nicht als Bruchteil. Sie wissen nicht, was für eine Frau ich war.«

Nach einigen Sekunden sah er mich an und sagte: »Ich weiß, wieviel du verloren hast. Viel mehr als ich. Für mich ist das kein großer Abstieg nach den Gefängnissen und Kohlenbergwerken, aber für dich . . . Vielleicht sollte das Krankenhaus im Zuge deiner Therapie einmal vier deiner Freunde konsultieren.« Er sagte das so unschuldig, so ernsthaft. »Und deine Freunde könnten Julie erzählen, was für eine Persönlichkeit du vorher warst, könnten allen erzählen, daß du nicht immer krank gewesen bist.«

Mir blieb buchstäblich die Luft weg. Ich liebte ihn so in diesem Augenblick. Er verstand mich. Er begriff meinen Verlust – den Verlust meiner selbst, meines Lebens. Er hatte mir eine naive, aber schöne Lösung vorgeschlagen. In diesem Moment waren unsere Streitereien, die Eifersucht, das gegenseitige Verteufeln und Meiden, wenn wir verletzt oder wütend aufeinander waren, vergessen. Auf dem Tiefpunkt, und es gab viele davon, waren wir füreinander da. Und es gibt kein Maß, um die Seligkeit zu messen, inmitten von Krankheit jemanden zu haben, der sich für dein Leben interessiert. Die Wärme, die Anteilnahme und das Lachen, vor allem aber die Zärtlichkeit ist es, was uns letzten Endes rettete.

Aber es gab auch Dinge, die Jim nicht verstand. Ich bin immer ziemlich unkoordiniert gewesen, ein Mensch, dem alles aus der Hand fällt und zu dem die eigenen Freundinnen sagen: »Bitte hilf mir nicht beim Geschirrspülen.« Ständig lasse ich etwas fallen oder verschütte etwas – vom Kaffee angefangen bis zur Zigarettenasche. Jim registrierte diese Seite von mir mit Staunen und Verblüffung. Er konnte es nicht mit seinem Bild von meiner New Yorker Existenz in Einklang bringen.

An diesem Morgen hatte ich mir geschworen, mich bei unserem gemeinsamen Mittagessen manierlich zu benehmen, und als wir im Begriff waren zu gehen, sagte ich, sehr stolz auf mich: »Jim, hast du bemerkt, daß ich nichts umgeworfen, fallengelassen, vollgeschmiert oder zerbrochen habe?«

»Ich weiß«, antwortete er mit einem breiten Lächeln. »Aber der Strohhalm von deiner Cola steckt mitten im Pablo Neruda.«

Er lachte und lachte. Julie könnte dreißig Jahre an mir arbeiten, sagte er, aber zu diesem Teil meiner Persönlichkeit würde sie nie vordringen. Er legte seinen Arm um mich: »Du bist verrückt.« Wir redeten und kicherten auf dem ganzen Weg zurück zum Krankenhaus. Es machte uns nichts aus, daß wir uns wieder verspätet, die Sperrstunde verpaßt hatten. War das unsere Schuld, daß die Sonne schon um vier Uhr dreißig unterging?

An diesem Abend ließ ich in meinem Zimmer gerade unseren gemeinsam verbrachten Tag an mir vorüberziehen, als ich zu meinem Erstaunen vor meiner Tür Jim zu Kathy, der fünfzehnjährigen Schülerin, sagen hörte, daß er Lust hätte, mitten im Winter eine Nacht mit ihr im Schlafsack am Meer zu verbringen. Ich konnte es nicht ertragen. Ich war außer mir. Wie konnte er nur? Erst heute nachmittag ... Ich weigerte mich, an diesem Abend auch nur ein Wort mit ihm zu wechseln.

»Wenn du jetzt nicht mit mir sprichst«, rief er mir zu, als ich zum Tagesraum ging, ohne ihn zu beachten, »werden wir nie wieder miteinander reden, Barbara.«

»Ist mir egal«, antwortete ich. »Laß mich in Ruhe. Wie konntest du, Jim? Wie konntest du? Hättet ihr nicht irgendwo anders eure Träume austauschen können?«

»Es war bloß ein Hirngespinst. Ich wußte nicht, daß du in deinem Zimmer warst.«

»Es ist eine Frage des Geschmacks, Jim. Offensichtlich hat mir der Tag mehr bedeutet als dir.«

274

Schließlich sagte er leise: »Sie ist fünfzehn Jahre alt, Barbara. Und außerdem würde ich wirklich gern mit jemandem am Strand schlafen, aber dafür bist du nicht der Typ. Du magst Zimmerservice.«

Darauf gab es keine Antwort. Ich war niedergeschmettert. Ich ging auf mein Zimmer und tobte. Es sollte Tage dauern, bis Jim und ich wieder Freunde sein würden.

Inzwischen war ich ein Profi im Tauschgeschäft geworden. In der Anstaltswelt sind Zigaretten die gängige Währung, wobei die verschiedenen Marken verschieden hoch gehandelt werden. Eines Abends waren mir die Zigaretten ausgegangen, und ich sagte zu Lara, wenn sie mir eine gebe, würde ich dafür die zehn Cents streichen, die sie mir für ein Telefonat schuldete. Jim hörte das und sagte: »Weißt du, Barbara, es ist irgendwie schön und irgendwie auch furchtbar mitanzusehen, wie eine Frau wie du in dieser Welt überlebt.«

Wenn ich mich auch nicht mehr in der Welt normaler Menschen zurechtfand, so klammerte ich mich doch mit aller Kraft ans Leben. Und wenn ich meinen Horizont einschränken und jede Überlebenschance im Krankenhaus wahrnehmen mußte, um meine Identität zurückzuerlangen, dann wollte ich das tun. Vielleicht würde ich mich eines Tages auch »draußen« wieder zurechtfinden. Ich war mir nicht sicher.

Eines Tages erhielt ich einen Brief von CBS mit der Mitteilung, daß ich aufgrund eines Filmes, den ich im Jahr zuvor gedreht hatte, für zwei Emmys nominiert worden sei. Jim freute sich ungeheuer für mich. Einige Tage später traf ein schöner Blumenstrauß ein. Ich verstand zuerst nicht. Es war noch nicht mein Geburtstag. Warum sollte mir irgend jemand Blumen schicken? Debbie, die Oberschwester, die mir den Strauß überreichte, während sich Jim in der Nähe aufhielt, sagte zu mir: »Das ist für die Emmys, Barbara. Wir sind so stolz auf dich. Bedank dich bei Jim. Es war seine Idee. Aber die Blumen sind von uns allen.« Ich errötete vor Verlegenheit und Freude.

275

An diesem Abend sagte Jim nach dem Essen zu mir, er wisse, was für eine große Sache das sei, zwei Emmy-Nominierungen. Wenn ich in New York wäre, würde es mit einer Party und Champagner gefeiert werden. Er könne mir nur Blumen schenken. Ich antwortete ihm, daß man selten Champagner bekommt, selbst wenn man gewinnt. »Das ist schöner, als alles, was irgend jemand in New York getan hätte«, sagte ich. »Ich danke dir so sehr.«

Ich lief in mein Zimmer und weinte und weinte. An diesem Abend duftete es in dem kleinen düsteren Raum süß und frisch; rosa und gelbe Blüten lächelten mir zu, als wollten sie sagen: »Wir wissen, daß wir dich glücklich machen.« Beim Einschlafen murmelte ich: »Danke euch, Debbie, Roger und Jeff. Aber am meisten danke ich dir, Jim.«

Barry und Lisa Travis kamen mit Mark und Paula Sondheim aus der Stadt, um mich zum Abendessen auszuführen. Es war mein erster Ausgang mit Freunden von draußen. An diesem Nachmittag war ich während der Sitzung mit Julie ungeheuer aufgeregt, und sie fragte mich: »Wie wird es dir heute Abend gehen?«

»Gut«, antwortete ich. »Es wird mir gut gehen. Meine Freunde verdienen die beste Barbara, die ich bieten kann. Schließlich schleppen sie sich den weiten Weg von New Jersey bis hierher.«

Es wurde ein wunderschöner Abend. Paula brachte mir eine Zimmerpflanze mit, Lisa ein Herz aus Silber. Doch obwohl es ein gutes und natürliches Gefühl war, mit ihnen zusammenzusein, fühlte ich mich irgendwie leerer, nachdem ich sie gesehen, ihre Liebe genossen und von ihrem Leben draußen gehört hatte. Sie stellten die Abweichung dar. Krankheit war die Norm. Und irgendwo haßte ich sie sogar, weil sie einander hatten, gesund waren, das Leben meisterten. Ich hatte meines so verpfuscht. Als ich mit ihnen beim Abendessen saß, schien es mir unfaßbar, daß ich wenige Stunden zuvor die Mahlzeit

276

gemeinsam mit Iris und Roger eingenommen hatte. In dieser Welt repräsentierte Jim die Gesundheit für mich.

Krankheit als Norm ist ein realer Teil der Anstaltsexistenz. Die Briefe und Besuche meiner Freunde erinnerten mich immer daran, daß es eine Welt gab, der ich einmal angehörte, und daß das Leben in ihr weiterging. Aber inmitten all dieser Krankheit hatte ich den Kontakt zu dieser Welt verloren. Nur zum Leben im Krankenhaus konnte ich eine Beziehung herstellen – immerhin besser als das Nichts, von dem ich meinte, es erwarte mich draußen. Ich wußte, daß ich noch einmal vom Nullpunkt anfangen mußte, und ich hatte Angst, daß der schreckliche, abhängige Teil von mir nicht imstande sein werde, das allein fertigzubringen.

Wenn ich nicht mit Julie oder Jim redete, lebte ich im Grunde nicht wirklich. Aber ich versuchte, die leeren Stunden durch Malerei, Kochen, Lesen – was auch immer – zu füllen. Ich beklagte mich bei Julie, äußerte bei den Freitagsversammlungen meine Meinung, versuchte, Dinge zu verändern. Wenn das Krankenhaus meine Welt bedeutete, dann wollte ich zumindest etwas Einfluß darauf nehmen. Jim war es egal. Er schlief jeden Tag stundenlang auf der Couch vor seinem Zimmer. Ich haßte die Krankenhausallüren, die er anzunehmen schien, seine Anpassung an die Anstaltswelt. Er hatte soviele Monate in Gefängnissen und Krankenhäusern zugebracht. »Tu etwas – lies, schreib«, drängte ich ihn immer wieder.

»Laß mich in Ruhe, Barbara. Ich kann nicht mehr dagegen ankämpfen, kann mich auch nicht mehr mit Joyce herumschlagen. Hack nicht auf mir herum. Das steht dir nicht. Du bist nicht meine Mutter.«

»Benehme ich mich wie eine Mutter?« fragte ich Julie. Ich machte mir Sorgen, daß meine Freundschaft mit Jim zu große Bedeutung für mich erlangte, daß meine Gesundung zu viel mit ihm zu tun habe.

Julie versicherte mir, daß ich gar nicht auf Jim reagieren

277

könnte, wenn ich so krank wäre, wie ich glaubte. Aber so sehr ich auch bei unseren Sitzungen über ihn sprechen wollte – sie leitete die Therapie, und unser Hauptthema hieß jetzt Eric. Es war ein langsamer, schmerzhafter Prozeß, und die Erkenntnis machte mich traurig, daß es keinen Augenblick der Erleuchtung geben werde, kein Aha-Erlebnis, bei dem ich plötzlich hochschnellen und rufen würde: »Ich hab's, ich hab's! Als ich sechs war, sagte mein Vater dies und meine Mutter tat das, und deshalb habe ich auf Eric gehört. Darum empfindet ein Teil von mir Krankheit und Abhängigkeit als natürlicher für mich als Gesundheit.« Aber nein, Julie versuchte mir klarzumachen, daß es keinen magischen Tag, keinen dramatischen Moment wie im Film geben werde, wenn sich die hysterische Frau aus dem Rollstuhl erhebt und zu Sigmund sagt: »Ich kann gehen, ich kann gehen!« »So leicht wird es nicht sein«, sagte sie. Trotzdem sehnte ich mich weiterhin nach einer solchen Offenbarung.

Es war ein kalter Dezembertag. Der Hagel prasselte an die Scheiben von Julies Büro, und das erinnerte mich daran, daß ich seit September in diesem Krankenhaus lebte. »Die Jahreszeiten ändern sich schneller als ich«, klagte ich verzweifelt.

Julie stützte ihre Füße gegen die Schreibtischplatte. »Warum, glaubst du, hast du dich geweigert, Eric zu heiraten?« begann sie. Sie wollte wissen, wann und wie er sich aus einem Liebhaber in einen Bösewicht verwandelte, und warum ich die Veränderung nicht früher bei ihm wahrgenommen hatte.

»Ich weiß, du vermutest, daß ich es deshalb nicht tat, weil ich irgendwo in den tiefsten Winkeln meines Unterbewußtseins oder meines Unbewußten etwas Düsteres und Unheilvolles bei ihm spürte. Aber ich glaube nicht, daß das stimmt, Julie. Ich glaube, ich wollte einfach nicht heiraten. Kinder sind, wie mir scheint, immer der beste Grund für eine Ehe, und da wir ohnehin zu alt für Kinder waren, fühlte ich mich glücklich, unendlich glücklich, so wie wir lebten.«

»Bloß, daß du nicht in Kaufhäuser oder Restaurants gehen oder die Straße überqueren konntest, so gelähmt warst du vor Angst.«

Ich wurde ungeduldig und unterbrach sie. »Aber das war nicht wegen Eric, oder? All das hatte begonnen, lange bevor ich ihn kennenlernte. Ich gebe zu, daß es sich verschlimmerte, seit wir zusammenlebten, aber ich habe nie daran gedacht, daß Eric die Ursache meiner Angst sein könnte. Mich beschäftigten immer viele Dinge – meine Arbeit, meine Eltern, das Leben. Ich kann dir sogar sagen, daß ich mir eine Theorie über Angst zurechtlegte. Ich kam zu dem Schluß, daß meine Angst stets proportional zur Abwesenheit Richard Nixons in meinem Leben zunahm.«

Julie begann zu lächeln. Sie wußte, worauf ich hinauswollte.

»Als er noch da war und log und schwindelte, was das Zeug hielt, und die Verfassung zu zerstören suchte, war ich wütend, aber ich hatte keine Angst. Dann trat er 1974 zurück, und ich schwöre, damals wurde es mit meiner Angst erst wirklich schlimm. Außerdem wette ich, daß ich nicht die einzige bin, die durch das Verschwinden Richard Nixons aus ihrem Leben zum psychischen Krüppel wurde. Was meinst du?«

»Ich glaube schon, daß er eine annehmbare Zielscheibe für die frei flottierenden Aggressionen vieler Leute abgab«, antwortete Julie. »Aber ich hoffe, du trittst nicht für sein politisches Comeback ein, bloß damit du dich besser fühlst.«

»Ach, Julie, ich scherze bloß. Ich habe meine Eltern zum Sündenbock gemacht, das Valium, Dr. Allen, Eric. Warum nicht auch einen kompromittierten Präsidenten? Aber es stimmt. Ich vermisse ihn wirklich.«

»Ich auch«, sagte Julie lächelnd. »Aber zurück zu Eric.«

»Ihn vermisse ich ebenfalls, nicht den diabolischen, sadistischen, destruktiven Eric, sondern den Mann, der mein Geliebter, mein Freund war. Er war der intelligenteste Mann, den ich je kennengelernt habe. Und der zärtlichste. Ich weiß immer noch nicht, was geschehen ist.«

»Nun, du hast mir einige Anhaltspunkte gegeben«, begann Julie zögernd. »Er war in jeder Hinsicht von dir abhängig, Barbara. Geld, Klienten, Freunde, die Wohnung, das Haus am Meer, Liebe, Freundschaft, Sex. Du stelltest seine ganze Welt dar.«

»Warum in Gottes Namen hat er dann versucht, mich zu vernichten? Warum half er mir nicht, als ich krank war?«

»Zunächst hat er dir geholfen«, antwortete sie kühl und erinnerte mich an die Vitamine, den braunen Reis, an all seine Hilfeleistungen. »Ich glaube, er meinte dir sogar zu helfen, als er anfing, Analytiker zu spielen, und dich ermutigte, dir schmerzhafte Dinge in Erinnerung zu rufen, auszuagieren, zu regredieren. Das ist ein sehr gefährliches Spiel, Barbara, und genau der Punkt, an dem die Dinge außer Kontrolle gerieten.«

»Aber warum hat er zu mir gesagt, ich sei ein hoffnungsloser Fall, ich sei schizophren, man werde mich leukotomisieren, und jeder hasse mich? Ich bat ihn, mich in ein Krankenhaus zu bringen. Warum hat er es nicht getan? Warum sperrte er mich in der Wohnung ein? Warum versuchte er, mich zugrunde zu richten?«

»Darüber habe ich viel nachgedacht, Barbara. Ich glaube, er muß es so mit der Angst zu tun bekommen haben, daß er den Kopf verlor. Er fürchtete, alles zu verlieren, sollte sich herausstellen, daß du wirklich geisteskrank wärst. Deshalb hielt er dich dort fest. Und ich glaube, bei ihm setzte sich wirklich die Überzeugung fest, daß du ihn ruinierst. Das löste solche Aggressionen in ihm aus, daß er dich zu schlagen begann. Er griff zur Gewalt, um dich unter Kontrolle zu halten.«

»Aber warum habe ich das zugelassen? Wollte ich unter Kontrolle gehalten werden? War das der Teil von mir, der abhängig sein will, das böse kleine Mädchen, das bestraft werden möchte?«

»Wirklich, Barbara, du solltest dich nicht selbst als abhängig bezeichnen, bloß weil Eric das getan hat. Er war viel abhängiger

280

von dir als du von ihm, obwohl er das Haus reparierte, die Pflanzen pflegte und das Auto chauffierte. Er bezog seine ganze Welt von dir, von deiner Welt, Barbara. Aber im Unbewußten konnte er, glaube ich, mit einer solchen Abhängigkeit nicht leben. Er versuchte, sie vor sich selbst und vor dir zu vertuschen, indem er all diese Dinge tat, die dir die Rolle der Abhängigen zuwiesen. Und du warst bereit, das zu akzeptieren. In gewissem Sinn habt ihr beide falsche Rollen gespielt, aber seine Selbsttäuschung ging viel tiefer als deine, sie war viel notwendiger. Als er durch deine Krankheit seine Sicherheit, in emotionaler wie in finanzieller Hinsicht, bedroht sah, trat eine düstere und schreckliche Seite von ihm ans Licht – eine Seite, die, das sollte ich hinzufügen, unter der Oberfläche immer existent war. Und ich nehme an, daß du sie immer irgendwie gespürt hast, Barbara. Das ist einer der Gründe, weshalb deine Angst zunahm.«

Ich hörte ihr kopfschüttelnd zu. Nein, sie verstand mich nicht. Er hatte sich verwandelt, über Nacht, wie es schien. Ich erinnerte mich nicht, bis dahin jemals eine gefährliche Seite an ihm auch nur vermutet zu haben. »Aber Julie«, entgegnete ich, »was ist mit allen meinen Freunden? Sie mochten ihn. Die haben ja nicht tatenlos zugeschaut und mir geraten, mit diesem schrecklichen Verrückten Schluß zu machen. Sie mochten ihn wirklich. Er hat auch sie getäuscht.«

»Ich habe das Gefühl, daß du ihn deinen Freunden aufgedrängt hast, Barbara. Sie mochten ihn, weil sie dich liebten, weil sie wollten, daß du glücklich bist, und deinetwegen hielten sie mit ihrem Urteil hinter dem Berg. Ich glaube, du hast nicht nur das gespürt, sondern im geheimen gemerkt, daß mit Eric und eurer Beziehung etwas nicht ganz in Ordnung war. Du hast mir von seinen früheren Frauen erzählt, von dem Kind, das er nie sah, und davon, daß er keine Freunde hatte.«

»Nein«, antwortete ich. »Ich leiste keinen Widerstand gegen die Therapie, und ich widerspreche dir auch nicht aus Eigensinn, Julie, aber ich habe das einfach nicht so gesehen. Ich habe ihn geliebt. Ich war glücklich. Das Valium kann mir doch nicht so viel von ihm verborgen haben. Oder doch?«

»Barbara«, antwortete Julie sanft. »Wir wissen, wieviel das Valium dir von dir selbst verborgen hat.«

Die Welt von *Sechs Nord,* die Welt von Joe und Roger und Iris, war weit weg, während wir beisammensaßen. Der Hagel peitschte immer noch gegen die Scheiben, und mir wurde bewußt, daß wir seit über einer Stunde miteinander sprachen. Aber Julie machte keine Anstalten, die Sitzung zu beenden.

»Ich muß mir darüber Klarheit verschaffen, Julie«, sagte ich. »Hilf mir. Ich kann mit dieser Verwirrung nicht leben. Wie konnte ich, ohne daß ich es erkannte, fünf Jahre mit einem Mann zusammenleben, der so gestört war?«

Sie lehnte sich in ihrem Sessel zurück und nahm ihre Füße vom Schreibtisch. Dann trank sie einen langen Schluck von ihrer Cola. Ich spürte, daß sie nach Worten suchte, um mir etwas Wichtiges, etwas sehr Wichtiges zu sagen.

»Ich glaube, daß du es irgendwo gewußt hast«, begann sie. »Aber Erics Schwierigkeiten scheinen selbst für erfahrene Kliniker schwer zu diagnostizieren zu sein. Und die Sache wurde zusätzlich durch den Umstand kompliziert, daß er völlig glatt und normal wirkte. Er zeigte keine Anzeichen von Angst und war anscheinend frei von Schuldgefühlen. Deshalb konnte er zu dir sagen – und er glaubte das auch – daß er nichts getan habe, um dir zu schaden.«

»Aber wir konnte ich einen solchen Mann lieben?« sagte ich.

»Du solltest nicht zu streng mit dir selbst sein. Hör doch endlich auf, nur schwarz-weiß zu denken. Entweder glaubst du, daß er völlig in Ordnung war; dann machst du dir Vorwürfe, ihn verrückt gemacht zu haben. Aber seine Schwierigkeiten waren schon vorher vorhanden. Hättet ihr einen Streit gehabt oder euch aus irgendeinem Grund getrennt, wären sie wahrscheinlich durch einen Gewaltausbruch an die Oberfläche gekommen. Oder du meinst, daß er durch und durch schlecht war; dann machst du dir Vorwürfe, weil du ihn geliebt hast.

Mit solchen Alternativen kannst du nicht gewinnen. Er war beides, Barbara. Die Welt ist so, wie sie ist, unvollkommen, eine Welt von Menschen – nicht Helden oder Schurken, bloß Menschen. Und du mußt lernen, das zu akzeptieren, bei dir selbst und bei den Menschen, die du liebst. Nur Kinder idealisieren ihre Eltern und ihre Freunde. Du bist stark genug um die Menschen so zu sehen, wie sie sind, nicht wie du sie haben möchtest.«

»Und ich habe Eric so gesehen, wie ich ihn haben wollte?«

»Ja«, antwortete Julie. »Weißt du, wo er jetzt ist? Lebt er immer noch in Boston?«

»Ich glaube, ja. Welche Rolle spielt das?«

»Dein Geburtstag steht vor der Tür, und ich halte es für eine gute Idee, dir Urlaub zu geben, damit du ihn in New York feiern kannst. Es ist Zeit, Barbara. Überleg dir das. Jetzt mußt du gehen. Es ist schon spät, und du wirst das Abendessen versäumen.«

An diesem Abend dachte ich in der Dunkelheit meines Zimmers über Julies Worte nach. Ich konnte nach New York fahren, um meinen Geburtstag dort, und nicht in diesen Mauern zu verbringen. Solange ich mit Julie beisammen war, fühlte ich mich stark und glaubte, dazu imstande zu sein. Aber würde ich es allein schaffen? Konnte ich dieses Krankenhaus jemals endgültig verlassen und alle Veränderungen herbeiführen, die sie von mir erwartete? Würde ich es fertigbringen, mit Ambivalenzen zu leben, meine eigenen Mängel und widersprüchlichen Gefühle zu akzeptieren? Würde ich jemals lernen, wieder ein ganzer Mensch zu werden?

Ich hatte einen Mann wie Eric geliebt. Jetzt war der einzige Mann in der Welt, der mir etwas bedeutete, ein fünfundzwanzigjähriger psychiatrischer Patient. Und Julie meinte, ich sei gesund genug, um meinen Geburtstag zu Hause zu verbringen.

11

Es war mein Geburtstag. Ich wurde einundvierzig Jahre alt und lebte in einer Irrenanstalt. Jim gestattete mir nie, *Sechs Nord* als psychiatrisches Krankenhaus zu bezeichnen. »Barbara«, pflegte er lachend zu sagen, »du bist in einer Anstalt, ganz egal, wie du es nennst. Es ist eine Anstalt.« Und mir fielen dabei Frans Worte ein: »Sei realistisch, Barbara. Jeanie hat Bauchspeicheldrüsenkrebs. Warum kannst du der Realität nicht ins Gesicht sehen?«

Einundvierzig. Ich hatte Gail Sheehys Buch *In der Mitte des Lebens* gelesen, aber ich wußte, daß das, was mir zugestoßen war, nicht als die übliche Mid-Life-Crisis abgetan werden konnte. Nach wie vor mußte ich mit Schwierigkeiten kämpfen – Schwierigkeiten, die um vieles größer waren, als ich Monate zuvor angenommen hatte. Jetzt war Dezember, der 19. Dezember. Einundvierzig beschissene Jahre alt. Und wo ging ich an meinem Geburtstag hin? Nach Hause. Allein. Mein erster Urlaubsschein. Mein erster Alleingang. Ich durfte für zwölf Stunden nach Hause, raus aus der Klapsmühle. Phantastisch!

Ich wollte keinen meiner Freunde anrufen, nicht einmal Edie. Ich war entschlossen, diesen Geburtstag allein in meiner Wohnung zu verbringen. Die Besuche meiner alten Freunde und meine neuen Beziehungen im Krankenhaus hatten mir bewiesen, daß ich in Gesellschaft von Menschen kontaktfähig war. Die Apathie, das Gefühl des Abgetrenntseins erlebte ich schlimmer, wenn ich allein war. Ich wollte es ausprobieren.

Am Abend vor meinem Geburtstagsurlaub hatte Jim mir als Geschenk ein Gedicht überreicht, das von ihm selbst verfaßt war.

Jetzt, um zwei Uhr früh, lag ich auf meinem Bett und las es den Vorschriften zum Trotz bei brennendem Licht. Ich drapierte ein Handtuch über die Lampe, damit mich Mae nicht erwischte. Mein Herz fühlte sich leicht. Inmitten all des Leidens, das seine dritte Hospitalisierung für ihn bedeutete, hatte Jim diese Zeilen aus der Tiefe seines Herzens heraufgeholt und für mich geschrieben. Ich legte das Gedicht in meine Lade, wo ich alle seine Gedichte aufbewahrte. Ich würde sie mitnehmen und im Zug lesen. Wenn ich mich selbst zu verlieren drohte, würde ich seine innigen Worte lesen, an seine Liebe und seine Begabung denken und hoffen, daß er gesund werden und diese Anstalt verlassen würde. Den Morgen voll Ungeduld erwartend, versank ich in einen traumlosen Schlaf.

Als ich an diesem Sonntag frühmorgens erwachte, überstürzten sich meine Gedanken: der Zug, die Station, das Taxi, die Wohnung – wie sollte ich das alles allein schaffen? Die Wohnung wird so still und leer sein. Übrigens auch schmutzig. Großartig. Ich werde saubermachen, die Dämonen und die Gewalt herausfegen, die Narben und die Erinnerungen wegscheuern und alles frisch, strahlend und neu machen. Zwar würde ich gleichzeitig auch das Glück und die Liebe austilgen müssen, von der diese Wohnung in guten Zeiten erfüllt war, aber daran dachte ich nicht.

Es klopfte an meiner Tür, und Don streckte den Kopf herein. Sieben Uhr dreißig, Zeit aufzustehen und den Tag zu begrüßen, in zwanzig Minuten gebe es Frühstück, und übrigens, alles Gute zum Geburtstag. Heute sei mein großer Tag, erinnerte er mich, ein neuer Anfang.

In meine hellrote Reisetasche hatte ich Jims Gedichte und seinen Pablo Neruda, dazu einige meiner Zeichnungen und

285

Gedichte gepackt. Im Fall einer Identitätskrise würde ich mich an ihnen festhalten. All diese Dinge in der Tasche, die einmal meine Tennisschläger, Drehbücher, Dokumente und Verträge enthalten hatte, waren Zeugnisse dessen, was Julie »mein neues Selbst« nannte, sollten mir Gesellschaft leisten. Ich schaffe es, sagte ich mir immer wieder laut. Zwölf Stunden sind keine so lange Zeit. Ich würde die Wohnung saubermachen, ins Kino gehen oder mir vielleicht die Picasso-Ausstellung im Museum für Moderne Kunst ansehen. Niemand würde da sein, um mir zu helfen. Auch keine Tabletten. Bloß ich.

Lächelnde Gesichter beim Frühstück, alle gratulierten mir zum Geburtstag. Den Patienten in der Kochtherapie, die für alle Mitpatienten zu Geburtstagen oder anderen Festen Torten backen, hatte ich gesagt, daß ich keine Torte wolle. Nichts sollte mich an einen Anstaltsgeburtstag erinnern. Ihre guten Wünsche würden mir genügen. Und außerdem sei ich nicht da, um davon zu essen.

Ich trug meine Kaffetasse pünktlich acht Uhr fünfundzwanzig zur Durchreiche zurück, als die Serviererin »Geschiiiiirr, bitte!« rief, und verzichtete damit auf meine übliche Geste des Trotzes. Gewöhnlich wartete ich bis acht Uhr dreißig, denn bei einem Tagessatz von zweihundertsechzig Dollar nahm ich mir das Recht heraus, meinen Kaffee zu trinken, wann ich wollte. An diesem Morgen aber hatte ich keine Zeit, Jack Nicholson zu spielen, sondern kehrte in mein Zimmer zurück und begann mich anzukleiden. Ich würde »gesunde« Kleider anziehen, keine kranken. Ich wollte aussehen, als gehörte ich nach New York. Selbst wenn ich nicht wußte, wer ich war, würde ich doch zumindest so tun als ob.

Als ich mich an diesem Morgen zurechtmachte, wurde mir bewußt, daß ich seit drei Monaten nicht mehr zu Hause gewesen war. Der Gedanke überfiel mich mit einer solchen Heftigkeit, als hätte ich nie zuvor daran gedacht. Du bist seit fast drei Monaten in einer Anstalt. Diese Erkenntnis traf mich wie ein Schlag. Wie würde ich mich in der Wohnung fühlen?

Ich schob alle diese Gedanken zur Seite. Ich mußte einen Schritt nach dem anderen machen. Außerdem hätte Julie mir nicht dieses Angebot gemacht, wenn sie nicht überzeugt wäre, daß ich es schaffte.

Als ich in der Schwesternstation die vorgeschriebene Unterschrift leistete, traten alle Mitglieder meiner Anstaltsfamilie hinter der Glaswand hervor, umarmten und küßten mich, wünschten mir Glück, alles Gute zum Geburtstag und einen wunderschönen Tag. Ich verabschiedete mich von Jim und ermunterte ihn, während meiner Abwesenheit die Halle zu verlassen. Er gab mir einen Geburtstagskuß auf die Wange und bat mich, ihm Pistazien und Aprikosen mitzubringen.

Don begleitete mich den langen Korridor entlang. Meine Identitätstasche unter dem einen Arm am anderen Arm von Don geführt, erreichten wir den Haupteingang. Er nahm den riesigen Schlüsselbund von seinem Gürtel, schloß das Tor auf und küßte mich mit einem ermutigenden Lächeln. »Du schaffst das schon, Barb«, sagte er. »Viel Spaß. Mach dir einen schönen Tag und paß gut auf dich auf. Ruf an, wenn du einen von uns brauchst. Vergiß nicht, es ist kein Zeichen von Schwäche. Ruf an, wenn du Hilfe brauchst.«

Von irgendwo her, aus einem bis dahin unbekannten Teil von mir, kam mir die Kraft zu sagen: »Mach dir keine Sorgen, Don, danke dir.« Und plötzlich hörte ich, wie das Tor von innen versperrt wurde. Ich stand vor dem Aufzug. Ich beschloß, sicher und geschäftsmäßig aufzutreten, als sei ich auf dem Weg zur Arbeit. Ich war in einer wichtigen Angelegenheit unterwegs. Ich fuhr nach Hause.

Das Taxi wartete vor dem Haupteingang des Krankenhauses auf mich. Ich passierte das Aufnahmebüro, und in meinem Kopf begannen Erinnerungen zu summen, Erinnerungen an die Nacht, als Edie und Jonathan mich gefesselt in der Wohnung gefunden hatten. Ich glitt rasch auf den Rücksitz des Taxis, meine Identitätstasche im Arm, und schlug die Tür, wie ich hoffte, souverän zu.

287

Die adrett gekleidete Fahrerin knüpfte ein Gespräch mit mir an. »Was sagen Sie zu dieser Anstalt? Ich arbeite seit fünfzehn Jahren hier und rege mich jedesmal wieder darüber auf. Ich kann Ihnen nur eines sagen, wir können dem Himmel danken, daß wir nicht zu denen gehören. Geisteskrankheit ist anders als jede andere Krankheit. Diese Leute sind hilflos. Jeden Abend, wenn ich nach Hause komme, danke ich Gott, daß ich nicht in einer dieser Hallen eingesperrt bin. Das sind die unglücklichsten Menschen in der ganzen Welt. Sie sollten Gott danken, daß Sie keine Patientin sind. Es ist furchtbar, sage ich Ihnen. Einfach furchtbar.« Ich nickte wissend, zog meine Tasche auf und vertiefte mich in den Neruda, bevor sie mich fragen konnte, wo ich arbeitete. Man merkt es mir nicht an, dachte ich. Ich sehe normal aus.

In der fast leeren Bahnhofshalle wartete ich auf den Zug. Offensichtlich fuhren am Sonntag nur wenige Leute aus dem Vorort in die Stadt. Den Gedanken, die Sonntagsausgabe der *Times* zu kaufen, verwarf ich sofort wieder. Ich wollte alles sehen, den Tag erleben, den Zug, das Abteil, die Leute, ich wollte aus dem Fenster schauen, die Luft riechen. Also saß ich steif da und ließ alles auf mich wirken.

Dann begann die Angst. Ich schien zu verschwinden. Ich griff in meine Identitätstasche und sah mir die Zeichnungen von Jim und Julie an. Ich zog meinen Skizzenblock heraus und versuchte, die Gesichter der Menschen im Bahnhof zu skizzieren. Konzentriere dich, Barbara. Zeichnen bringt dich immer in die Realität zurück. Zeichne einfach weiter. Ich weiß, was du mit mir anstellst, sagte ich zu mir selbst, als mein Herz zu hämmern anfing. Du hast Angst. Kein Jim, keine Julie, kein Eric. Wenn du gewinnst, werde ich den Rest meines Lebens in Krankenhäusern zubringen müssen. Ich bin allein nach Europa geflogen, bin allein durch Straßen gegangen, habe allein gearbeitet. Ich werde dich noch unterkriegen, verdammt nochmal. Ich werde mit dir fertigwerden.

Der Zug war voller als erwartet. Ich war froh, in einer

288

Menschenmenge unterzutauchen und den Gesprächen anderer Leute zuzuhören. Worüber werden die Leute hier schon reden? Ich kehrte mich ab und schaute aus dem Fenster. Wo war ich seit Monaten gewesen? Wo zum Teufel fuhr ich hin? Während der Zug durch die Vorstädte raste, fiel mir ein, wie ich zum erstenmal allein nach New York gefahren war – von Vassar aus, vor so vielen Jahren. Die Stadt hatte mich stets wie ein Magnet angezogen und von anderen Orten weggelockt. Hier wollte ich leben, arbeiten und lieben. Von zu Hause, vom College, von Urlaubsreisen, von schöneren Orten – immer wieder kehrte ich nach New York zurück. Dieser Magnet mußte auch heute seine Wirkung tun. Ich hoffte, daß ich mich heute abend nicht nach Greenwich zurücksehnen, daß ein Blick auf meine Stadt genügen würde, mich wieder in ihren Bann zu schlagen. Dann würde ich Julie und Don anrufen: Packt meine Sachen zusammen, schickt sie mir nach New York. Ich bleibe zu Hause. Keine Krankenhäuser mehr. Es sollte anders kommen.

Die rote Tasche unter den Arm geklemmt, marschierte ich in New York den Bahnsteig entlang. War Grand Central Station immer so riesig gewesen? Bei den wenigen Reisenden schien es sich um Studenten zu handeln, die sich in der Stadt einen vergnügten Tag machen wollten. Aus dem Lautsprecher erklang »Stille Nacht« und andere Weihnachtslieder. Wo bin ich bloß gewesen? dachte ich. Sieht man es meinem Gesicht an? Weiß es jeder? Nur kolossaler Narzißmus, sagte ich mir, verleitet einen zu der Annahme, daß sich die Leute dafür interessieren, wo du gewesen bist, wo du hingehst oder auch nur, wer du bist. Geh einfach weiter.

Das Taxi. Central Park West, bitte. Ich hatte diese Adresse seit Monaten nicht mehr ausgesprochen, und jetzt war ich schockiert, sie automatisch aus mir herauskommen zu hören. Ich betrachtete die Leute, die die 42. Straße entlanggingen. Wir bogen in die Eighth Avenue ein, überquerten den Columbus Circle, und dann hielt das Taxi. Ich war völlig starr. Gib dem Mann das Geld, Barbara. Steig aus. Drei Monate. Wer wohl

289

gerade Dienst hatte? Ich bin in Europa gewesen und habe gearbeitet, würde ich ihm erzählen. Es sollte nur irgend jemand sagen: »Ich habe Sie aber lange nicht gesehen«, der bekäme schon die richtige Antwort verpaßt. Es war der etwas beschränkte Dennis; er lächelte mich an, als ob er mich gestern zuletzt gesehen hätte. Obwohl mir eine Nachbarin regelmäßig die Post nachschickte, fischte ich aus dem Briefkasten eine Handvoll Rechnungen und Postkarten heraus. Während wir in mein Stockwerk hinaufglitten, unterhielt ich mich freundlich mit Dennis.

Ich sperrte die Tür auf und betrat meine Wohnung. In Anbetracht des Zustandes, in dem sie sich bei meinem Weggang vor drei Monaten befunden hatte, erwartete ich ein Tohuwabohu vorzufinden. Aber nein, alles sah prachtvoll aus, frisch und sauber. Auch die Pflanzen waren gewachsen. Natürlich – ich hatte meine Nachbarin gebeten, sie in meiner Abwesenheit zu gießen. Vom Wohnzimmer lief ich ins Schlafzimmer, dann ins Bad und wieder zurück ins Wohnzimmer, berührte die Pflanzen, schaute die Bilder an. Ich trat ans Fenster und blickte auf den sonnigen Dezembermorgen hinaus. Jemand hatte mich überraschen wollen und die Wohnung sauber gemacht. Meine Mutter!

Was blieb mir also jetzt zu tun? Ich hatte mir vorgenommen, meinen Geburtstag durch eine Teufelsaustreibung zu feiern. Auf eine so drastische Änderung meines Stundenplans war ich nicht gefaßt. Die Uhr zeigte erst zwölf Uhr, und somit blieben mir noch acht Stunden in New York, in denen ich machen konnte, was ich wollte. Ich packte meine Gemälde aus der Reisetasche und baute sie rings um mich auf: den Mann aus Holz und Eisen neben die Picasso-Lithographie, das Ungeheuer neben den Braque. Die Wohnung sah vertraut und doch anders aus, gleichzeitig neu und alt, meine eigene und die eines Fremden. Die Bilder aus dem Krankenhaus mußten eine Kontinuität herstellen.

Ich saß auf der Couch, den Hörer in der Hand. Nein, an

diesem Tag mußte ich allein sein. Ich würde niemanden anrufen. Ein Bad. Ich wollte in meiner eigenen Wanne baden, ich mußte Don nicht bitten, die Tür zum Wannenraum aufzuschließen. Und ich konnte nackt auf meinem Bett liegen. Niemand würde unangemeldet hereinkommen und mir mit der Taschenlampe ins Gesicht leuchten: »Bettenkontrolle«. Ich drehte die Wasserhähne auf und beobachtete, wie das heiße, dampfende Wasser stieg. Dann lag ich in der Wanne, schloß fest die Augen und versuchte zu entspannen, dem Brennen ein Ende zu bereiten, Frieden zu finden. Nein, nein, geh nicht zurück, Barbara.

Anschließend legte ich mich, nur in ein Frotteetuch gehüllt, auf mein wunderbar festes, riesiges Bett. Das Gefühl von Luxus wurde noch durch die grimmige Erinnerung an die schmale, durchgelegene Pritsche verstärkt, auf der ich seit Monaten schlief. Wieder kam es mir zu Bewußtsein. Ich bin hier. Ich kann die Tür absperren. Niemand kommt hereingestürmt. Ich begann ganz leise zu weinen. Es waren Tränen des Glücks und der Erleichterung, aber gemischt mit Traurigkeit. Ich war zu Hause, in meiner Wohnung, dieser kranken Hölle entronnen. Ich war wieder in *meiner* Welt.

An diesem Morgen glaubte ich, meinem Dämon das Rückgrat gebrochen zu haben. Ich ahnte nicht, daß er mich noch monatelang quälen, daß das Gefühl des Abgetrenntseins selbst in meiner vertrautesten Umgebung anhalten würde. Das einzige, was ich an diesem Morgen wußte, war, daß ich mit einundvierzig Jahren in einem härteren Kampf mir mir selbst lag als je zuvor. Melodramatisch oder nicht, Don hatte recht gehabt, als er sagte, ich müsse ebenso erbittert für mich – und gegen mich – kämpfen wie früher gegen die Bösewichter. Wenn ich nur wüßte, wie ich es angehen sollte!

Ich blieb eine Stunde auf dem Bett liegen. Dann setzte ich mich auf. Okay, New York wartet. Gehen wir feiern. Ich war eben im Begriff, wieder in die Kleider zu schlüpfen, die ich gerade abgelegt hatte, als mir wieder einfiel, daß ich zu Hause war. Ich habe einen Kleiderschrank. Ich kann etwas anderes anziehen. Das bin ich. Ich wohne hier. Die Freiheit, die ich im Krankenhaus eingebüßt habe, kann ich wieder zurückbekommen. Aber ich will mich nicht wie ein primitiver Sklave verhalten, der beim ersten Hauch von Freiheit Amok läuft. Nippe daran, Barbara. Verschluck dich nicht.

Meine gute Stimmung wurde durch Ärger über meine Mutter getrübt. Ich wußte ihre Geste nicht zu schätzen. Sie hatte mir mit dem Saubermachen der Wohnung den Tag verdorben. Selbst jetzt, wo ich einundvierzig bin, dachte ich, mischt sie sich noch in mein Leben ein und behandelt mich wie ein kleines Mädchen. Ich mußte Julie fragen, ob das ihre Schuld sei oder meine. Aber ich hörte sie bereits sagen: »Keinen trifft Schuld, Barbara. Es ist einfach so. Lerne, damit zu leben.«

Ich trat auf die Straße hinaus und betrachtete die Leute, die an diesem eher warmen Sonntagnachmittag am Park entlang spazierten. Wieder kam mir der Gedanke: Hoffentlich merkt man es mir nicht an, die Furcht, die Panik, die Wahrheit über meine Abwesenheit. Ich trug meinen Skizzenblock und Neruda bei mir wie zwei gute Freunde. Sie begleiteten mich monatelang überall hin. Wie Julie und Jim und Don waren sie ein Teil meines »neuen Selbst«. Ich hatte Julie damit gefrotzelt, wie man in *Sechs Nord* über das Selbst zu reden pflegte – als gebe es das in Boutiquen zu kaufen. Wie in Gottes Namen findet man mit einundvierzig ein neues Selbst? Und was ist, wenn das alte Selbst immer noch herumgeistert, entschlossen, sein Revier zu verteidigen?

Jammere nicht, meine Liebe. Der Selbstmitleidpegel stieg gefährlich hoch, deshalb beschloß ich, Mittagessen zu gehen. Ich betrat das große Delikatessengeschäft auf der 57. Straße, wobei ich normal auszusehen versuchte. Niemand brauchte zu wissen, daß dies seit Monaten die erste Mahlzeit war, die ich außerhalb einer Anstalt zu mir nahm. Ich sah Leute zu zweit und zu dritt, aber zum Glück waren auch einige allein da. Die schaffen das, sagte ich mir, sie sitzen an ihren Tischen, lesen und essen ganz allein. Woran Sie wohl denken, fragte ich mich. Sagen sie sich: Ich bin ich, ich bin ich, ich bin ich? Ich esse, daher bin ich.

Ich bestellte Bagels und Lachs und Cream Cheese mit roten Zwiebelringen, dazu ein Faßbier. Und als ich mich setzte, wurde mir bewußt, daß ich mir Zeit lassen konnte. Die Kellnerin würde nicht in zwanzig Minuten brüllen: »Geschiiiiirr, bitte!«. Ich machte Skizzen beim Essen, ich zwang mich, im Jetzt zu bleiben, mich nicht in den apathischen Winkel in meinem Hinterkopf zu flüchten, der mich vor dem Terror schützte. Ich zeichnete das Gesicht eines Mannes, den Hut einer Frau. Das Bier war gut und die Bagels genau richtig getoastet. Aber es war noch nicht einmal zwei Uhr. Was sollte ich jetzt tun?

Ich ging am Museum für Moderne Kunst vorüber. Jim und ich hatten so sooft darüber gesprochen, daß ich beschloß, einen Besuch für die Zeit aufzusparen, wenn er Urlaub bekommen würde. Ob ich Edie und Jonathan anrufen sollte? Nein, das wäre ein Zeichen von Abhängigkeit. Aber es ist mein Geburtstag. Ich würde mir gern einen Drink gönnen und meine Freunde sehen. Nein, du mußt das richtig machen, Barbara. Deine Freunde kannst du später treffen.

Ich wollte nicht aufgeben und in meine Wohnung oder das Krankenhaus zurückkehren. Ich wollte etwas unternehmen. Alle Leute auf der Straße sahen zielstrebig, engagiert, wach aus. Und ich fühlte mich leer im Kopf, isoliert, ziellos. Ich mußte etwas tun, irgend etwas – damit ich Julie erzählen konnte, wie wundervoll es gewesen war und welche tollen Dinge ich mit meiner Freiheit angefangen hatte.

Als ich die Fifth Avenue entlangging und die weihnachtlichen Schauffenster betrachtete, wurde ich jedoch von der Vergangenheit eingeholt. Ein Mann, ein Kind, ein flüchtiger Blick auf eine Frau, und plötzlich tauchten übermächtig Erinnerungen an eine andere Zeit auf. Ich konnte die Szenen buchstäblich sehen, hören und spüren. Als ich den frischen, harzigen Duft der Weihnachtsbäume roch, fühlte ich mich in ein anderes Weihnachten zurückversetzt, nicht unbedingt in ein bestimmtes Jahr, aber irgendwann vor langer Zeit. Für mich wird es nie eine Gegenwart geben, dachte ich, mit diesem Hirn, das nur als Gedächtnis funktioniert und mich aus dem Jetzt wegholt. Ich führte dieses Spiel mit den Erinnerungen nicht bewußt herbei. Es war eher, als sei ich auf automatische Steuerung geschaltet und außerstande, es zu stoppen. Während dieses ganzen Tages in New York mußte ich mir die Vergangenheit krampfhaft und unter Aufbietung aller Kräfte vom Leibe halten.

Es war unheimlich. Kein Computer kann so präzise und so gnadenlos sein. Vielleicht läuft dieses gleiche Abspulen von Erlebnissen, dieses Testen von Erinnerungen bei Gesunden im Unbewußten, wo es hingehört, ab. Vielleicht liegt darin die Funktion von Träumen – psychischer Hausputz, Herausfiltern des Damals aus dem Jetzt, das Herstellen von Verbindungen, die Entscheidung, was aussortiert und was aufgehoben werden soll. Nur, ich war hellwach und vollzog den Hausputz bei klarem Bewußtsein.

Diese Problem sollte mich noch monatelang beschäftigen. Die losen Enden meines Lebens wirbelten jetzt frei herum, flatterten durch meine Psyche wie die Luftschlangen, mit denen New York seine heimkehrenden Helden überschüttet. Im Augenblick fühlte ich mich sogar als solcher, denn trotz des griechischen Chors in meinem Kopf hatte ich mich ganz gut unter Kontrolle. Aber wie konnte ich die Vergangenheit loslassen und Gegenwart festhalten? Ich stellte mir Julies Gesicht vor, malte mir aus, was sie sagen würde. Ich versuchte, mich mit der Gewißheit zu trösten, daß es andere vor mir auch geschafft hatten. Mit der Zeit würde die Wirklichkeit auch meine Realität sein, sagte ich mir. Ich würde nicht mehr jede Minute darum kämpfen müssen.

Am Rockefeller Center betrachtete ich den riesigen Baum,

der über der Eislauffläche aufragte. Er sah so festlich, fast majestätisch aus, daß ich mich klein neben ihm fühlte, an den Rand gedrängt durch die umhereilenden Menschen, die Weihnachten in New York genossen. Ich dachte an die Jahre, als ich im RCA-Gebäude arbeitete, an diese glückliche, wundervolle Zeit und an den Mann, den ich damals so sehr liebte und der sich weigerte, mich zu heiraten. Schon wieder. Jedes Bild, das ich aufnahm, wandelte mein Gehirn in eine Erinnerung um. Den freien Assoziationen waren keine Grenzen gesetzt. An diesem Tag überfiel es mich stärker, weil ich, anders als im Krankenhaus, keine Ablenkung von mir selbst hatte.

Erneut beobachtete ich die Leute: wie sie gingen, redeten und lachten. Wie konnten sie sich so ungezwungen bewegen und unterhalten? Hatten sie nicht gegen diesen Strudel, diesen Sog der Vergangenheit anzukämpfen? Schlagartig wurde mir klar, daß ich dieses Problem früher auch nicht kannte und daß ich es jetzt ganz allein lösen mußte. Keiner konnte mir dabei helfen, weder Julie noch Don, nur ich. Psychose – so sagte ich mir – bedeutet letztlich nur, daß die Psyche das Jetzt als so wenig lebenswert, so unerträglich, so unvereinbar mit Plänen und Wunschträumen empfindet, daß sie sich an die Vergangenheit klammert wie ein Ertrinkender an ein Rettungsfloß. Aber ich wußte, daß die Vergangenheit kein Rettungsfloß ist. Sie würde mich zerstören. Ich machte mich auf den Rückweg zu meiner Wohnung.

Den Rest des Nachmittags verbrachte ich damit, einfach auf der Couch zu sitzen. Aber es war immerhin meine Couch, nicht das zerschundene Sofa in der Halle. Ich schloß die Augen und übte das tiefe Durchatmen, das Jim mir beigebracht hatte; doch obwohl ich versuchte, mein Gehirn zu beruhigen, wurde ich immer noch von Erinnerungen überschwemmt – schönen Erinnerungen an den guten, nicht den bösen Eric. Unser Lachen, unser Lieben, die Arbeit an dem Haus am Meer, die Zärtlichkeiten, die Anteilnahme, die Spaziergänge an kühlen Herbstabenden, die Sonntagvormittage im Bett. Aber dann schnitt mich der Schmerz entzwei und erfüllte mich mit einem unbeschreiblichen Gefühl des Verlustes. Die Frage, warum und wieso sich diese Liebe in Zerstörung verwandelte, peinigte mich aufs neue. Dieses Zimmer hatte so viel Glück und dann so viel Verzweiflung gesehen. Ich konnte nicht an die Zeit der Liebe denken, ohne mich an den Horror zu erinnern. Wer war dieser Mensch, wer war diese Frau, die hier verrückt wurde? Ich begann meine Litanei. Ich bin Barbara, Tochter von Sally und Lou. Ich bin, ich bin, ich bin. Dieser Katechismus, den ich herunterbetete, half mir nicht wirklich. Aber eines Tages, dachte ich, werde ich mich bewegen und reden wie alle anderen, spontan und ohne bewußte Steuerung. Bis dahin würde ich meine Selbstbeschwörungen fortsetzen. Irgendwann mußte es funktionieren.

Ich kostete eben die Vorstellung aus, wieder ein Mensch zu sein, als ich auf die Uhr schaute: sechs Uhr. Um sieben Uhr dreißig ging der Zug, mit dem ich zum Krankenhaus zurückmußte. Der Tag war vorüber, und ich hatte niemanden um Hilfe gebeten. Aber in den Stolz, den ich darüber empfand, mischte sich zugleich Enttäuschung darüber, daß es mir nicht schwerfiel, zurückzukehren. Ich hörte mich laut sagen: »Zeit, nach Hause zu fahren.« Nach Hause. Ich hatte die verdammte Klapsmühle mein Zuhause genannt! Ein gefährliches Zeichen; nur Anstaltsgeschädigte reden so. Gib bloß acht, Barbara. Du kannst den Rest deines Lebens in Häusern verbringen, wo weißgekleidete Frauen deine fieberheiße Stirn trocknen. Willst du, weil mit Männern in Tweed nichts mehr läuft, jetzt auf Damen in Weiß umsatteln?

Ich packte einige Röcke und Pullover zusammen, goß die Blumen und sammelte einige meiner Bilder für die Rückreise ein. Dann besorgte ich eine *Times*, kaufte Aprikosen und Pistazien für Jim und fuhr mit dem Taxi zum Bahnhof. Mein erster Ausgang, dachte ich. Ich habe den ersten Tag meines neuen, einundvierzig Jahre alten Selbst überlebt. Es war eintönig und einsam gewesen, aber ich hatte es geschafft. Auf

296

der ganzen Rückfahrt versuchte ich an gegenwartsbezogene
Dinge zu denken, an Weihnachtsgeschenke für meine Freunde,
an Leute, die ich besuchen würde, an die Wiederaufnahme
meiner Arbeit. Aber jede Minute erschien mir wie eine Frage
von Leben und Tod. Wie konnte ich an eine Zukunft denken,
wenn es mir nicht einmal gelang, die Gegenwart festzuhalten?
Ich flehte den Computer in meinem Kopf an, sich endlich
abzuschalten, damit ich die Zeitung lesen könne.

Paul sperrte die Tür auf und ließ mich wieder in die Halle
ein. Wie war es? Alles Gute zum Geburtstag. Don mußte
gehen, aber du wirst ihn morgen sehen. Ist alles gut gegangen?
Ich nickte schnell. Die Luft in der Halle war dick von
abgestandenem Rauch. Der vertraute ungesunde Geruch ließ
mich fast taumeln. Joe lief im Kreise herum und brabbelte vor
sich hin; Roger saß wie versteinert da, in seiner schizophrenen
Hockstellung mit um die Knie geschlungenen Armen; Iris
rannte wie ein Tier auf und ab; Jeff zupfte »Honky Tonk
Women« auf seiner Gitarre.

Dann sah ich Julie. Sie hatte auf meine Rückkehr gewartet.
Und da stand Jim. Wie war es? Hast du einen schönen Tag
gehabt? Was hast du unternommen? Mich überkam das
euphorische Gefühl, etwas geleistet zu haben. Es war nicht der
großartigste Geburtstag meines Lebens, so ohne einen Menschen, dem ich etwas bedeutete, aber vielleicht war es der
wichtigste. Ich hatte meinen Dämon gezähmt, und jetzt
umgaben mich wieder Freunde.

An diesem Abend sagte ich mir vor dem Einschlafen: Du
hast es geschafft. Barbara. Aber eine giftige Bemerkung meines
sarkastischen Selbst, dieses spöttischen, negativen Teils von
mir, der mich nie in Ruhe ließ, trübte meine Hochstimmung.
Großartig, sagte die Stimme. Nächste Woche kannst du in den
offenen Vollzug überwechseln. Ich versuchte den Quertreiber
zum Schweigen zu bringen und den vergangenen Tag Revue
passieren zu lassen. Dieses Gerangel zwischen meinen beiden
Ichs mußte aufhören, oder ich war unfähig zu leben.

12

Weihnachten stand vor der Tür. Ein Plastikbaum, gräßlicher Flitter und ein Engel auf der Spitze, der vom allzu häufigen Gebrauch schon auseinanderfiel, jammervolle Girlanden und Bänder als Dekorationen des Speisesaals – Begleiterscheinungen eines Anstaltsweihnachtsfestes, die alles nur noch schlimmer machten und auf unsere Stimmung drückten. Aber das Klinikpersonal, geübt in solcher Weihnachtsroutine, war entschlossen, die Zeremonie auch in diesem Jahr durchzuziehen. Und einigen der Patienten schien es sogar zu gefallen. Ich haßte diesen ganzen Aufwand, weil er mich an Weihnachtsfeste voll Liebe, Gesundheit und Wärme erinnerte.

Jim und ich planten seit Wochen, Weihnachten gemeinsam zu verbringen. Aber während Julie beschlossen hatte, mich für meinen bestandenen ersten Ausflug mit einem Urlaubsschein für das Weihnachtswochenende zu belohnen, ließ Joyce sich nicht festnageln. Ich fragte Julie, die von unserem Vorhaben wußte, ob Joyce ihm wohl Urlaub geben werde. »In einem Krankenhaus wissen wir nie, was dem Patienten am meisten hilft, seine Freunde oder die Therapie«, bemerkte sie. »Ich glaube, daß Jim mehr dazu beigetragen hat, daß du wieder du selbst wirst, als ich oder jeder andere. Aber ich kann dir nicht sagen, was Joyce tun wird. Ich weiß es einfach nicht.«

»Wir müssen etwas wegen Joyce unternehmen, unbedingt«, sagte ich und wiederholte meine üblichen Vorwürfe wegen

298

ihres mangelhaften Urteils, ihrer infantilisierenden Behandlung, mit der sie Jim immer wieder traktierte.

»Wir haben das alles schon oft durchgesprochen, Barbara« antwortete sie. Es sei nichts zu machen und eigentlich dürfe sie sich gar nicht dazu äußern.

Ich wurde ärgerlich: »Aber es ist nicht fair. Er ist erst fünfundzwanzig. Bitte, er braucht einen anderen Therapeuten. Ich hatte Glück, dich zu bekommen. Aber Jim wird benachteiligt – auf eine Weise, die ihn ruinieren könnte. Warum kannst du nicht zugeben, daß Joyce ihn vermurkst? Du weißt, daß es stimmt!«

Ich schrie diese Sätze heraus. Julie schwieg.

Als ich mich endlich beruhigt hatte, schnitt ich eine Frage an, die mich beschäftigte, seit in unserem Gespräch von Erics Krankheit – zumindest seiner vermuteten Krankheit – die Rede gewesen war. »Stimmt bei mir irgend etwas nicht, Julie, habe ich etwas an mir, das mich zu gestörten Männern hinzieht?«

»Nein«, versicherte sie mir, »Keineswegs. Nicht alle Männer in deinem Leben waren gestört. Und Jim ist ein Freund, ein neuer Freund, den du im Krankenhaus gewonnen hast.«

Ich war nicht sicher, ob ich ihr glauben sollte, aber ich zwang mich, nicht darüber nachzudenken.

In den nächsten Tagen reagierte Joyce äußerst zugeknöpft, sobald Jim sie wegen des Weihnachtsurlaubs fragte. »Vielleicht ja, vielleicht nein. Wenn du brav bist, mein Junge.« Dann kicherte sie und nickte mit dem Kopf. Wenn sie ihn nicht bemutterte, schäkerte sie mit ihm: »Möchtest du nicht lieber hier in der Halle bleiben und mit mir das Weihnachtsessen einnehmen, Jimmy-Boy, statt mit dieser Frau nach New York zu fahren?«

Jim und ich brauten eine Lüge zusammen. Er erzählte Joyce von einem Familienfest auf Long Island. Um Julies Loyalität nicht auf die Probe zu stellen und unser Weihnachtsfest zu retten, berichtete ich ihr, daß ich meine Pläne geändert hätte.

Ich sei nun endgültig entschlossen, zu Barry und Lisa zu fahren. Es war meine erste und einzige Lüge ihr gegenüber, aber das wollte ich später in Ordnung bringen. Und ich betete, daß Joyce und Julie uns auch wirklich glaubten. Jim und ich hatten endlos darüber geredet, was wir alles tun und wo wir hingehen würden; wir hatten stundenlang in Phantasien über unser Weihnachtsfest geschwelgt. Es mußte uns gelingen, diesen Traum wahrzumachen.

Zwei Tage vor Weihnachten. Ich hatte meinen Urlaubsschein in der Tasche, aber Joyces letztes Wort an diesem Tag lautete: »Jimmy-Boy, bist du sicher, daß du nicht bleiben willst? *Ich* werde Weihnachten hier sein, und es wird ein einsames Weihnachten ohne dich.« Sie hatte über die Feiertage Dienst und wollte, daß Jim ihr Gesellschaft leistete. Dann flitzte sie mit wippendem Stethoskop die Halle entlang, wobei die Schöße ihres weißen Mantels wie die Flügel eines geköpften Schwanes hinter ihr herflatterten. Später erfuhren wir, daß sie vom übrigen Personal überstimmt wurde. Jim erhielt acht Stunden Urlaub und mußte am Heiligen Abend um zehn Uhr zurück sein.

Wir hatten uns auf das Schlimmste gefaßt gemacht. Auf einen Teilsieg waren wir nicht vorbereitet. Wem konnte auch etwas so Verrücktes einfallen? Tagelang hatte er gebeten und gebettelt. Und jetzt bekam er acht Stunden Urlaub und mußte den ersten Feiertag dennoch mit Joyce verbringen.

»Die können mich mal«, flüsterte er mir zu. »Ich fahre nicht zurück. Was kann schon passieren?«

Ich wußte nicht, was ich sagen sollte. Meine Gefühle waren zwiespältig: Einerseits wollte ich den Weihnachtstag mit ihm verbringen, andererseits wollte ich ihm keine Schwierigkeiten bereiten.

Der Morgen des Vierundzwanzigsten kam. Debbie hatte eine Gitarre mitgebracht, und alle saßen im Tagesraum und sangen Weihnachtslieder. Patienten warteten mit gepackten Koffern darauf, von ihrer Familie abgeholt zu werden. Vierzehn der

300

fünfundzwanzig Patienten mußten in der Abteilung bleiben. Sie waren zu krank.

In der Vorfreude, Jim am Nachmittag zu sehen, sobald seine acht Stunden zu ticken begannen, verabschiedete ich mich von ihm. Ich küßte die anderen Patienten zum Abschied, um einen Vorwand zu haben, auch ihn kurz zu umarmen. Dann ergriff ich meine rote Identitätstasche, die mit Neruda, Cummings und Ölgemälden vollgestopft war, und machte mich auf den Weg in die Stadt. Das Taxi und der Zug von Greenwich zur Grand Central Station würde kein Problem darstellen. Ich hatte es schließlich an meinem Geburtstag geschafft, und jetzt gab es außerdem etwas, worauf ich mich freuen konnte, jemand, mit dem ich glücklich sein würde. Ich fühlte mich wie ein Schulmädchen!

Grand Central Station war ungewöhnlich leer. Ich lief durch den Bahnhof und sprang in ein Taxi. Dann kaufte ich Wein, Käse und Kaffee. Wir würden einen guten Kaffee trinken, in einem großen Bett schlafen und schöne Musik hören. Wir würden uns zusammen als Menschen fühlen. Ich war unendlich glücklich, als ich in der Wohnung ankam. Aber von Jim trennten mich noch mehrere Stunden. Also polierte ich die blitzsaubere Wohnung nochmals, goß die Blumen, badete und legte mich aufs Bett. Die Vorfreude hatte mich offensichtlich so erschöpft, daß ich einschlief. Als ich aufwachte, wurde mir bewußt, daß er jede Minute kommen mußte. Ich zog mich rasch an. Ja, dachte ich, wir werden aus all dem etwas machen.

Es klopfte an der Tür, und als ich öffnete, stand Jim in seinen besten Kleidern da. Er sah aus, als gehe er wirklich zu einer Party. Ich starrte ihn an. Statt eines Gürtels hatte er eine Schnur um seine leicht zerknitterte graue Flanellhose geschlungen. Und er trug ein Sportsakko, ein richtiges kariertes Sportsakko! Unter der Jacke kam ein leicht ausgebeulter Pullover zum Vorschein. Er hatte sich rasiert, er sah sauber aus. Ich schmolz innerlich fast dahin, als ich an all die Mühe dachte, die er sich gegeben hatte, um sich für unser Rendezvous schönzumachen. Ich trug ein langes Hauskleid, das zumindest die Konturen meines Körpers erkennen ließ. Meine Schultern waren entblößt, und ich lief barfuß. Welche Angst wir beide hatten!

Er trat ein und machte sich sofort daran die Wohnung zu besichtigen. »Sie ist ganz anders, als du sie gezeichnet hast, Barb. Ich habe dir ja gleich gesagt, daß du von der Malerei nicht leben könntest.« Er lächelte sein zärtliches Jimmy-Lächeln. Und in diesem Augenblick vergaß ich den Zorn in seinen Augen, den selbst sein freundliches Lächeln nur selten zu tilgen vermochte.

»Hast du sie dir großartiger vorgestellt?« fragte ich ihn unsicher. »Also, um ehrlich zu sein«, begann er »habe ich sie mir größer vorgestellt. Und die Aussicht – nun ich dachte, du hättest eine phantastische Aussicht. Ich meine, man sieht die Lichter der Gebäude, aber es schmeißt einen nicht um, Barbara. Aber versteh mich nicht falsch. Es ist hübsch.«

Da wir seit Wochen nachmittags nichts anderes bekommen hatten als Ananassaft und Erdnußbutter, eilte ich in die Küche, um die Flasche Chablis zu öffnen, die im Kühlschrank auf uns wartete. Der Brie, den ich gekauft hatte, war wunderbar reif. Ich trug alles ins Wohnzimmer, wo Jim wartete und meine Bücher, meine Bilder, meine Möbel und meine Pflanzen betrachtete. Er nahm das alles in sich auf und versuchte, sich die kranke Barbara in dieser hellen und freundlichen Umgebung vorzustellen. Es schien ihm Schwierigkeiten zu bereiten, diese beiden Bilder in Einklang zu bringen; und obwohl er es nicht sagte, wußte ich, daß er so empfand. Ich hoffte, daß er sich nicht vorzustellen versuchte, was hier zwischen Eric und mir geschehen war, daß er sich jetzt am Tatort kein Bild von dem Horror machen wollte.

»Wie war der Zug?« Ich stellte fest, daß ich zum ersten Mal nach all den Tagen und Nächten pausenloser Gespräche nicht wußte, worüber ich mit ihm reden sollte. Es war nicht zu fassen, aber mir fiel einfach nichts ein.

»Wie ein Zug halt so ist. Wie war deiner?«
Wir starrten einander an und brachen dann in Gelächter aus. Jetzt waren wir wieder Jim und Barbara, konnten wieder über unsere Schwächen, unsere Nervosität, die Unwahrscheinlichkeit unserer Situation lachen. Das Image des psychiatrischen Patienten hatten wir in dem Augenblick abgeschüttelt, als wir das Krankenhaus verließen. Aber wir spielten unsere Rollen in dem ständigen Bewußtsein, daß jeder von uns auf der Lauer lag. Wir wußten alles, fast zu viel, voneinander. Nur über den Körper des anderen, die geheimen Gerüche und die verborgenen Bezirke wußten wir nichts, und deshalb hatten wir zum ersten Mal in unserer Beziehung Angst.

Plötzlich beugte er sich zu mir und küßte mich sehr zart auf die Lippen. Vielleicht habe ich im Leben schon einen schöneren, sanfteren oder zärtlicheren Kuß erhalten. Bestimmt habe ich leidenschaftlichere Küsse erlebt. Aber die Wochen des Betastens und der pubertären Experimente waren jetzt vorüber. Er stand auf, und wir wußten beide, daß wir ins Schlafzimmer gehen würden. Wir küßten und umarmten einander. Wir schauten, erkundeten, befühlten und spürten. Und dann liebten wir uns.

»Dein Körper, deine Haut ist weicher als ich dachte«, sagte er und sah, auf seinen Ellbogen gestützt, auf mich herunter.

»Nicht zu weich, hoffe ich.«

»Nein, gerade richtig. Speziell für eine Vierzigjährige.« Und er begann zu lachen.

»Einundvierzig«, erinnerte ich ihn und lachte mit, ein unechtes Lachen. Wie ich es auch anpackte, die Altersfragen spielte immer eine Rolle. Aber ich ließ mich davon nicht stören. Wir liebten uns noch einmal. Es war Wirklichkeit, kein Traum, keine Phantasie. Nach Monaten der Einsamkeit, des Nichts, des Flirtens und des Phantasierens, liebten wir uns – ein Mann und eine Frau, vereinigt nicht in der kranken Atmosphäre dieser verzweifelten Anstaltswelt, sondern in der gesunden Umgebung meiner Wohnung, in der Wärme unserer

303

Umarmung. Ich verlor mich in Schlaf, glaubte geträumt zu haben, wachte auf, nur um ihn zu berühren, ihn schlafen zu sehen. Dann versank ich selbst wieder in Schlaf.

Als wir aufwachten, war der Augenblick der Entscheidung gekommen. Die siebte Stunde seines kostbaren achtstündigen Urlaubs war angebrochen. Sollte er sich Joyces Diktat beugen und zurückkehren? Wenn er die Vorschriften mißachtete, welche Geschichte sollte er ihnen erzählen? Schließlich rief er das Krankenhaus an und sagte zu Debbie, daß er sich nicht gut fühle und bei seiner Familie auf Long Island übernachten werde. Debbie, die ihm nicht ganz glaubte, meinte, wenn er sich nicht gut fühle, solle er ins Krankenhaus kommen. Aber er bestand darauf, sich lieber auf Long Island schlecht zu fühlen. Wir kamen uns wie Verschwörer vor. Nachdem diese Angelegenheit erledigt war, fanden wir, daß wir uns ein gutes Abendessen verdient hatten.

Wir entschlossen uns für ein hübsches kleines französisches Restaurant, das ich kannte. Meine bösen Gedanken, mein marsmenschähnlicher Zustand des Nichtseins waren an diesem Abend verflogen. Nichts konnte den Zauber brechen oder uns weh tun, zumindest nicht an diesem Abend.

In der Wohnung tranken wir weiter Wein, hörten Musik, tauschten wieder Küsse. Jim wollte Neruda lesen, und wir lasen einander vor, mit Mozart, Segovia und Sondheim im Hintergrund statt den »Grateful Dead«. Ich streckte mich auf der Couch aus, sah aus den Fenstern auf die Lichter der Stadt und hörte Jim zu.

An dem heutigen Abend, dachte ich, obwohl er geborgt, gestohlen, erlogen, manipuliert war, tanzten und lebten wir endlich ein bißchen. Es könnte noch mehr geben, dachte ich. Es muß nicht das Nichts sein. Ich vergaß meine Krankheit und Jims Krankheit. Ich vergaß meine Leblosigkeit, den Alptraum mit Eric, den Gestank der Halle, ich hörte Mozart und Neruda und Jims Stimme; und ich dachte: Habe ich je einen tieferen Frieden empfunden, bin ich je so glücklich gewesen?

Am nächsten Morgen war ich in der Küche und bereitete das Frühstück. Jim kennt sicher nur löslichen Kaffee, dachte ich, nach all diesen Lkw-Raststätten, all diesen Stahlfabriken und Anstalten. Ich mahlte deshalb meinen »French-style«, während er im Wohnzimmer saß und in die strahlende Wintersonne hinausschaute, die den Weihnachtsfeiertag ankündigte. Stolz auf meinen Kaffee, brachte ich ihm eine Tasse. Zustimmung heischend wartete ich auf seinen Kommentar. Er nippte nachdenklich daran und sagte dann langsam, lächelnd: »Das ist eigentlich eine zu hochtourige Sorte für den Frühstückskaffee, Barbara. Du solltest in der Früh einen Jamaika Blue nehmen, keinen französischen Espresso.«

Jim überraschte mich immer wieder.

Dann zogen wir unsere Mäntel an, schlenderten die Fifth Avenue entlang, sahen uns die glücklichen, normalen Menschen an und betrachteten die Weihnachtsdekorationen. In der St. Patricks-Kathedrale war gerade eine Messe zu Ende gegangen, und wir beobachteten die Kinder, wie sie erst ernst und nachdenklich und dann vor Weihnachtsfreude laut jubelnd aus der Kirche stürmten. Uns wurde bewußt, wie sehr wir in dieser abnormalen Welt in der wir lebten, das Lachen und Reden von Kindern vermißt hatten – eines der tausend Elemente von Menschlichkeit, die im Krankenhausalltag fehlten.

Wir waren zu dem Schluß gekommen, daß er eine Katastrophe heraufbeschwor, wenn er noch einen weiteren Tag blieb. Deshalb kehrten wir in die Wohnung zurück, und bald war es dann Zeit zum Verabschieden.

»Ich wünsche dir ein schönes Wochenende«, sagte er als wir im Vorzimmer standen. Mir blieben noch zwei Tage meines Weihnachtsurlaubs, die ich allein verbringen mußte. Er fuhr zurück, um sich dem Donnerwetter zu stellen. Ich hatte das Gefühl mich im Augenblick seines Weggehens wieder selbst zu verlieren, aber das konnte ich ihm nicht sagen.

»Paß auf dich auf und sei nicht traurig«, sagte ich und versuchte, meiner Stimme einen frohen Klang zu geben.

»Nein, ich werde nicht traurig sein.«

»Was wirst du machen?« fragte ich ihn, wie mir schien, eine Spur zu schneidend.

»Ich werde unterwegs essen und dann ins Krankenhaus zurückkehren und Gedichte schreiben. Ich werde daran denken, Barbara.«

»Ich werde auch daran denken, Jimmy, und wir werden das bald wieder machen.« Was können sie ihm schon antun? dachte ich.

Er las meine Gedanken und sagte: »Was können sie mir antun – mich noch einen Monat einsperren?«

Wir lächelten.

»Barbara, bleib nicht allein in dieser Wohnung. Du fängst sonst wieder an, mit dem Gespenst von Eric zu reden und den ganzen Mist noch einmal in deinem Kopf ablaufen zu lassen. Besuch deine Freunde. Bleib nicht allein. Ich habe schließlich die Leute in der Halle, mit denen ich reden kann. Die Vorstellung gefällt mir nicht, daß du hier allein bist.«

»Jaja, das mache ich«, versprach ich ihm und dachte, wie gut er zu mir ist, wie fürsorglich. Wenn er nur für sich selbst auch so sorgen könnte.

»Also, ich muß jetzt zum Zug.«

Wir küßten uns zart; ich öffnete die Tür und sah ihm nach, wie er den Flur entlangging. Er wartete einen Augenblick vor dem Aufzug, dem gerade eine Gruppe heiterer Feiertagsgäste entstieg. Dann war er fort.

Ich ging ins Schlafzimmer zurück, legte mich aufs Bett und sog den Geruch unserer Körper ein, der noch an den Bettüchern haftete. Ich wollte das alles auskosten. Hoffentlich kommt er nicht in Schwierigkeiten, dachte ich, während ich in einen sanften Schlummer sank. Ich versuchte, mich dagegen zu wehren. Ich wollte mir das Streicheln, die Berührungen, die Nähe unserer gemeinsamen Stunden immer wieder vergegenwärtigen. Wir hatten doch Weihnachten gehabt. Verdammt nochmal, wir hatten uns dieses Fest bereitet, aus dem schieren

Nichts. Und wenn ich es mir recht überlegte, war es nicht die schlechteste Weihnacht meines Lebens gewesen. Bei weitem nicht.

Am Sonntag war ich bei Jonathan und Edie zu einem Nach-Weihnachts-Essen eingeladen. Von ihrer Wohnung aus wollte ich dann zur Bahn fahren. Ich packte meine rote Identitätstasche, badete und begann, mich anzukleiden, unentschlossen ob: großstädtisch-gesund oder vorstädtisch-krank. Ich schloß einen Kompromiß. Die Grundausstattung im alten Stil, aber einen wollene Mütze, um meinen Kopf warmzuhalten. Ich sperrte die Tür ab, wobei ich mich fragte, wann ich wieder zurückkehren würde, und flitzte dann durch die halbleeren Straßen des zweiten Weihnachtsfeiertages zur Wohnung von Jonathan und Edie. Leuchtete meine Haut wie Neon oder kam es mir nur so vor? Ich war sicher, daß sie mir all die Zärtlichkeit, die Sinnlichkeit ansehen, die Erotik spüren würden, die meine Nacht mit Jim wieder in mir erweckt hatte.

Wir umarmten uns. Ich hatte sie seit unserem Abendessen in Greenwich nicht mehr gesehen. Jonathan holte eine Flasche Moet Chandon. Sie wollten feiern. Barbara war wieder da. Ich brachte es nicht übers Herz, ihnen zu sagen, daß mir nicht nach Feiern zumute war. Seit Jim fortgegangen war, fühlte ich mich so einsam, abgetrennter denn je. Was hatte es für einen Sinn zu feiern? Ich war noch nicht gesund. Ich blickte in ihre strahlenden, liebevollen Gesichter. Wenn Liebe gesund machen kann, dann müßte ihre Liebe dazu imstande sein. Ich unterdrückte also all meine Zweifel, all die Gefühle von Einsamkeit und Panik. Wir toasteten einander mit Champagner und Küssen zu und setzten uns dann an den Eßtisch, auf dem die wundervollsten Dinge angerichtet waren.

Wir redeten und lachten; dann wollte Jonathan die Bilder in meiner Identitätstasche sehen. Wir setzten uns auf den Boden, und ich schilderte ihnen, in welchem Zustand ich mich befunden hatte, als die einzelnen Bilder entstanden – die

Feuersbrünste und Ungeheuer waren allmählich Blumen und freundlichen Gesichtern gewichen. Plötzlich schaltete sich mein drittes Auge, dieser Monitor in meinem Hirn ein. Wer bin ich, warum sitze ich an einem Sonntag hier mit meinen Freunden auf dem Boden? Wo sind Don und Jim und Julie, wo sind Roger und Joe und Iris? Die Wohnung erschien mir so still. Ich war an den Krach in der Halle gewöhnt. Dies hier ist nicht wirklich, dieser normale, dieser wunderschöne Tag mit meinen Freunden. Wirklich ist der Lärm und die Häßlichkeit und das Getöse und der Gestank an dem anderen Ort.

»Ist alles okay, Barbara?« Jonathan hatte mich etwas gefragt, ohne eine Antwort zu bekommen, und er spürte, daß ich weggeglitten war. Meine Augen füllten sich mit Tränen. »Noch nicht, Jonathan. Noch nicht. Ich bin immer noch unsichtbar.«

Edie sah mit einem sorgenvollen Ausdruck zu Jonathan auf.

»Was meinst du mit unsichtbar, Barbara?« fragte er.

»Es ist unmöglich, mit Worten zu beschreiben, was es heißt, sich gleichzeitig tot und lebendig zu fühlen.«

»Was denkt Julie darüber?« fragte Edie.

»Nur, daß ich mich selbst unsichtbar mache, daß es irgendeine schreckliche Funktion hat, die wir noch nicht kennen. Es schützt mich vor etwas, und nur ich kann mich selbst wieder sichtbar machen. Aber ich möchte euch etwas Schönes, nicht etwas Trauriges erzählen. Ich habe einen neuen Freund. Er heißt Jim und wir haben Weihnachten zusammen verbracht. Wir sind spazierengegangen, wir haben geredet und ...« ich hielt inne. Ich wußte, daß ich nicht mehr sagen sollte, aber gleichzeitig wollte ich meine Freude mitteilen, die ich darüber empfunden hatte, wieder einem Menschen nahe zu sein, wieder mit jemandem in einem Bett zu schlafen. Vielleicht war es nicht diskret, aber ich erzählte ihnen von Jim.

Sie hörten mir aufmerksam zu und wußten offensichtlich nicht, wie sie reagieren sollten. Sie gingen also auf Nummer Sicher und fragten mich, ob Julie davon wisse. Ich versicherte ihnen, daß ich mich nicht unwiderruflich in Jim verliebt

308

hätte. Aber wir hätten uns inmitten all dieser Krankheit ein Weihnachtsfest gemacht, und es sei so schön gewesen. Ihre Gesichter entspannten sich, als sie merkten, daß ich der Sache einen angemessenen Stellenwert beimaß. Sie fingen an, mich nach Einzelheiten zu fragen. »Wie lange kennst du ihn schon? Kommt er bald heraus?« Und ich erzählte ihnen über Neruda, über unsere Spaziergänge und unser Tennisspiel und daß wir uns geküßt und miteinander geschlafen hatten. Allein durch das Reden darüber fühlte ich mich nicht mehr abgetrennt, und ich merkte, wie froh sie waren, daß ich wieder Freude empfinden konnte, oder wenn nicht Freude, daß zumindest das Gefühl der Leblosigkeit von mir gewichen war, daß das Gewicht der Krankheit, die ich so lange als Bürde mit mir herumgeschleppt hatte, nicht mehr auf mir lastete.

Dann saß ich im Zug, der durch das deprimierende Ghetto von Harlem ratterte. Ich versuchte, mir alle Erlebnisse des Wochenendes zu vergegenwärtigen. Aber hauptsächlich dachte ich an Jim und rief mir jeden Augenblick unseres Zusammenseins in die Erinnerung, um ihm Dauer zu verleihen. Aber es war vorüber, bereits Vergangenheit geworden. Wie konnten so viele Stunden des Planens und der Vorfreude so schnell der Geschichte angehören? Ich begann mich hohl und wieder unwirklich zu fühlen, der kurze Augenblick der Verbundenheit, den ich mit ihm erlebt hatte, war vergangen. Ich war unsichtbar.

Ich erkannte, daß ich es kaum erwarten konnte, ins Krankenhaus zu Julie und Jim und Don zurückzukehren. Sie repräsentierten gegenwärtig die einzige Realität für mich. Edie und Jonathan waren ein Teil meines früheren Ichs, sie waren die Abweichung. Diese Gedanken stimmten mich nicht traurig, als ich so im Zug saß, meine rote Identitätstasche über mir im Gepäcknetz, auf dem Schoß die Tüte mit den Pistazien und den getrockneten Aprikosen, die ich für Jim gekauft hatte. Ich fuhr nach Hause.

Julie saß da wie immer, die Füße auf dem Schreibtisch, in

einem Pullover und einer gut geschnittenen Hose, ihre Augen von einer großen getönten Brille bedeckt, das lange Haar offen mit einem makellosen Make-up. Wie sollte ich ihr die Wahrheit sagen? Wie sollte ich ihr gestehen, daß ich gelogen hatte? Unsere Beziehung basierte auf Ehrlichkeit. Ich mußte es ihr erzählen.

»Nun, wie war es?« fragte sie. »Wie war Weihnachten? Berichte mir. Ich fühle mich wie eine Mutter. Ich möchte alles wissen, was du getan hast. Alles. Ich hoffe, es war schön.«

Ich suchte Zeit zu gewinnen, indem ich in meiner Tasche nach Zigaretten kramte. »Julie«, begann ich leise, »es gibt Zeiten, wo du als Kliniktherapeutin in Konflikte kommst. Ich möchte dir etwas erzählen, aber dazu brauche ich die Gewißheit, daß du dich in diesem Fall nur mir, nicht dem Krankenhaus verpflichtet fühlst, weil auch ein anderer mithineingezogen werden könnte. In diesem Fall muß du mir deine Diskretion zusichern.« Ich hielt inne. Als ich mich so reden hörte, war ich selbst erstaunt. »Weißt du eigentlich, daß ich früher Filme über Konflikte dieser Art gedreht habe?« fragte ich sie. »Jetzt lebe ich sie.« Vergiß die Ironie der Situation, sagte ich mir. Was zum Teufel wirst du machen, wenn sie sich weigert?

Sie nickte und versicherte mir, die Sache auf jeden Fall für sich zu behalten. Und so erzählte ich ihr von unserem Wochenende.

Statt die Stirn zu runzeln, lächelte sie. Dann fiel ihr wieder ihre Position und ihre Rolle als Kliniktherapeutin samt der damit verbundenen Verantwortung ein. »Du weißt, daß er bereits Schwierigkeiten hat, weil er länger als acht Stunden weggeblieben ist«, hielt sie mir nachdrücklich vor.

»Ja, ich weiß. Darum darfst du nichts erzählen, Julie. Es würde ihm nur schaden. Er hat schon genug am Hals, auch wenn Joyce nicht erfährt, daß er mit mir zusammen war.« Ich bettelte jetzt, das wußte ich. »Es geht mir nicht um mich. Wenn du mich bestrafst, macht mir das nichts aus.«

310

»Ich will dich nicht bestrafen, Barbara. Ich möchte, daß du glücklich bist. Ich weiß, was dir die Freundschaft mit Jim bedeutet. Aber, Barbara, du bist auf dem Weg der Genesung. Du wirst bald nach Hause gehen. Jim dagegen muß noch viele Monate hierbleiben. Das mußt du dir klarmachen.«

Ich begann leise zu weinen. »Ach, Julie. Jetzt passiert mir wieder genau dasselbe.«

»Was passiert dir?«

»Ich werde den einzigen Menschen verlieren, der mir in der ganzen Welt etwas bedeutet.«

»In *dieser* Welt, Barbara«, antwortete sie.

Für Jim brach die Hölle los. Er durfte die Halle nicht mehr verlassen. Keine Urlaubsscheine, keine Spaziergänge in die Stadt, kein Kaffee im Restaurant. Jegliche Hoffnung, die wir genährt hatten, Silvester zusammen zu verbringen, war zunichte. Ich fühlte mich schuldig und für all das verantwortlich. Joyce hätschelte und ermahnte ihn abwechselnd. Obwohl Julie kein Wort gesagt hatte vermutete sie, daß wir Weihnachten zusammen verbracht hatten. »Vorschrift ist Vorschrift, Jimmy-Boy.« Sie kicherte. »Sei jetzt ein braver Junge und geh zum Turnen, oder du bist nicht mehr einer meiner Lieblingspatienten.«

Sie tadelte ihn, schmeichelte ihm und stichelte. Sie demonstrierte ihre Zuneigung zu anderen Patienten, um ihn zu bestrafen. Sie projizierte ihre eigenen Probleme auf uns beide. Das war seine Therapeutin!

Mir wurde klar, daß ich versuchen mußte, mit Jims Eltern Kontakt aufzunehmen und sie zu informieren, was hier vor sich ging. Er mußte weg von ihr, mußte einen anderen Therapeuten finden. Was würde nach meinem Weggang mit ihm geschehen? Sie würde ihn völlig unterkriegen. »Vergiß nicht, Jimmy-Boy«, sagte sie, »wenn du nicht brav bist, behalte ich dich noch drei Monate hier.« Die Macht dazu hatte sie. In kürze würde über die Aussetzung seiner Strafe verhandelt

311

werden. Er brauchte ihre Fürsprache, und sie benutzte das als Druckmittel. Mit mir redete sie überhaupt nicht mehr. Wie dumm sie war, dumm und gefährlich! Sie spielte mit dem Leben eines anderen Menschen.

»Bestrafung heißt das Spiel, das jetzt gespielt wird, Barbara«, sagte Jim am Abend meiner Rückkehr. Wir saßen auf der Couch vor meinem Zimmer. Ich trug wieder meine »kranken« Kleider – die alten Jeans und den Pullover, ein Tuch um den Kopf, kein Make-up. Auch Jim sah wieder wie eh und je aus. Waren wir attraktiv gewesen, hatten wir uns nackt geliebt? Jetzt saßen wir auf dieser abgenutzten Couch, zwischen uns ein Abstand, faßten uns nicht mehr an und lebten erneut in dieser kranken Welt.

Jim las mir ein Gedicht vor, das er über unser Wochenende geschrieben hatte. Ich war ungeheuer gerührt über die Tiefe seines Gefühls und staunte, wie gut er schrieb. Ich versuchte ihm zu sagen, wie großartig ich sein Gedicht fand und, viel wichtiger noch, daß ich seine Gefühle teilte.

»Erinnerst du dich an unseren ersten gemeinsamen Spaziergang, Barbara, als wir in das Restaurant gingen und du zu mir sagtest, daß es gut sei zu weinen, Gefühle zu akzeptieren, den Horror meiner Gefängniszeit ins Bewußtsein dringen zu lassen? An diesem Tag und in den Wochen danach fühlte ich mehr als zuvor in Jahren. Du hast mir wirklich geholfen. Weißt du das? Und weißt du, wieviel mir Weihnachten bedeutet hat?«

Mae warf uns böse Blicke zu. »Jim, Barbara«, bellte sie. »Ich hab's jetzt satt. Es ist elf vorbei. Jetzt ab in eure Zimmer – ich meine es ernst. Das ist mein Job, also los!«

Jim sah mich traurig an. »Ich kann es nicht ertragen«, sagte er. »Ich kann es nicht ertragen, nicht nach diesem Wochenende mit dir.«

Ich versuchte vernünftig zu sein. »Laß dir deine Selbstachtung nicht nehmen Jim.«

»Schlaf gut, Barbara.« Er stand auf, und ich schaute ihm nach, wie er in sein Zimmer ging. Ich dachte an den

312

vergangenen Tag, die Nacht in meiner Wohnung. Julie hatte gesagt, daß ich die Anstalt bald verlassen würde. Warum brachte ich nicht fertig, was mir Jim so oft nahegelegt hatte: auf die Gesundheit und das Glück zuzulaufen, nicht bloß vor Krankheit und Tod zu fliehen? Aber jetzt war er mein ganzes Glück. Und Joyce bestrafte ihn. Wir würden nie zusammen sein können, solange er im Krankenhaus war. Er muß auch bald entlassen werden, sagte ich mir. Das ist die einzige Möglichkeit, damit wir zusammen sein können. Ich wollte bei ihm sein, wollte von ihm in den Armen gehalten werden. Es war nicht fair.

13

»Barbara«, sagte Julie mit ernstem Gesicht, »es ist Anfang
Januar. Wir sollten Pläne für deine Entlassung machen.« Sie
saß da und wartete auf meine Reaktion.

Entlassung! Ich hatte andere Patienten kommen und gehen
sehen. Jetzt redete sie von mir. War ich dazu bereit? Würde es
wieder wie im letzten Sommer sein, als ich Longview verließ
– Einsamkeit, Verzweiflung, Gedanken an Selbstmord?

Sie schien zu wissen, was ich dachte. »Ich rede von einer
schrittweisen Rückkehr in die Welt«, meinte sie.

»Welche Welt? Julie, in welche Welt kehre ich zurück? Du
und Jim, ihr seid meine Welt. Alles andere habe ich verloren.«

»Das ist nicht wahr«, antwortete sie. »Deine frühere Welt
wartet immer noch auf dich, Barbara. Und es ist Zeit, dorthin
zurückzukehren. Aber es muß behutsam geschehen. Du
solltest anfangen, an den Wochenenden in die Stadt zu fahren
und dir einen Therapeuten zu suchen.«

»Du weißt, wie ich darüber denke. Ich verstehe einfach
nicht, warum du nicht meine Therapeutin sein kannst. Du
lebst in New York, kennst mich besser als jeder andere. Es
macht mich wütend.«

»Es ist mir laut Vertrag mit dem Krankenhaus verboten,
Barbara. Das habe ich dir bereits gesagt.«

»Und ich habe dir von den Nieten und Spinnern erzählt, auf
die ich im letzten Sommer gestoßen bin, als ich mich nach

einem Therapeuten umsah. Ich mache das nicht noch einmal mit.«

»Wir werden dir helfen, jemanden zu finden. Denk einmal darüber nach. Ich möchte, daß du vorbereitet bist. Du sollst hier nicht weggehen, wie du von Longview weggegangen bist. Dieses Mal sollst du dazu bereit sein.«

»Aber ich bin noch nicht bereit,« protestierte ich. »Ich weiß immer noch nicht, was geschehen ist. Ich begreife mich selbst noch nicht. Möchte ich krank sein? Werde ich mich bis an mein Lebensende in Männer verlieben, die ich nicht haben kann, oder in Leute wie Eric? Werde ich mich immer wie ein ungezogenes kleines Mädchen fühlen, das es verdient, unglücklich zu sein? Sag mir, was mit mir los ist.«

»Du hast nie wirklich gelernt, dir selbst zu vertrauen, Barbara, auf deine eigene Kraft zu bauen. Und solange du das nicht kannst, ist die Antwort auf alle deine Fragen ›ja.‹ Oft hast du andere gebraucht, um zu wissen, wer du bist – deine Eltern, Bill, Eric, und jetzt sogar mich. Und weil du nie wirklich an dich selbst glaubtest, hast du immer alles übernommen, was sie dir sagten. Es ist kein außergewöhnliches Problem, Barbara, sondern ein allgemein menschliches. Aber ich glaube, es ist besonders schwierig für Frauen. Wir sind hin- und hergerissen zwischen unseren neuen Freiheiten und der alten, traditonellen Abhängigkeit, der Erwartung, daß andere uns sagen, wer und wie wir eigentlich sind. Du bist in deinem Beruf unerhört erfolgreich gewesen. Du hast hart gearbeitet und dir die Achtung deiner Kollegen erworben. Deine Freunde lieben und bewundern dich. Aber ich weiß, was du denkst – daß es nicht reicht. Das tut es nie und sollte es auch nicht tun. Es gibt eine andere Art von Liebe, einen Austausch, den wir alle brauchen. Aber wir finden ihn nie, wenn wir uns nicht ganz in die Beziehung einbringen, das Gute wie das Schlechte, die Stärken wie die Schwächen. Du bist Barbara Gordon. Hab keine Angst, du selbst zu sein.«

»Ich bin, ich bin, ich bin«, sagte ich. »Ich sage das manchmal in meinem Zimmer mir selbst, bloß um mir zu beweisen, daß ich wirklich existiere.«

»Diesen Beweis hast du schon, Barbara. In dir selbst. Die eigentliche Gefahr besteht darin, deine Beziehungen zu anderen zu etwas zu machen, was sie nicht sind – dich selbst zu etwas zu machen, was du nicht bist, weil du glaubst, niemand könnte dich lieben, wie du wirklich bist. Ich glaube, du fängst an, wieder deiner eigenen Kraft zu vertrauen, Barbara. Und wenn du dir wieder selbst vertraust, dann hast du den Teil von dir überwunden, der es für angenehmer hält, schwach zu sein. Und dann wirst du dich zu den Stärken, nicht den Schwächen anderer hingezogen fühlen.«

»Aber ich will das Krankenhaus nicht verlassen, solange ich noch von den gleichen Symptomen geplagt werde wie bei meiner Ankunft.«

»Ich habe dir doch gesagt, Barbara, daß du die Mittel hast, sie zu bekämpfen. Du hast immer noch Angst, und diese Symptome haben die schreckliche Funktion, dich daran zu hindern, nach dem Leben, nach der Liebe und dem Glück zu greifen.«

»Verdammt nochmal, Julie, ich fürchte mich nicht davor, wieder zu lieben. Ich werde nicht das Leben einer verängstigten Frau führen, die davor zittert, daß jeder Mann, den sie trifft, wieder ein Eric sein wird. Bestimmt nicht.«

»Wenn du wirklich hinter diesen Worten stehst, dann hast du die Schlacht gewonnen.«

Das Telefon läutete. Ich sah aus dem Fenster ihres Büros in den kalten Januartag hinaus und wartete darauf, daß sie ihr Gespräch mit den Eltern eines anderen Patienten beendete. Wie tief die Therapeuten doch in das Leben eines Menschen eingreifen, der im Krankenhaus ist, dachte ich. Sie reden mit seiner Familie und seinen Freunden, sie regeln die Ausgeherlaubnis, die Besuche, die Wochenenden. Julie hatte eine erschreckende Macht über mich, aber ich wollte nicht, daß sie endete.

»Ich möchte nicht immer noch krank, immer noch leblos

von hier weggehen«, sagte ich, als sie aufgelegt hatte. »Ich möchte gesund sein.«

»Krankenhäuser sind nicht dazu da, um gesund zu werden. Sie helfen lediglich in Krisen. Das Gefühl der Leblosigkeit wirst du nur verlieren, indem du lebst, Barbara. Jedesmal, wenn du ein Valium genommen hast, war das eine Entscheidung für die Leblosigkeit, und jetzt mußt du dir wieder erlauben, etwas zu fühlen, du mußt das wieder lernen. Laß alle Gefühle zu – Aggressionen, Liebe, Traurigkeit. Nur indem du draußen lebst, trotz der Symptome, kannst du gesund werden. Das wird einige Zeit dauern. Aber du wirst in der Stadt einen guten Therapeuten finden, der dir helfen wird.«

Ich begann zu weinen. »Begreifst du nicht?« sagte ich unter Tränen. »Ich möchte dich als Therapeutin. Es ist nicht fair.«

»Das ist keine Zurückweisung, Barbara. Entlassung bedeutet, daß es Zeit ist, fortzugehen und zu leben.«

»Ich bin noch nicht bereit, Julie. Ich bin noch nicht bereit.«

»Ich glaube schon«, erwiderte sie. »Vier Monate sind eine lange Zeit.«

An diesem Nachmittag waren Jim und ich zusammen in der Kunsttherapie. Ich zeichnete, er arbeitete mit Ton. Ich dachte über Julies Worte nach. Wie sollte ich es Jim sagen? Schließlich platzte ich einfach damit heraus. »Hör mal, Jim. Julie redet von Entlassung und davon, daß ich mir einen neuen Therapeuten suchen sollte. Sie meint tatsächlich, daß ich nach Hause gehen könnte.«

Als er von seinem Tonklumpen aufblickte, spürte ich: er wußte, daß das kommt. Er wußte es vor mir. »Du bist zu gesund, um hier zu sein, Barbara«, sagte er. »Ich habe mich immer schon gefragt, was du hier machst.«

»Aber weißt du nicht mehr, wie hysterisch ich war, als wir uns kennenlernten? Erinnerst du dich nicht mehr?«

»Das liegt ja Monate zurück. Julie hat Recht. Du solltest hier raus und wieder zu arbeiten anfangen.«

Keiner von uns verlor ein Wort über unsere Verbundenheit, daß wir einander vermissen würden. Wir redeten ganz sachlich, fachsimpelten als psychiatrische Patienten, denn wir hatten beide genügend Erfahrung mit unserer Krankheit, um zu wissen, daß wir sie nicht, zumindest nicht in diesem Augenblick, mit unseren Gefühlen befrachten durften.

»Jim, morgen ist die Vereidigung des Präsidenten«, sagte ich, um das Thema zu wechseln.

»Wo findet sie statt?« fragte er etwas unsicher.

»Du machst Witze«, antwortete ich. »Du weißt doch, wo Carter den Amtseid leistet.«

»Ich mache keine Witze«, sagte er, ohne mich anzusehen.

»Aber Jim, das findet wie immer in Washington statt, der Hauptstadt der Vereinigten Staaten. Das weißt du doch.«

»Nun ja, ich habe solche Vereidigungen noch nicht allzu oft miterlebt«, entgegnete er anzüglich, und ich merkte, daß er verletzt und verärgert über mich war. Verärgert über meinen ungeduldigen Ton, verärgert, daß ich etwas wußte und er nicht, und ich glaube, in ihm begannen auch Aggressionen wegen meines bevorstehenden Weggangs hochzusteigen. »Wie oft hast du das schon erlebt?«

»Wie oft?« dachte ich. Wir spaßten häufig über unseren Altersunterschied, aber jetzt verspottete er mich.

»Nun, wie oft?«

»Zu oft, Jim. Zu oft. Komm, mach deinen Vogel fertig.«

Ich erzählte Julie von Jims Reaktion. »Niemand scheint sich darüber zu freuen, daß ich hier rauskomme. Jim nicht und ich auch nicht. Niemand, außer Joyce vielleicht. In solchen Augenblicken merkt man, wer die wahren Freunde sind«, sagte ich, um sie zu necken.

»Ich freue mich darüber, Barbara«, antwortete Julie. Und dann ließ sie die Bombe platzen. »Ich gebe dir ab sofort an jedem Wochenende Urlaub. Ich möchte, daß du nach New York fährst, deine Freunde triffst, dein früheres Leben wieder

318

aufnimmst. Was hältst du davon, daß wir die Entlassung für Anfang Februar ins Auge fassen? Bis dahin hast du sicher einen guten Therapeuten gefunden. Dr. Wald empfiehlt dir einige.« Sie übergab mir eine getippte Liste mit Namen, die ich wie betäubt anstarrte. Ich sah Dr. Wald eigentlich nur bei unseren therapeutischen Gruppensitzungen am Freitag oder wenn er nachsah, wie es seinen Schützlingen in *Sechs Nord* ging. Aber ich mochte ihn nicht. Er stolzierte herum wie ein Pfau und kam mir schroff und wichtigtuerisch vor. Ich fragte mich, ob die Therapeuten, die er empfahl, ebenso kalt sein würden wie er. »Wen empfiehlst *du* mir?« fragte ich Julie.

»Dr. Wald kennt deinen Fall, Barbara. Und er ist qualifizierter als ich, um Empfehlungen auszusprechen.«

Wie konnte ich ihr begreiflich machen, welche Angst ich hatte, wie unvorbereitet ich mich fühlte, wie stark mein Bedürfnis war, mit ihr weiterzuarbeiten?

Wieder schien es fast, als könne Julie meine Gedanken lesen. »Niemand hat gesagt, daß du von hier raushüpfen sollst wie ein Kind in der Pause«, bemerkte sie. »Niemand hat behauptet, daß es leicht sein wird.«

Es war eine schreckliche Zeit. Obwohl ich mich stärker fühlte, plagten mich immer noch die alten Symptome der Leblosigkeit oder des Mangels an Identität, wie Julie sich ausdrückte. Aber ich wußte jetzt, daß ich an den Wochenenden in die Stadt fahren mußte, von Freitag bis Sonntagabend. Manchmal saß ich das ganze Wochenende allein in der Wohnung; an anderen Tagen versuchte ich, die Fäden meines Lebens wieder aufzunehmen, Freunde zu besuchen oder mich mit ihnen zum Abendessen zu verabreden. Aber diese Fahrten erfüllten mich nicht mehr mit jener Aufregung, die ich an meinem Geburtstag und bei meinem Weihnachtsfest mit Jim verspürt hatte. Und bisweilen konnte es geschehen, daß ich mich an mein Bett klammerte und weinte. Wenn ich weinte, wich immerhin die Empfindungslosigkeit, das Nichts von mir,

319

und der Schmerz, die Traurigkeit waren besser als das Nichts.

An anderen Wochenenden ging ich durch die Straßen, vorbei an den vertrauten Gebäuden, und hoffte jedesmal, daß sich auf diesem Spaziergang, in dieser Straße, an diesem Tag die Verbindung wieder herstellen würde. Es geschah nichts, und entmutigt kehrte ich in die Wohnung zurück, konnte es kaum erwarten, zur Grand Central Station zu fahren und in den Sonntagabendzug nach Greenwich zu steigen, der mich zurück zu Don und Paul, zu Debbie und Jim brachte. Dann redeten wir über ihr Wochenende und mein Wochenende, und die Verbindung stellte sich wieder her, eine kleine Zeitlang.

Ich begann, die Namen auf Dr. Walds Liste anzurufen und Termine an den Wochenenden auszumachen. Einer der Therapeuten, Dr. Mildred Stanton, fragte mich am Telefon rundheraus: »Sind Sie depressiv oder schizophren?« Und ich antwortete: »Mein Problem ist, daß ich schizophren sein möchte.« Sie lachte, und ich vereinbarte für die zwei folgenden Wochenenden Konsultationen bei ihr. Sie war eine elegant gekleidete Dame mittleren Alters, die während unserer Sitzung eine Tasse heißen Tee nach der anderen trank. Ihr Verhalten war etwas dramatisch, aber sie hatte ein gütiges Gesicht. Ich entschloß mich, nach meiner Entlassung zu ihr in Therapie zu gehen.

Von da an ging alles sehr rasch, zu rasch. Sowohl Julie als auch Dr. Wald sprachen mit Dr. Stanton, und unmittelbar nach meiner zweiten Konsultation bei ihr teilte Julie mir mit, daß meine Entlassung definitiv für die erste Februarwoche festgesetzt worden sei.

Ich starrte sie bloß an. »Das kann nicht dein Ernst sein«, sagte ich. »Du und ich müssen noch an so vielem arbeiten. Dr. Stanton ist anders als du. Und außerdem kann sie warten. Zu ihr kann ich immer noch gehen.«

»Es ist mein Ernst, Barbara«, antwortete sie. »In der ersten Februarwoche.«

In ihrer Stimme klang Ungeduld mit, und mich störte der

kühle Ton, in dem sie mit mir sprach. Das war nicht Julies Art. Ich begann die Tage zu zählen. Mittwoch, Donnerstag. Weder meinen Eltern noch meinen Freunden teilte ich die bevorstehende Entlassung mit, nicht einmal Edie. Auch mit dem Packen ließ ich mir Zeit, meine Koffer waren immer noch unten im Gepäckraum. Dann kam der Freitag, und ich fuhr zum letzten Mal übers Wochenende in Urlaub. Lisa und Barry hatten mich in ihr Haus nach New Jersey eingeladen.

»Warum haust du nicht ab?« fragte mich Jim. Er lag auf der Couch vor meinem Zimmer, während ich am Rand saß und einen Entschluß zu fassen suchte, was ich tun, mit welchem Zug ich fahren sollte.

»Jim, ich gehe am nächsten Mittwoch.«

»Ich weiß«, gab er einsilbig zurück. »Ich habe es von Don gehört.«

In diesem Augenblick ging Debbie vorüber. »Gratuliere, Barbara. Noch sechs Tage. Phantastisch!«

Das ganze Personal kam, um mir zu gratulieren, sobald es sich herumgesprochen hatte. In einer psychiatrischen Abteilung sind Entlassungen so etwas wie Neujahrsfeste. Bloß, war mir nicht nach Neujahr zumute, und ich konnte nicht glauben, daß all diese Menschen, die psychologisch geschult waren, nicht wußten, warum.

Jim riß mich aus meinen Gedanken. »Warum zum Teufel sitzt du immer noch hier, wenn du schon in New York sein könntest?«

»Du hast recht. Ich fahre mit dem Zug um drei Uhr fünfzehn«, antwortete ich impulsiv und stand auf. »Ich muß packen.«

»Was willst du denn packen? Du nimmst doch nie etwas mit außer deiner Identitätstasche. Jetzt mach, daß du hier rauskommst, Barbara.« Und er wandte sich ab, böse auf mich, weil ich meine neue Freiheit nicht genoß, böse, weil er das Wochenende in der Halle verbringen mußte, böse, weil ich in sechs Tagen wegging, böse über alles.

Es war Samstagabend, und ich saß mit Barry und Lisa vor dem offenen Kamin und trank Cognac. Wir hatten ein fabelhaftes Abendessen hinter uns, gedämpften Hummer mit frischem Spargel. Als ich ihnen schließlich gestand, daß ich entlassen werden sollte, waren sie noch mehr bemüht, das Wochenende zu einer einzigen Feier, festlich und froh zu gestalten. Ich weiß nicht mehr, worüber wir redeten, aber wie ich so dasaß und in das Feuer blickte, schienen ihre Stimmen weit wegzurücken, und ich merkte plötzlich, daß ich nicht wußte, wo ich war. In Miami bei meinen Eltern? In meiner Wohnung mit Eric? Im Krankenhaus? Gedanken aus der Vergangenheit kollidierten mit der Gegenwart. Ich bekam Angst.

Lisa muß den Ausdruck von Panik auf meinem Gesicht bemerkt haben. »Was hast du, Barbara? Was ist los?«

»Ich weiß nicht, wo ich bin«, sagte ich. Mein Herz hämmerte, und ich atmete in gehetzten, flachen Zügen. »O Gott, es ist schlimmer als je zuvor. Ich weiß nicht, wo ich bin.«

»Du bist hier bei uns, Barbara«, sagte Lisa und versuchte ihren Schrecken zu verbergen. Sie legte ihre Arme schützend um meine Schultern. »Du bist bei mir und Barry.«

»Ich kann jetzt nicht hier sitzen, Lisa«, sagte ich. »Ich muß versuchen zu schlafen. Ich fühle mich unwirklicher denn je, und keine Therapie der Welt kann daran etwas ändern.«

Sie halfen mir die Stiegen hinauf. Ich zog nicht einmal meine Kleider aus, sondern fiel gleich aufs Bett, hielt mich fest, sagte mir: »Ich bin in Princeton New Jersey, bei Barry und Lisa, meinen ältesten Freunden. Ich bin Barbara Gordon. Ich bin. Ich bin. Ich bin.«

Den ganzen Sonntag lang bemühten sie sich, mich mit gutem Essen, Wein, Gesprächen und Lachen von meinen Symptomen abzulenken. Aber ich mußte jeden Augenblick darum ringen, mit meinen Gedanken bei ihnen zu bleiben, und war schließlich zu erschöpft und krank, um mit dem Zug ins Krankenhaus zurückzukehren. Ich beschloß, die Nacht in Princeton zu verbringen und den Morgenzug zu nehmen. Ich rief im Krankenhaus an, damit sie sich keine Sorgen machten, doch die diensthabende Schwester bestand darauf, die Telefonnummer meiner Freunde zu erfahren.

Einige Minuten später rief Julie an. »Was ist los, Barbara? Warum kommst du nicht zurück?« Sie klang besorgt.

»Ich bin erschöpft vom Kampf gegen die Symptome. Sie sind an diesem Wochenende alle verstärkt zurückgekehrt, Julie. Alle.« Ich war wütend auf sie. Was hatte ich von ihr? Was für eine unfähige Therapeutin war sie, wenn alle meine Symptome mit einer solchen Heftigkeit zurückkehren konnten! Unser ganzes Gerede war umsonst gewesen.

Als ich am nächsten Morgen noch immer etwas mitgenommen im Krankenhaus eintraf, lief Julie auf und ab und hielt nach mir Ausschau. »Barbara, was ist geschehen?« fragte sie. »Erzähl mir, was geschehen ist.«

»Ich weiß es nicht. Alles ist schlimmer geworden. Ich war völlig durcheinander. Ich hatte keine Ahnung, wo ich war. Es war ein Alptraum.«

»Ach, Barbara, ich habe mich geirrt. Es tut mir leid. Ich habe nicht erkannt, welche Wirkung die Entlassung auf dich haben würde. Ich wußte nicht, daß so etwas geschehen konnte. Der Trennungsschmerz. Ich hätte es wissen müssen. Es tut mir so leid.«

Ich war verwirrt. Welche Trennung, welcher Schmerz? Wovon redete sie? »Willst du damit sagen, daß es einen Grund dafür gibt?« fragte ich sie.

»Du hast eine Trennungsangst durchgemacht, Barbara«, erklärte sie mir. »Viele Patienten erleiden vor der Entlassung einen Rückfall, bei dem alle Symptome wiederkehren. Aber in deinem Fall sind wir mitverantwortlich. Wir wollten es zu schnell durchziehen. Du hättest langsamer darauf vorbereitet werden sollen. Du hast im Leben mehrere schmerzhafte Trennungen durchgemacht. Du hattest gleichzeitig eine Depression, den Drogenentzug und einen Todesfall zu verkraften.

Und ich weiß, wie schwierig es für dich sein wird, dich an das Alleinleben zu gewöhnen.«

Am gleichen Tag suchten wir gemeinsam Dr. Wald auf. Julie meinte, für die Vorbereitung auf meine Entlassung seine Hilfe zu brauchen.

»Aber es ist nicht leicht für mich, über meine Heimkehr froh zu sein«, rief ich aus. »Ich habe nichts und niemanden, der auf mich wartet. Ich weiß nicht, wie ich allein leben soll. Ich weiß, daß ich es vor Eric konnte, aber ich habe vergessen, wie.«

Dr. Wald wurde ungeduldig mit mir. »Warum wollen Sie sich auf diese Weise verabschieden, Barbara, mit destruktiven Gedanken, indem Sie wieder kränker werden? Warum ziehen Sie es vor, all diesen Schmerz durchzumachen? Ich werde Ihnen sagen, warum. Damit Sie nicht den Verlust empfinden müssen, Julie Lebewohl zu sagen.«

Ich unterbrach ihn. Ich fand seine arrogante, barsche Art wenig hilfreich. Was zum Teufel wußte er über Schmerz? »Ich habe Julie Lebewohl gesagt« entgegnete ich.

»Nicht auf die richtige Weise«, sagte er sehr bestimmt.

»Was ist die richtige Weise?« fragte ich zu Julie gewandt. »Ich werde dich so sehr vermissen. Warum kann ich dich nach meiner Entlassung nicht sehen? Wenn du die Patientin wärst, würde ich meinen Vertrag brechen. Ich würde für dich gegen die Regeln verstoßen.«

»Sie müssen lernen, Lebewohl zu sagen«, sagte Dr. Wald, »ohne den anderen zu verstoßen, ohne Destruktivität, ohne Aggressionen – mit Liebe.«

»Soll ich so lange Lebewohl sagen, bis ich es richtig kann?« fragte ich trotzig.

»So etwa«, antwortete er. Und aus der Art und Weise, wie er seine Papiere vom Schreibtisch aufzulesen begann, wußte ich, daß die hastig einberufene Unterredung zu Ende war.

Die beiden gingen, und ich blieb lange Zeit allein in dem Zimmer sitzen. Sie gaben mir also zu verstehen, daß das Kind in mir Julie anflehte, sich um mich zu kümmern, daß ich sogar

324

krank wurde, um mich dem Verlust Julies nicht stellen zu müssen. Ich entfesselte einen Aufruhr in meinem Kopf, weil die Kind-Frau nicht von hier fort wollte. Ich ging in mein Zimmer zurück, ohne Jim zu beachten, der auf der Couch saß, und ohne mich von Don aufhalten zu lassen, der wissen wollte, was los war. Zornige, erbitterte Gedanken erfüllten mich, Gedanken, die sich gegen Julie, gegen Don und Jim richteten. Keinem von ihnen bedeutete ich etwas, keiner liebte mich. Ich legte mich auf mein Bett und begann hemmungslos zu weinen. Jetzt hatte ich einen echten Koller, nicht bloß einen in meinem Kopf. Er dauerte siebzehn Tage. Ich ging wuterfüllt in der Halle umher, konnte zu niemanden Hallo oder Guten Tag oder Wie geht es dir? sagen, ohne zu denken: Du bist mir ja doch egal! Von mir aus kannst du verrecken. Ha, ha, ich hasse euch alle! Eines Tages fühlte ich mich so elend, daß ich in die Beruhigungszelle ging. Ich hatte mich oft gefragt, was sich dort Geheimnisvolles abspielte, und jetzt sagte ich mir, daß ich bei dem stolzen Preis von 260 Dollar pro Tag das Angebot voll ausschöpfen wollte. In dem dunklen, fensterlosen Raum begann ich, auf die graue Matte am Boden einzudreschen, ohne Don zu beachten, der den Auftrag hatte, mich zu bewachen. »Gib mir eine Tablette, Don. Hilf mir!« schrie ich. »Hilf mir! Irgend jemand soll mir helfen!«

In der Therapie sprachen Julie und ich darüber, wie wenig bereit ich für die Entlassung gewesen sei. Ich hatte niemandem davon erzählt und Edie nicht gebeten, mich abzuholen; ich hatte meine Rechnung nicht bezahlt, und unten nicht wegen meines Gepäcks angerufen. Ob ich denn nicht verstünde, daß ich ihnen dadurch meinen Mangel an Bereitschaft signalisiert hatte. Ich wollte wissen, wann ich bereit sein würde. Wann?

Schließlich begann der Koller abzuklingen, und aus dem Kokon der Krankheit ging ein erwachsenerer Mensch hervor. Ein neuer Termin, Ende Februar, wurde für meine Entlassung festgesetzt. Ich verabschiedete mich von Roger, Claudia, Debbie, Jeff und Joe. Aber wie sollte icn Don, Jim und Julie

325

Lebewohl sagen? Ich wollte daran glauben, daß Dr. Wald recht hatte, daß es mir helfen würde, wenn ich den Menschen, die mir wirklich etwas bedeuteten, liebevoll, ohne Haß Lebewohl sagen konnte. Ich würde wachsen. Aber es tat mir so weh.

Ich nahm meine Wochenendfahrten in die Stadt und meine Sitzungen bei Dr. Stanton wieder auf, und eines Abends, als ich in die Halle zurückkehrte, fand ich Jim in ein Gespräch mit einer neuen Patientin vertieft. Linda war, ein langhaariges, blondes, sechzehnjähriges Blumenkind, das Gitarre spielte und mit hoher, reiner Stimme Folk-Songs sang. In Erwartung meines Weggangs baute er sich bereits eine neue Freundschaft auf. Zu egoistisch, um mir seine Bedürfnisse, seinen Verlust vor Augen zu halten, dachte ich nur, zu früh, Jim, zu früh. Die Leiche ist noch nicht einmal kalt. War ich so leicht zu ersetzen?

Ich kehrte in mein dunkles Zimmer zurück und legte mich hin. Julie fand mich dort. »So, Barbara«, sagte sie auf der Schwelle stehend, »jetzt verkriechst du dich wieder im dunklen Zimmer wie am Anfang.« Ich erzählte ihr von Jim und Linda. »Ich weiß«, antwortete sie. »Was hast du erwartet?« Und bei unserer Sitzung am nächsten Tag wollte sie über meinen Zorn sprechen, daß Jim mit Linda angefangen hatte.

»Er ist ein kleiner Junge«, sagte ich gleichgültig, »und noch dazu ein armer Irrer. Es kann mir also egal sein.«

»Jetzt ist er plötzlich ein kleiner Junge.« Sie lächelte.

»Ich bin eben verletzt. Sag mir, was ich tun soll.«

»Hast du je daran gedacht, wie sehr er dich vermissen wird? Sag ihm, was du empfindest.«

»Aber Julie, ich habe auch meinen Stolz. Wie kann ich auf dieses idiotische kleine Mädchen und ihre blöde Gitarre eifersüchtig sein?«

»Anscheinend bist du es«, antwortete Julie.

»Ja, zum Teufel«, gab ich schließlich zu. »Es stimmt.«

»Barbara«, sagte sie nach einigen Augenblicken, »du hast über Jim geredet und gesagt, daß du diese Freundschaft fortsetzten willst, wenn er entlassen wird. Sollten wir nicht

326

auch darüber sprechen? Du solltest auf Veränderungen in dir
selbst, Veränderungen deiner Bedürfnisse vorbereitet sein. Du
wirst jemanden wollen, der stärker ist als Jim. Du hast seine
Probleme immer ignoriert.«

»Noch jemand«, sagte ich, »aus dem ich eine Art Gott
mache, weil ich ihn brauche. Aber siehst du denn nicht, Julie,
daß er nicht krank ist, wenn er mit mir zusammen ist? In
meiner Gegenwart ist er stark und zärtlich und nicht aggressiv.«

»Das ist sicher richtig, Barbara,, aber mit der Zeit wirst du
einsehen, daß deine Beziehung zu Jim in dieser Phase deines
Lebens zwar wichtig für dich war, daß du aber aus der Sache
herauswachsen wirst.«

Ich wollte sie anschreien: »Niemals, niemals! Wie kannst du
nur so berechnend, so grausam sein?« Aber irgendwo wußte
ich, daß sie recht haben könnte.

Die Tage tickten vorüber, der Augenblick der Entlassung
rückte immer näher. Und dieses Mal versuchte ich, es richtig
zu machen. Ich schrieb meinen Eltern und rief meine Freunde
an. Täglich meldeten sich weitere Leute, die von meiner
Rückkehr gehört hatten und jetzt den Kontakt wieder herstell-
ten. Edie erklärte sich bereit, mich abzuholen, und rief mich
täglich an. Ich stand am Flurtelefon und lauschte ihrer
aufgeregten Stimme. »Du bist wie neugeboren, weiß der
Himmel, Barbara. Du hast Einsichten gewonnen. Dein Verstand ist wieder in Ordnung. Jetzt mußt du dich um deinen
Körper kümmern. Komm in meinen Fitness-Club, dann
kannst du wieder Filme machen.« So plauderte sie drauflos und
half mir, mich auf die Rückkehr vorzubereiten. Sie kam mir
vor, als ob sie vom Raumfahrtkontrollzentrum aus, ihre
Freundin in der Mondfähre wieder zurück zur Erde lotste.

Ich wußte, daß ich eine Zeitlang noch nicht stark genug sein
würde, wieder zu arbeiten. Nach wie vor war ich viel zu
unkonzentriert. Aber ich würde wieder mit Leuten zusammen

sein. Ich dachte an all die Wiedersehen, die mir in den kommenden Wochen bevorstanden. Das würde hart werden, aber nicht so hart wie mein Abschied von Julie, Jim und Don.

Eines Tages saß ich bei Julie und versuchte, ihr für ihre Liebe, ihre Weisheit, ihren Sanftmut, ihre Stärke zu danken. »Du wirst mir fehlen, Julie, du wirst mir mehr fehlen, als du je ahnen wirst.«

»Barbara, ich repräsentiere gegenwärtig deine ganze Welt, jeden, der dich je liebte, jeden, der dich je verschmähte. Früher hast du die Menschen, die dir wehgetan haben, für alle Zeiten von dir gestoßen. Aber ich möchte dir nicht wehtun. Ich möchte, daß du auf die Liebe und auf das Leben zugehst und es mit der wundervollen Intensität genießt, die du früher hattest. Du kannst den selbstzerstörerischen Teil in dir überwinden, und sobald dir das gelingt, kannst du alles erreichen. Alles.«

»Aber das ist etwas anderes«, antwortete ich. »Ich brauche dich immer noch. Du bist meine beste Freundin. Wir sind uns in den letzten fünf Monaten so ungeheuer nah gewesen. Und ich weiß nicht, ob ich allein intensive oder leidenschaftliche Gefühle dem Leben gegenüber haben kann. Ich habe verlernt, ein eigenständiger Mensch zu sein. Ich liebe dich, Julie, aber ich glaube, ich werde dir böse sein, wenn ich weggehe.«

»Keine Aggressionen, Barbara. Das sind unberechtigte Aggressionen. Ich würde dir jetzt nur im Weg sein. Du bist stark genug, es allein zu schaffen. Ohne Groll Lebewohl zu sagen ist ein Teil des Erwachsenwerdens. Versuch, mich noch gern zu haben, wenn du nach Hause kommst. Versuch es.«

An diesem Abend saßen Jim und ich in der Halle und redeten miteinander. Die Uhr zeigte erst zehn Uhr dreißig, aber ausnahmsweise war bereits vor elf Ruhe eingekehrt: der Billardtisch leer, der Fernseher abgeschaltet, die *Grateful Dead* verstummt. Roger, Jeff und Iris waren, vom Lärm und den Gewaltausbrüchen erschöpft, früh schlafen gegangen und sammelten Kräfte, um am Morgen erneut loszuschlagen.

328

Jim lächelte und versuchte, sich für mich zu freuen, aber wir waren beide traurig, daß er hierbleiben mußte. Irgendwie hatte ich das Gefühl, kränker, neurotischer, bedürftiger zu sein als er. Vielleicht sah er kleine grüne Männchen, hatte Wahnvorstellungen, aber seine Krankheit war »sauberer« als meine. Er war Jim. Er schien mir ganz, während ich immer noch in einer Identitätskrise steckte, die nicht enden wollte. Zudem brauchte ich ihn noch immer.

»Ich wußte nicht, daß es dir so schwerfallen würde, von hier wegzugehen«, sagte Jim. »Aber denk daran, Barbara, Gesundheit ist die Norm. Paß gut auf dich auf, wenn du nach Hause kommst. Lern meditieren, mach Joga, iß gesunde Sachen, male, backe Brot, bleib in der Mitte, spür ein Zentrum. Und dann fang wieder an zu arbeiten. Aber zuerst sei Barbara. Bleib bei Barbara.«

Wir lächelten einander an. »Und was ist mit dir?« sagte ich. »Ich möchte nicht, daß du herumliegst und deine Tage verschläfst. Lies, schreib Gedichte, geh spazieren, gebrauch deinen wundervollen Verstand.« Mit einem riesigen Kloß in der Kehle dankte ich ihm. »Wie kann ich dir sagen, was du mir bedeutet hast?«

»Du brauchst mir nicht zu danken. Es war nicht viel, was ich für dich getan habe. Und wir brauchen uns nicht Lebewohl zu sagen. Wir werden uns sehen, wenn ich hier rauskomme. Wir werden miteinander Drachen steigen lassen.« Er war jetzt wieder ganz der vergeistigte, elfenhafte Jim, als den ich ihn kennengelernt hatte, der sich jeden Morgen für eine neue Laufbahn entschied. Ich erinnerte mich, wie er gesagt hatte: »Ich werde Meteorologe oder Englischlehrer werden und Flicken an den Ellbogen tragen. Ich werde reisen und in einem Baumhaus leben.« Alles wollte er tun – bloß nicht in das Geschäft seines Vaters eintreten. »Ich werde dich Bogenschießen lehren«, fuhr er fort. »Wir werden in dem Park spaziergehen, den du als Vorgarten hast, und die Eichhörnchen füttern. Schlaf gut, Barbara.«

Er erhob sich von der Couch und wandte sich seinem Zimmer zu. »O Gott«, sagte er, »nur noch drei Tage. Ich kann es nicht glauben. Was werde ich ohne dich machen?«

»Du hast ja Linda.« Ich versuchte es tröstend zu sagen, aber da war ein Unterton von Gehässigkeit in meiner Stimme.

»Wir sind bloß befreundet. Sie ist ein kleines Mädchen. Es ist nicht wie zwischen uns, Barbara.« Er gab mir einen Gutenachtkuß auf die Wange. »Ich gehe jetzt schlafen.«

Ich blieb allein sitzen und betrachtete die abgenutzten, alten Möbel, das verblichene Grün der Wände. Gott. Ich hatte fünf Monate meines Lebens in diesen Mauern verbracht. Und jetzt ging ich nach Hause.

Don kam vorbei, seinen Mantel über der Schulter. Er blieb stehen. »Es war ein ruhiger Abend, Barbara. Gott sei Dank sagte er.«

»Ja, Don. Gott sei Dank.«

Wir wußten beide, daß ich es vermieden hatte, mit ihm zu sprechen. Ihm Lebewohl zu sagen, fiel mir aus irgendeinem Grund am allerschwersten. Er war nicht mein Arzt, es gab nichts Sexuelles zwischen uns, aber dieser große, dunkelhäutige Mann mit den funkelnden Augen hatte mich in tiefster Seele berührt.

»Möchtest du ein bißchen reden?« fragte er und setzte sich neben mich.

Ich schaute in sein Gesicht, sah die Güte darin, erinnerte mich an alles, was er in den fünf Monaten zu mir gesagt hatte, dachte an seine ersten Worte zu mir: »Denk einfach, was du fühlst. Fühl, was du sagst, und es wird gut sein.« Die Tränen begannen mir über die Wangen zu rinnen.

Früher hatte er mir, wenn ich weinte, die Tränen weggewischt. An diesem Abend sah er mich bloß an. Er lächelte. »Ich mag dich, Don Collins«, sagte ich unter Tränen. »Weißt du, wieviel gute Wünsche ich für dich habe? Sei ein großer Therapeut. Ich weiß, daß du das sein wirst, und ich werde nie unseren ersten Spaziergang in die Stadt, unser Mittagessen in

330

dem Restaurant vergessen. Ich werde nie vergessen, wieviel du mir gegeben hast.«

»Das ist wunderbar«, sagte er immer noch lächelnd. »Das ist meine Belohnung, daß du mich nie vergessen wirst. Du hast auch mir viel bedeutet, Barbara.«

Wieviele Stunden hatten wir mit Gesprächen verbracht – Gesprächen, bei denen es um die Präsidentschaftswahlen, Bücher, Filme, Backgammon-Strategie und Sex gegangen war? Ich schluchzte. Er legte seinen Arm um mich und hielt mich fest.

»Kannst du mich nicht in meinem Haus am Meer besuchen?« fragte ich ihn. »Der Blick aufs Meer wird dir gefallen. Ich koche uns etwas Gutes, wir lachen zusammen und ich besiege dich endlich im Backgammon.«

»Nein Barbara«, antwortete er. »Du weißt, daß du mit dem Krankenhaus, mit mir, mit Julie, mit uns allen brechen mußt. Du mußt wieder in dein Leben zurückkehren.«

»Aber du bist ein Teil meines Lebens. Du bist der beste Teil. Du bist mein Freund.«

Wir saßen einige Minuten beisammen, bis ich schließlich zu weinen aufhörte. »Und du sagst, du fühlst nichts«, sagte er. »Was für eine Schwindlerin du bist, Barbara. Du fühlst. Du bist nicht tot. Du fühlst alles. Und du hast mich so oft zum Lachen gebracht. Ich werde deinen Humor, dein Lachen und deine Tränen vermissen, wenn du weg bist. Wir werden dich alle vermissen, wenn du weg bist. Wir werden dich alle vermissen: Claudia, Julie, sogar Roger. Ich habe gehört, wie du gestern mit ihm über Uranus gesprochen hast.«

»Die Elektroschocks haben ihm eine Weile geholfen, aber im Grunde waren sie nutzlos, oder? Er ist immer noch verrückt.«

»Ja, sie haben letztlich nicht geholfen, Barb. Aber ich weiß, daß Roger dich vermissen wird. Mit dir konnte er manchmal in Verbindung treten.«

»Das stimmt. Inmitten seiner Verrücktheiten über Uranus und Venus redet er über John F. Kennedy und wie sehr er ihn vermißt. Er hat unerhört klare Augenblicke, unglaublich.«

Wir waren jetzt Mann und Frau, zwei Freunde. Don war geblieben, um mit mir zu reden, obwohl sein Arbeitstag längst zu Ende war.

Schließlich erhob er sich, um zu gehen. »Schlaf gut, Barbara«, sagte er. »Morgen gebe ich dir eine letzte Chance, mich im Backgammon zu schlagen.«

»Gute Nacht, Don.« Ich sah ihm nach, wie er den Schlüsselbund an seinem Gürtel losmachte und auf die Tür zuging. Wie sollte ich je ohne ihn leben?

Ich saß auf der Couch und blickte in das winzige Zimmer hinein, das ich fünf Monate lang bewohnt hatte. Noch drei Nächte, dachte ich. O Gott, ich habe in einer Irrenanstalt gelebt. Aber hier sind Menschen. Zu Hause werde ich allein sein. Mit wem werde ich am Abend reden? Ich kann noch nicht arbeiten. Edie hat ihr eigenes Leben, Lisa hat Barry. Die Welt ist für Paare gemacht. Ach Jim, Julie, Don oder wer auch immer – sagt mir, wie ich es allein schaffen soll. Ich möchte mich darüber freuen, daß ich nach Hause gehe. Ich will meine neue Freiheit genießen und mit einem Riesensatz in die Gesundheit springen. Ich möchte sein. Da ist nur ein Problem. Ich weiß nicht, wie man lebt.

Mein letzter Abend in der Halle, Jim und ich begannen gleich nach dem Essen miteinander zu reden. Er duldete meine Sentimentalität, als ich mich in Reminiszenzen über unsere Spaziergänge, unseren ersten Ausflug in die Stadt und unser Weihnachten erging. Sein Zimmer war vollgehängt mit meinen Bildern, in meinem häuften sich seine Gedichte. Ich erinnerte mich an die Erfahrungslücken, über die wir gestolpert waren: Vivaldi. Die Vereidigung des Präsidenten. Was hatten wir einander bedeutet? dachte ich. Alles. Jetzt ging es ans Abschiednehmen, aber sicher würden wir uns wiedersehen.

»Vielleicht willst du mich nicht mehr als Freund, wenn du erst zu Hause bist«, meinte er. »Vielleicht bin ich deinen Freunden nicht witzig genug«.

332

»Meine Freunde wissen alles über dich und mögen dich jetzt schon«, antwortete ich. »Da brauchst du dir keine Sorgen zu machen. Werde bloß gesund und schau, daß du hier rauskommst. Das ist das einzige, worüber du dir Gedanken machen solltest.«

»Aber vielleicht vergißt du mich, Barbara.«

»Wie kann ich mein halbes Herz vergessen?« antwortete ich. Wir saßen eine Weile schweigend da. Joe zog seine Kreise, Roger quasselte von seinen interplanetarischen Reisen. Wir sahen einander an und lachten. Unsere Freundschaft war ein Produkt dieses Hexenkessels: Es war ein Wunder, wir hatten einander am Leben erhalten.

»Denk daran, Barbara«, sagte er. »Neurosen sind nichts anderes als Lügen. Man braucht nichts weiter zu tun als die Lügen aufzugeben, und man hat's geschafft.«

Wie klug er ist, dachte ich. »Aber ist Überleben genug?« fragte ich. »Ich möchte *ganz* sein.«

»Du *bist* ganz, verdammt noch mal. Schau, wir alle haben einen Teufel in uns, Barbara. Deiner hat dich einfach eine Zeitlang beherrscht. Jetzt ist das vorbei, und darum ist es Zeit, daß du von hier weggehst. Außerdem habe ich dir ein Abschiedsgedicht geschrieben«, fügte er mit verschmitztem Lächeln hinzu.

Er fing an, es von einem zerknüllten Zettel vorzulesen, den er aus der Tasche seines Schlafrocks gezogen hatte.

»Ach, Jim«, sagte ich, »es ist unser letzter Abend. Ich kann dieser grünen Couch und dieser Halle Lebewohl sagen, aber ich weiß nicht, wie ich dir Lebewohl sagen soll. Wer wird sich um dich kümmern, wenn ich weg bin?«

»Mach dir keine Sorgen«, sagte er, und seine dunklen, zornigen Augen wurden sanft und warm. »Mach dir keine Sorgen, ich schaffe es schon.«

»Bitte hör nicht auf Joyce Roberts. Konzentrier dich auf dich. Ignoriere alles, was sie dir über dich sagt. Versprich es mir! Laß sie nicht an dich heran.«

333

»Ich verspreche es dir.«

Dann sah er auf. »Mae kommt. O Gott.«

»Barbara, Jim, jetzt wird es aber Ernst!« brüllte Mae vom Schwesternzimmer herüber. »Schaut bloß auf die Uhr.«

Jim und ich schwiegen, jeder wußte, was der andere dachte. Es blieb besser ungesagt. Mae hatte recht; schaut bloß auf die Uhr. Ich dachte bei mir: jetzt wird sie nicht mehr die alte Barbara Gordon zum Herumkommandieren haben.

»Laß dir deine Selbstachtung nicht nehmen«, sagte Jim, »was auch immer geschieht.« Er schob das Gedicht wieder in die Tasche seines Schlafrocks und erhob sich. »Schlaf gut, Barbara.«

»Schlaf gut, Jim.«

Er küßte mich auf die Wange. »Wer wird ›schlaf gut‹ zu mir sagen, wenn du weg bist?«

Mein winziges Zimmer sah jetzt kahl aus. Die Bilder waren von den Wänden genommen, die Schränke und Laden leer. Ich hatte Tage damit zugebracht, meinen Koffer zu packen. Kreditkarten, Spiegel und Feuerzeug hatte ich zurückerhalten. Und alle diese Dinge sagten zu mir: Du bist ein Mensch; geh hin und lebe. Die Kleider, die ich am nächsten Morgen anziehen wollte, lagen bereit. Ich werde gesunde, keine kranken Kleider tragen, wenn Edie kommt. Nur noch eine Stunde bei Julie. Was werde ich ihr sagen? Was werde ich machen, wenn ich nach Hause komme?

Ich legte mich schlafen, aber mitten in der Nacht erwachte ich, von entsetzlicher Angst erfüllt. Ich ging in der leeren Halle auf und ab, voll Haß auf sie und voll Haß, daß ich sie brauchte, voll Haß auf ihren Geruch, ihre Krankheit, ihre Unmenschlichkeit. Es war still. Die Stille des Todes. War das meine Alternative: Leben oder dieses lebendig Begrabensein? Und warum fiel mir bei einer solchen Alternative die Wahl so schwer?

In der schwachen Beleuchtung der Halle sah ich die Wärter, die vor Rogers und Iris' Tür eingenickt waren oder Zeitung

334

lasen. Das übrige Personal der Nachtschicht trank Kaffee, tratschte und lachte. Als ich an der Glaswand des Büros vorüberging, sah Mae zu mir auf und lächelte. »Kannst du nicht schlafen, Barbara? Möchtest du eine heiße Schokolade?« »Nein, danke, Mae, danke für alle heißen Schokoladen, die du mir gegeben hast.«

Mae. Wußte sie, daß dies meine letzte Nacht war? Wußte diese Frau, die mich fünf Monate lang zu Bett geschickt hatte, daß ich das Haus verließ? Wußte sie, welche Angst ich hatte? Wußte sie, daß sie mir fehlen würde?

Ich ging an Jims Tür vorüber, die etwas offenstand, und sah ihn in tiefem Schlaf. Vom Hin- und Hergehen und meiner eigenen Angst erschöpft, kehrte ich schließlich in mein kleines Zimmer zurück, schob den Koffer neben die Liege und legte mich hin. Ich dachte an Vivaldi und Vereidigungen, an Spaziergänge und gemeinsames Kaffeetrinken, und bevor ich es merkte, war ich eingeschlafen.

Am nächsten Morgen, meinem letzten in *Sechs Nord*, nahm ich mir mit der Morgentoilette und meinen »gesunden« Kleidern, so viel Zeit, daß der Speisesall fast leer war, als ich frühstücken ging. Julie fand mich dort. »Alle Therapieräume sind besetzt«, sagte sie. »Hast du etwas dagegen, wenn wir in dein Zimmer gehen?«

Wir gingen dorthin und setzten uns auf meine Liege.

»Also«, begann sie.

»Also.«

»Hast du alles gepackt?«

»Ja. Diesmal schon.«

»Wann kommt Edie?«

»Um zwei Uhr, Julie, nach dem Essen.«

»Barbara, ich möchte dir etwas sagen. Wenn du dies als Regression betrachtest, machst du einen Fehler. Es ist Wachstum. Und wachsen ist immer schmerzhaft.«

»Aber ich bin für mich selbst immer noch unsichtbar, Julie,

und ich hasse diesen bedürftigen, egoistischen Teil von mir.«

»Wir alle haben dieses Element in uns. Du bist nicht unsichtbar, Barbara, nicht für mich.«

»Aber können wir uns nicht zum Mittagessen oder auf einen Drink treffen? Ich backe dir eine Quiche. Wenn ich dir schreibe, wirst du mir antworten? Mein Gott, Julie, wir leben in derselben Stadt.«

»Barbara, du weißt, daß es mehr als Vorschriften sind. Es geht darum, was am besten für dich ist.«

»Aber ich hatte nie Gelegenheit, zu erfahren, wer du bist! Bist du verliebt, hast du Schwestern, warum bist du nicht Mannequin geworden, du bist doch so schön? Wie kann ich dir sagen, was du mir bedeutet hast! Ich kann mir das Leben ohne dich nicht vorstellen. Wirklich.« Ich saß da und versuchte, mir ihr Gesicht einzuprägen, um es mir in den kommenden Tagen in Erinnerung rufen zu können.

»Wirst du zu arbeiten anfangen?«

»Noch nicht. Ich muß erst sicher sein, daß es auch ohne Arbeit eine Barbara gibt.«

»Du hast hier so intensiv gearbeitet. Gib nicht auf. Kämpfe weiter. Laß dich nicht unterkriegen.«

»Ich bin des Kämpfens so müde. Und ich bin gar nicht begeistert, daß ich von hier weggehe.«

»Ich würde mir Sorgen machen, wenn du es wärst.«

Bald wurde uns beiden bewußt, daß die Zeit fast abgelaufen war. »Weißt du, wieviel gute Wünsche ich für dich habe?« fragte Julie. »Weißt du eigentlich, daß es gegenseitig ist? Hast du eine Vorstellung von dem Eindruck, den du auf mich gemacht hast? Weißt du, wie oft ich an dich denken werde, wie schwer es mir fällt, dir Lebewohl zu sagen?«

Daran hatte ich nicht gedacht. Egoistisch! »Ich wünsche dir auch Glück, Julie, und ein gutes Leben. Sei eine gute Therapeutin. Aber die bist du ja schon.«

»Du wirst mir fehlen, Barbara.«

»Du wirst mir auch fehlen, und es ist mir egal, ob unser

Abschied nur symbolisch ist und du für mich die ganze Welt repräsentierst und all das. Ich werde dich vermissen, nicht weil du eine großartige Therapeutin, sondern weil du ein Mensch bist, ein wirklicher Mensch. Du bist ganz.«

»Paß gut auf dich auf, Barbara.«

»Wenn ich es nicht tue, wer tut es dann?«

Wir erhoben uns. Sie streckte ihre Arme nach mir aus, und wir hielten einander lange Zeit fest. All die Aggressionen, die Beschimpfungen, die erbitterten Schlachten waren vergessen. Wir waren zwei Frauen, die einander unerhört zugetan waren und jetzt Abschied nehmen mußten. Ich versuchte, mich erwachsen zu benehmen und nicht zu weinen, aber bei dem Gedanken an all ihre Worte, ihren Rat, ihre Scherze, ihr Lachen, zerfloß ich in Tränen.

Als wir uns voneinander lösten, richtete ich mich stolz auf und sagte: »Ich werde alle Erwartungen erfüllen, die du in mich gesetzt hast. Julie.« Sie hatte mir mein Leben wiedergegeben, und das war das einzige Geschenk, das ich ihr anzubieten hatte.

»Ich danke dir, Barbara.«

Wir traten in die Halle hinaus. Einen Augenblick blieben wir nebeneinander stehen, dann wandte Julie sich ab. Meine Blicke folgten ihr, als sie sich entfernte. Dies war unser Abschied. Abschied von Julie, Abschied von einem Teil meiner selbst.

Plötzlich bemerkte ich, daß Edie vom anderen Ende der Halle auf mich zukam. Sie umarmte mich. Ihre klaren, blauen Augen, füllten sich mit Tränen, aber selbst als ich sie umarmte, sah ich noch Julies Gesicht vor mir.

Aber dann fiel mir ein, wie Edie mich das letzte Mal aus einer psychiatrischen Klinik abgeholt hatte. Ich lachte – das war eine andere Barbara gewesen, das wußte ich, eine Barbara, die Lichtjahre von dem Menschen entfernt war, der jetzt neben ihr stand. »Edie, wir machen das so lang, bis wir's hinkriegen.«

»Kommt nicht in Frage«, sagte sie munter. »Das ist das letzte Mal, Barbara. Ich bringe dich nie wieder in eine solche Anstalt und hol dich nie wieder da ab, das schwör ich dir!«

Don kam herbei und half mir, die Koffer und Bilder, die Bücher und Blumentöpfe zum Auto zu tragen. Ich sah mich nach Jim um. Er war nicht da. Ich fragte Don, wo er sei.

»Ich weiß es nicht. Ich glaube er hat eine Stunde bei Joyce.«

»Sag ihm Lebewohl von mir. Und kümmere dich um ihn, Don. Bitte kümmere dich um ihn.«

»Das mache ich.«

Wir standen neben Edies Auto und Don sagte: »Eines möchte ich dir noch sagen, Barbara. Du hast dich egoistisch genannt, egoistisch und bedürftig, aber ich glaube, dir ist nicht bewußt, wieviel du uns allen in dieser Halle gegeben hast – Claudia, Roger, Jim und mir. Du hast uns mehr gegeben, als du ahnst. Du hast uns mehr gegeben, als du bekommen hast.«

Edie registrierte das alles wortlos. Sie begann etwas von der Intensität meiner neuen Beziehungen zu ahnen. Es war nicht nur Verrücktheit, was ich hier zurückließ. Ich küßte Don und stieg schnell in das Auto.

Sobald wir auf der Autobahn waren, begann Edie zu reden. »Was für ein Tag! Blauer Himmel, keine Wolke, ein neues Leben, eine neue Barbara. Hör zu, Liebling, ich werde dich in Schwung bringen – Partys, Joga, Schwimmen. Es ist Zeit, daß du anfängst, wieder zu leben. Höchste Zeit.«

Ich nickte. Ja, Zeit, wieder zu leben. Aber während ich ihr zuhörte, mußte ich immer daran denken, daß ich Jim nicht Lebewohl gesagt hatte.

Wir näherten uns New York. Unser Auto war mit Koffern, Bildern und Pablo Neruda vollgestopft, Dingen, von denen Edie nichts wissen konnte, die ein Teil meines neuen Selbst waren. Nicht eines besseren oder schlechteren Selbst. Bloß ein Teil dessen, was ich werden würde. Ich durfte nicht zurückblicken, und ich fürchtete mich davor, in die Zukunft zu schauen. In die Einsamkeit zurückkehrend, hatte ich Angst und war doch glücklich, erleichtert und voller Erwartungen. Ich bin Barbara. Ich bin, ich bin, ich bin. Und zum ersten Mal seit Monaten begann ich es wirklich zu glauben.

Edie fuhr jetzt sehr schnell über den West Side Highway. Ich betrachtete den wundervollen Bogen der George Washington Brücke. Ich sah den Fluß, die Felsen am anderen Ufer. Es war alles so vertraut und doch so neu, und ich wollte alles von neuem erleben. Ich sog die frische Luft ein und Edies Parfüm, Gerüche der gesunden Welt. Ja, ich konnte die schwere, muffige Krankenhausluft vergessen.

Edie, die meine Stimmung ahnte, nahm ihre behandschuhte Hand vom Lenkrad, kniff mich fest ins Bein und sagte: »Lächle, verdammt noch mal. Du lebst!«

14

In den kommenden Monaten sollte ich aus diesem Gefühls-
reservoir schöpfen – der Schmerz der Trennung von Julie, Don
und Jim, und die Zuneigung einer Freundin, die gesagt hatte:
»Lächle, verdammt noch mal. Du lebst!« Und ich schöpfte oft
aus dieser Quelle, um die Kraft der Liebe zu beschwören, denn
ich war mit einer Leere konfrontiert, von der ich wußte, daß sie
schrecklich sein würde. Ich war fest entschlossen, daß diese
Heimkunft völlig anders verlaufen mußte als meine Rückkehr
von Longview. Aber diese Entschlossenheit genügte nicht, um
das eine Faktum zu verändern, an dem sich nichts geändert
hatte. Ich würde allein sein.

Dennoch war es in vieler Hinsicht anders. Dieses Mal hatte
ich keine Illusionen mehr in Bezug auf Eric, keine Hoffnungen,
daß ich ein neues Leben mit ihm aufbauen könnte. Ich machte
mir nichts mehr vor, nicht einmal über mich selbst. Wenn ich
allein in meiner Wohnung saß, hielt ich mir vor, du mußt dir
ein neues Leben aufbauen. Sigmund Freud hat gesagt, Gesundheit sei die Fähigkeit, zu lieben und zu arbeiten. Wenn du
wieder arbeiten und wieder lieben kannst, wirst du diese
verdammte Krankheit besiegen. Immerhin hatte ich eine
stattliche Zahl von Dokumentarfilmen produziert und war eine
gute Produzentin gewesen. Jetzt mußte ich darangehen, mein
eigenes Leben zu produzieren. Die Schwierigkeit war, nur, daß
ich Autor, Regisseur, Filmredakteur und Kameramann in

340

einer Person sein mußte. Und trotz all der anderen handelnden Personen, die, von der Kamera nicht erfaßt, im Off lauerten, war ich die gesamte Besetzung.

Wie sollte ich gegen die dröhnende Einsamkeit einer leeren Wohnung, eines leeren Lebens ankämpfen? Und wenn ich mir diese Frage stellte, dann meinte ich nicht Leben, im abstrakten Sinn. Ich meinte essen, schlafen, baden. Mit wem sollte ich reden und lachen? Mit wem Kaffee trinken, für wen Kaffee kochen? Mit wem schlafen? Andere Frauen lebten auch allein, zum Teufel, und ich würde es genau wie sie schaffen. Ich mußte stark und erfinderisch sein, wie ich es bei allen meinen Filmen war. Ich setzte mich also mit einem Stift und einen langen gelben Schreibblock hin und stellte eine Liste von Dingen auf, die zu tun waren. Aber dabei handelte es sich nicht um Notizen, wieviel Bänder wir brauchten oder wer interviewt werden sollte; diesmal zerbrach ich mir den Kopf, wie ich die Stunden zwischen Aufwachen und Einschlafen ausfüllen sollte: beim Friseur anmelden, Lebensmittel einkaufen, Rechnungen zahlen, Blumen gießen, essen, spazierengehen. Auf einer so primitiven Ebene spielte sich das alles ab.

Meine Freundin Lisa hatte vorgeschlagen, es mit karitativer Arbeit zu versuchen, um mein Leben mit einer Aufgabe zu füllen. Ich beschloß Blinden vorzulesen. Von Edie stammte der Rat, an meinem schlaff gewordenen Körper zu arbeiten. So wurde ich Mitglied in einem Fitness-Center. Dieses Gesundheitsexperiment war von größerem Erfolg gekrönt als meine karitative Tätigkeit, denn das Vorlesen auf ein Diktiergerät, bei dem ich mir einredete, daß irgendeinem anonymen Blinden damit geholfen sei, erwies sich als totaler Fehlschlag. Obwohl ich den dringenden Wunsch hatte, für irgend jemand, gleich wen, eine Bedeutung zu haben- und sei es ein mir völlig fremder Mensch in Iowa, der um eine Bandaufnahme von Marx' *Kapital* gebeten hatte –, verschlimmerte das Dasitzen und Lesen in einer Glaszelle mein Gefühl der Isolierung noch mehr. Ich mußte damit aufhören. Mir fehlte es noch an Substanz, um anderen etwas geben zu können. Ich hörte also mit der sozialen Arbeit wieder auf, verzweifelt über meinen Egoismus, voll Haß auf mich, weil ich nicht geben konnte.

Anfangs ging ich in das Fitness-Center, um Gymnastik zu treiben. Aber bald wurde es zu einer Zufluchtsstätte, zu einem Refugium. Die tatkräftigen, fürsorglichen Frauen, die dort arbeiteten, wie Katie, die mir Turnübungen beibrachte, und Janice, die sich bemühte, in mein depersonalisiertes Selbst etwas Leben hineinzumassieren, wurden Freundinnen für mich. Wir redeten über Gesundheit und Weizenkeime, über Vitamine und Seelenfrieden. Ich erzählte ihnen meine Geschichte, und sie reagierten sehr verständnisvoll. Weil das vergangene Jahr meinen Körper stark mitgenommen hatte, nahm ich ein ehrgeiziges tägliches Übungsprogramm in Angriff – ein Programm, an dem ich monatelang festhielt, nicht bloß um den Kampf gegen die Cellulitis zu gewinnen, sondern einfach auch um einen Ort zu haben, wo ich hingehen konnte.

Außerdem besuchte ich Freunde und gab sogar eine Einladung zum Abendessen. Aber im Grunde war alles bloßer Zeitvertreib, bis ich meine Arbeit wieder aufnehmen konnte. Mein früherer Kollege Larry Gross, der bei CBS inzwischen aufgestiegen war, hatte mir erzählt, daß mein alter Job bald wieder bereitstehen werde – es sei nur eine Frage von Tagen. Schließlich rief er an, und wir verabredeten uns zum Mittagessen. Er hatte die Sache als wichtig hingestellt, und während ich dasaß und auf ihn wartete, war ich ganz aufgeregt. Das wird der große Tag werden – endlich bekomme ich meinen alten Job zurück! Als ich Larry erspähte, wie er der Garderobefrau seinen Regenmantel gab, stürzte ich aus meinem Sessel um ihn zu begrüßen. Gemeinsam hatten wir Nixons Angriffe und Vorstöße gegen das öffentliche Fernsehen überlebt, jetzt waren wir zwei alte Freunde – Freunde, die Kollegen gewesen waren.

Larry nahm eine langen Zug aus seiner Pfeife, fragte nach meinem Befinden und lieferte mir dann eine Zusammenfassung des aktuellen Büroklatsches. »Und Steve kann es natürlich kaum erwarten, wieder einen Film mit dir zu drehen, und alle Leute vom Kamerateam schicken dir Grüße. Man vermißt dich, Barbara, wirklich. Wir brauchen dich.«

Fast wäre ich mit der Frage herausgeplatzt:»Wann, wann?« Aber ich unterdrückte meine Ungeduld und versuchte, gelassen dazusitzen.

»Bestellen wir«, meinte Larry. »Du magst sicher den gedünsteten Lachs, Barbara, und wie wäre es mit einem schönen Montrachet?«

Ich zwang mich, auf das Menü zu schauen, legte die Karte dann unvermittelt weg und sagte ja zum Lachs, ja zum Montrachet – und, wollte ich schreien, ja zu dem Job.

Während des Essens redeten wir über mich und schwelgten in Erinnerungen an alte Zeiten. Das war höchst untypisch für Larry. Warum zum Teufel brauchte er so lange, um zum Punkt zu kommen? Beim Kaffee sagte er schließlich:»Barb, wir brauchen dich wieder bei CBS, aber unser Budget ist gekürzt worden. Die Sendung, von der ich dir erzählt habe, wurde gestrichen. Gib mir ein paar Wochen Zeit, warte einen Monat, und du bist wieder drin.

Du kennst ja diese Budgetschwierigkeiten. Wir werden bald etwas deichseln.«

Mein Herz sank. »Immer dieselbe alte Geschichte«, sagte ich. »Die politische Abteilung trifft es stets als erste.« Ich staunte über meine rasche und professionelle Reaktion. Insgeheim aber dachte ich, was ich einen Monat lang tun sollte? Was zum Teufel werde ich tun? Aber dann hielt ich mir vor Augen, vier Wochen seien gar nicht so schlimm. Du wolltest doch lernen, auch ohne Arbeit du selbst zu sein, weißt du noch? Jetzt bekommst du die Gelegenheit, dein Leben in Ordnung zu bringen.

Larry begleitete mich ein Stück zu meiner Wohnung. Wir drängten uns unter seinem Schirm zusammen, und nachdem wir uns verabschiedet hatten, ging ich allein durch den leichten Aprilregen. Ich beobachtete die Leute, wie sie mit ihren

343

Schirmen einander auswichen, hörte die Autos hupen und gab mir Mühe, um zwei Uhr dreißig an einem Werktag, an dem ich absolut nichts zu tun und nirgends hinzugehen hatte, zielstrebig auszusehen.

Wie füllt man die endlosen Stunden endloser Tage? Ich schlenderte durch Kaufhäuser, um die Zeit totzuschlagen. Die Frau, die früher kein Warenhaus betreten konnte, wanderte jetzt ziellos darin herum und versuchte, sich in hübschen Kleidern selbst zu vergessen, Zuflucht bei den köstlichen Düften zu finden, beständig hoffend, daß Eleganz und Modeneuheiten die Stimmung heben würden. Das Geschiebe und Gedränge erinnerte mich daran, daß das Leben weiterging. Aber ich war immer noch so gefühllos, so depersonalisiert; die Apathie schien sich wie fünfzig Schichten Plastikfolie um meinen Kopf zu schlingen.

Wo immer ich hinging, passierte es mir, daß meine Erfahrungen mit Geisteskrankheit aus mir heraussprudelten, sobald jemand nur »Wie geht es Ihnen?« oder »Wünsche einen angenehmen Tag« sagte oder ein Taxifahrer fragte »Schönes Wetter heute, nicht?«, hörte ich mich völlig Fremden mein düsteres Geheimnis anvertrauen. Der Grund lag vielleicht darin, daß dies alles für mich immer noch unwirklich war und ich eine Verbindung herzustellen suchte, damit das Ganze Realität gewann. Denn jedesmal, wenn mich jemand in ein Gespräch verwickelte, begann ich auf der Stelle für mich selbst zu existieren. Pförtner, Kassiererinnen – niemand war vor meinen Bekenntnissen sicher. Aber diese Zurschaustellung meines Innenlebens widerte mich nach einigen Wochen an. Bald entwickelte ich ein Frühwarnsystem und gebot dem Impuls, alles auszubreiten, schnell Einhalt.

Essen wurde für mich eine nahezu religiöse Erfahrung. Ich hatte nie zuvor allein gegessen. Nie. Und während der Zeit im Krankenhaus saßen vierundzwanzig andere Leute mit mir am Tisch. Auch wenn es sich dabei zugegebenermaßen nicht um

344

ein Bankett handelte, befand ich mich immerhin in Gesellschaft. Deshalb fühlte ich mich jetzt außerstande, mehr als eine Tasse Kaffee oder einen Apfel allein in der Wohnung zu mir zu nehmen. Ich ging daher in das nächste koschere Restaurant und nahm in Gesellschaft meines Skizzenblocks und der Zeitungen das Abendessen ein. Busfahrer und Kellner stellten meine sozialen Kontakte zur Welt dar, und ich behandelte sie mit entsprechendem Respekt.

Dr. Mildred Stanton war das Verbindungsglied zu mir selbst. Ich sah sie dreimal in der Woche. Wir saßen in ihrer luxuriösen Dachterrassenwohnung, und ich redete, während sie ihren Tee trank. Oft war das Summen des Luftbefeuchters die einzige Reaktion auf meine Worte. Im Gegensatz zu Julie nickte Dr. Stanton häufig, sprach aber sehr wenig. Später erfuhr ich, sie sei eine orthodoxe Freudianerin und lehne als solche den engagierten, stark beteiligten Stil ab, den ich von Julie gewöhnt war. Wir redeten über dieselben Dinge: meine Kindheit, meine Eltern, aber hauptsächlich über Eric. Und wenn sie doch etwas sagte, kamen oft widersprüchliche Botschaften bei mir an. Sie verursachte beispielsweise Schuldgefühle bei mir, als sie mich fragte: »Wie konnte eine Frau wie Sie ihm das gestatten? Warum haben Sie nicht früher zurückgeschlagen?«

Aber dann lächelte sie und sagte: »Aber Sie waren nie geisteskrank. Sie haben ihn ausgetrickst. Ein Psychotiker hätte sich nicht so verhalten wie Sie an dem Abend, als Sie ihn zu dem Anruf provozierten.« Ich ging mit zwiespältigen Gefühlen von ihr weg – verstört durch den Vorwurf, daß ich mich früher hätte wehren sollen, und stolz, daß ich meinen hochintelligenten Liebhaber hereingelegt hatte.

Ich begann mit Heißhunger zu lesen. Nicht auf der Suche nach irgendeinem System oder nach universellen Wahrheiten. Ich las einfach – Zeitschriften, Zeitungen, Romane, Autobiographien; und beim Lesen stellte sich mir oft eine Verbindung her, ich wurde von einer Realität gefesselt. Ich las unzählige Artikel und Berichte über Frauen – über ihre Probleme

345

innerhalb der Hierarchie großer Unternehmen, die Umgestaltung ihrer Beziehung zu Männern, über neue Möglichkeiten, neue Lebensstile. Und ich saß da und schlug mich mit weitaus elementareren Problemen herum, beispielsweise wie man ißt, schläft und pinkelt, ohne sich selbst abhanden zu kommen. Ich empfand es als bittere Ironie, daß mir all dies zu einer Zeit zustieß, in der viele Frauen mit wichtigeren Fragen rangen. Oder waren die Fragen identisch, nur daß sie in meinem Leben eine tausendfache Vergrößerung erfahren hatten? Ich wußte es nicht, aber mein Timing kam mir denkbar schlecht vor. In der Vergangenheit hatte ich das Gefühl gehabt, auf dem Laufenden zu sein, was die Frauenemanzipation betraf. Jetzt fühlte ich mich wie eine Verräterin.

Meine Eltern hatten mich sofort besuchen wollen, als ich aus dem Krankenhaus entlassen wurde, aber ich hatte abgewehrt: »Nein, ich muß das allein schaffen. Unbedingt.« Ich wußte, daß mir das Alleinleben bevorstand, und ich wollte es mir nicht durch vorübergehende Gesellschaft oder durch das flüchtige Gefühl der Verbundenheit erleichtern. Denn sobald Menschen, die mir nahe standen, mich verließen, schien meine Entfremdung heftiger denn je über mich hereinzubrechen. Ich freute mich jedoch wirklich darauf, meinen Bruder Eddie und seine Frau Melinda zu sehen. Meine Schwägerin hatte ich nie näher kennengelernt, und mit meinem Bruder wollte ich reden. Als sie mir anboten, über ein Wochenende von Miami heraufzufliegen, ging ich begeistert auf ihren Vorschlag ein.

An dem ersten Abend, den wir zusammen in einem japanischen Restaurant verbrachten, vergaß ich all meine Leiden und Schmerzen und genoß die Gesellschaft dieses Paares, das ich kaum kannte. Melinda hatte mich immer beeindruckt. Schon bei unserem ersten Zusammentreffen war sie mir stark und vernünftig erschienen. Jetzt war sie Ehefrau und Mutter von drei Kindern – eine Frau, die mit beiden Beinen fest im Leben stand. Sie saß mir gegenüber und ihre leuchtenden dunklen Augen suchten die Sorge zu verbergen, die sie empfand. Sie hörte aufmerksam zu, während Eddie und ich von den jüngsten Entwicklungen in unserem Leben erzählten, unterbrochen durch Exkursionen in unsere Vergangenheit.

»Ich spiele Ball mit den Kindern«, sagte er, »wandere und zelte mit ihnen. Vielleicht ist es eine Kompensation, weil Vater zu beschäftigt war, um diese Dinge mit mir zu unternehmen, als ich klein war. Aber ich liebe sie und ich möchte, daß sie mich kennen und mir vertrauen. Wenn im Büro auch noch soviel zu tun ist, ich nehme mir Zeit für sie.«

Dann begannen wir, über unsere Eltern und unsere Jugend in Miami zu reden. Und ich dachte mir, ich weiß nicht mehr, wann Eddie und ich zuletzt über unsere gemeinsamen Geschichten und Erlebnissse, über unsere Verbundenheit gesprochen haben.

Melinda verfolgte aufmerksam unser Gespräch. Sie saß still da und hörte sich alles an, aber sie muß meine Gedanken gelesen haben, denn plötzlich unterbrach sie uns: »Soll das heißen, daß ihr zum ersten Mal über all das redet? Wie habt ihr es bloß fertiggebracht, das bisher zu vermeiden?«

Eine gute Frage. Er war ein Junge, ich ein Mädchen. Hinzu kam der Altersunterschied. Es hatte auch damit zu tun. Aber in unserer Familie blieb immer soviel unausgesprochen.

Als wir über unseren Vater redeten, sagte Eddie: »Er ist ein harter Bursche, Barb, aber er ist auch ein Softie. Er ist sentimental und manchmal geradezu rührselig, und ich glaube, daß er davor Angst hat. Er versucht, sich selbst zu schützen, und deshalb fällt es ihm schwer, Liebe zu zeigen. Ich wußte nicht, daß du das auch so tief empfunden hast. Ich wollte, wir hätten schon vor Jahren darüber geredet. Ich fühlte mich schuldig. Vielleicht, wenn wir es getan hätten ...«

»Hör auf damit«, sagte ich. »Julie hat mir gesagt, daß Schuldgefühle die nutzloseste Verschwendung sind. Und jetzt reden wir ja.«

347

Zu höflich, unser intensives Gespräch zu unterbrechen, hatten uns die japanischen Kellner stillschweigend mit Cognac und Tee versorgt, bis wir schließlich um ein Uhr früh als die letzten Gäste das Restaurant verließen. Es war der Beginn von vier schönen gemeinsamen Tagen, an denen wir miteinander redeten, spazierengingen, aßen, tranken, die Stadt durchstreiften und uns über unser Zusammensein freuten. Ich lernte meinen Bruder und seine Frau kennen. Und es half mir, zu erfahren, daß ich mir einige der schlimmen Erinnerungen aus meiner Kindheit nicht eingebildet hatte; aber gleichzeitig wurde mir bewußt, daß manche davon doch nicht so schrecklich waren. Wir lachten auch über frohe, heitere, wunderschöne Erinnerungen. Die guten Zeiten – ich war dankbar, daß er mich an sie erinnerte.

Ich vermißte Eddie und Melinda, als sie nach Miami zurückgeflogen waren. Mir fehlte der Bruder, den ich soeben erst gefunden hatte. Er war ein Mann, ein starker, zärtlicher, liebevoller Mann; ein Vater, ein Ehemann, ein Sohn – und mein Bruder. Wie hatte er sich so positiv entwickeln können? fragte ich mich. Was war geschehen? Und ich erinnerte mich an Eddies Worte: »Die Eltern waren zu mir anders als zu dir, Barbara. Wir ändern uns als Eltern. Ich weiß, daß ich zu Jason anders bin, als ich zu David war. Und Michael gegenüber bin ich jetzt wieder anders. Sie haben durch dich gelernt.« Aber dann hatte Melinda meinem Bruder einen liebevollen Kuß gegeben und gesagt: »Sei unbesorgt, Barbara, er ist auch nicht ganz normal. Manchmal glaube ich, ein bis zwei Wochen in einem Krankenhaus würden ihm guttun. Und soll ich dir noch etwas sagen? Mit drei Kindern auf den Fersen den ganzen Tag habe ich dich manchmal beneidet – ein Leben in Ruhe und Frieden, Spaziergänge in den Anlagen, Musik hören ...«

Ich lächelte und sagte: »Zwei Dinge sehen im Kino immer besser aus, Melinda. Irrenanstalten und Krieg.«

Eines Nachmittags kehrte ich nach einem Spaziergang durch die Stadt, zu dem mich die plötzlich erwärmte Aprilluft angeregt hatte, in meine Wohnung zurück. Ich stand im Aufzug, als ein Mann mit einem Tennisschläger im Arm einstieg. Er sah mich an, und wir begannen zu reden. »Wo spielen Sie?« fragte ich ihn. »Auf den Wall-Street-Plätzen, jeden Tag. Spielen Sie auch?«, fragte er mich, wie es schien ziemlich interessiert. Er war etwa einsachtzig groß, hatte einen dunklen Schnurrbart und war kräftig gebaut. Möglicherweise sah er attraktiv aus, aber ich war mir nicht sicher.

Wir setzten unser Gespräch fort, während der Aufzug in den verschiedenen Stockwerken hielt und wieder weiterfuhr. »Hätten Sie Lust, heute abend mit mir ein Glas zu trinken?« fragte er mich, als wir seine Etage erreichten. »Mein Name ist Sigmund Myers. Was halten Sie davon?«

Ich wollte schon automatisch nein sagen – meine übliche Reaktion auf fremde Männer –, aber dann besann ich mich eines Besseren. Wir wohnen im gleichen Haus, er spielt Tennis, er ist attraktiv. »Gern,« antwortete ich munter, und wir verabredeten uns für sechs Uhr.

In meiner Wohnung kamen mir dann Bedenken. Aber was sollte es – er wohnte im zwölften Stock, ich im sechzehnten, und wenn es ein Reinfall war, konnte ich mich ja wieder absetzen. Nein, Barbara, sei nicht so negativ, sagte ich mir. Du hast seit ewigen Zeiten kein Gespräch mehr mit einem Vertreter des anderen Geschlechts geführt, das sich nicht um Geisteskrankheit drehte. Tu es!

Ich tat es.

Einige Minuten nach sechs drückte ich leicht nervös auf seine Klingel. Eine Verabredung. Ich konnte mich nicht erinnern, wann ich meine letzte Verabredung gehabt hatte. Bei Eric und mir gab es so etwas nie. Wir trafen uns anfangs in seinem Büro und redeten über seine Klienten und meinen Film, bis daraus Gespräche über das Leben im allgemeinen und ihn und mich wurden. Wie redet man mit jemandem, den man nicht bei der Arbeit oder in einem anderen Rahmen kennengelernt hat?

Mein Gastgeber öffnete die Tür und führte mich in einen ultramodernen Raum aus Chrom und Glas mit Pflanzen, Gemälden und Büchern als Zubehör. Ich lächelte innerlich. Es war die Wohnung eines intelligenten und kultivierten Mannes. Ich bat um ein Glas Wein, dann saßen wir einige Augenblicke da und sahen einander prüfend an. Schließlich begann er über seine Arbeit in der biologischen Grundlagenforschung zu reden. Ich war fasziniert von den neuen Entwicklungen auf dem Gebiet der Neurobiologie, die er kenntnisreich kommentierte. Später sprach er über Theater und Politik. Ich war beeindruckt. Dann kam er auf seine geschiedene Frau und seine Kinder zu sprechen. Ich hörte mir das alles an und dachte, daß ich noch nie einen Mann namens Sigmund kennengelernt hatte.

Im Laufe unseres Gesprächs erzählte er mir, daß er in Therapie sei, und fragte mich, ob ich das auch schon einmal gemacht hätte. Ja, antwortete ich, das hätte ich auch schon einmal gemacht.

»Gut, ausgezeichnet«, entgegnete er. »Ich finde es so wichtig, daß ein Mensch weiß, wer er ist.«

Ich lächelte.

»Wissen Sie, Barbara« – er schien jetzt lebhafter als einige Minuten zuvor –, »ich fahre jedes Wochenende nach Maine in eine Art psychologischer Fluchtburg. Und das gefällt mir ungeheuer! Ich beginne mich selbst kennenzulernen. Ich nehme Kontakt mit meinem inneren Kind auf. Ist Ihnen bewußt, daß die Barbara Gordon ein kleines Mädchen in sich trägt, daß ihr wahres Selbst da begraben liegt?«

»Ja«, antwortete ich leise. »Ich bin mir bewußt, daß ich ein kleines Kind in mir habe.«

»Es ist entscheidend, daß Sie mit diesem Kind in Kontakt treten, Barbara. Haben Sie das je versucht?«

350

Ich lächelte wieder und versuchte die Erinnerung an mein bedürftiges, forderndes inneres Kind zu unterdrücken. Ich wünschte mir verzweifelt, daß er das Thema wechseln würde. »Mein inneres Kind ist wütend, Barbara«, sagte er. »Ich spüre soviel Wut.« Er schlug sich an die Brust, um auf den Sitz seines wahren Selbst hinzuweisen. »Es ist wichtig, Wut zu empfinden, Barbara. Wirklich wahr. Ich bin gegenwärtig so voller Aggressionen, daß es mir unmöglich ist zu lieben. Es fällt mir sogar schwer, mein eigenes inneres Kind zu lieben. Aber manchmal ist Wut besser als Liebe. Wenn ich bei Ida bin – das ist meine Therapeutin –, gehen wir durch Wiesen und Wald und reden über das Bedürfnis der Menschen, ihre eigene Wut zu erleben, und über mein Bedürfnis, den kleinen Jungen in mir zu spüren, mein junges Selbst zu fühlen. Es ist wundervoll, wirklich.«

Ich begann mich unbehaglich zu fühlen. Ich hatte mich so auf ein Gespräch gefreut, das sich nicht um Liebe und Aggressionen, um Psychologie und Krankheit drehte. Redeten die Leute über nichts anderes mehr? Ich hatte noch nicht erkannt, daß wir uns im Zeitalter der Ich-Bezogenheit befanden. Während meines Krankenhausaufenthalts war die Pflege und das Hätscheln des Selbst zu einer verbreiteten Obsession geworden.

Gerade, als mir das alles durch den Kopf ging, sprang Sigmund aus seinem Sessel, stürzte auf mich zu, legte seine Arme um mich und versuchte, meinen Kopf zu einem leidenschaftlichen Kuß nach hinten zu drücken.

»Was machen Sie da?« kreischte ich. »Was ist los mit Ihnen?«

»Komm schon, Süße«, keuchte er in mein Ohr. »Du weißt, daß du das willst. Du weißt, daß du deshalb hergekommen bist. Du wünschst es dir ebensosehr wie ich.«

Ich wünschte es mir nicht. Ich war wütend. Ich hatte mir Wein, ein Gespräch, vielleicht sogar eine Freundschaft erhofft, aber nicht das. Ich protestierte nochmals und versuchte, ihn wegzudrängen. Aber plötzlich hörte ich mich laut lachen. Der Gedanke, daß sich ein Mann auf mich draufwarf, nachdem er mir erzählt hat, daß er nur Wut empfinden könnte und unfähig sei zu lieben, erschien mir plötzlich nicht erschreckend, sondern unsagbar komisch.

Er versuchte, mein Lachen zu ignorieren, aber ich machte mich schließlich los. »Ich will nicht«, sagte ich. »Ich will weder Sie noch Ihre Unfähigkeit zu lieben. Ich gehe jetzt.«

»Ach, Barbara, was für eine Heuchlerin du bist. Warum, glaubst du, habe ich dich hergebeten. Du hast mich gereizt, du Biest.«

Ich hörte auf zu lachen. Es war mir nicht klar, wieso ich ihn gereizt hatte, indem ich in seine Wohnung kam. Aber die Ironie, daß er ausgerechnet zu mir über Aggressionen und seine Regressionswünsche redete, fand ich immer noch umwerfend komisch. Ich lief zur Tür hinaus. Ich drückte auf den Fahrstuhlknopf und war dankbar, daß der Aufzug fast sofort kam.

In meiner Wohnung fiel ich lachend aufs Bett. Wer würde das glauben? Wem konnte ich das erzählen? Ich wollte mit jemandem darüber reden, darüber lachen. Ich rief Edie an: sie lachte Tränen, als sie meine Geschichte erfuhr. »Willkommen in der Welt der Normalität, Barbara. Ich habe dir ja gesagt, daß die Leute draußen auch spinnen.«

Aus den Wochen wurde ein Monat, zwei Monate, und ich dachte tausendmal daran, Don oder Julie anzurufen. Aber ich erinnerte mich an ihre Weisung: Zieh einen Schlußstrich, lerne, dich abzulösen. Es schien mir so unnatürlich, nichts von Menschen zu hören, die fünf Monate lang ein Teil meines Lebens waren. Menschen, die mich in tiefster Seele berührt hatten. Aber mit Jim stand ich in Kontakt. Er schrieb mir lange, witzige Briefe, und wir telefonierten einmal in der Woche. Manchmal ertappte ich mich bei der Frage: »Wie geht es Don? Wie geht es Julie? Siehst du sie? Grüße sie von mir.«

352

Er werde bald entlassen werden, erzählte er mir. Also schmiedeten wir Pläne, miteinander Tennis zu spielen und im Park spazierenzugehen, aber zuerst mußte er eine Wohnung, einen guten Therapeuten und einen Job suchen. Er fühlte sich überfordert angesichts all der Aufgaben, die in den kommenden Wochen vor ihm lagen, und ich bemühte mich, ihm zu versichern, daß sie nur so gigantisch klangen. Wenn wir miteinander telefonierten, hörte ich Iris im Hintergrund schreien, hörte das Geplärr des Fernsehers und des Plattenspielers und versuchte, mich an das Ich zu erinnern, das es geschafft hatte, fünf Monate lang Abend für Abend an diesem Ort zu überleben. Dieser Mensch begann mir ebenso fremd zu werden wie der Mensch, der ich zuvor gewesen war. Wieviele Barbaras hat es bisher gegeben? fragte ich mich. Und wann werde ich bloß ich sein?

Eines Tages las ich einen Artikel über Megavitamine. Sie wurden als neue, wenn auch umstrittene Methode zur Behandlung psychischer Erkrankungen beschrieben. Eine Freundin gab mir den Namen eines Psychiaters, der sie verordnete. Ich meldete mich also bei Dr. Lewis Fell an, der mir der neuntausendste Arzt zu sein schien, den ich im Verlauf meiner psychischen Odyssee konsultiert hatte. Als ich seine riesige, sterile Praxis am Gramercy Park betrat, forderte mich seine Sekretärin auf, einen Fragebogen auszufüllen. Es handelte sich um einen diagnostischen Kurztest für Schizophrenie.

Dr. Fell wirkte geradeheraus und sachlich, und ich dachte, was für ein gütiger Mann er sei. Nachdem ich eine Weile mit ihm geredet hatte, blickte er zu mir auf und sagte: »Sie haben eine schizophrene Reaktion auf den Valiumentzug durchgemacht. Obwohl dies über ein Jahr zurückliegt, leiden Sie immer noch an den Folgen einer Drogenreaktion.« Ich hörte ihm aufmerksam zu.

Er erklärte mir, daß er die Gesprächstherapie aufgegeben habe. »Aber ich glaube«, fuhr er fort, »Sie sollten Ihre Therapie bei Dr. Stanton fortsetzen. Ich werde Ihnen jedoch Vitamine geben, Vitamine in riesigen Dosen, die nach meiner Überzeugung dazu beitragen können, einige der furchtbaren Symptome zu beseitigen, die Sie geschildert haben.«

Ich verließ sein Büro in gehobener Stimmung. Vielleicht waren das die Zauberpillen, auf die ich immer gehofft hatte. Jedenfalls konnten sie nicht schaden. Ich lief also in ein Reformhaus und kaufte für fünfzig Dollar Niacin, Kalzium, Zink, Mangan und andere Dinge, von denen ich nie gehört hatte, wie Lecithin, Cholin und B-sechs. Dr. Fell zufolge handelte es sich um Nährstoffe, die die Neuronen im meinem Gehirn heilen, kräftigen und beruhigen würden, Nährstoffe, die den Schaden beheben sollten, der durch das abrupte Absetzen der Tabletten entstanden war. Allerdings ermahnte er mich: »Haben Sie Geduld. Setzen Sie die Behandlung sechs Monate lang fort. Es dauert sechs Monate.« Ich hatte genügend Zeit. Und so begann ich, bei jeder Mahlzeit mindestens fünfzig Pillen zu schlucken.

Dr. Stanton hielt nichts von den Vitaminen. »Sie werden Ihnen nicht helfen, die Verbindung herzustellen, Barbara, oder die Depersonalisierung zu beseitigen«, sagte sie in der entschiedenen, würdevollen Art, an die ich mich bereits gewöhnt hatte. »Sie erhoffen sich schon wieder von einem Medikament die Lösung Ihrer Probleme.«

»Ich werde nicht vitaminsüchtig werden«, antwortete ich, »aber ich muß den Versuch machen. Ich möchte sicher sein, nichts versäumt zu haben, um mir selbst zu helfen. Ich kann so nicht immer weiterleben. Und ich bin nicht überzeugt, daß sie so unwirksam sind, wie Sie glauben.«

Damit war das Thema abgeschlossen, und ich nahm monatelang Vitamine.

Wieder vergingen Wochen mit einsamen Abendessen im koscheren »Deli«, mit Sitzungen bei Dr. Stanton, mit Fahrten in den Fitness-Club, unterbrochen durch gelegentliche Abende und Wochenenden bei meinen Freunden. Jeden Morgen rief Edie an, und oft besuchte sie mich in meiner Wohnung, weil sie »zufällig gerade in der Nähe zu tun hatte«. Ich wartete immer noch darauf, daß Larry mir einen Job bei CBS anbieten würde. Ich glaubte wirklich daran: Alles würde wieder gut werden, sobald ich zu arbeiten begann. Lieben und arbeiten. Zumindest die Hälfte dieser Gleichung konnte ich meistern. Aber langsam dämmerte mir, daß es Leute gab, die daran zweifelten. Hatte es bei CBS wirklich Budgetkürzungen gegeben?

Dr. Stanton blieb das Zentrum meines Lebens. In ihrer Wohnung war es dunkel, auch an den sonnigsten Tagen. Der Luftbefeuchter summte immer im Hintergrund. Doch allmählich wurde mir bewußt, daß dies nicht die wirkliche Welt war. Und es war auch nicht meine Welt.

Eines Tages sprach ich von meiner Einsamkeit. »Es ist kein Gefühl«, stellte ich fest. »Es ist ein Zustand, und ich eigne mich überhaupt nicht dazu.«

»Wenn Sie einsam sind«, sagte sie, »warum nehmen Sie sich dann keinen Liebhaber?«

Ich war befremdet. Ich glaube, sie gebrauchte das Wort in seiner altmodischen Bedeutung: jemand, mit dem man sich gelegentlich trifft und ins Bett geht. Jemand, der nicht wirklich Teil des eigenen Lebens ist. Ich versuchte, ihr zu erklären, daß ich mir unter einem Liebhaber, einem Geliebten etwas anderes vorstellte. Aber es war hoffnungslos.

»Wenn Sie einen Liebhaber haben, werden Sie sich besser fühlen«, meinte sie. »Denken Sie darüber nach.«

Ich ging an diesem Nachmittag den ganzen Weg zu meiner Wohnung zu Fuß zurück und dachte dabei über Dr. Stanton nach. Wir machten keine Fortschritte. Sie schien mehr daran interessiert, mich in ihr eigenes Denkschema einzufügen, als mir zu helfen, meinen eigenen Weg zu finden. Und nachdem sie mir geraten hatte, einen Liebhaber zu nehmen, war unsere therapeutische Beziehung nie mehr dieselbe. Sie hatte keine Chance mehr. Uns trennte eine Kluft. Sie kam mir immer mehr wie ein Relikt aus einer früheren Zeit vor, diese warmherzige,

355

lächelnde Frau, und ich wußte, daß es nicht mehr lange dauern würde.

Meine Mutter wollte ihren Besuch bei mir nicht länger aufschieben. Sie flog für ein paar Tage herauf, und eines Abends saßen wir wie im vorigen Jahr, in dem spanischen Restaurant in der Nähe meiner Wohnung. Ich erzählte ihr von den Vitaminen und von Dr. Stanton und schilderte ihr, wie es im Krankenhaus gewesen war.

»Und ich habe auch eine guten Freund gefunden, Mutter. Er heißt Jim. Er ist jünger als ich, aber er hat mir so geholfen.«

»Ist er noch dort?« fragte sie.

»Ja, aber er kommt nächste Woche heraus. Ich weiß nicht, was er tun oder wo er wohnen wird. Ich mache mir Sorgen um ihn, aber Gott sei Dank entwischt er den Fängen der Therapeutin, die ihn dort behandelt hat. Ich hatte solches Glück, Julie zu bekommen. Aber es war bloßer Zufall, Glück. Das System ist empörend.«

Dann erklärte ich ihr das psychologische Roulette der psychiatrischen Krankenhäuser, das Gefühl der Hilflosigkeit, das zu den schrecklichsten Eindrücken zählt, denen alle psychiatrischen Patienten ausgesetzt sind. Aber den Lärm, die Gewaltsausbrüche, die Qualen und die Verzweiflung konnte ich ihr nicht vermitteln. Sie hatte einen kurzen Blick in *Sechs Nord* geworfen, und das reichte.

Sie schüttelte traurig den Kopf. »Und das Geld, Barbara. Was wäre gewesen, wenn dein Vater und ich nicht das Geld dafür gehabt hätten? Was wäre dann geschehen?«

»Ich wäre in ein staatliches Krankenhaus gekommen und dort mit Thorazin um den Verstand gebracht worden, bis ich Selbstmord begangen hätte. Auch das ist ein Teil des Systems. Und du weißt natürlich, daß ich vorhabe, euch jeden Pfennig zurückzuzahlen.«

Sie warf mir einen dieser »Zum-Glück-hat-sie's-nicht-nötig«-Blicke zu; dann saßen wir schweigend da und tranken unseren Wein. Wir genossen es, zusammen zu sein und zum ersten Mal seit meiner Erkrankung wieder ein normales Gespräch zu führen.

Sie begann als erste wieder zu sprechen. »Barbara, ich möchte dir etwas sagen.« Sie pflanzte beide Ellbogen auf den Tisch und stützte ihr Kinn auf ihre Hände. Ich wußte, sie hatte sich gut überlegt, was sie mir jetzt sagen wollte, und es würde ihr schwerfallen, es auszusprechen. »Du weißt, Liebling, daß ich eines Tages nicht mehr da sein werde. Wenn es Dinge gibt, die du über deine Kindheit wissen willst, Dinge, die dir bei deiner Therapie helfen könnten, Dinge aus der Zeit, als du noch klein warst – ich erinnere mich an alles. Deshalb frag mich jetzt, Liebling. Ich möchte dir auf jede Weise helfen.« Ich sah, wie ihre Augen feucht wurden, als sie wiederholte: »Bitte frag mich, was du willst. Ich werde nicht immer da sein, um dir zu helfen. Deshalb frag mich bitte, Liebling.«

Ich dachte, mein Herz bricht entzwei. Mir fiel meine Wut ein, mir fiel ein, wie Julie gesagt hatte, lös dich davon, laß die Preiselbeeren sein, hör auf nach Sündenböcken zu suchen, mach Schluß mit den alten Ängsten, mit Chatahoochie, und ich wußte, daß ich meine Mutter und meinen Vater über alles in der Welt liebte. Sie gab mir zu verstehen: Vielleicht haben wir etwas falsch gemacht, als du klein warst, aber du weißt, daß das nicht in unserer Absicht lag. Wir wissen nicht einmal genau, was wir falsch gemacht haben. Ich begreife nicht, was mit dir geschehen ist, ich verstehe nichts von Analyse oder Therapie, das einzige, was ich dir geben kann, ist meine Liebe. Das einzige, was ich dir geben kann, sind meine Erinnerungen an dich, an das kleine Mädchen, das ich in meinen Armen hielt. Ich bin mit meinen Erinnerungen verschmolzen, Barbara. Das einzige, was ich dir geben kann, bin ich.

Sie sah mich erwartungsvoll an. »Es gibt nichts zu fragen, Mutter. Ich erinnere mich an alles.« Und in diesem Augenblick wollte ich all die bösen Worte auslöschen, die ich ihr im Krankenhaus nachgeschleudert hatte, aber ich wußte nicht wie. Ich lächelte sie an und ergriff ihre Hand. »Du brauchst mir nichts zu erzählen, wirklich. Aber ich werde nie vergessen, was du gesagt hast. Ihr habt alles für mich getan, was ihr konntet, du und Vater. Ich werde schon wieder in Ordnung kommen. Es dauert bloß lange, bis die Seele gesund wird. Mit dem Rücken war das leichter. Sie haben meine Wirbelsäule operiert, und damit war die Sache erledigt. Aber leider heilt die Seele langsamer. Ich glaube, ich sollte über dieses Thema einen Artikel schreiben.« Mit diesem Scherz versuchte ich, sie aus ihrer Traurigkeit aufzurütteln.

Sie erwiderte mein Lächeln, als sie sah, daß ich wieder ich war. Und ich dachte, gibt es eine Liebe, die mit der Liebe einer Mutter zu ihrem Kind vergleichbar ist, gibt es etwas in der Welt, das so einzigartig, so wundervoll ist? Sie war bereit, alles zu tun, um mir zu helfen, bereit, selbst ihre alten Erinnerungen aufzuwühlen, ihre eigenen Ängste in bezug auf mich. Das wollte ich nicht. Jeder von uns hatte durch diese ganze häßliche Sache bereits genug erlitten.

Jim wurde Ende April entlassen, und wir trafen uns an einem Wochenende zum Mittagessen. Er hatte angefangen, im Geschäft seines Vaters zu arbeiten, hatte eine eigene kleine Wohnung bezogen und war bei einem Arzt in Therapie, der ihm von einem Freund seiner Eltern, einem Psychiater in Bellevue, empfohlen worden war. Wir saßen auf einer Wiese im Central Park, umgeben von Leuten, die wie wir dem kalten Aprilnachmittag trotzten, um ein paar Sonnenstrahlen zu erhaschen. Wir redeten wie Freunde, nicht wie ein Liebespaar; unsere kurze Romanze war zu Ende. Keiner von uns erwähnte es, aber wir wußten es beide.

Ich erzählte ihm von Dr. Stanton. »Jim, du hast Recht. Ich vermisse Julie sehr, aber das hat nichts mit der Tatsache zu tun, daß Dr. Stanton für mich einfach nicht die Richtige ist. Und ich kann den Gedanken nicht ertragen, mit der Therapie wieder von vorn zu beginnen. Weißt du, bei wievielen Shrinks ich schon gewesen bin?«

»Ich hasse sie alle«, sagte er verbiestert. »Ohne Ausnahme. Aber wenn du sie nicht magst, mußt du dir jemanden anderen suchen. Allein schaffst du das nicht.«

An diesem Abend saß ich in meiner Wohnung und ließ unzählige Begegnungen mit all den Therapeuten, die ich im vergangenen Jahr kennengelernt hatte, vor meinem inneren Auge ablaufen. Vielleicht war Dr. Stanton doch nicht so übel. Aber wir traten auf der Stelle, und allein – da hatte Jim sicher recht – würde ich es nicht schaffen. Ich mußte jemand anderen finden.

Ich nahm den Hörer ab und rief Dr. Leon Roth an, jenen Therapeuten, mit dem mich Edie im vorigen Sommer bekanntgemacht hatte. Er war über siebzig und galt als einer der führenden Psychoanalytiker von New York. Er sagte mir, wie froh er sei, von mir zu hören; er habe sich Gedanken gemacht, wie es mir seit meiner Entlassung aus dem Krankenhaus ergangen sei. Ich erzählte ihm, daß meine Therapie bei Frau Dr. Stanton keine Fortschritte mache und ich immer noch unter den Symptomen der Depersonalisierung litte. Er antwortete: »Frau Gordon, geben Sie mir eine Woche Zeit. Sie brauchen einen besonders sensiblen, einfühlsamen Therapeuten. Bitte lassen Sie mir eine Woche Zeit, ich rufe Sie zurück.«

Am nächsten Tag ging ich zu Dr. Stanton und teilte ihr mit, daß ich unsere Beziehung beenden wolle.

Sie nahm einen Schluck Tee, ohne mich aus den Augen zu lassen, und antwortete dann: »Sie können sterben, wenn sie diese Therapie abbrechen. Ich kann Ihnen helfen.«

»Nein«, erwiderte ich bestimmt. »Ich bin seit einigen Monaten hier, und wir haben keine Fortschritte gemacht. Wir reden jeden Tag über dieselben Dinge, und ich möchte das nicht mehr weiterführen, ich sehe keinen Sinn darin.« Ich raffte meine Sachen zusammen und verließ ihre Wohnung, fühlte mich sehr selbständig und hatte gleichzeitig furchtbare Angst. Seit Jahren war ich nicht ohne Therapeuten gewesen.

Dr. Roth rief mich tatsächlich in derselben Woche an und

359

erzählte mir von einem Therapeuten, Dr. David Aaron, von dem er glaube, daß er mir helfen könne. Da gebe es nur einen Umstand, der sich als problematisch erweisen könne. Dr. Aaron sei jünger als ich. Trotzdem solle ich zu ihm hingehen und mit ihm reden. Vielleicht würde ich ihn mögen.

Dr. Aarons Praxis lag in einem Haus in der Village, im zweiten Stock. Einen Aufzug gab es nicht, und als ich die Treppe hinaufkeuchte, murmelte ich vor mich hin, wozu in Gottes Namen schleppst du dich in Greenwich Village zwei Treppen hoch, um einen weiteren Therapeuten zu inspizieren? In der frischgeweißelten Wohnung, die ich betrat, sah ich als erstes überall Topfpflanzen und Bücher. Offensichtlich wohnte Dr. Aaron hier auch. In dem Raum befand sich ein riesiger offener Kamin und ein großer Käfig mit sechs Finken, die ein Mozart-Quintett, das eben aus dem Radio erklang, mit ihrem Gezwitscher begleiteten. Ich war gerade im Begriff, mich zu setzen, als aus dem Nebenraum ein junger Mann eintrat und mir seine Hand entgegenstreckte. »Frau Gordon, ich bin David Aaron.« Ich sah zu einem hellhäutigen, dunkelhaarigen Mann auf, den ich für Ende zwanzig hielt. Das ist ja ein Knabe, dachte ich. Was kann der schon über Angst wissen?

Ich folgte ihm in den Raum, der ihm als Arbeitszimmer diente. Man blickte auf einen schönen Garten, und von meinem Sessel aus konnte ich Bäume sehen, die eben grün zu werden begannen. Ich beglückte Dr. Aaron mit der erweiterten, halbstündigen Fassung meiner Saga, die die Zeit vom siebzehnten März – Valium-Tag – bis zur Gegenwart umfaßte. Er schlug daraufhin vor, daß ich dreimal herkommen sollte, um festzustellen, wie wir miteinander auskämen. Er empfahl mir keine Tabletten; er erzählte mir auch nicht, daß ich ihn traurig stimmte oder aufregte. Ich mochte ihn sofort. Und er war sehr offen in bezug auf die Altersfrage. »Wenn Sie es als Problem empfinden«, sagte er, »kann ich Ihnen Kollegen empfehlen, von denen ich glaube, daß sie Ihnen helfen können. Es liegt bei Ihnen.«

360

An diesem Nachmittag rief ich Larry an. Ich wollte nicht betteln. Er sollte nicht mitbekommen, wie sehr ich nach Arbeit hungerte, aber ich zitterte, als ich auf das Gespräch wartete. »Wir haben diese Woche Budgetverhandlungen, Barbara. Es dauert nicht mehr lange«, versicherte er mir forsch. »Ich werde mich melden.«

Fast drei Monate waren vergangen. Bisher hatte ich nicht daran gedacht, mich nach etwas anderem umzusehen, aber ich wußte, daß mein Leben nicht so ziellos weiterlaufen konnte. Als ich in der Madison Avenue im Schaufenster einer schicken Boutique eine Tafel sah: »Verkäuferin gesucht«, nahm ich mein ganzes Selbstbewußtsein zusammen und ging hinein. »Ich möchte mich um die Stelle bewerben«, sagte ich zu einer hochgewachsenen Frau in einem eleganten schwarzen Kleid, deren Haar zu einem untadeligen Knoten zurückgebürstet war.

Sie sah mich mit professioneller Sachlichkeit an, wobei sie mich gleichzeitig gründlich musterte. »Welche Praxis haben sie im Verkauf?«

Ich konnte nicht lügen. »Keine, aber ich weiß, daß ich die nötige Qualifikation besitze.«

»Es tut mir leid; wir nehmen nur Leute mit einschlägiger Erfahrung.«

»Aber ich bin berufstätig gewesen. Ich bin seit zwanzig Jahren berufstätig.«

»Ich bedaure«, sagte sie lakonisch und wandte sich einer Kundin zu, die soeben den Laden betreten hatte.

Was für eine lächerliche Idee, dachte ich, als ich in die kühle Mailuft hinaustrat. Ich sollte Freunde bei anderen Sendern anrufen und Briefe schreiben. Ich bin keine Verkäuferin, zum Donnerwetter. Ich bin Produzentin von Dokumentarfilmen. Ich werde das nicht als Ablehnung betrachten, sagte ich mir. Keinesfalls.

Ein langes Wochenende dehnte sich vor mir, und mir wurde bewußt, daß es an der Zeit war, ein weiteres Problem in Angriff zu nehmen, das ich vernachlässigt hatte: mein Haus am Meer.

361

Ich rief Frank an, den Mann, der es seit einem Jahr für mich in Ordnung hielt. Ja, sagte er mir, das Wasser laufe wieder, alles sei bereit, das Haus warte auf mich. Ich packte einige Pullover ein, suchte mir eine Flasche Wein aus und stieg in den Zug nach Long Island. Ich wollte nachsehen, ob der Winter dem alten Haus hart zugesetzt hatte. Ich würde etwas lesen, ein Feuer machen und am Strand spazierengehen.

Als ich die Tür öffnete, erfreute ich mich gleich am Anblick meiner Lieblingsbilder und der Bücher. Die Rolläden vor den Fenstern waren hochgezogen und gaben den Blick aufs Meer frei; das ganze Haus machte einen gepflegten Eindruck. Ich goß mir ein Glas Wein ein und trat auf die Terrasse hinaus. Ich setzte mich auf die Treppe zum Strand hinunter, die Eric gezimmert hatte, und sah auf das Meer hinaus. Die Sonne ging unter, und ich dachte an das letzte Wochenende mit Eric, als wir uns hier im Angesicht des Meeres geliebt hatten. Fast erwartete ich, ihn mit Hammer und Brennholz unter dem Arm ums Haus kommen zu sehen. Ich habe dieses Haus um seinetwillen geliebt, dachte ich. Jetzt mußte ich es um meinetwillen lieben, bevor ich es wieder mit jemanden teilen kann.

Ich ging eine Weile am Strand entlang, aber als ich zum Haus zurückkehrte, entdeckte ich, daß der Wind die Tür zugeschlagen hatte. Ich war ausgesperrt. Ich klopfte völlig sinnlos, als erwartete ich, daß Eric öffnen würde. Dann geriet ich in Panik. Was sollte in tun – das Schloß aufsprengen, ein Fenster einschlagen? Ich sammelte meine Gedanken. Bei einem der Häuser am Strand hatte ich Leute gesehen. Von dort aus konnte ich Frank anrufen.

Er fand mich fröstelnd auf der Terrasse. Er schloß das Haus auf, wir machten ein Feuer, tranken Wein und lachten über mein Mißgeschick. Jetzt konnte mir das nicht mehr passieren. So einfach war das. Ein Extraschlüssel war vorhanden, den wir an einem geheimen Platz außerhalb des Hauses versteckten. Ein Schlüssel in einem Geheimversteck – warum hatte ich nicht daran gedacht?

362

War David Aaron der Schlüssel zu meinem Leben? Ich fing an, das zu glauben, denn etwas an der Art, wie wir aufeinander reagierten, gefiel mir. Er strahlte nicht ständig Optimismus aus. Am Ende unserer dritten Sitzung sagte er zu mir: »Ich kann verstehen, daß Sie an Selbstmord gedacht haben. Sie sind furchtbar schlecht beraten worden. Es sieht fast so aus, als ob das amerikanische Gesundheitswesen mit Ihnen gemeinsame Sache gemacht hätte, um Ihre Funktionsfähigkeit zu untergraben. Und ich kann verstehen, daß Sie deprimiert sind. Es wundert mich sogar, daß Sie nicht noch mehr deprimiert sind. Sie haben alles verloren, was in Ihrem Leben Bedeutung hatte, nicht im Laufe von Jahren, sondern im Grunde über Nacht. Sie können Ihr früheres Leben nicht mehr zurückbekommen. Zu viele Dinge haben sich verändert. Sie selbst haben sich verändert. Wir können zurückschauen, um zu sehen, was geschehen ist, und herauszufinden warum. Aber wir müssen auch nach vorn schauen, um zu sehen, wie Ihr Leben verbessert werden kann. Sie werden sich noch eine Zeitlang schlecht fühlen, vielleicht noch lange Zeit, aber ich glaube, daß Sie darüber hinwegkommen können.«

Er half mir, das ebenfalls zu glauben, und so entschloß ich mich zu einer Therapie bei Dr. David Aaron. Seine Intelligenz, mehr noch, seine Weisheit, seine Güte und sein Humor erlangten bald große Bedeutung für mein Leben.

Eines Tages richtete mir der Auftragsdienst eine Nachricht von Jims Eltern aus. Sie baten mich, gleich zurückzurufen, es sei dringend. Seit wir uns kennengelernt hatten, wußten sie, daß ich ihre Sorge um Jim teilte. Was war los? War Jim etwas zugestoßen? Wir hatten erst vor einer Woche zusammen zu Abend gegessen. Als ich seine Eltern anrief, sagten sie mir, er sei wieder im Krankenhaus, Mount Sinai in Manhattan. Er wolle mit mir reden.

Ich rief sofort das Krankenhaus an. »Barbara« – seine Stimme klang etwas anders als sonst –, »könntest du mir getrocknete Aprikosen, Pistazien und das Buch von Neruda bringen, bitte?« Ohne nachzudenken, sagte ich ja. Ich lief hinaus, kaufte Aprikosen und Nüsse, dazu alle Bücher von Neruda, die ich auftreiben konnte. Doch dann blieb ich so plötzlich stehen, daß mich die Vorübergehenden anstarrten. Um Jim diese Dinge zu geben – das wurde mir plötzlich klar –, mußte ich ein psychiatrisches Krankenhaus betreten. Die alte Angst, die alte Panik, begann durch meine Gefühllosigkeit hindurchzusickern. Nein. Ich kann ihn nicht besuchen. Ich werde das Paket einfach für ihn abgeben. Ich werde lügen müssen und Jim erzählen, daß ich eine Verabredung hatte und nicht bleiben konnte.

Im Taxi zum Krankenhaus gingen mir immer dieselben Gedanken im Kopf herum: sie werden mich dortbehalten; sie werden mich einsperren und allein lassen. Dann fiel mir ein, was David gesagt hatte, als ich ihm von Chatahoochie und meiner Angst vor Geisteskrankheit erzählte. »Für ein Kind ist es sehr belastend, mit der Angst vor Geisteskrankheiten aufzuwachsen. Auch das Gefühl, ständig darum kämpfen zu müssen, nicht bestraft und eingesperrt zu werden, ist sehr belastend. Aber ich möchte betonen, daß Sie nicht psychotisch sind. Sie hatten eine psychotische Reaktion auf den Tablettenentzug. Sie haben zahlreiche ungelöste Konflikte, aber Sie hätten ihr Leben auch beschließen können, ohne jemals ein psychiatrisches Krankenhaus von innen zu sehen.«

Als ich im Mount Sinai eintraf, hörte ich mich fragen: »In welchem Stockwerk ist die Psychiatrie?« Im achten Stock. Ich wollte meine Päckchen für Jim schon an der Pforte abgeben und davonlaufen, hielt mich aber zurück. Wenn du davonläufst, Barbara, wenn du immer davonläufst, wirst du bald wieder dein altes Leben führen, aus Kaufhäusern flüchten, Angst haben, auf die Straße zu gehen, wie ein Einsiedler leben. Niemand wird dich einsperren. Du bist frei. Du kannst von hier wieder weggehen. Du hast fünf Monate lang in einer solchen Anstalt gelebt. Du hast nichts zu fürchten.

Ich fuhr mit dem Aufzug in den achten Stock. Ein Schlüssel rasselte im Schloß einer Tür, ein Geräusch, das mir nur vertraut war und das ich haßte. Der Pfleger fragte, wen ich besuchen wolle, und ließ mich dann ein. Den Blick starr geradeaus gerichtet, ohne nach links und rechts zu schauen, ging ich einen langen, verräucherten Korridor entlang. Doch als ich in den Tagesraum kam, stellte ich fest, daß es dort wie in einem gewöhnlichen Krankenhaus aussah: Leute spielten Karten, lasen und unterhielten sich in kleinen Gruppen. Niemand warf mit einem Billardstock, niemand ging in Kreisen. Nur der kranke Geruch herrschte auch hier.

Ich sah Jim, bevor er mich sah. Er trug den Schlafrock, den er in all diesen Monaten in Greenwich getragen hatte, und saß da in einer Art Trance, ohne mit jemanden zu sprechen und ohne das Fernsehgerät vor ihm zu beachten. Er erkannte mich zwar, doch als ich mich setzte, um mit ihm zu reden, trat eine merkwürdige Befangenheit zwischen uns ein. Während wir fünf Monate lang endlose Gespräche miteinander geführt hatten, wußten wir jetzt wenig zu sagen. Nach einigen Minuten gezwungener Konversation merkte ich, wie schwer es für ihn war, mich als Besucherin, nicht als Mitpatientin zu sehen.

»Was ist geschehen, Jimmy? Was ist los? Warum bist du hier?« fragte ich ihn schließlich.

Er stocherte teilnahmslos in den Pistazien herum und antwortete: »Ich weiß nicht. Ich konnte den Job nicht ertragen, ich haßte die Einsamkeit meiner Wohnung und, tja, es ist einfach passiert. Nerv mich nicht, Barbara.«

Seine Zunge war schwer, seine Augen wirkten leblos. Ich vermißte die Fröhlichkeit, die Elfenhaftigkeit, die ich so sehr an ihm geliebt hatte. Ich erzählte ihm, daß ich im Haus am Meer gewesen war; ich begann von Dr. Aaron zu reden, aber es interessierte ihn nicht.

»Barbara«, sagte er leise, »gehst du bitte? Ich fühle mich sehr müde.«

Sein Aussehen machte mich traurig. Er wirkte gestörter und

apathischer als in Greenwich. Was konnte ich nur für ihn tun?

Ich ging den langen Flur zurück und wartete auf den Pfleger, der die Tür aufsperren mußte. Einen Moment lang geriet ich erneut in Panik. Er wird mich nicht hinauslassen. Er wird mich hierbehalten. Aber dann öffnete sich die Tür auf und wurde hinter mir wieder abgesperrt. Als ich auf den Lift wartete, dachte ich, ich habe es geschafft! Donnerwetter, ich habe es geschafft, und ich lebe immer noch! Ich allein wußte wie schwer es mir gefallen war, dort hinzugehen; und ich war davongekommen! An der Straßenecke, die kalte, schneidende Luft einsaugend, winkte ich einem Taxi. Central Park West, sang ich dem Taxifahrer fast entgegen. Ich fahre nach Hause.

Larry hielt endlich Wort. »Hättest du Lust, nächste Woche anzufangen, Barbara?« fragte er mich. »Wir haben jetzt das Geld. Du kannst eine nette kleine Sendung machen. Keine gefährlichen Recherchen. Was hältst du davon? Bist du bereit?«

Ich war geschockt. Plötzlich überkam mich das Gefühl, dem nicht gewachsen zu sein. Die Frau, die praktisch darum gebettelt hatte, wieder arbeiten zu dürfen, verlor ihren Mut. Meine Therapie bei David hatte eben erst angefangen, und er half mir, Dinge bei mir selbst zu sehen, die mir zuvor unbekannt gewesen waren. Ich fühlte mich noch nicht so weit, wieder zur Arbeit zurückzukehren.

»Warten wir ein, zwei Monate, bis zum Herbst, Larry«, antwortete ich. »Ich bin im Augenblick nicht stark genug. Werdet ihr mich nach dem Sommer noch haben wollen?«

Larry klang nicht überrascht. »Natürlich, Barbara, natürlich.«

Ich schämte mich meiner Feigheit, aber ich redete mir ein, in zwei Monaten mit David weitergekommen zu sein. »War es falsch von mir, Larry eine Absage zu erteilen?« fragte ich ihn bei unserer nächsten Sitzung.

»Ich glaube nicht«, antwortete er. »Du fühlst dich immer noch schlecht. Aber, Barbara, du mußt die Krankheit als Teil deiner Persönlichkeit aufgeben. Es ist nicht ausschließlich deine Schuld. Viele Leute, die langwierige körperliche Krankheiten wie deine Rückengeschichte durchgemacht haben, leiden auch unter psychischen Problemen. Deine Angst war ein Ersatz für deine Rückenschmerzen, denn du warst es gewöhnt, krank zu sein. In der Krankheit hast du dich wenigstens mit irgend etwas verbunden gefühlt. Ohne Liebe, ohne Arbeit hast du deine Identität verloren, so daß dir schließlich eine kranke Identität besser erschien als gar keine.«

»Aber ich will nicht länger krank, sondern gesund und ganz sein.«

»Dann wirst du dich umerziehen müssen. Du hast die Wahl. Jeder wird dich auch gern haben, wenn du gesund bist, und wer das nicht tut, ist selbst neurotisch. Aber dieser Prozeß wird dir nicht leicht fallen. All deine Symptome treten nur weiterhin auf, weil sie eine Funktion haben; solange du sie nämlich behältst, bist du für dich und alle anderen die kranke Barbara, und du kannst dich sicher fühlen. Vielleicht solltest du anfangen zu lügen, wenn dich die Leute fragen, wie es dir geht. Lügen ist ein Zeichen von Ichstärke«, sagte er mit einem Lächeln.

»Aber ich habe Larry wegen dieser verdammten Symptome abgesagt. Ich schäme mich so, ich schäme mich so.«

»Du wirst ja noch eine Chance bekommen«, meinte er.

Es sei jetzt wichtig für mich, zu begreifen, fuhr er fort, daß Neurosen wie Taue funktionieren, die ein Schiff an seinem Liegeplatz festhalten. Wie die Taue das Schiff, halten sie den Menschen am Ufer fest, so daß er nicht frei und unbeschwert leben kann. Unsere Therapie habe das Ziel, die Taue behutsam zu lösen, eines nach dem anderen. Er hoffe sehr, daß ich Stück für Stück die Taue loslassen würde, sobald ich den schädlichen Zweck begriffen hätte, dem sie dienten.

»Und dann werde ich frei und gesund sein?« fragte ich.

»Ja, vorausgesetzt, daß du den Motor selbst starten kannst

367

und dich nicht bloß treiben läßt .... Aber unterwegs müssen wir uns vor dunklen Wolken in acht nehmen.«

»Laß die Metapher, David, sag's mir unverblümt.«

»Laß mich dieses eine Mal bei der Metapher bleiben, Barbara. Ebenso wie das Schiff mit jedem Tau, das gekappt wird, an Halt verliert und erst in Fahrt kommen kann, wenn alle Taue gelöst sind, so wirst auch du dich vielleicht zunächst desto unsicherer und ängstlicher fühlen, je mehr Taue du abwirfst. Ein Schiff ist immer geborgener und sicherer, solange es fest vertäut ist – aber du kommst auch nicht von der Stelle.«

»Ach David, hoffentlich hänge ich nicht an Hunderten von Seilen. Und du kannst durchaus recht haben, daß ich mich unsicherer fühle, wenn wir sie abwerfen. Aber okay, es ist eine gute Metapher und sie gefällt mir. Ich bin nie auf Sicherheit erpicht gewesen, ich bin für Leben und Abenteuer.«

Er lachte.

Der Sommer verging. Ich befolgte Davids Rat und log immer ein bißchen, wenn ich mit Larry sprach; ich versuchte ihn zu überzeugen, daß ich diesmal bereit sei, wirklich bereit. »Ich werde sehen, was sich machen läßt, Barb«, versicherte er mir stets. »Wir werden bald etwas für dich haben.« Aber nichts geschah, und meine Sorge, daß ich bei CBS nicht mehr gefragt war, nahm beständig zu. Machten sie sich Sorgen, daß die frühere Barbara nicht mehr existierte, daß ich nie mehr so gut sein würde? War das auch Larrys Befürchtung, so lieb und nett er war?

Ich rief Steve Isaacs, meinen früheren Filmredakteur an und verabredete mich mit ihm zum Mittagessen. Ihn konnte ich fragen, was los war. Wir trafen uns in einem vietnamesischen Restaurant auf der Eighth Avenue, er fragte mich nach Eric und wie ich mich fühlte. Ich antwortete, ich wisse nichts über Eric und es sei mir auch gleichgültig, im übrigen gehe es mir gut. Ich wollte nicht über mich reden; ich versuchte, die kranke Barbara zu vergessen. Dann begannen wir, in Erinnerungen an die Filme zu schwelgen, die wir zusammen gemacht hatten, insbesondere an den letzten über Jean Barris und ihren Kampf gegen den Krebs. »Das war einer deiner besten, Barbara«, meinte er und lieferte mir damit das Stichwort auf das ich gewartet hatte. »Verbraten die mich, Steve? Wenn meine Filme so gut waren, warum wollen sie mich dann nicht mehr?« Er paffte an seiner dicken Zigarre. »Soviel ich weiß, gibt es im Moment kein Projekt. Aber ich versteh dich nicht, Barbara. Warum wartest du darauf, zu CBS zurückzukehren? Du solltest Kontakte aufnehmen, Briefe schreiben. Die Leute kennen dich doch. Und du solltest wieder anfangen zu arbeiten.«

An diesem Abend stellte ich eine Übersicht über meine bisherigen Arbeiten zusammen und schrieb Briefe an alle Leute, die ich beim Fernsehen je kennengelernt hatte. Zwei Wochen später erhielt ich eine einzige Antwort von ABC. Sie hätten von meiner Arbeit gehört, würden aber erst in einigen Wochen wieder jemanden einstellen. Sie würden mich anrufen.

Das Resultat: nichts.

»Du hast Filme über ein Stigma gemacht«, sagte David, »Filme über Geisteskrankheit.«

Stigma? Ich, die Gewinnerin von drei Emmys? Ich schüttelte den Kopf, nein. Beim Fernsehen arbeiten die aufgeklärtesten Leute überhaupt.

»Überleg doch, Barbara. Nur eine Antwort auf all diese Briefe.«

»Sie haben keine Zeit, sie brauchen keine Leute, die Dokumentarfilmbranche ist klein.«

»Alle haben keine Zeit? Meinst du, es weiß nicht jeder, was mit dir los war? Die Branche ist klein. Da stimme ich dir zu. New York ist eine kleine Stadt.«

Ich wollte es nicht wahrhaben. »Nein, ich glaube nicht, daß es alle wissen. Und falls sie es wüßten, würden sie mir einen Job geben, bloß um zu zeigen, daß ich nicht mit einem Stigma behaftet bin.«

»Ich vermag die Sache nicht recht einzuordnen, Barbara«,

sagte David, »aber ich habe darüber nachgedacht, und trotz allem, was du mir sagst, ist es ein unglaublicher Zufall, daß niemand dich einlädt oder mit dir über einen Job auch nur reden will. Daß du nicht einmal einen Termin bekommst.«

»Warum sprichst du es nicht offen aus? Sie war in der Klapsmühle. Nicht alle Tassen im Schrank. Ausgeflippt. Man kann ihr nicht einen Etat von hunderttausend Dollar anvertrauen.«

»Würdest du das tun, Barbara? Wenn du in der verantwortlichen Stellung säßest?«

»Ach, komm mir nicht damit. Wenn die Betreffende gut war, bevor sie krank wurde, was bei mir zutrifft, ja. Aber was ich generell tun würde, weiß ich nicht. Ich weiß es einfach nicht.«

Nach der Sitzung wanderte ich in der Village herum. Ich wollte über Davids Worte nachdenken. In einem ruhigen Cafe bestellte ich mir einen Espresso. Stigma? David mußte sich irren. Oder hatte er doch recht? Vielleicht war das der Grund, vielleicht war es der Zeitpunkt, aber die Tatsache, daß ich keine Arbeit in der Branche finden konnte, in der ich zwanzig Jahre lang gearbeitet hatte, blieb.

Ich versuchte mir vorzustellen, in welcher Lage sich psychiatrische Patienten befinden, die nie zuvor berufstätig waren oder die sich den Vorurteilen von Personen ausgesetzt sehen, die weniger sensibel, weniger intelligent und weniger aufgeklärt sind als die Leute, die ich beim Fernsehen kannte. Ich dachte an Jim. Wie soll er Arbeit finden? Was wird Claudia tun, wenn sie die Krankenhausschule verläßt? Alle Enqueten und Kommissionsberichte über psychosoziale Gesundheit sind wirkungslos. Alle Bücher und Filme – einschließlich meiner Dokumentarfilme – haben keine Spuren hinterlassen. Wer an Geisteskrankheit gelitten hat, ist und bleibt ein Gezeichneter. Barbara Gordon findet keine Arbeit mehr in einer Branche, in der sie einen erklasssigen Ruf genoß. Mit dieser Erkenntnis hatte mir die Realität einen sauberen Schlag verpaßt, wie du sagen würdest, Jimmy, mein Freund.

370

Es hatte mich in Stücke gerissen. Bei meinem Kampf mit der Geisteskrankheit schlug ich in alle Richtungen und traf dabei Leute, die mir viel bedeuteten. Mit Davids Hilfe gelang es mir jetzt allmählich, die Stücke wieder zusammenzufügen. Ich fand schließlich auch Arbeit, aber es war kein Honiglecken. Die Stigmatisierung in Gestalt eines Produzenten, der mein ohnehin wackliges Selbstvertrauen systematisch zu untergraben suchte, war nun keine Abstraktion mehr, sondern wurde Realität.

»Ich habe von Ihren vielen Emmys gehört«, sagte er einmal zu mir, »aber ich habe noch keine Anzeichen von Talent bei Ihnen entdeckt.« Natürlich hatte er von meiner Krankheit erfahren. Überhaupt wußten alle Mitarbeiter an dem Film davon, wie ich feststellte, aber sie waren schockiert über die Art und Weise, wie er mich behandelte. Ich wollte weder Mitleid noch Nachsicht oder helfende Hände, ich glaubte bloß, ein Recht auf ganz gewöhnliche menschliche Anständigkeit zu haben. Ich war versucht zu kündigen, doch David riet mir davon ab.

»Darum geht es ja gerade in der Realität, Barbara«, sagte er. »Du kannst nicht davonlaufen und dich verstecken. Ich weiß, daß du kein Feigling bist. Aber du hast eine Spielernatur. Warum riskierst du es nicht, bei der Stange zu bleiben? Wenn du weggehst, bist du in Sicherheit, aber wenn du aushältst, kannst du weiterwachsen. Lieben und arbeiten, Barbara. So schlecht es auch im Moment aussieht – du hast jetzt wenigstens eines dieser beiden Dinge.«

Ich blieb bei der Stange. Ich stand es durch – und bin gewachsen.

Außerdem habe ich angefangen, etwas über die verschiedenen Arten von Liebe zu lernen.

Meine Beziehung zu meinen Eltern wurde reifer, ehrlicher und, um Julies Wort zu gebrauchen, »sauberer« als je zuvor. Ich dachte daran, was sie im Krankenhaus zu mir gesagt hatte: »Es geht nicht um gute oder schlechte Freunde. Es geht darum, die Beziehungen auf eine saubere Basis zu stellen.« Vielleicht waren meine Eltern mir gegenüber immer noch übervorsichtig, denn alle schlichen auf Zehenspitzen um mich herum: »Ihr kennt ja Barbara, sie ist noch nicht ganz gesund.« Trotzdem war die Zärtlichkeit, die ich nun für sie empfand und die sie mir ständig erwiesen, keine Einbildung. Manchmal glaube ich, daß sie immer existierte, dann zweifle ich wieder daran, aber ich habe es aufgegeben, nach Sündenböcken zu suchen. Meine Eltern haben ihr Bestes getan. Sie haben mich geliebt, und ich lebe. Ich winde mich also nicht mehr, wenn am Sonntag das Telefon klingelt. Genaugenommen klingelt es nicht mehr mit solcher Regelmäßigkeit, aber wenn sie anrufen, freue ich mich ehrlich, von ihnen zu hören. Und ich bin glücklich über eine neue Zärtlichkeit, die ich zwischen ihnen bemerkt habe.

David nennt das, was in meiner Familie geschah und was auch in vielen anderen Familien üblich ist, einen Kodex von Illusionen. Das Ungesagte, die Dinge, die nicht ausgesprochen werden, bilden Schicht um Schicht Unwirklichkeit, und wenn dieser Kodex zerbricht, tritt die Realität kraß zutage. Meine Mutter, mein Vater und ich übermittelten einander doppeldeutige Botschaften. Möglicherweise existierte auch eine stumme Verschwörung, die das Ziel verfolgte, meinen Vater auszuschließen. Und er lernte seinen Part zu spielen, indem er sich fernhielt. Jeder spielte seine Rolle. Wir waren vielleicht nicht glücklich in diesen Rollen, doch einmal darauf festgelegt fühlten wir uns unfähig, sie zu verändern. Aber wie Jim einmal im Krankenhaus sagte: »Neurosen sind nichts anderes als Lügen ... gib die Lügen auf und du hast es geschafft.« All die unbewußten Lügen, die gutgemeinten Lügen, die uns vor der Wahrheit über Liebe und Nichtliebe schützen, glauben wir manchmal für unser Überleben zu brauchen. Aber sie sind die Keimzellen der Zerstörung von Liebe und Wirklichkeit und Wahrheit.

Ich fand eine neue Freundin – Beth Morse, eine große, gutaussehende Frau, geschieden und Mutter eines kleinen Sohnes, Oliver John. Wir lernten einander kurz nach meiner Entlassung aus dem Krankenhaus kennen; ich fühlte mich sogleich von ihrer Vitalität und Offenheit angezogen und verliebte mich auf den ersten Blick in O.J. Vier Jahre alt, war er das einzige Kind in meinem Bekanntenkreis, das in diesem Alter nicht auf sich konzentriert lebte, sondern sich ungeheuer für alle Menschen um ihn herum interessierte. Beth und ich hatten viele Gemeinsamkeiten. Sie arbeitete für einen Fernsehproduzenten, ihre Scheidung war höchst unerfreulich und schmerzhaft gewesen, und wir waren zwei Frauen allein in New York.

An einem Wochenende im Frühling kamen sie und O.J. in das Haus am Meer. Beth und ich saßen auf der Couch und unterhielten uns. O.J. lag auf dem Fußboden, den Kopf auf den Ellbogen gestützt und blickte in das Feuer.

Beth stellte ihr Weinglas nieder. »Das war ein Jahr, Barbara! Wir haben beide Furchtbares durchgemacht. Aber wir haben es überstanden. Und du – du bist ein neuer Mensch.«

Ich lächelte ihr zu. »David sagt, daß ich gesund werde. Ich bin auf dem besten Weg.«

»Ich weiß, daß das stimmt. Erinnerst du dich nicht, wie ängstlich und labil du warst, als wir uns kennenlernten?«

»Manchmal bin ich immer noch so.«

Dann redeten wir über Jobs, das Leben, die Liebe und über Männer. Wir phantasierten oft gemeinsam von unserem »Traummann«, der plötzlich in unser Leben treten würde, stark, zärtlich, liebevoll. Keine Schmerzen mehr, keine Probleme, vollkommen. »Wir könnten ihn durch eine Zeitungsanzeige suchen«, sagte ich. »Vielleicht steht er im Telefonbuch, unter T«, meinte Beth und wir begannen beide zu lachen.

Plötzlich merkten wir, daß auch O.J. lachte. Wir hatten gedacht, er interessiere sich nur für das Feuer und höre uns gar nicht zu. Dann sagte er: »Das sind glückliche Angelegenheiten nicht wahr, Barbara? Das gefällt mir, daß ihr über glückliche Angelegenheiten redet.«

An diesem Abend saß ich noch allein vor dem verlöschenden Feuer, nachdem Beth und O.J. schlafen gegangen waren. Später schaute ich noch in das Gästezimmer. O.J. lag mit ausgestreckten Armen und Beinen auf dem Bett und umklammerte mit einer Hand seinen Teddybär. Beth schlief mit dem Rücken zu ihm, das Gesicht zur Wand gekehrt. Ich bewunderte die Kraft von Frauen wie Beth, die berufstätig sind und ihre Kinder allein großziehen und dabei alle Rollen spielen, auch solche, die sie nicht selbst gewählt haben. Es gibt so viele Arten von Liebe, dachte ich. Ja, O.J., das sind glückliche Angelegenheiten.

Etwa eine Woche später schlief Jim in demselben Bett. Er war aus dem Mount Sinai entlassen worden und hatte einen Job als Bauarbeiter gefunden. Er nahm meine Einladung freudig an. Das Haus an der Küste, die Dünen, der Himmel, das Meer – das waren Dinge, über die wir endlos gesprochen hatten. Aber als wir im Auto seiner Eltern hinausfuhren, war Jim merkwürdig schweigsam, und diese Schweigsamkeit hielt zwei Tage lang an. Die beiden Menschen, die zusammen Gedichte gelesen, politische Diskussionen geführt, gelacht, gestritten, geweint und einander geliebt hatten, wußten sich wenig zu sagen. Anfangs suchte ich diesen Zustand durch gedankenloses Geplauder auszugleichen, suchte die Verbindung zwischen uns wieder herzustellen. Dann akzeptierte ich sein Schweigen. Ich dachte, die Nähe des Meeres gebe ihm ein Gefühl der Ruhe und des Friedens. Aber schließlich erkannte ich, daß er nicht mehr derselbe war. Und zuletzt mußte ich mir eingestehen, daß auch ich eine andere geworden war. Die Intensität unseres Zusammenseins im Krankenhaus schien einem anderen Leben anzugehören.

Als wir am Samstagabend vor dem Feuer unser Essen einnahmen, stand er plötzlich auf und sagte: »Ich gehe jetzt zu Bett, Barbara.«

»Schlafgut, Jim«, antwortete ich. Es gab nichts, was ich hätte hinzufügen können.

Als ich später in sein Zimmer schaute, lag er noch angekleidet und in tiefem Schlaf auf dem zugedeckten Bett. Ich hätte mich gern zu ihm gesetzt und seinen Kopf gestreichelt. Ich wollte ihm Frieden geben, einen Frieden, von dem ich hoffte, daß er ihn eines Tages finden würde. In einem Winkel meiner Seele trauerte ich unserer verlorenen Intimität nach. Sie bestand nicht mehr. Aber es war eine Intimität der tiefsten Art, der ich fähig bin. Und ich werde nie vergessen, daß er es war, der mich daran erinnerte, daß ich eine Seele habe, daß die empfindungslose, hölzerne Frau, die er im Krankenhaus kennenlernte, die wirkliche Barbara noch in sich trug. Als ich seine Tür schloß, betete ich zu einer namenlosen Gottheit, daß es uns beiden gelingen möge, etwas aus unserem Leben zu machen. Wir haben ein Recht darauf, dachte ich. Ganz gewiß.

Es war ein linder Maiabend, und so setzte ich mich noch eine Weile auf die Terrasse und lauschte den Wellen, die in der Dunkelheit kaum sichtbar waren. Zwei Jahre, dachte ich. Zwei Jahre meines Lebens. Wann hatte alles begonnen? Der Film über eine sterbende Frau .... Jeanie hatte sich immer gewünscht, dieses Haus zu sehen, aber ihre Zeit war abgelaufen. Auch ich starb damals, aber ich wußte es nicht. Soviel unglückselige Dinge sind geschehen. In der Dunkelheit dachte ich an Eric. Wir hatten sovieles gehabt. Wir hatten alles gehabt. Aber das waren *wir* gewesen. Das warst nicht du, das war nicht ich.

Jetzt war nur noch ich da. Mir fiel das Gedicht von Neruda ein, das ich so liebte, das Gedicht, das ich mit Jim an diesem Wochenende eigentlich lesen wollte.

An welche Glocke kann ich rühren, um mein wahres Ich herbeizurufen? Lieben und Arbeiten, antwortete ich mir. Alle Arten von Arbeit. Alle Arten von Liebe, nicht nur die zu irgendeinem Traummann. Auch die Liebe zu meinen Eltern, zu Eddie und Melinda, zu Edie und Jonathan, Barry und Lisa,

Beth und O.J., zu allen meinen Freunden. Auch die Liebe, die ich Don und Julie entgegenbringe, obwohl ich sie vielleicht nie wiedersehen werde. Auch die Liebe zu Jim. Auch die Liebe, die ich für David empfinde, für seine Offenheit und Klarheit und für den Humor, der uns verbindet. Es wird viele Monate dauern, um Barbara Gordon wieder zusammenzufügen, dachte ich, und es wird ein langer und schmerzhafter Prozeß sein, aber die Liebe gibt mir den Mut, daran weiterzuarbeiten, es zu Ende zu bringen, es diesmal richtig zu machen.

Ich konnte die Wellen hören, aber es war zu dunkel, um sie zu sehen. Genauso fühlte ich mich – wie ein Ozean, den man nur hören kann. Ich wollte ihn sehen, ihn spüren. Ich wollte alles erleben, mit allen Fasern alles empfinden, nichts Halbes und nicht Bruchstückhaftes mehr, kein Beinahe und kein Wäre-möglich-gewesen. Ich wollte mich ganz, wollte alles an mir.

Das Meer würde wieder sichtbar werden, wenn ich nur lange genug sitzenblieb. Und als ich aufstand, um die Glastüren abzuschließen und das Feuer zu löschen, sagte ich mir, ja, ich weiß das, und ich weiß auch, daß ich für mich selbst bald wieder sichtbar sein werde. Ich werde eine Glocke berühren. Ich werde mir nicht erlauben zu verschwinden.

376

NACHWORT

In den letzten paar Jahren mußte ich die Hilfe einer Vielzahl
von Mitgliedern des psychosozialen Versorgungswesens in
Anspruch nehmen. Ich habe mehr als zwanzig verschiedene
Therapeuten kennengelernt. Ich bin in zwei psychiatrischen
Krankenhäusern gewesen, wurde mit unzähligen Medikamenten traktiert und mit gigantischen Rechnungen überhäuft. Ich
wurde abwechselnd diagnostiziert als schizophren, manisch-
depressiv, zyklothyme Persönlichkeit, borderline-psychotisch,
agitiert-depressiv, hysterisch und bloß neurotisch - um nur
einige der Etikettierungen zu nennen, die man mir aufgeklebt
hat. Ich bekam zuviel Medikamente, wurde zuviel oder
zuwenig analysiert und erhielt selbstmörderische Ratschläge.
Aber ich habe auf meinem Weg auch einige kluge und gütige
Menschen kennengelernt. Zu wenige allerdings.

Mit all dem will ich sagen, daß die Psychiatrie, weil sie die
dunklen Bezirke der menschlichen Seele erforscht, eine fragile
Wissenschaft ist. Und es ist erschreckend, nach einer Reihe
unglücklicher Umstände die Entdeckung machen zu müssen,
daß man auch das Opfer individueller und kollektiver Ignoranz
eines Berufstandes geworden ist, der, da er im Grunde nicht
kontrolliert wird, Scharlatane anzieht, die es nicht wagen
würden, in anderen Fachbereichen der Medizin zu praktizie-
ren. Wer lediglich an den alltäglichen neurotischen Symptomen leidet, kann mit der Habgier, der Dummheit, der

Verantwortungslosigkeit und den offenkundigen Fehlern –
einschließlich falscher Diagnosen und Rezepte für ungeeignete
Arzneien – dieser unfähigen Medizinmänner fertigwerden.
Obwohl auch das nicht sein sollte. Wenn man sich jedoch im
Fall einer wirklichen Krankheit auf sie verläßt, dann kommt
das dem Versuch gleich, beim Licht eines Glühwürmchens ein
Buch zu lesen.

Ich habe es geschafft, mit dem Leben davonzukommen. Aber
ich bin nicht bereit, die Brutalität eines solchen Systems zu
vergeben oder zu vergessen. Der Weg zur Genesung von einer
psychischen Erkrankung ist so unendlich lang und von
Rückfällen bedroht, daß es eine unerträgliche zusätzliche
Belastung bedeutet, sich auch noch mit unfähigen Leuten
herumschlagen zu müssen.

Das ist zumindest *ein* Grund, warum ich dieses Buch
geschrieben habe. Anfangs hatte ich nicht den Wunsch, irgend
jemandem zu erzählen, was mir zugestoßen war. Leute, die ihre
persönlichen Belange in der Öffentlichkeit breittreten, haben
mich immer abgestoßen. Ich begann mit der Niederschrift
dieses Buches, um etwas zu tun zu haben, als ich aus dem
Krankenhaus kam, um die Unmengen von Daten zu ordnen,
die ich über mich selbst gesammelt hatte. Aber eines Tages
fragte ich mich: Bin ich die einzige? Bin ich der einzige
durchschnittliche Neurotiker, der durch einen Tranquilizer
fast ums Leben gekommen ist? Bin ich ein solcher Sonderfall,
so gehorsam, so naiv? Das konnte doch nicht sein.

Trotzdem verabscheute ich zunächst die Idee, mich an die
Öffentlichkeit zu wenden. Die Sache war zu persönlich, zu
schmerzhaft, zu peinlich. Niemand würde mir je wieder einen
Job geben, niemand mich lieben und mit mir lachen. Ich
kannte die Vorurteile und das Mißtrauen, auf die ein psychiatrischer Patient stößt, nur zu gut. Wenn ich den Mund hielt, so
glaubte ich, würde mir das nicht passieren. Aber es geschah
trotzdem. Und plötzlich war es mir sehr wichtig, über das zu
schreiben, was geschehen war. Ich wollte dem Geflüster, den

unerwiderten Anrufen, den unbeantworteten Briefen ein Ende bereiten. Ich mußte die Luft, meine Luft, reinigen. Und falls es mir gelungen ist, auch die Atmosphäre anderer Leute zu klären, so wird das meine Belohnung sein.

Noch ein zweites Anliegen trieb mich zu diesem Schritt. Fast jeder, den ich im Krankenhaus kennenlernte, war zuvor Patient eines Psychiaters gewesen und hatte große Mengen bewußtseinsverändernder Drogen genommen, gewöhnlich auf Rat und mit Zustimmung seines Arztes. Die Zahl der Menschen, denen von ihren Internisten, Gynäkologen und Zahnärzten – von ihren Psychiatern ganz zu schweigen – große Dosen von Tranquilizern verordnet werden, ist ungeheuerlich. Und diese sind eben nicht bloß Medikamente, sondern Drogen, die ein Ertauben der Gefühle bewirken können. Ihr plötzlicher Entzug kann Psychosen auslösen und in gewissen Fällen zum Tod führen. Meine Empörung über die ärztliche Inkompetenz sowie über die Verbreitung des Drogenmißbrauchs – und auch bei den »weichen«, per Rezept verabreichten Mitteln handelt es sich um Drogen – bewogen mich, meine Geschichte mitzuteilen.

Ich begann viel über Frauen und unsere Häutungen nachzudenken, wie wir, Pelztieren ähnlich, Haare lassen, wie wir uns in Spiralen bewegen, wie wir wachsen und neue Rollen übernehmen. Zuerst dachte ich, dies alles sei hormonell bedingt; aber nein, es ist eine kulturelle Erscheinung. Unsere Zeit bietet den Frauen eine verwirrende Vielzahl von Alternativen, ein Angebot wie in einem riesigen Supermarkt. Die Wahl, vor der ich stand – zwischen Leben und Tod – war zwar ein Extremfall, der jedoch von Identitätskonflikten herrührte, die heute vielen Frauen zu schaffen machen: wie sie Verbindungen herstellen können, wie sie wachsen, aus ihrem Kokon schlüpfen und *ganz* sein können. Ich hoffe, daß ihnen meine Erfahrungen die Kraft und den Mut geben, sich selbst und ihre Alternativen deutlicher zu sehen.

Freunde. Nie zuvor habe ich die Bedeutung erkannt, die sie

für mein Leben haben. Jetzt sind sie für mich lebenswichtig geworden. Sie haben mich monatelang aufrechterhalten. Sie brachten mich zum Lachen, ertrugen meine Tränen und führten mich zu mir selbst zurück. Es war ein mühsamer Weg, aber sie gingen ihn mit mir, Schritt für Schritt: Howard Aaron, Andree Abecassis, Joan Clayton, Stanley Conney, Peter Dunn, Anthony und Lenore Hatch, Al und Sondra Markim, Marv Minoff, Phyllis Minoff, Sheila Nevins und Sidney Koch, Ann und George Popkin, Herb und Sara Ravis, Steve Seligman, Bob und Myrna Shevin, Mort und Rita Silverstein, Elizabeth Sykes. Ihnen allen gilt mein Dank.

Meiner Mutter und meinem Vater danke ich von ganzem Herzen, daß sie die Ausbrüche dieser unheilvollen Kraft in mir so lange ertrugen. Daß sie mich die ganze Zeit hindurch geliebt haben, daß sie stark und tapfer genug waren, zu verstehen.

Dank auch an Eddie, den ich nach langen Jahren jetzt erst wiederentdeckt habe und an Melinda, dank für alle Liebe und alles Verständnis.

Und natürlich Edie und Jonathan.

Mein Dank gilt ferner all jenen Menschen im Krankenhaus, die einfühlsam waren und mein Leben so tief berührten, den Freunden, die ich dort unter Angestellten und Patienten fand.

Und Jim, mein lieber Jim, ihm danke ich für so sehr vieles – für seine Gedichte, für seine Liebe, dafür, daß es ihn gab.

Ich habe im Keller meiner Seele gelebt, unfähig Wärme zu empfinden, unfähig zu lieben, unfähig zu weinen, zu schmekken, zu riechen. Ich habe in den Spiegel geschaut, und mein eigenes Spiegelbild hat die Schultern gezuckt, als wolle es mir sagen: »Ich weiß auch nicht, wer du bist, Barbara.« Ich glaube jetzt zu wissen, wer ich bin. Aber bin ich zu irgendwelchen Schlüssen von universeller Bedeutung gekommen? Im Grunde nicht.

Der Tod ist ein Urteil, das an jedem vollstreckt wird, und alle Menschen sind im Besitz der Mittel, sich selber zu zerstören.

Ich war nahe daran, meine zu benutzen. Aber ich entschloß mich, es nicht zu tun und gestalte jetzt mein Leben neu. Manchmal taumle, schwanke und schlingere ich immer noch wie ein Schiff, das seine Taue abgeworfen hat und auf das offene Meer hinausfährt. Doch ich segle nicht in den Sonnenuntergang. Noch nicht. Wenn ich von meinem Haus an der Küste aufs Meer hinausschaue, erinnern mich die ständig wechselnden Farben des Wassers, das Heranbranden der Wellen und die Silhouette des fernen Horizonts immer wieder daran, daß Leben besser ist als Sterben.

Ich glaube, ich weiß jetzt, wer ich bin, dank der neuen Kräfte in mir und der Kraft der Menschen, die mir nahestehen. Es ist besser, mich an *sie* zu erinnern, als an jene, die im Laufe meines Lebens zu meiner Krankheit beigetragen haben. Keine Sündenböcke mehr. Und auch kein Happy End, keine Offenbarung, kein einzelner Augenblick der Synthese und des vollkommenen Begreifens mit aufblitzenden Lichtern und Trommelschlag. Das Leben ist ein langer, mühsamer, schmerzhafter, teurer, frustrierender und zeitraubender Prozeß. Aber dennoch ist es die bessere Wahl. Wie Woody Allen sagt: »Ich habe keine Angst vor dem Sterben, ich möchte bloß nicht dabeisein, wenn es passiert.«